U0032492

中南海恩仇錄

京夫子 著

目次

卷一：話說中南海

卷二：毛澤東和劉少奇

卷三：毛澤東與周恩來

卷一：話說中南海

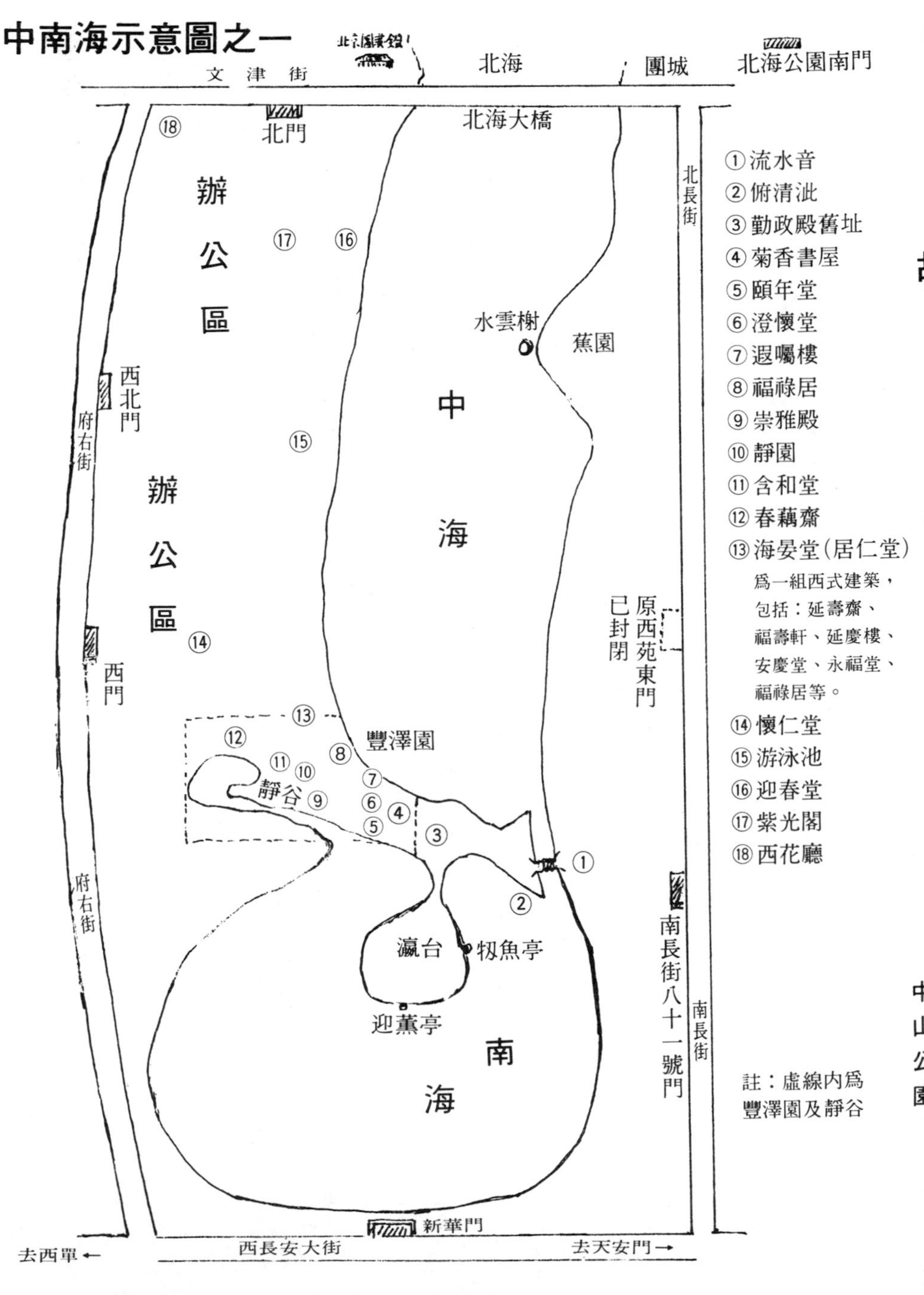

中南海示意圖之一
北京圖書館
北海
團城
北海公園南門
文津街
北門
北海大橋
⑱
辦公區
⑰
⑯
北長街
水雲榭
蕉園
西北門
府右街
⑮
中海
辦公區
⑭
原西苑東門已封閉
西門
⑬
⑫
豐澤園
⑧
⑪
⑩
⑦
靜谷
⑨
⑥
④
⑤
③
①
②
瀛台
牣魚亭
迎薰亭
南海
南長街八十一號門
南長街
新華門
西長安大街
去西單←
去天安門→
①流水音
②俯清泚
③勤政殿舊址
④菊香書屋
⑤頤年堂
⑥澄懷堂
⑦遐矚樓
⑧福祿居
⑨崇雅殿
⑩靜園
⑪含和堂
⑫春藕齋
⑬海晏堂(居仁堂)
爲一組西式建築，
包括：延壽齋、
福壽軒、延慶樓、
安慶堂、永福堂、
福祿居等。
⑭懷仁堂
⑮游泳池
⑯迎春堂
⑰紫光閣
⑱西花廳
註：虛線内爲
豐澤園及靜谷

中南海示意圖之二

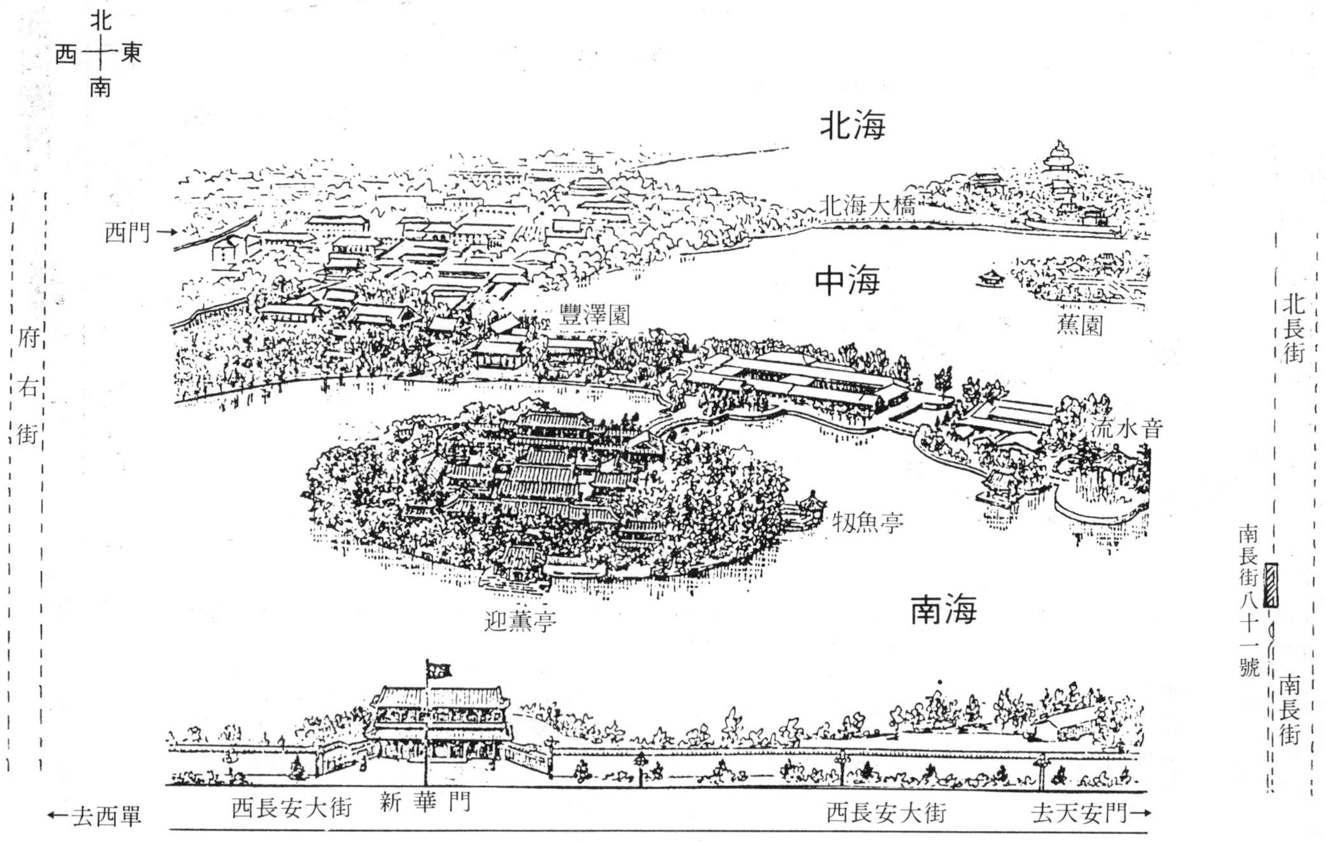

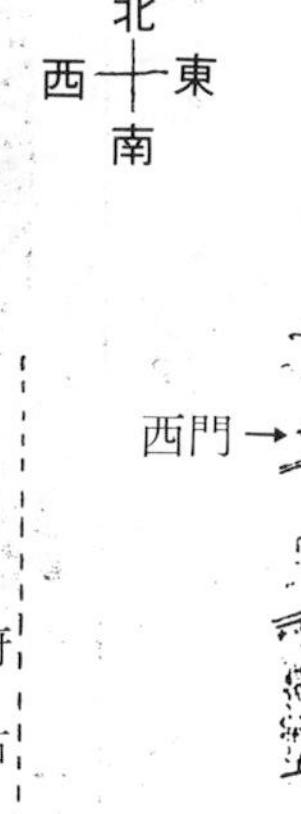
北
西
東
南
北海
西門
北海大橋
中海
豐澤園
蕉園
府右街
北長街
流水音
牣魚亭
迎薰亭
南海
南長街八十一號
南長街
新華門
←去西單
西長安大街
西長安大街
去天安門→

不應性急，面對一個舉世矚目的話題，請允許我從頭說起。更何況，她還是一座歷史的豐碑呢！

第一節　水自燕山來

你知道嗎？北京是座城、海不分家的千年古都。也就是說，「城」因「海」生，「海」因「城」名，悠悠歲月，榮枯與共。

遠古時候，這裡是燕山山脈東南側的大片天然湖泊地帶，水草豐美，雁鶴群集，風光明媚。水，自森林密佈的燕山流來。在最早的地理誌〈禹貢〉篇中，她屬於冀州地域。

我敢說，全中國的任何一座歷史名城，都不像她這樣，數千年來名字一改再改，朝朝代代，變化無常：顓頊時名幽陵，帝堯時名幽都，帝舜時名幽州，夏，商時名冀州，周代復名幽州，春秋戰國時為燕國，秦時為上谷郡、漁陽郡，漢初為涿郡，漢武帝改燕郡，光武帝改廣陽國，苻堅始在此建都，後魏時仍稱燕都……直到唐初又復名幽州。唐玄宗天寶初年，改名范陽郡。唐玄宗楊玉環的乾兒子安祿山造反稱帝，以范陽為大都。安祿山的叛亂同夥史思明改范陽為燕京。因之最早的燕京大名，還是出自反王之口呢！

離離原上草，一歲一枯榮。風風雨雨，歷史演進到宋遼時代，這裡被大宋王朝的北方強敵遼國所佔據，在這片天然湖泊上建造些瑤嶼行宮。遼國盛極而衰，金朝取而代之。西元一一五三年，金朝正式遷都燕京，大興土木，開挖河渠，整修湖泊，在今日的北海和中南海一帶營造起皇宮來。

西元一二七一年，元世祖忽必烈建立起了大元帝國，定都燕京，改名大都。元世祖花了二、三十年的時間，營建起了一座方圓六十里的大都城。元朝的皇宮亦在遼金皇宮的基礎上進一步拓展，環繞著北海、中海修建起金碧輝煌的重重殿宇。這個入主中原的游牧民族，世世代代在乾旱的蒙古草原上逐水而居，哪裡有水，哪裡就有他們的帳篷。水就像生命一樣珍貴，像花園一樣美麗。古代蒙語稱水為「海」，「海子」意即花園。這就是元代大都城內，一長串經過人工拓展的湖泊：積水潭、什剎前海、什剎後海、北海、中海、南海，至今仍被稱爲「海」的來歷。

西元一三六八年，明太祖朱元璋定都南京，改元代國都大都城爲北平。一四〇三年，明成祖朱棣即位，從南京遷都北平，改北平名爲北京。明成祖不再在原來的金元皇宮的基礎上拓建，而在它的東面營造起一座規模巨大、氣勢恢宏的嶄新皇宮——紫禁城。明成祖這次營建紫禁城的一大功績，是爲整個北京城確立下了一條由北而南的中軸線，乃世代不朽的基業。原來環水而築的金元皇宮，則改稱「西苑」，「西海子」，做爲皇帝的避暑行宮。明世宗時，又在「西海子」上建造起南北兩座漢白玉橋，南面的蜈蚣橋之南爲「南海」，北面的金鰲玉蝀橋之北爲「北海」，兩橋之間的狹長水面爲「中海」。

西元一六四四年，滿清入關，建立起大清王朝，亦定都北京，繼續營造紫禁城，拓建西苑三海子。清王朝重新開挖三海，堆土為山，廣植林木，山成而海水闊，林秀而宮室幽。瓊樓玉宇，飛檐畫棟，蘆偃荷香，宮舟往還，成為皇家的洞天福地。

這樣，經過遼、金、元、明、清五個王朝七百多年的精心營建，西苑三海集山、海、島、橋、亭、閣、廊、榭、宮闕於一園，眞正的人間仙境了。其中風光最為特出者，為南海瀛台——懸於水中的豬膽形島嶼，靠一座木板橋（後改建為漢白玉橋）與南海北岸相連。瀛台島上殿宇嵯峨，奇花遍地，異石崢嶸，綠蔭馥郁，美不勝收。清光緒帝一八九八年戊戌變法失敗後，被母后慈禧幽囚於島上的涵元殿裡，長達十年之久，直到一九〇八年去世。

一九一一年，大清王朝末代皇帝溥儀遜位，後被迫遷出紫禁城。一九一二年，中華民國成立。原南起午門、北至神武門的廣大宮室改為「故宮歷史博物院」，俗稱故宮。原來的西苑三海，以金鰲玉蝀橋為界，北海被闢作平民公園。中海南海則被北洋軍閥、竊國大盜袁世凱所佔據，做了大總統府。這一來，整座西苑三海便一分為二了。做了「大總統府」的中南海，面積達一千五百畝，其中水面佔了七百畝。她比東面的故宮大出三分之一，比北面的北海公園則大出近一倍。

我們可以毫不誇張地說，中南海是迄今世界上，歷史最悠久、佔地最廣大、保存最完整、風光最綺麗、政治最詭譎的一座皇家園林。

第二節　中南海的走馬燈「總統」

袁世凱當政時，說是爲了「總統府」的安全，在分隔北海與中海的金鰲玉蝀橋的南側，殺風景地砌起一堵磚牆，以阻斷過往者的視線，使其不能一睹中南海內的碧波綠浪，綺麗風光。袁世凱當了三年多民國大總統尚不過癮，又做上了皇帝美夢，在中南海內演出了一齣「登基」醜劇，做了八十來天的短命「皇上」，招來四海震怒，舉國討伐，便急火攻心，一命嗚呼了。

這是繼清末光緒皇上囚死瀛台之後，中南海內發生的又一臭名昭著事件。袁世凱之後，中南海更淪爲政客、軍閥權力逐臭的場所，十年之內，九次易手：

民國五年（一九一六）六月，黎元洪繼任總統。不久辮帥張勳復辟，黎元洪被逐出中南海。沒幾天，張勳倒台，由馮國璋代理總統。民國八年（一九一九），徐東海入任總統，也只一年倒台，由曹錕繼總統。民國十一年（一九二二），馮玉祥率國民軍進入北京，幽囚曹錕於中南海延慶樓，黎元洪第二度出任傀儡總統。不到一年，直隸軍閥段祺瑞執政，再趕黎元洪下台，並幽囚馮玉祥將軍於南海瀛台島。民國十六年（一九二七年），東北軍閥張作霖自我升任大元帥之職，中南海成爲張作霖的大元帥府。同年，中華民國定都南京，改北京爲北平……。

正是亂紛紛你方唱罷我登場，中南海的碧波綠浪化作爲政治權力的臭水塘，映照出一張張奸雄的醜惡嘴臉。直到民國十七年（一九二八），定都南京的中華民國政府派出大軍進駐北平。翌年，北平市政府宣佈開放中南海爲市民公園，並拆除了金鰲玉蝀橋南側那袁世凱執政時所砌的磚牆，以正觀瞻。於是，北海、中海、南海，都成爲了民衆遊覽、休息的場所。

堂堂中南海，被一茬接一茬的政治鼠輩折騰至此，早已氣象衰微，殿宇頹敗，狐兔出沒，湖泥淤塞，不復往昔皇家西苑風光矣！

中南海被開放爲公園只幾年，就又被國民黨何應欽將軍的「北平軍分會」所入駐。民國二十六年（一九三七）七七事變後，北平淪入日僞政權手中，中南海度過了八年喪權辱國時光。民國三十四年（一九四五）八月，日本侵略軍宣佈無條件投降，北平光復，回到了中華民國政府治下。不久又做了李宗仁將軍的「北平行轅」。翌年，國共兩黨不顧百姓死活，爲爭奪政權大打出手，全面內戰，中南海又變作了傅作義將軍的「華北剿共戡亂總司令部」。

一九四九年一月三十日，傅作義將軍與中共葉劍英將軍簽訂協議，稱爲率部起義，接受改編，宣佈「北平和平解放」。隨後中共政權定都北平，北平復名北京。中共中央機關入駐中南海。中南海又成爲了紅色新王朝的最高權力禁地。

第三節　毛澤東矯情入住中南海

一九四九年三月二十四日，毛澤東和他的中共中央同事們：劉少奇、朱德、周恩來、任弼時、陳雲、張聞天、李立三、李富春、陸定一、楊尚昆、王稼祥等，分乘十幾輛從國軍手中繳獲來的馬力強大的美製戰場指揮車，告別中共中央機關的臨時駐地——河北省平山縣西柏坡村，駛往他們心儀已久的古都北平。

上車前，毛澤東躊躇滿志，對大家說：「走啦！我們進京趕考去。北平是我們的新科場，還有殿試嘍！」

周恩來說：「我們都要考及格，可不要退回來呀。」

朱德說：「考不及格的，重上井崗山，重返延安城。」

劉少奇說：「我們從農村進入城市，要把握好歷史機會。」

毛澤東手一揮：「出發！我們決不當李自成。」

應當說，其時毛澤東尚有一點自知之明。明末李自成農民起義，摧毀了明王朝，攻入國都北京，逼得皇后懸梁，崇禎吊死煤山。山大王李自成住進紫禁城只當了一個月大順皇帝，他手下的大將們就腐化得一敗塗地，惹得山海關守將吳三桂「衝冠一怒爲紅顏」，招來百萬清兵入關包圍北京城。李自成只得率部退出北京，走上了快速覆滅的末路。

從平山縣西柏坡村至北平市南郊的涿縣約三百里。

毛澤東隨身攜帶的簡便行李中，除了《辭海》、《辭源》等工具書外，還有他正在閱讀的《史記》和《資治通鑑》。他的圖書都是各地將士替他繳獲來的「封建地主財產」。《資治通鑑》更是他終其一生都在反覆研讀的古代帝王權術教科書。

當天中午，毛澤東、劉少奇一行的車隊抵達涿縣。早有中共北平市軍事接管委員會主任葉劍英將軍在涿縣候駕。按照周恩來、葉劍英的安排，一行人從涿縣改乘火車直馳北平市西北郊的清華園，午膳並稍事休息。

當天下午，毛澤東、朱德、劉少奇、周恩來、任弼時等驅車到西郊機場檢閱參加平津戰役的解放軍部隊。「和平起義有功」的傅作義將軍也來了，毛澤東一身土布棉襖，袖著兩手，對傅將軍保護古都北平的貢獻再次表示感謝，說應當獎給一枚跟天壇一樣大的獎章。

當天晚上十時，毛澤東、劉少奇一行臨時入住頤和園。毛澤東睡在景福閣，做了登基夢。一個月後他邀梁漱溟先生同遊頤和園時，大讚當年慈禧太后挪用海軍軍款修造頤和園，是辦了一件大好事。

第二天，亦即一九四九年三月二十五日，毛澤東住進離頤和園不遠的香山公園雙清別墅。雙清別墅位於香山寺下，院中有兩股清泉從西面坡崖上噴湧而出，飛珠濺玉，冷冽晶瑩。前清乾隆皇帝題有「雙清」二字，刻於山泉石壁上，因而得名。

毛澤東在陝北躦了十幾年的窮山溝，非常喜愛雙清別墅的幽靜雅潔環境，南北西三面皆為青山綠樹，只東面為峽谷，可眺望遠處燈火闌珊的北京城，別墅院內更是山、水、樹、石均順其自然，泉水甘冽，匯為一池，漪漣清澈。池畔有亭，亭後有廊，美景天成。在此春賞繁花，夏避炎暑，秋觀紅葉，冬踏白雪，眞乃仙鄉福地了。

由於毛澤東住在香山，黨中央機關設在香山，幾乎所有的領導人物也都住在香山各處堂館軒莊裡。香山公園闢為軍事禁地，遊客絕迹。毛澤東偶爾於下午進城開會，晚上十二時後才返回。只有周恩來每天必進城到中南海去辦公，處理各種千頭萬緒、籌備開國的要務。

再說自一九四九年一月三十一日宣佈「北平和平解放」，周恩來、林伯渠、葉劍英、聶榮臻等人即看中了中南海，擬作為中央首腦機關駐地。中共華北野戰軍並奉周恩來命令，派出一個連隊、幾十輛軍用卡車接管中南海。當時中南海內兩千餘間大小房子，只有勤政殿還住著傅作義的一個留守連隊。中共軍人下了此一連隊的武器，將其送往郊外「整編學習，改造思想」。

中共軍人面對的是一座年久失修、蕭條破敗的中南海。太液池尚未解凍，冰塊呈紫黑色。枯樹滿堤，東倒西歪。滿地落葉，滿地紙屑垃圾，四處散發出陣陣濁臭氣息。

太液池沉積著上百年沒有掏挖清理過的淤泥，哪裡是什麼清波碧浪？分明是滿湖灰黑色汙水。中共士兵們倒大都是些能吃苦不怕髒的農家子弟。他們請教中南海的老園工、老守門人，找到並掘開了泄水口，邊放水邊打撈水中的各式魚鮮，肥大而名貴的，都送去香山中央機關，孝敬了領導人。

中海、南海的汙水被放乾，湖底的汙泥又很快被風乾後，華北野戰軍又增派了數百名軍人來掏挖淤泥。於是數十輛軍用卡車夜以繼日，轟轟隆隆地將中南海的垃圾淤泥運往郊外。

近千人馬幹了整三個月，連帶北海也清理一遍。到了一九四九年五月，當北京短暫的春天匆匆過去，漫長的夏季來臨之際，中南海園林已面目一新，太液池重新注水，煙波淼淼，碧浪粼粼；道路整潔，岸柳噴綠，新荷含苞，長廊錦繡。接下來是招請名工巧匠，重新油漆、修繕大小殿、堂、樓、榭。

六月初，周恩來、葉劍英等開始敦請毛澤東入住中南海。說是屢為毛澤東所拒，聲稱他不做皇帝，不進宮。關於此事，至今存下三種不同的說法：

一為北京坊間所傳。

毛澤東名義上是個馬列信徒，無神論者，實際上滿腦門裝的卻是帝王迷信。說是他住香山雙清別墅期間，在山上訪得一位道術高深的老道，向其請教何時入住中南海為吉？老道無言，但知是本朝眞命天子，便寫下兩個九字，亦即九月九日。毛澤東又問自己的權位能有多久？老道依然無言，只寫下「八三四一」四個數字。毛澤東自幼好讀雜書閒籍，卻不明白這老道所示道家術數。他只是十分看重，不敢有違，而遵西山老道指教，於一九四九年九月九日搬進中南海，並將自己警衛部隊的番號改爲「八三四一」。於是原先的中央警衛團九支隊（亦稱崑崙支隊），更名爲「中南海八三四一部隊」了。

說是毛澤東入住中南海後，曾跟自己的幾位大學問家朋友郭沫若、周谷城、范文瀾等議論探討過此兩組道家術數之謎。對於「九九」，倒是易作詮釋。因爲中國傳統數字，以九爲大，最爲崇高尊貴。稱帝王爲「九五之尊」，稱帝王居所爲「九重宮闕」，稱天下爲「九天九地」、「九州方圓」；再如周代稱財帛流通之法爲「九府圜法」，春秋時頌齊桓公有「九合諸侯」之德，魏晉南北朝的官吏選拔制度稱「九品正中」；再如中國古代的戲曲樂工稱「九宮大成」，古代國家的寶器稱「九鼎大呂」，古代數學典籍稱「九經算術」，古代經文典籍稱「九經古義」，道家煉丹以「九轉金丹」爲最高功力……

惜乎郭沫若、周谷城、范文瀾等人縱是學富五車、才高八斗，仍未能於毛澤東生前，替毛帝王解答出「九九」及「八三四一」兩組數字的奧秘。直至毛澤東於一九七六年九月九日在中南海游泳池居所病逝，「九九」及「八三四一」兩組數目才洩露天機：「九九」爲毛澤東去世之日；「八三四一」則是暗喻毛澤東的壽命爲八十三歲（一八九三—一九七六），他在中共黨內的紅色帝王在位年數爲四十一年（一九三五—一九七六）！是偶合？還是天意？

第二種說法見諸《開國紀事》一書[1]：

國慶大典以前經過幾個月夜以繼日的勞動，中南海裡裡外外已經煥然一新，於是，北平市市長葉劍英[2]打了一個報告，請黨中央遷入中南海。

等了幾天，沒有動靜，葉劍英專門跑到香山上的雙清別墅去催他的報告。

「我不搬，我不做皇帝。這個劍英眞固執。」毛澤東等葉劍英走了，很嚴肅地對周恩來說。

「你還是應該聽父母官的。」周恩來含笑而答。他同意葉劍英的意見但又不好直接說。

「我偏不聽，這是原則問題。」

「劍英堅持你進中南海也是原則。這個地方連圍牆也沒有。」

「不談不談。」毛澤東打斷了周恩來的話頭。

「不談就不談。」周恩來明白毛澤東忌諱皇帝住過的地方。它是慈禧太后獨攬國家大權的地方，也是光緒皇帝因變法維新被囚禁的地方。袁世凱這個竊國大盜佔據這裡爲大總統府，並在這裡籌劃復辟稱帝陰謀。

進城之前，毛澤東特意號召全黨看一看郭沫若的《甲申三百年祭》。這本書講了李自成攻入北京後如何驕傲又如何失敗的。毛澤東很喜歡這本書。

周恩來希望毛澤東搬進中南海，主要考慮安全，四周的紅泥高牆是天然的屏障。

「毛澤東住進去，我們才好高枕無憂啊。」周恩來對坐在一邊的朱德總司令說。

朱德表示贊同。

黨中央終於以少數服從多數的意見搬進了中南海。

……。

第三種說法見諸於師哲的《在歷史巨人身邊》[③]：

中央機關在香山期間，只有周恩來一人幾乎每日進城辦公，與各方聯繫，指導工作，處理問題。劉少奇一進京就離開中央去天津參觀訪問，拜會親友，忙做一團。朱德總司令忙於參觀、遊覽、訪問、談話。任弼時由於病魔纏身，不多出門活動。

這時，毛主席由於每天要接見各民主黨派代表人物和各方面的人士，同時還要籌備政治協商會議預備會的工作，所以住在香山，工作很不方便。六月，他決定離開香山雙清別墅進城辦公。進城後，歇息在中南海豐澤園一個小院的平房裡。政協籌備會安排就緒後，同志們鑒於敵機經常騷擾，建議毛主席仍回香山去，那裡比較安全、安靜。但毛主席不同意，說他不回香山去，而且就要住在他當時休息的地方，不再搬遷。這樣，豐澤園就成了他辦公、住宿、開會與接見來賓的地方。

上述兩種見諸文字的說法雖然相互矛盾，卻又都有其部分的可信性。問題在於：毛澤東這樣一個從青年時代就效法《水滸》，投身革命造反武裝割據，立志成其霸業而又滿腦門帝王思想的人，即便是在率領紅軍殘部逃竄至陝北瓦窰堡，軍不成軍將不成將的時日，都未忘情於帝王美夢，三天三晚拉著女作家丁玲的手大數嬪妃賢人④，到了一九四九年夏季，皇位已經到手之際，反豈有不肯入主帝王園林中南海的？毛澤東不過矯情一番，想做皇帝又公開言明「我不做皇帝」，擺出個姿態，好讓同事們決以會議，類似集體上表，敦請他登基而已。

劉少奇、朱德、周恩來、任弼時是當時中共中央的最高決策層「五大書記」中的四人，他們力主毛澤東隨中共中央機關入住中南海，原也有其共同的苦衷：風風雨雨二十幾年打天下的艱難歲月掙扎下來，他們深切了解毛澤東無法無天、多疑善變的山大王習性，一旦由著他長期佔據風水寶地香山住下，當著太上皇，而隨心所慾地指揮起北京城裡的黨、政、軍大事，豈不麻煩大了？唯有大家都搬進中南海去住，有事開會議決，彼此有個制約，方是國家社稷之福。中南海的四堵宮牆，比起那連道圍牆都沒有的香山來，凡事易於講個規矩的。

實際的情形是：毛澤東於一九四九年六月間搬離香山雙清別墅，先至西郊玉泉路的新六所一號院住了些日子，才於同年九月九日搬進中南海豐澤園菊香書屋居住。

在中共領導人中，最早住進菊香書屋的是林伯渠（祖涵）。其時林伯渠正以「秘書長」之尊，一手操辦著成立「中央人民政府」及籌措「開國大典」的繁縟事務。林伯渠湖南臨澧人，一八八六年生，一九〇五年在日本加入孫中山先生的同盟會，一九一六年毛澤東尚是長沙第一師範一名窮學生時，他已是湖南省督軍署秘書、省財政廳廳長了。一九二一年加入中共，一九二二年在孫中山先生手下出任國民黨中央總務部長，曾參與操辦過孫中山先生任中華民國臨時大總統的就職大典……因之林伯渠在國、共兩黨中是位雙料元老。林伯渠入住菊香書屋後，同在中南海內辦公的周恩來也常來用膳、午休。年紀大出周恩來一輪的林伯渠只得將住處讓給周恩來，自己另外找了個小院居住。不久毛澤東也不時來中南海出席會議，也看中了菊香書屋的諸多方便好處，又常來用膳休息。周恩來又只得讓出，搬到中南海西北角的西花廳去住。正是大臣讓宰相，宰相讓皇上。在中共一朝，原是沒有什麽長幼先後一類禮儀的，一切服從權力，權力大於一切。此係後話。

註

①舒雲著，中國華僑出版社一九九一年十月版。

②應是北平軍管會主任之誤。當時中共北平市市長爲聶榮臻將軍。

③中央文獻出版社一九九一年十二月版。

④見《毛澤東和他的女人們》一書第五節，台北聯經出版公司一九九〇年十二月版。

第四節　四面宮牆一大橋

中南海的四面宮牆，皆爲硃紅顏色，黃琉璃瓦護頂，內外皆有綠樹襯繞，綿延十數里，皇家氣派，威嚴富麗。她共有五座大門：

南牆正中央，朝向西長安大街的爲新華門。新華門上下二層，寬廣七楹，雕梁畫棟，金碧輝煌。此門爲中南海儀門，民國初年改建原清代寶月樓而成。門內即南海，碧波蕩漾，楊柳繞堤，與瀛台隔水相望。正是太液迎門，風月無邊了。一九五九年中共國慶十周年前夕，西長安街南側的人民大會堂建成的同時，即從此門內側築成一條可走小卧車的地下通道，通往人民大會堂內中央首長休息室。有權使用此一地下通道者，則嚴格限制於當時的黨中央政治局常委：毛澤東、劉少奇、朱德、周恩來、陳雲、林彪、鄧小平，及其執行保衛任務的特警人員；

西牆朝向府右街，開有西門和西北門。此兩座大門內還有二重宮牆及宮門。西門往裡三百公尺左右即是中南海的中心會場懷仁堂。西北門爲原清代草料門所改建。兩門之間一幢幢一九四九年後修建起來的鐵灰色四層三層樓群，即是中共中央機關的辦公重地了；

北牆朝向文津街，開有北大門。街對面即爲著名的北京圖書館及北海公園。門內以紫光閣爲中心，亦蓋起了一片鐵灰色三層四層樓房，是爲國務院機關重地；

東牆朝向北長街及南長街（北長街之東爲故宮博物院，南長街之東爲中山公園），清代開有西苑東門，一九四九年中共中央機關入駐後，即封了此門，而在南長街上新闢一門，稱爲南長街八十一號。門內即爲中南海警衛局禮堂，穿過禮堂前院西行不遠，便是南海的東北堤岸了。過蜈蚣橋往西，通往南海與中海之間的中共最高領導人物的住宅區。

有趣的是，一九四九年後，中南海的北面宮牆與東面宮牆，均被塗抹成了毫無生氣的鐵灰顏色，宮牆內所陸續增建的俄式辦公樓群，亦皆爲鐵灰顏色。留下南面及西面宮牆則保持著原明清帝王宮苑的硃紅顏色。於是整座中南海，便形成爲俄式鐵幕政治顏色與中式封建君主政治顏色相結合的格局。雖然不甚搭調，倒也應驗了那句紅色名言——馬列主義與中國革命實際相結合，產生出毛澤東思想，確是深具象徵意義了。

再說北宮牆的東段無牆，而是那橫跨在北海與中海水面上的金鰲玉蝀橋。民國初年改名北海大橋。原橋爲明世宗時建造，橋兩端各有一座漢白玉牌坊，橋西牌坊名「金鰲」，橋東牌坊名「玉蝀」，因而得名。全橋九孔，長數百步，白石爲欄，飾以雕鏤，美輪美奐。南北雕欄內側皆嵌有乾隆御製詩聯，南額爲「銀潢作界」，聯曰「玉宇瓊樓天上下，方壺圓橋水中央」；北額爲「紫海迴瀾」，聯曰「繡　紋開環月珥，錦瀾綺皺煥霞標」。淸人董谷有詩讚曰：「正愛湖光澄素練，卻看人影度長虹。」此橋明、清兩代曾爲禁地，尋常百姓不得通行。民國初年闢爲通衢，每逢春暖花開之際，行人至此，俯觀蓮荷，北瞻瓊島，南望瀛台，駐足流連，如登仙界了。

一九五八年，北京市政府對金鰲玉蝀橋進行拓寬改建時，竟將東西兩端的金鰲、玉蝀兩座牌坊拆毀，實爲一次破壞文明古蹟的無知愚行。自封「人民政府」者，最害怕的正是人民大衆。除派警衛部隊二十四小時巡邏守望，更在改建後的北海大橋水下，安設多重防銹鋼網及電子監聽，以防「敵特」從水中潛入中南海內。一九五九年毛澤東倒行逆施發起殘害忠良的反右傾機會主義運動後，開始有含冤莫辨的忠義人士，趁守望士兵不察，而從北海大橋上跳下，投入中南海內自盡，作爲人生的最後反抗：死給中南海的權貴們看！至一九六六年毛澤東文革瘋狂興起，儘管橋上崗哨林立，仍有更多的痛不欲生者，從橋上跳入中海，以死來抗議毛式紅色暴政。這眞是使得中南海裡的當權者們大感晦氣，壞了風水。可又無法重新關閉北海大橋。因大橋已拓展爲八車道，是爲北京東城與西城之間的交通要津了。

俗話說道高一尺，魔高一丈。大約在一九六七年前後，突然於一個晚上，在北海大橋兩側，安裝起了兩道高達三、四米，間距爲十來公分的乳白色鐵欄，欄杆的頂端爲鋒利的針刺形狀。此後，任何想「死給中南海當權者看」的悲憤抗議者，都無法踰越了。大殺風景的，自然是北海和中南海的煙波綠樹，重重殿宇，有如各被關在了白色鐵監之內。而匆匆路過大橋的人們，亦只能從這白色鐵監欄杆的間隙裡，瞟上一眼中南海內的神秘風景，暗暗罵上一聲「膽小鬼，怕百姓」

了。

更有甚者，從一九六八年起至一九七六年，堂堂一座平日遊人如鯽的北海公園，竟被毛澤東夫人江青及其同夥，以「全面整修」爲名，而關閉、竊據了八年之久。直至毛死江囚，北海公園才「全面整修」完畢，重新向公衆開放。實爲中國現代歷史上，婦仗夫勢所演出的醜劇。

第五節　帝苑神遊——不見了勤政殿

中南海內現存的宮院殿堂，大多爲清代建築物。大致上可分爲蕉園、瀛台、豐澤園、靜谷、海晏堂、懷仁堂、紫光閣、游泳池等八大組。

從中南海的東牆南段，南長街八十一號大門進入中南海，過警衛局禮堂前院西行不遠，即是垂柳繞堤的南海東岸。傍著堤岸北行約二百公尺，即是中海東岸。這裡松柏夾道，繼續北行即可抵達蒲草盈水、槐柳參天、殿宇嵯峨的蕉園。園內主建築爲萬善殿、千聖殿等。萬善殿西門外，有亭出於水中，名雲水榭。碧波繞亭，蓮荷溢香。亭中立有一方大石碣，上刻「太液秋風」四字，爲燕京八景之一。民國初年中南海開放爲公園時，遊人可以由此乘舟渡往西岸的游泳池、海晏堂一帶。

傍中海東岸原路南返，至臨近南海東北岸處折西，右手邊是一座山石環繞的水庭院，山石上有屋名「日知閣」，路邊有亭名「流水音」，亭內有流水九曲，因之又名「流杯亭」。當年這裡飛泉成瀑，下注池中，濺珠碎玉，曲水流響，乾隆皇帝題有匾額「流水音」，保存至今。再往西前行數步，左手邊有一臨水小亭，亭上匾額亦爲乾隆所題——「俯清泚」。站立亭中，即可遠望瀛台，島上殿閣亭榭倒映水中，典雅寧靜，猶如圖畫。

一路向西緩行，過一座漢白玉橋（明、清時名蜈蚣橋），右邊便是勤政殿舊址了。勤政殿原是中南海正殿，五開間，坐南朝北，康熙題殿額「勤政」。殿前有門名德昌，朝向中海。清光緒帝曾在此主持百日維新，民國初年袁世凱亦住在殿內辦公，不久並把它改建成西式禮堂，會議大廳足有三層樓高，氣派非凡。四周爲大、中、小會議室、宴會廳等，是當時中南海的最高建築物。

一九四九年一月三十一日，中共代表葉劍英將軍與國民黨華北剿共總司令傅作義將軍，在勤政殿內簽署了「和平解放北平的協議」，千年古都總算沒有毀於內戰戰火。

一九四九年六月五日下午，中共政治協商會議籌備會議在勤政殿開幕，會議由毛澤東親自主持。

一九四九年十月一日下午二時，毛澤東在勤政殿主持「中央人民政府」第一次會議，宣佈「中央人民政府」即於本日成立，毛澤東自任主席，劉少奇、朱德、高崗、張瀾、李濟深、宋慶齡任副主席，毛澤東並宣佈任命周恩來爲政務院總理兼外交部長。緊接著於下午二時五十分，毛澤東、劉少奇一行人從勤政殿門口登上汽車，前往天安門城樓。下午三時正，毛澤東站在天安門城樓上主持開國大典，以他的一口終生不改的湘潭鄉音宣佈：中華人民共和國中央人民政府，於本日成立了！中國人民從此站起來了！

之後，毛劉朱周亦經常在勤政殿內舉行黨政會議，會見並宴請外國貴賓。因之中南海勤政殿是中共全國政權的成立地，應是有象徵意義的。

可是到了毛氏文化大革命瘋狂期間，那位毛澤東書童衛士出身的中南海總管，權力無邊，竟然將勤政殿以「危房」名義拆除，而在上面替自己蓋起了一座花園庭院！民國初年袁世凱竊國時尚知將勤政殿改建成爲西式大禮堂，毛氏紅色王朝的內庭總管卻將勤政殿拆毀，替自己蓋了一座家院！眞眞天下奇聞。相信這項逆行，得到過其時總理一切的周恩來的親自批准。周恩來向以重視保護文物古蹟著稱，可爲了討好毛澤東親信的內庭總管，禁軍首領，卻可以拆毀掉具有歷史價值的中南海主體建築之一的勤政殿。是爲中共中央機關入駐中南海以來的一大敗績。他們拆除了勤政殿，不也正是拆除了中華人民共和國中央政府的起點，出發地？是否有著另一層的象徵意義？

第六節　南海明珠瀛台島

從勤政殿舊址折向南，過一座漢白玉橋，就是南海明珠瀛台島了。瀛台島始建於明代，稱爲南台。那時只是一道木板橋與北岸相連，島上林木繁茂，只有一座昭和殿，殿前有一小亭名澄淵，亭的南面佈有村舍水田。南海水闊，鳥禽翔集，確有一種江南水鄉似的野趣呢。到了大清順治年間，開始在島上擴建宮室，順治皇帝並題額改名「瀛台」。康熙以後又不斷擴建修繕，形成爲現在的規模，做了清皇室的避暑、泊舟、遊樂、酒宴之地。

戊戌變法失敗，慈禧太后幽囚光緒皇帝於瀛台達十年之久，直至光緒去世。

民國初年袁世凱執政，曾安排副總統黎元洪入住瀛台。

民國十六年西藏活佛班禪進北京，北京臨時政府曾安排班禪客住瀛台，以示禮遇。

一九五七年，中共政府對瀛台進行了一次大規模修繕。

一九五八年，中共政府在瀛台舉辦了一次「全國新創造發明展覽」，毛澤東等前往參觀，誠屬不倫不類，牛頭不對馬嘴了。

現今島上殿宇樓閣保存完整。從南海北岸過罷漢白玉橋，踏上四十級台階，迎面爲翔鸞閣，亦即瀛台正門。翔鸞閣坐南朝北，高兩層，寬七間，左右兩邊展延出雙層回抱樓，各有十九間之廣。

翔鸞閣後面是涵元殿門，門內東向爲慶雲殿，西向爲景星殿，正中就是涵元殿了。涵元殿坐北朝南，是爲瀛台的正殿。「仗馬排芳岸，遊龍達玉津」，康熙、乾隆時，常在這裡賞宴王公宗室、大臣權貴，每宴多達一百餘人，場面隆盛。至晚清光緒帝被幽囚在殿內直至去世，才冷落下來。

涵元殿之東爲藻韵樓，之西爲綺思樓，正南相對的是蓬萊閣。這樣，從翔鸞閣至蓬萊閣，就形成一座平坦完整、參差錯落、環拱有序的大院落。由蓬萊閣兩側緣梯而降，方知閣爲上下兩層樓，東西奇石古木，幽徑深洞，太湖山石壘成奇峰峭壁，於玲瓏剔透、雍容華貴的殿閣之外，又加上了天然山林景致。

蓬萊閣南面即是明朝南台舊址，東爲春明樓，西爲湛虛樓，兩樓之間有一棵高二點六公尺的木變石，珍稀異常。乾隆題詩曰：「異質傳何代？天然挺一峰。誰知三徑石，本是六朝松。苔點猶疑葉，雲生欲化龍。當年吟賞處，借爾撫遐蹤。」

最南端爲迎薰亭，隔海與新華門相對。迎薰亭立於水中，有小橋與南台舊址相連。亭中有聯曰：「相於明月清風際，只在高山流水間。」

以涵元殿爲中心，瀛台東面還有補桐書屋、待月軒、鏡光亭，及其立於水中的牣魚亭；西面還有長春書屋、八音克諧、懷抱爽等亭廊院落。懷抱爽亭下岸邊，立有著名的人字柳碑。

於南海迎薰亭中回首瀛台，碧波映目，水色山光，殿堂樓閣，掩映在綠樹濃蔭之中，眞眞令人置身於蓬萊仙境之中了。

第七節　豐澤園——菊香書屋

我們重返漢白玉橋，回到南海北岸沿路西行，路經一亭，有流水穿亭而過，曰「結秀亭」。結秀亭再往西，就是豐澤園了。

豐澤園建於清康熙年間，正門上所懸匾額「豐澤園」爲乾隆手書。門外原有稻田數畝，桑樹數十株，爲清王室每歲仲春亥日演耕之所。進入豐澤園庭院，迎面爲頤年堂，清代曾名崇雅殿。頤年堂之後爲澄懷堂，澄懷堂之後爲遐矚樓。

穿過頤年堂東側，有走廊通往東面一座四合院，就是著名的「菊香書屋」，康熙題聯曰：「庭松不改青葱色，盆菊仍霏清淨香。」「菊香書屋」實際上由南北兩座四合院組成，北院又名「紫雲軒」，院內有數棵百年蒼松，十分幽靜。北院的北房五間，高大寬敞，中間是過廳，東頭兩間爲毛澤東的起居室，西頭兩間爲江青起居室。中間過廳有北門通往一小花園，小花園圍牆外即是中海南岸的車道、堤岸人行道了。北院東廂房五間，中間的一間是過廳，北側兩間爲毛澤東的辦公室及餐室，南側兩間爲貯藏室。過廳東面有門，出門是一條南北走向的窄長巷道。北院的西廂房亦爲五間，中間一間是過廳，連通著頤年堂。北側兩間爲毛澤東的藏書室，南側兩間至今沒有人披露過曾經作何用途。北院南房即爲南院北房，中間的過廳通連著兩院。南院爲毛澤東的子女親屬及工作人員居住，結構上與北院大致相同。

菊香書屋東廂房外側的小巷道，北端有兩座門，一座供生活服務人員出入，一座供毛澤東、江青出入。在五十年代毛澤東經常從這巷道出北小門，沿中海南岸西行，再折向北邊去懷仁堂、紫光閣開會，去游泳池游泳，或是折向南邊去春藕齋跟年輕美貌的女文工團員跳舞。

菊香書屋的西過廳，還連通著頤年堂後的兩座庭院，北邊的庭院是爲毛澤東的機要室及衛士長住室，南邊的庭院則住過文化大革命之前的中共中央辦公廳主任楊尙昆一家。楊氏一家遷出後，即改作爲毛澤東的禮品室和乒乓球室。

實際上，頤年堂亦被毛澤東據作書房和會議室。一九六六年之前，毛澤東經常在裡面召集政治局委員、政治局常委會議。

毛澤東住菊香書屋，從一九四九年九月到一九六七年中秋日搬出，長達十八年之久。他搬離菊香書屋後改住在中海西岸上的游泳池。在這之前，他每年都在自己生日那天——十二月二十六日的晚上，在菊香書屋餐室內宴請自己的同事、親友。一九六六年十二月二十六日，他宴請的是中央文革成員，老同事只有周恩來一人出席。毛澤東的生日自我祝辭是：祝展開全國全面內戰！

整個的豐澤園大院，由十餘座相對獨立的小院落組成，實爲一分支衆多的大家族結構。曾經入住其間的，除毛澤東一家外，還先後有劉少奇、朱德、林伯渠、彭德懷、陸定一、楊尚昆、胡喬木等人的家室。大家族結構自然有著它的嚴密性與殘忍性，產生出衆多的悲劇與不幸。住進豐澤園的人均難有善終，僥倖出了豐澤園的人，後來再也不願搬回。

第八節　春藕齋——總是帝王秘戲處

出豐澤園大門，西側又有一亭，名「荷風蕙露」。與亭相向，北面有一座以漢白玉雕砌而成的精緻小門，門額上刻著「靜谷」二字。門上對聯曰：「勝賞寄雲巖，萬象總輸奇秀；青蔭留竹柏，四時不改蘢葱。」

靜谷原也是豐澤園的一部分，卻又是一座獨立完整的宮院，素有「園中之園」的稱譽。進門的正殿爲崇雅殿。殿後園內屏山鏡水，雲巖奇秀，華林芳徑，竹柏蒼鬱，遊廊曲迴，環境特別清雅靜謐。清末曾住過光緒皇上的珍妃，五十年代毛澤東與夫人江青分居後，曾被江青居住，稱爲「靜園」。

從崇雅殿前院過一株連理柏，繼續往西過一道長廊，隔水相對者爲純一齋。此齋碧水環繞，長廊相接。旁有一座寬敞的院子，名「含和堂」，爲朱德一家的居所。從純一齋再沿長廊往西，就是春藕齋了。齋前平台寬敞，立於水中，圍有玉石欄杆。平台之下，便是著名的中海荷花池。荷池甚大，上設卍形賞荷遊廊，因之荷池又稱爲卍廊。旁有雅潔小院，楊尚昆、陶鑄文革落難前先後入住過。

春藕齋爲靜谷的主要建築之一，凝重、渾厚。齋前原有戲台演出宮戲，專供皇帝及后妃享用。春藕齋實爲皇帝與宮妃們的秘戲處，各式性遊戲的玩娛室。民國初年，袁世凱、段祺瑞等曾先後在這裡召開過財政會議。民國八、九年，這裡還作過徐東海、曹錕兩位短命總統的辦公室。進入五十年代，春藕齋是爲中共國務院總理周恩來的辦公室。中共中央辦公廳、中央軍委辦公廳亦都在這裡召開過會議。

本來不潔之處，自然出不了廉潔的經濟、政治。

一九六〇年，中共中央辦公廳正本清源，對春藕齋做了重新裝修改造，還其本來用途，成爲中南海的交誼廳兼電影放映廳，還專爲毛澤東闢出了舒適溫馨的休息室。

從此春藕齋內，溫香軟玉，夜夜笙歌，夕夕歡舞。前來伴舞的，大都是從黨政、總政文工團挑選來的十幾二十歲的歌舞演員，身段婀娜，柔若無骨。說是周恩來很少來春藕齋跳舞，他在中海西北岸上的紫光閣另有舞廳，亦另有一班國色天香的舞友。

朱德總司令總是於晚上七時半，由其夫人康克清陪同進入春藕齋，再由年輕女演員扶著他老人家的手，陪著他老人家「走軍伍式大步」。直走得女演員嬌喘微微，香汗淋漓。其實朱老總的交誼舞跳的不差，「走大步」是遵醫囑，鍛鍊身體。九時左右，朱德總司令會準時攜夫人退場，他有早起早睡的生活習慣。

國家主席劉少奇偕夫人王光美，一般都是在朱總司令走後才進場。劉少奇走路腳步輕捷瀟脫，待人親切和藹；王光美端莊秀麗，性情溫柔開朗。劉少奇的舞步像他平時走路那麼瀟脫，舞技不俗，會跳錯步各種花式，尤其是快三步跳得好，且善於帶人。爲劉少奇伴舞，女演員們往往身輕如燕，靈活自如，盡情發揮：時而繞著他蝴蝶般飛旋，時而跟隨他闊步向前，時而巧妙地閃開可能的碰撞，時而表演特技般跳出令人目不暇接的花樣。因之女文工團員們都喜歡跟少奇主席跳舞，總是大膽主動地去邀他。他的夫人王光美則常常坐在靠門邊的一張簡易沙發上，總是帶著靜謐的微笑，默默地注視著自己的夫君。

劉少奇工作很忙，每次都只跳一小時，於十時左右結束。每當他邀請自己的夫人王光美共舞，文工團員們都會投以艷慕的目光。王光美的舞姿熱烈、瀟灑，青春洋溢，風度迷人。她和劉少奇舞步和諧，配合默契，是最令人稱羨的一對。劉少奇總是邀自己的夫人跳最後一支舞，從不例外。這時大家也就明白了，國家主席要退場了，要回他的辦公室去繼續處理黨、政要務了。

據那些當年經常去中南海春藕齋舞廳「出任務」的半老徐娘們回憶，在中共領導人物中，舞相不雅、舞德不彰的是幾位行伍出身的首長，如陳毅元帥，李先念副總理，葉劍英元帥，蕭華上將等，跳舞時總是挺著個大而凸的肚皮，把女演員們摟得緊緊的，還愛把自己的老臉貼在人家的粉臉上，類似後來的貼面舞。年輕女演員們當然很不受用，但又不敢拒絕，因爲來中南海陪中央首長跳舞，是來「出任務」，來完成部隊黨委交下的光榮的政治任務。能夠通過嚴格的政治和業務審查，而被挑中入宮伴舞，誰不慶幸？誰又不羨慕？

中南海內舞德最爲不彰的，自然是最高領袖毛澤東了。他一般於晚上十時後才在衛士、醫生、護士們的陪同下進入春藕齋。他絕少帶自己的夫人江青進場共舞。江青有時也來坐坐，但很少有人敢於邀她跳舞。江青電影明星出身，舞技自然不差，但太愛挑剔，又喜怒無常。

毛澤東進場後，一般要先坐在舞場旁的專設沙發上喝茶，聊天說笑，培養氣氛。有時他還約人來討論、匯報工作。一九六四年冬王光美下鄉蹲點回來，就是在春藕齋舞廳旁向毛澤東匯報了「桃園經驗」。匯報整兩個小時，毛澤東頻頻點頭讚許。當天晚上當然耽誤了偉大領袖跳舞。

毛澤東舞興極濃，每次都要從十點多鐘跳到凌晨一時。女演員們都以能跟偉大領袖共舞爲榮。有時他一支曲子要換三個舞伴。有時他看中了某位美人兒，一支曲子下來，就會拉著那美人兒的手，進入舞廳旁爲他專設的休息室去「談情況」，進行另一番肢體傾談。常常一進去就一、兩個小時。留在舞廳裡的文工團員們自然都嚴守「革命紀律」，只顧各人陪著毛澤東的秘書、醫生、衛士們跳舞，誰也不敢多嘴。

有一年某夜晚，春藕齋舞廳的一塊天花板突然脫落，不偏不倚正好砸在毛澤東的專設沙發上，發出如同爆炸了一顆手榴彈似的巨響。幸而毛澤東當時正摟著個美人兒跳舞，天花板並未砸在他身上。爲此，中南海警衛局總動員，對春藕齋進行了徹底搜查，在中南海內外追查了大半年的反革命分子，搞得人人自危，戶戶膽寒，也未能查出個究竟，最後只是撤換了中南海機關事務局屬下的房屋修建隊的人馬，鳴金收兵。

從一九六〇年到一九七二年，毛澤東因接班人林彪密謀殺害他事敗，氣急中風行走不便之日止，春藕齋一直是爲這位紅色君王的秘戲處。

第九節　懷仁堂——悲情紀錄

春藕齋西邊是愛翠樓，愛翠樓後是聽鴻樓。聽鴻樓北面偏西不遠處，便是著名的懷仁堂了。懷仁堂的前身爲儀鑾殿。儀鑾殿於一九〇〇年被八國聯軍放火燒毀。慈禧太后挈光緒皇帝西逃返京後，在儀鑾殿廢墟上建造起一座西式佛照樓。當時有首宮詞吟唱道：

天半燈搖紫電流，
玲瓏殿閣仿歐洲，
卻因一炬西人火，
化出繁華佛照樓。

民國初年，袁世凱執政，將佛照樓改名爲懷仁堂。袁世凱死後靈柩曾停在堂內。堂前陳列衆多文物，中有堪稱國寶的獸首人身銅像十二座，景泰藍銅獅，紀念碑及牛虎龍蛇十二屬相等。

一九四九年後，懷仁堂成爲中共中央、國務院的禮堂，內有大、中、小型各種會場及劇場。在這裡舉行的重要會議有：

一九四九年九月二十一日至三十日的中國人民政治協商會議第一屆全體會議，決議成立中華人民共和國並組成中央人民政府；

一九五三年九月梁漱溟先生爲農民請命而遭到毛澤東長篇侮罵的最高國務會議；

一九五四年二月將高崗、饒漱石打成「反黨聯盟」的中共中央七屆四中全會，首開中共建政後逮捕中央最高層幹部的先例；

一九五四年九月選舉毛澤東爲國家主席、劉少奇爲人大委員長的第一屆全國人民代表大會第一次會議。此後全國人大取代全國政協，並使後者完全墮落爲政治花瓶、擺設；

一九五六年九月從黨章中取消毛澤東思想一詞並強調中央集體領導的中國共產黨第八次全國代表大會……

直至一九六六年八月上旬，毛澤東親自主持的八屆十中全會，邀來一批「革命師生」充當吶喊助威者列席會議，並派自己的衛隊鎮守會場，得以強行通過文革十六條，並指定林彪爲他的無產階級革命接班人。八月五日，毛澤東親自寫下大字報《炮打司令部》，公然炮打國家主席劉少奇。該大字報就張貼懷仁堂會場的走廊上；

一九六七年二月，「三總四帥」①大鬧懷仁堂，怒斥中央文革，怒斥毛夫人江青及其文革親信張春橋、康生、陳伯達。隨後該次由周恩來主持的「中央工作碰頭會」被毛澤東定性爲反文革的「二月逆流」，「三總四帥」被撤銷職務，遭到軟禁；

一九六八年十月，毛澤東在懷仁堂主持中共八屆十二中（擴大）全會，「決議」把國家主席劉少奇定爲「叛徒、內奸、工賊」，永遠開除出黨；

一九七六年十月六日凌晨，毛澤東死後的第二十七天，中共軍人葉劍英等在懷仁堂以召開政治局會議名義，一舉逮捕了毛夫人江青爲首的文革「四人幫」，實施了一次不流血宮變；

一九八〇年二月，在懷仁堂舉行了中共十一屆五中全會，趕毛澤東接班人華國鋒下台，選舉胡耀邦爲黨中央主席（不久改稱總書記），並替原國家主席劉少奇平反昭雪，恢復名譽，承認劉少奇是死在了「國家主席任上」；

一九八七年一月十六日，在懷仁堂召開的一次「中共中央政治局生活會」上，力主改革的黨總書記胡耀邦被中共老人非法逼迫下台；

一九八九年五月十九日晚上，正是北京學運、民運高潮期間，中共爲挽救政權於危亡，由國家主席楊尚昆、國務院總理李鵬出面，在懷仁堂召開首都黨、政、軍負責人大會，宣布北京戒嚴，軍隊進城，不久演成震驚世界的北京「六四」慘案……

懷仁堂，中國現代歷史的見證。

註

①指當時中共的三位副總理和四位元帥：李富春、李先念、譚震林、葉劍英、陳毅、徐向前、聶榮臻。

第十節　海晏堂

懷仁堂東南面，靠近中海西岸的一組西式樓閣庭院建築物，是爲海晏堂。海晏堂亦名居仁堂，爲西太后所建，當時備以款待女賓的。民國七、八年間，一度爲國務總理辦公地。民國十六年，張作霖自封大元帥時，以它爲「帥府」。堂後爲延慶樓——曹錕任總統時曾在此樓辦公，後亦被囚於此樓。延慶樓後爲安慶堂，曾爲林伯渠的居所。安慶堂後爲永福堂，曾爲彭德懷居所。民國年間，還增建了延壽齋、福壽齋、福祿居等庭院。福祿居爲劉少奇一家的居所，靠近毛澤東的居所菊香書屋。

福祿居坐南朝北，分爲前院、後院。北房爲二層小樓，下有大門，朝向中海。樓下一層爲秘書、衛士值班室，樓上一層爲劉少奇書房及辦公室。一九六七年後劉少奇被劃地爲牢囚禁在這樓上辦公室裡。樓下爲草坪花園。前院與後院之間有一排平房，因之也被稱爲中院，是爲劉少奇全家的廚房餐室，幾位子女的宿舍及保母住室。後院花木葱鬱，南房五間，中間一間爲過廳，闢有小門通外，日常並不啓用。東西兩側房間，分別爲劉少奇、王光美的起居室。一九六八年王光美被捕入秦城監獄之前，曾被單獨囚禁在這後院裡，妻子、子女、父親互不能見面。

一九六六年五月二十二日晚上，長期擔任毛澤東政治秘書的田家英（兼任中央辦公廳副主任），在海晏堂的一座小偏院住所內懸梁自盡。這是中南海內一樁著名的自殺案。亦是中南海內高官自殺的第一人。田家英舊學深厚，文才俊逸，自一九四八年起任毛澤東的主要文字助手，曾深獲毛澤東器重。一九五九年廬山會議後與毛澤東產生思想裂縫，多次請求外調不允。因毛澤東顧忌他所知內幕太多。說是毛澤東於一九六三年後有意羞辱他的人格，命他掌管宮闈秘事。每當毛澤東秘戲一名女子，即由田家英付給那名女子一筆「生活補助費」，並負責聯繫女子所在單位的黨組織，解決其轉幹、提級、提薪、入團入黨等問題。

田家英自殺的當晚，中共中央辦公廳主任、中南海警衛部隊領導人汪東興，突然派員來到田的家中，向田宣布中央決定：田家英即日起停職審查，交代問題。當場並查抄、收走了田的所有文件，限令他全家於第二天「滾出中南海」。相信田家英此時已對毛澤東的文革瘋狂痛欲不生，萬念俱灰，加上他平日最看不起的就是不學無術的汪東興，兩人關係長期不睦。自知搬出中南海後，必然遭到精神與肉體的殘酷折磨，即於當天晚上，在自己的住室內「懸梁自盡」。說是田家英自縊之前曾對妻子遺言：今後孩子們的成長要靠他們自己了。大約他的妻子亦覺得，與其讓田受盡凌辱迫害死去，不如讓田及早自我解脫。怨只怨在黑幕暴政的臭泥坑中陷的太深，絕無自拔的可能。

也有人懷疑田家英當年死於他殺。田家英的存在對毛澤東是個大的隱患。究竟是自殺還是他殺？至今歷史成謎。只能說，伴君如伴虎，了解的「秘戲」太多，難逃殺身之禍。

第十一節　游泳池

從海晏堂沿中海西岸北行不遠，與東岸的水雲榭隔海相望者，是游泳池。游泳池始建於民國初年，原設備較爲簡陋，一九四九年後進行了改建，成爲了毛澤東的室內大泳池，亦是中南海內除春藕齋外，他的第二座秘戲處。一九五八年十月的一天，毛澤東穿著游泳褲頭，在這裡跟衣冠楚楚的蘇共總書記兼政府總理的赫魯曉夫會談。陪同會談的劉少奇、周恩來、鄧小平、彭眞也都衣冠整齊。唯毛澤東光著身子，指著赫魯曉夫的鼻子，予以怒斥、羞辱。事後並責問自己的俄語翻譯李越然：你替我翻譯的時候，爲什麼手不指著赫魯曉夫的鼻頭？

毛澤東是在劉少奇、周恩來、鄧小平、彭眞及工作服務人員面前，表現出來他的山大王式「偉大氣魄」來了：赫魯曉夫算老幾？我指著鼻子訓了他，又能怎樣？他赫魯曉夫說爆發第三次世界大戰，打熱核戰，人類會毀滅。我說中國有六、七億人口，死掉一半，還有三億多，中國不怕打戰！

赫魯曉夫的狂熱，比起毛澤東的瘋狂來，眞是小巫見大巫了。從歷史的角度看，游泳池會談，丟臉獻醜、惡相畢露的是毛澤東本人。正是人無人格，黨無黨格，國無國格了。

自五十年代起，只要毛澤東不出巡，每晚上必定在游泳池跟一小批、一小批從軍隊文工團精選來的美女們游泳，跳舞，嬉戲。有樂隊演奏。也是在一九五八年，周恩來總理爲了竭誠服務毛主席，將從朝鮮戰場上撤回來的志願軍文工團改爲「中南海歌舞團」，供毛澤東玩娛。粗豪正直的彭德懷元帥知情後十分痛恨，逕自去找了毛澤東，問：主席，難道你也要搞後宮嗎？彭德懷並無懼毛澤東的龍威，以國防部長兼中國人民志願軍司令員的名義，下令解散了中南海歌舞團，從而種下了一年之後的廬山會議上被毛澤東迫害下台的禍根。

一九六七年中秋節，正是舉國文革紅色恐怖最瘋狂的日子，毛澤東忽然懷疑他的住所——豐澤園菊香書屋內進了刺客（後經仔細搜查毫無結果），執意於當日即搬到游泳池他的休息室居住。當年秋後，周恩來趁毛澤東離京南巡期間，替他在游泳池畔新築一所宮式庭院。

一九七一年，毛澤東在游泳池居所策劃了清除「林彪反革命集團」的步驟方略。

一九七二年初，毛澤東在游泳池居所中風，險些不治。二月底，毛澤東在這裡接見了訪問中國的第一位美國總統尼克森，不久又在這裡接見了前來建立邦交的日本首相田中角榮，並批准「保證永不翻案」的鄧小平恢復工作。

一九七三年，毛澤東的眼睛因患了白內障瞎了，卻拒絕醫生替他做摘除手術，而發起批孔批林批周公運動。他瞎著眼睛主持了一年多的政治局會議，誰也不敢相問。

一九七四年夏天，毛澤東最後一次離開中南海，離開北京南巡，到武漢東湖賓館住了些日子，之後回到老家湖南，先住韶山滴水洞賓館，再住進省城長沙蓉園賓館一號院，一共十個月，直到一九七五年五月他返回北京，仍住回他的中南海游泳池。

同月，毛澤東留下了前來看望他的原空軍文工團演員湖北姑娘孟錦雲。孟錦雲成爲他生平最後一名女護士、紅顏知己。毛稱孟爲「孟夫子」，典出唐人李白贈孟浩然詩句「吾愛孟夫子，風流天下聞」。在美麗迷人的孟錦雲的柔情勸說下——主席，你不是想看到我嗎？做了手術，才看得清呀！爲了看清楚妙可的人兒，毛澤東終於同意眼科專家替他做了白內障摘除手術，恢復了光明。

也是在一九七五年，他忽然又十足厭惡起自己的夫人江青來了。他命人在游泳池的大門口裝設起一道鐵門，並指示：用來擋江青，沒有我的批准，誰也不許進入。當時，此鐵門爲中南海一景，相信毛死後已拆除。

一九七五年底、七六年初，毛澤東在中南海游泳池發動了他生平的最後一次政治運動——反擊右傾翻案風，把鄧小平第二次逐出權力舞台。

一九七六年五月，毛澤東在游泳池接見了他的最後一名外國客人。夏初，他最後一次提出：他是南方人，要回南方去。他想著回到老家湖南韶山滴水洞去終老天年。可是他已經失去了說話、行動的能力。他的醫療組的專家們也不同意他離開中南海游泳池。直到這年的九月九日凌晨，他死在中南海游泳池。

第十二節　紫光閣和西花廳

循游泳池旁的中海西岸往北走二百公尺左右，是迎春堂。從迎春堂折向西不遠，是著名的紫光閣。紫光閣始建於明代，爲明武宗皇帝觀看射騎操演的高台，後改建爲高閣。至清代，爲皇上款宴功臣之所。一九四九年後，爲中共總理周恩來的辦公處。

從紫光閣再往西北數百步，亦即中南海的西北角上，有一座庭院，名「西花廳」，爲周恩來夫婦的居所。從這居所的選擇，亦可看出周恩來的聰明過人之處。周恩來和鄧穎超，是中共中央領導人物中，唯一一家未被趕出中南海的，算是有善終的了。周恩來於一九七六年一月八日去世。鄧穎超則一直住在西花廳裡，至一九九〇年辭世。

第十三節　紅色恐怖的中南海

在毛澤東王朝，中南海內的慘烈權力爭鬥中，最早被趕出中南海並被捕入獄的，是高崗、饒漱石二人。高、饒兩家都只在中南海內住了不足三年。第三位被趕出中南海的是剛直不阿、爲民請命的彭德懷元帥。那是一九五九年秋天廬山會議之後，彭德懷被毛澤東打成右傾反黨集團頭子，被撤銷了中央軍委副主席兼國防部長職務。彭德懷上交了元帥服，搬出了中南海永福堂，住到北京西郊掛甲屯的吳家花園去挖泥種菜、種試驗田。一九六五年九月下旬，毛澤東又將彭德懷放逐到四川大三線去。過了一年，即被北京紅衛兵抓回北京批鬥，後一直被關押在秦城監獄，直至一九七四年含冤死去。

一九六二年九月，中央書記處書記、國務院副總理兼秘書長習仲勳，被毛澤東打成反黨分子。習仲勳原爲第一野戰軍政委，彭德懷的老搭檔。隨後習仲勳全家被趕出了中南海。

一九六六年一月初，中央辦公廳主任楊尚昆突然被毛澤東下令撤銷職務，趕出中南海。還是靠了其時尚在位的劉少奇、鄧小平的周旋，楊尚昆才未被捕，而被分配到廣東工作（後並未成行）。一九六六年五月十六日前後，毛澤東下令將彭眞、羅瑞卿、陸定一、楊尙昆四人打成「反革命陰謀集團」，關進秦城監獄。彭、羅兩家原不在中南海內居住，楊家已被趕出，因之這次被趕出中南海的只有陸定一一家。

前面已提到，一九六六年五月二十二日晚上，長期擔任毛澤東政治秘書的中央辦公廳副主任田家英，在被宣佈趕出中南海、停職審查之後萬念俱灰，於當天晚上懸梁自盡。

一九六六年七月二十一日，毛澤東針對北京市委改組、國務院機關改組，發表談話，公然號召紅衛兵、造反派包圍中南海，包圍國務院：

「南京新華社被包圍，我看可以包圍三天不出報，有什麼了不起，你不革命就要革到你頭上來，爲什麼不准包圍省市委、報館、國務院？……工作組撤出來後，有些要復辟，復辟也不要緊。我們有的部長就那樣可靠嗎？有些部長、報館是誰掌握呀？」

七月二十二日，毛澤東又發出「最高指示」：「……工作組阻礙革命勢必變成反革命。西安交大不讓人打電話，不讓人家派人到中央，爲什麼怕人家到中央？讓他們來包圍國務院。文件上要寫上，可以打電話，可以派人！」

誰都知道國務院就在中南海。毛澤東號召造反派、紅衛兵包圍國務院，就是號召包圍中南海。根據毛澤東的上述「最高指示」，自一九六七年一月起，在毛夫人江靑及其中央文革成員的教唆、指使下，中南海便處在了北京紅衛兵、革命師生的重重包圍之中。其中的幾次大的包圍行動，紅衛兵均出動了數十萬人馬，在中南海的宮牆外搭下帳篷，組成各種「揪劉陣線」，「揪劉、鄧、陶聯絡站」，「揪朱德聯絡站」，「揪陳毅聯絡站」等等。紅衛兵組織還架設起數百隻高音喇叭，從四面八方對著中南海日夜狂吼。紅衛兵糾察隊還分兵把守在中南海的西門、西北門、北門外，檢查從這三座大門內出入的車輛，一旦發現車上有他們要揪鬥的人物，則立即將其從車中抓出，交付「群衆專政」。

爲著配合中南海宮牆外的革命行動，中南海內的中共中央機關員工、國務院辦公廳機關員工，秉承毛澤東夫婦的旨意，組成了一支「中南海造反隊」，分頭在劉少奇、鄧小平、陶鑄三人的家院內，對他們進行激烈批鬥。對劉少奇、陶鑄二人還允許動拳腳，進行毆打凌辱。在這同時，中南海造反隊還奉命抄了朱德（人大委員長）、董必武（國家副主席）、陳雲（政治局常委、副總理）、陳毅（副總理兼外交部長）、譚震林（副總理）、葉劍英（中央軍委副主席）、徐向前（中央軍委副主席）、李先念（副總理）等人的家，貼出打倒他們的大標語、大字報，對他們進行人身威脅。周恩來亦被貼出了大字報，指他爲「叛徒、兩面派」。事後，毛澤東又裝神弄鬼的出面「保」他們，如稱朱德「還是紅司令，不算黑司令」等等。周恩來的親信賀龍元帥則早於一九六六年八月二十五日第一次被捕，被周恩來救出，但於一九六七年二月第二次被捕送往西山單獨監禁，直至死在那裡。

一九六七年秋天，毛澤東、林彪並宣佈對中南海實行軍事管制。中南海軍事管制領導小組組長爲林彪親信、來自廣州軍區的黃永勝上將。

至此，中南海內，風聲鶴唳，群魔亂舞，殺氣騰騰，人人自危。中南海政權墮落成爲完完全全的軍人政權。

一九六九年十月十六日，林彪發佈全國軍事演習的「林副主席第一號戰備令」，以「準備打仗、人員疏散」爲名，把劉少奇、鄧小平、陶鑄、朱德、陳毅、譚震林、董必武、陳雲、葉劍英等等統統遷出北京，放逐外地：劉少奇被秘密押送河南開封，並很快死在那裡；鄧小平被送往江西南昌郊區軟禁；陶鑄被押送安徽合肥郊外監禁，死在了那裡。朱德被送往廣東從化軟禁；陳毅被送往安徽合肥軟禁；張聞天被送往江蘇無錫軟禁；譚震林被送往廣西桂林軟禁；陳雲被送往江西贛州軟禁；葉劍英被送往湖南湘潭軟禁……不久後，毛澤東集團和林彪集團開始了血腥爭權，毛澤東爲加強自己一派的勢力，允許朱德、陳雲、陳毅、董必武、葉劍英等人回北京。但他們再也不肯入住中南海了，朱德、董必武住到了西郊萬壽路的新居所，陳毅住到了南郊豐台，葉劍英住到了西山……三年後鄧小平恢復自由回京工作，也不再住進中南海，而住到了景山東街一座院子裡。

中南海，留給中共元老們的，是悲憤和屈辱的記憶。

第十四節　壯哉！包圍中南海

在中南海被數十萬紅衛兵造反派包圍的那些日日夜夜，有段時間毛澤東仍住在他的豐澤園菊香書屋內。毛澤東聽得到宮牆外傳入的語錄歌聲，打倒劉鄧陶、揪出朱陳葉的口號聲。劉少奇與毛澤東是近鄰，中南海造反隊幾次在福祿居院內對劉少奇、王光美的激烈批鬥，毛澤東更是聲息入耳，十分受用。毛澤東並親自下令將劉少奇、鄧小平、陶鑄三人監禁在各自的家中，劃地爲牢，而不送去秦城監獄。

毛澤東對紅衛兵組織包圍中南海，幾百隻高音喇叭日夜狂吼，從沒有過任何批評，而是一味地表示讚賞。他說，任何新生事物的出現，總是會伴隨著一陣大喊大叫、大吵大鬧的。他說，形勢大好，不是中好，更不是小好，形勢大好的一個標誌，就是人民群衆被眞正發動起來了！他說，現在是吵得資產階級睡不著覺，無產階級也睡不著覺了！

當時，中央文革的江青、康生、陳伯達、張春橋、姚文元、王力、關鋒、戚本禹等人都住在阜城門外的釣魚台國賓館的十幾棟西式花園別墅裡。而住在中南海裡的，除毛澤東之外，還有周恩來、朱德、陳雲、董必武、陳毅、李富春、李先念等人，加上已被打倒的劉少奇、鄧小平、陶鑄三家人。因之釣魚台國賓館成爲中央文革的大本營，中南海則成爲黨內走資派及右傾勢力的集中地了。

在中南海內，被鬥得最慘的是劉少奇，被整得最爲辛苦的則是後來被人稱爲「中央救火隊隊長」的周恩來。在那些紅色恐怖的日日夜夜，數十萬紅衛兵小將不但包圍著中南海，而且是成梯隊地妄圖衝進中南海，以揪出劉少奇，揪出王光美，揪出鄧小平，揪出陶鑄，揪出陳毅。江青爲首的中央文革坐鎮幕後指揮。紅衛兵小將不衝擊中南海南大門新華門，因爲新華門是儀門，門內即是南海湖水，以及一條通往人民大會堂的絕密地道，是不能衝擊的；紅衛兵也不衝擊中南海東牆南段的南長街八十一號門，因爲門內即是中央警衛局禮堂，與毛澤東的住所豐澤園菊香書屋距離很短，也是不允許衝擊的。

紅衛兵的隊伍集中衝擊中南海西宮牆上的西門、西北門，以及北宮牆上的北大門。西門、西北門內爲中共中央、中央軍委機關重地，北大門內爲國務院辦公廳機關重地。按規定，除東牆上的八十一號門外，其餘的四座大門必須二十四小時開著，不許關閉。因之只能由中南海警衛師的徒手部隊組成一道道人牆，來阻擋紅衛兵隊伍一波一波洪水般的衝擊。警衛部隊奉命對衝中南海的紅衛兵「罵不還口、打不還手」。有好幾次，紅衛兵的人潮都已經衝破了西門上的第一道士兵人牆，正在衝擊第二重宮門上的士兵人牆。一旦這第二道人牆被突破，中南海內再無防守，幾十萬人蜂擁進來，大抓走資派，大搞打、砸、搶、抄，就更有好戲看了，後果不堪設想。

在最關鍵的時刻，如同驚險電影鏡頭，周恩來接獲西門告急的報告，立即驅車趕到，手持半導體話筒，對著那些黃蜂一般密集的紅衛兵小將吼道：中南海是黨中央所在地，偉大領袖毛主席也住在這裡，你們要衝進來，除非從我周恩來的身上踏過去！

常常是西門、西北門的險情被周恩來解除後，北大門又告危害！周恩來又得驅車趕往北門去解圍。原來是江青指使手下的文革親信跟周恩來玩疲勞戰術。當時有人提議周恩來搬出中南海，比如搬到人民大會堂去辦公。但是周恩來說：我不能走。毛主席還住在中南海，還有許多老同志住在中南海。我不走，他們就衝不進來。

毛澤東只是號召過紅衛兵來包圍中南海，讓這座近千年的帝王宮苑接受一次無產階級群衆運動的革命洗禮。但對於是否可以讓紅衛兵衝進中南海，則態度曖昧。毛夫人江青及其文革親信們則寄望紅衛兵小將們衝進中南海去，把裡邊的老傢伙們統統揪出來，交群衆鬥爭、關押、專政。只有把老傢伙們一個不剩地統統打倒，文化大革命才能徹底勝利，否則就留下隱患。周恩來則利用毛澤東的曖昧態度，要求八三四一部隊死守中南海，並嚴禁打人傷人。

從一九六七年一月到七月二十日，中南海被北京紅衛兵包圍、衝擊，時圍時撤，前後達半年之久，實爲毛澤東夫婦導演的精采大戲。直到七月二十日，發生了驚天動地的「武漢兵變」，毛澤東本人也險些落入憤怒的軍人之手，毛統帥才命令中央文革，撤除紅衛兵組織對中南海、人民大會堂的包圍，此後不准再包圍。

第十五節　絕密地道裡的謀殺

一九六八年夏季，在紅色恐怖中的中南海，還發生了一件離奇的死亡事件：負責黨中央政治保衛工作的公安部副部長李震，被人神秘掐死在中南海通往人民大會堂的絕密地道裡！

這一地下通道屬於中南海特級警衛區域。當時可以使用的只剩了毛澤東、周恩來、林彪三位黨中央常委。周恩來還特許陳毅、江青、康生、陳伯達等人使用過。其他能進入此通道的，就只是負責中央政保系統的公安部長謝富治、副部長李震、中央辦公廳主任汪東興等很少人員了。

李震係劉伯承、鄧小平的第二野戰軍出身，擔任過二野的政治保衛部部長。是爲鄧小平的愛將，也是劉少奇在中南海政保系統的心腹。事後，人們私下裡紛紛推測，智勇雙全的李震是死在了自己人手裡，亦即是死在了毛的親信謝富治手裡。爲的是消除劉少奇、鄧小平埋藏在中南海政保系統內的「隱患」。由於在中南海內執勤的八三四一部隊的幹部戰士一律嚴禁佩戴武器（實爲毛澤東等人恐懼遭到近邊人員的暗算或相互火併），因之貴爲公安部副部長的李震，只得在絕密地道裡被人生生掐死。估計至少有八三四一部隊的三名武術高手對李震同時下手。說是李震一身功夫好生了得，不是遭人暗算，平時三五條漢子是近不了他身的。

二十多年過去了，李震一案，仍在中南海內視爲絕密。

第十六節　本卷結束，下卷開篇

〈話說中南海〉，本書第一卷也。接下來，我們叙述毛澤東和劉少奇在中南海內的傳奇故事。這傳奇故事，實爲一部二十世紀的拍案驚奇。

自一九七八年十二月，中共召開十一屆三中全會，開創了所謂的「鄧小平改革開放新時期」以來，中南海內便發明出了一種奇特有趣的政治文化：明褒暗貶毛澤東，銷聲匿跡劉少奇，胡亂吹捧周恩來，大歌大頌鄧小平。

然而在中共「光榮、正確、偉大」的歷史上，無論怎樣看，劉少奇都是一個巨大的存在。他自一九四三年創造出「毛澤東思想」這一名詞起，即已越過張聞天、朱德、周恩來，成爲中共的第二號領袖人物，歷任中共中央第一副主席，中共中央代理主席（於一九四五年毛澤東赴重慶談判期間），中央工作委員會第一書記，中央人民政府副主席，第一屆全國人大委員長，中華人民共和國主席，國家軍事委員會主席等職。在中共政權裡，他是僅次於毛澤東的領導人。作爲黨和國家的兩位主席之一。他的標準像曾經跟毛澤東的標準像一起，並列於各級機構會議室的牆上，刊登於大小報紙的第一版……直至一九六六年初，毛澤東爲了剷除劉少奇及其派系而悍然調兵遣將軍事接管北京後發動文化大革命；直到一九六九年十一月十二日被謀害致死，劉少奇都未被解除「國家主席」職務。

說到劉少奇悲慘死去之前，一直抱著一本薄薄的「中華人民共和國憲法」，面對中南海內中共中央機關「造反隊」的拳頭巴掌，銅頭皮帶和牛皮靴，渾身傷痛，仍念念不忘地痛苦呻吟：「我要維護憲法的尊嚴！」「我要求得到國家主席的人權！」「我們黨內的鬥爭從來沒有這樣殘忍過……」

劉少奇沒有被關進秦城監獄，而是被劃地爲牢，囚禁在中南海的原住處——福祿居裡。福祿居的近鄰是毛澤東的菊香書屋，都是豐澤園的一部分，可謂咫尺之間，聲息相聞。從一九六七年春至一九六九年冬，劉少奇在中南海內接受了無數的批鬥毆打，斷了雙腿，像狗一樣在地上爬來爬去，以嘴裡剩下的七顆牙齒，舔食著警衛人員扔給他的餿稀粥，餿饅頭；兩年多沒有理過髮，修過面，灰白色的稀疏頭髮、鬍鬚均有一尺多長……而在這期間，他的九名子女死的死在外地，關的關進監獄；他的夫人王光美則被判處死刑，險遭槍決……

劉少奇及其家人的遭遇，是一個歷史的鐵證。

劉少奇和毛澤東的生死恩仇，實爲一部多姿多彩、風雲詭譎而又引人入勝的現代傳奇。

下面我們將要看到的，就是中共中央、國務院的禁宮重地——中南海內，當年驚心動魄、殺機四起的大劇。

卷二：毛澤東和劉少奇

第一節　淵源

西元一八九三年十二月二十六日，湖南省湘潭縣韶山沖一戶沒有文化的富裕農民家庭出生了一名男嬰，取名毛潤之，曾用名李德勝、子任、二十八畫生等。他便是後來的中國共產黨主席毛澤東。

五年之後的一八九八年十一月二十四日，湖南省寧鄉縣花明樓村的一戶沒落地主家庭出生了一名男嬰，取名劉渭璜，曾用名劉衛黃、胡服、趙之啓、劉仁、陶尙行、莫文華等。他便是後來的「中華人民共和國」主席劉少奇。

韶山村和花明樓雖然分屬兩個縣分，但相隔卻只有九公里，並共同擁有一座充滿著神秘色彩的山峰——韶峰。韶山沖坐落於韶峰南側，花明樓則坐落於韶峰西面。相傳距今四千多年前的舜堯時候，這裡產生過中國最古老也是最典雅的音樂——韶樂。惜韶樂早已失傳，後世無從發掘。大約是韶樂殘存的餘韻凝結爲山林霧瘴，久未散去的緣故吧，使得湘中平原上的這塊山地，在上世紀末、本世紀初滋生出一股不祥的帝王靈氣。

毛澤東和劉少奇兩人的老家雖爲近鄰，但他們在青少年時代並不相識。一九一三年，毛澤東二十歲時考入長沙第一師範，不久即與同窗蔡和森等人組成「新民學會」，開始革命造反活動。一九一六年，劉少奇十八歲時考入長沙第一師範。雖然是在同一所學校讀書，又都屬於不安心讀書做學問、而熱中於改造社會改造國家的激進青年，而且還都屬於湖南人中的高大漢子：毛澤東一米八二左右，劉少奇一米八〇左右，但兩人仍未熟識。

兩人倒是於同一年——一九一八年離開了長沙第一師範，各自去了北平。毛澤東雄心勃勃，第一次進北京卻很不得志，還是虧了恩師楊懷中教授的推薦，才在北京大學圖書館當了一名助理員，職低薪少，生活清苦。北平藏龍卧虎，名流雲集，他一個師範肄業生實在不算老幾。他不甘寂寞，也不願飄洋過海去法國勤工儉學，在北京混了幾個月，於一九一九年初繞道上海，還是借了路費才返回長沙的。回到長沙，毛澤東便如魚得水了，儼然成爲青年領袖。他一面在一家高級小學任國文教員，一面與人創辦革命刊物——《新湘評論》，成立文化書社，煽動罷工罷課，以響應北方的「五四運動」。一九二〇年，他進而組織「中國社會主義青年團」、「湖南共產主義小組」，自封領袖。一九二一年，他作爲湖南代表，列席了在上海秘密召開的中共成立會議。出席會議的只有十三人，而湖南的正式代表爲何叔衡。之後毛澤東返回湖南，從事過一段工運，不久轉向發動湖南農運。中國歷來的一些豪傑都靠率領農民起義軍打天下、坐天下，毛澤東對此深信不疑。

革命青年劉少奇呢？一九一九年在北平和保定參加「五四運動」，後轉往上海外國語學社讀俄文。一九二〇年，他返回長沙，加入「中國社會主義青年團」，並參加勤工儉學團。他沒有像周恩來、鄧小平等人一樣赴法國，而是被保送到蘇聯「深造」。一九二一年，劉少奇在莫斯科東方大學加入共產黨。那是一所專門培養中共高級幹部的學府。一九二二年返國，從事工人運動，並很快與李立三等人一起，成爲著名的工運領袖，出任中華全國總工會副委員長等職。

毛澤東在湖南從事農民運動，劉少奇在萍鄉、上海、武漢等地從事工人運動。正是農運工運，湖南的兩位青年領袖，在中國革命造反的大舞台上嶄露頭角。兩人之間也彷彿開始了一場心照不宣的權力追逐。

一九二三年，中共在廣州召開第三次代表大會，中國國民黨也在廣州召開第一次代表大會。兩黨決定合作。身爲中共全國總工會副委員長兼秘書長的劉少奇，受中共指派，以個人名義加入國民黨。也是在這一年，身爲中共中央委員的毛澤東也以個人名義加入了國民黨，並當選爲國民黨第一屆中央委員會候補委員。

一九二五年，毛澤東從上海返回湖南，組織農民協會，並在老家建立中共韶山支部。期間曾被湖南省督軍趙恆惕的部下捕獲，卻僥倖逃脫，再次投奔廣州，鑽入國民黨的懷恤，當了一陣子國民黨中央宣傳部的代理部長，並主編《政治週報》。不久又兼任了國民黨中央農民部所屬的全國農民運動講習所所長。毛澤東當然不會服務於國民黨，而是在農民運動講習所內發展中共組織，培養了大批中共幹部。

其時，周恩來在黃埔軍校任政治部主任，葉劍英則任教官，其餘像聶榮臻、陳毅、林彪、陳賡等等，都是黃埔軍校的「高足」。打著國共合作的旗幟，周恩來和毛澤東、劉少奇們就像一個個的孫猴子，鑽進國民黨這位鐵扇公主的肚皮裡去大展拳腳。

有趣的是，在上海得到國民黨密切配合從事工運的劉少奇，也於一九二五年返回了湖南，也被湖南省督軍趙恆惕的部下捕獲。他沒有毛澤東那麼幸運，能夠逃脫，而是被投入了監獄。依著趙恆惕的脾氣，像毛澤東、劉少奇這類湘籍共黨頭面人物，一旦抓獲，總是格殺勿論的。劉少奇被快速審訊，並由趙恆惕批准處以死刑。幸而寧鄉劉家祖蔭猶在，長沙一批有權有勢的人物，包括趙恆惕的幾位親信要員在內，紛紛出面替劉少奇求情討饒。趙恆惕也得罪不起這批湖南政要、權紳，只得收回成命，並送劉少奇一套《四書》，以「驅逐出境」（出湖南）了事。劉少奇算是在槍口下揀回一條性命，並投奔到廣州，借重國民黨的卵翼，繼續從事工運。不久出任中華全國總工會執委會代委員長兼秘書長，成爲全國工運的最高領導者。

應當說，在整個二〇年代，劉少奇在中共黨內的地位一直高過毛澤東。毛澤東只是一名湖南地下黨的領導人，而且連地下省委書記都沒當得上；劉少奇則時而廣州，時而上海，時而武漢，時而天津，指揮全國各地洶湧澎湃的工潮學潮，呼風喚雨，神出鬼沒，叱吒風雲。

一九二七年，國民革命軍蔣總司令實施「清黨」，在全國範圍內捕殺共產黨人。該年八月一日，周恩來、朱德、賀龍等率部舉行南昌起義，打響了工農革命的第一槍。十月，毛澤東在湖南領導「秋收暴動」，之後率領五千餘名以梭標鳥銃武裝起來的農軍上井崗山，建立水泊梁山式根據地，開創了中共武裝割據的局面。正是在井崗山上，毛澤東成為了中共重要的軍事將領之一，表現出了他卓越的農民游擊戰爭才能。從一九二七年到一九三四年的七個年頭中，井崗山根據地被國民黨軍隊圍剿了五次。前四次中共工農紅軍都反圍剿成功，根據地日益擴大、強盛，中共中央機關亦從上海秘密遷來，成立「中央蘇區」。但毛澤東在井崗山上的軍事領袖地位並不穩固，他只指揮了頭兩次的反圍剿戰役，就被上海來的中共中央軍事部長周恩來等人撤銷了紅軍政委的職務。要不是當時的中共最高領導人李立三、瞿秋白、博古等人均先後犯下左傾盲動的錯誤，特別是周恩來、朱德等人在第五次反圍剿戰役中指揮失誤，導致工農紅軍撤離「中央蘇區」的大逃亡（亦即中共後來稱謂的「二萬五千里長征」），毛澤東至多只能成為一名類似陳毅、劉伯承、賀龍一類的軍事將領。

這期間，劉少奇走的是領導城市地下黨鬥爭的路線。劉少奇似乎始終對槍桿子興趣缺缺。一九二八年，劉少奇出任中共中央工運委員會書記。當時中共的軍運書記為周恩來，農運書記為彭湃。是為中共三支最重要的實力。一九二八年夏天，劉少奇赴華北、東北地區發展地下黨組織，兼任河北地下省委書記。一九二九年調任滿州地下省委書記，成為中共最早的「地下東北王」。期間在奉天（今瀋陽）被東北軍少帥張學良的部下逮捕。由於處在日本侵略軍圖謀侵佔東三省的前夜，張學良將軍出於民族大義，對劉少奇等人手下留情，以「煽動工潮證據不足」予以釋放。

這樣，在劉少奇的個人歷史上，經歷了兩次被捕，死裡逃生。第一次是一九二五年在湖南督軍趙恆惕的刀下留情，第二次是東北軍少帥張學良饒了他一命。可是到了四十多年之後的文化大革命中，貴爲「中華人民共和國主席」、「中共中央第一副主席」的劉少奇，被毛澤東的中共中央專案小組挖出了他這兩次活命的「醜惡歷史」，被毛澤東判定爲「大叛徒」、「大內奸」、「大工賊」，死無葬身之地，那是後話。

一九三一年，劉少奇第二次赴蘇聯「取經」，回國後當選爲中共中央政治局委員。一九三二年，劉少奇奉黨中央之命，從滿州省委書記任上，調入江西「中央蘇區」，任全國總工會委員長。他跟其時被罷免了紅軍政委職務而只掛了個「中央蘇區主席」虛銜的毛澤東，同住在江西瑞金縣城西的沙田壩村。「中央蘇區」只是一塊農村根據地，何來的工運可資領導？劉少奇實際上跟毛澤東一樣，被黨中央「賦閒」了。兩位湖南老鄉爲革命各奔東西，來到這沙田壩村居住，才開始扯上了「鄉誼」。說是在那段日子裡，劉少奇常常給毛澤東談馬克思主義和列寧主義。毛澤東只是熟讀了許多中國的古典作品，卻從未認眞拜讀過馬恩列斯的著作。劉少奇則已經是黨內有數的馬列主義理論家，給毛談起馬列著作來頭頭是道，如數家珍。毛還敬服這位湖南同鄉的性格，爲人沈穩，待人謙和，善於思索，沈默寡言，卻極具組織才能和指揮才能。

過了不久，劉少奇重獲黨中央重用，出任中共福建省委書記，並先後兼任紅八軍團黨中央代表，紅五軍團黨中央代表以及紅三軍團政治部主任。一九三四年隨紅軍逃離江西，參加「長征」。一九三五年一月，在貴州遵義城召開的中央政治局擴大會議上，劉少奇旗幟鮮明地站在了湖南老鄉毛澤東一邊，批評周恩來的指揮失誤，力主恢復毛澤東的紅軍指揮權。應當說，這是劉少奇替毛澤東立的第一功。此後，周恩來的中共紅軍領導者的地位名存實亡，軍事指揮權落到毛氏手上。此後，毛澤東死死抓住兵權，再沒有放手過。

一九三五年十二月，中共紅軍殘部抵達陝北瓦窯堡。根據黨中央瓦窯堡會議的決議，劉少奇被委以重任，由陝北赴河北，去組建中共中央華北局，出任書記。劉少奇眞正是一位領導地下鬥爭的天才，他很快在華北地區統一了號令，打開了局面。他指揮山西抗日新軍，創立華北抗日根據地，工作進行得有聲有色。正是在華北局書記任上，他網絡、重用了一大批地下黨的青年骨幹，如彭眞、薄一波、劉瀾濤、安子文、李雪峰、蔣南翔、劉仁、徐冰、鄧拓、胡喬木等等，形成了他在黨內堅實的權力基礎。他並選拔文才俊逸的胡喬木擔任他的首席秘書。

有一個至今未能證實的說法，當年藉藉無名的胡喬木（只在上海左翼刊物上發表過短詩和散文），其所以能夠得到劉少奇的賞識，是因爲胡喬木獻給劉少奇一首晉身的詞作：〈沁園春・雪〉，使劉少奇大感興趣。該首詞作極富帝王氣概，劉少奇不敢掠美，收下了，留作日後派上更大的用場。

一九三七年五月，劉少奇返回延安，主持黨的「白區工作會議」。相信這是同鄉毛澤東第一次回報他，推舉他當了黨的白區工作的正確路線的代表。毛澤東本人，相對而言，自然就成了黨的紅區工作的正確路線的代表了。白區即爲日本侵略軍佔領區及國民黨統治下的廣大地區，紅區則爲中共武裝割據的各個紅色根據地。

在當時的延安，中共的其他領導人大約都沒有注意到毛澤東的這一經過深思熟慮的謀略：將全黨工作劃分成兩大部分，武裝鬥爭與地下鬥爭相結合，而由他和劉少奇各自代表一部分。老謀深算的毛澤東，不動聲色，把張聞天、周恩來、朱德、王明等人物排除在外了。

劉少奇在華北局書記任上，有過一項影響深遠的、後來禍及他自身命運的重大決策，即一九三六年，有六十一名中共北方地下黨的重要幹部被關押在國民黨屬下的「北平軍人反省院」，時值日寇大舉進犯華北，平津危在旦夕。國民黨方面顧及民族大義，向中共方面提出，只要這批人塡寫一份「自首」書，即予釋放，以免落入日軍之手慘遭殺害。身爲華北局書記的劉少奇，當即請示延安黨中央。當時在延安主持工作的總書記張聞天，在知會了毛澤東等人之後，同意這批同志塡寫「自首」出獄。這六十一人後來都成爲劉少奇手下的幹將，大大增強了他在黨內的實力。至於到了四十年後的文化大革命中，毛澤東背信棄義，把這六十一人打成「叛徒集團」投入黑牢，則是後話了。

一九三八年十一月，劉少奇在組建了中共華北局之後，又受命組建中共中央華中局，並在河南、江蘇、安徽一帶建立華中抗日根據地。這期間，劉少奇在理論上亦有了重要的建樹，發表了

《關於白區黨組織和群衆運動》、《論共產黨員的修養》、《論黨內鬥爭》等著作。上述著作，經毛澤東提議推薦，均被列爲黨內教材，共產黨員必讀。

一九三九年，毛、劉的「結合」更親密了一步：劉少奇將自己的首席祕書胡喬木推荐給了毛澤東。毛澤東十分高興，說，那我們來個對等交換吧，你把胡喬木送給我，我把鄧力群送給你，首席換首席；胡喬木、鄧力群爲中共黨內兩大秀才，屬於所謂的「下筆千言，立馬可待」之輩。但胡喬木比鄧力群更具文采，更適用於毛澤東。劉少奇並把三年前胡喬木的晉身詞作〈蝶戀花・詠雪〉也敬獻給了毛澤東。毛澤東閱後大爲擊節，感奮不已。這確是一首登基之作，可留作日後派上大用場的。可以說，從敬獻祕書到敬獻詞作，劉少奇向毛澤東敬獻出雙倍的忠誠。

一九四一年一月「皖南事變」發生，華中新四軍勁旅陷入國民黨軍隊重圍，二萬五千人馬被一網打盡。中共中央立即任命劉少奇爲新四軍政委，率同陳毅、饒漱石、粟裕等人重新組建新四軍，使之重新成爲一支插入國民黨心臟地帶的武裝力量——在數年之後的「解放戰爭」中，此支新四軍發展壯大成中共第三野戰軍，爲徐蚌會戰（中共稱爲淮海戰役）共軍主力，爲中共政權的建立，拿下了關鍵性的一役。

一九四三年，劉少奇返回延安，正式進入中共中央機關工作。他越過張聞天、周恩來、朱德、陳雲等人，成爲實際上的中共第二位的領導者。他的名分爲中央書記處書記，中央革命軍事委員會副主席。他全力協助毛澤東，開展歷時三年的清除異己的「延安整風運動」。

也是在一九四三年，劉少奇在黨內第一次提出了一個令中共其他領導人怪不順耳的新名詞：「毛澤東思想」，從而在理論上奠定了毛在黨內軍內的最高領袖地位。外國有馬克思主義、列寧主義，中國有毛澤東思想。毛澤東一下子被提升到共產主義運動導師一級，而且超越了斯大林，何樂不爲？斯大林領導蘇共二十多年沒有稱「思想」，毛澤東領導中共才短短幾年，就稱上了。

劉少奇並進而發明了一個公式：馬列主義加中國革命實踐，等於毛澤東思想。劉氏的這一全新的公式，難免在黨的高層受到抵制，甚至嘲諷。張聞天、博古、王明、何凱豐等人嗤之以鼻，而包括朱德、彭德懷、賀龍、陳毅在內的許多軍事領導人也都覺得劉氏擁毛，未免有吹捧拍馬之嫌。毛澤東本人對於「毛澤東思想」一詞和「劉氏公式」的提出，自然心領神會，十分受用。名詞和公式一旦提出，他就不怕戰友、同事們接受不接受了。那只是時間問題。通過整風運動，你們不服氣也得服氣。整風運動中，毛、劉親密配合，授意情報部長康生及其手下人馬，把延安的幹部們一個一個審查了再說，又稱爲「搶救運動」，大抓叛徒、內奸、特務；叛徒、特務一抓，原王明麾下的人馬，原張國燾麾下的人馬，立即被清除冷置。順帶著也壓制住周恩來派系人馬，朱德、彭德懷派系人馬，迫他們俯首稱臣。各路大員均被一一召回延安檢查思想，統一認識。周恩來三次從陪都重慶回延安作檢討，交代問題，劃清與王明路線的關係。彭德懷也從山西太行山八路軍總部回延安作檢查，長達五十天才過關。

毛澤東欣賞劉少奇，看中劉少奇，還有一個重要的原因，是這位老鄉靠工運起家，長期熱中於黨的地下工作，而不熱中於軍事工作，不抓槍桿子，在軍內也沒有派系，不會構成潛在的威脅。周恩來則不同。周被外國人稱之爲「中國工農紅軍之父」，旗下黃埔門生，戰將如雲。周才是潛在的權力挑戰者，只好派他長駐重慶去當談判代表，去巧舌如簧，跟蔣委員長們周旋。

從劉少奇方面來說，擁戴毛澤東，輔佐毛澤東，所獲得的政治權力是相當可觀的。設若他不力排衆議，毅然決然地高舉起「毛澤東思想」這面嶄新的旗幟，並幫助毛澤東淸除黨內障礙，名正言順地取得中共最高領袖地位（一九四三年之前，毛的地位名不正言不順），他劉少奇亦無可能成爲黨的第二領導者，終其一生，不過一名政治局委員、方面大員而已。

通過延安整風運動，毛、劉兩人親密合作，排除了異己，統一了黨內派系，毛澤東的領袖地位再無人窺覷。劉少奇更進一步提出：以毛澤東思想作爲全黨政治工作的指針。

劉少奇之於毛澤東，是有大恩大德了。毛澤東亦作出了回饋，他組織手下的秀才們，起草一個全黨的綱領性文件，來肯定劉少奇的功績和地位：〈關於黨的若干歷史問題的決議〉。文件在全面批判、否定了陳獨秀右傾機會主義，瞿秋白、李立三左傾盲動主義，張國燾逃跑主義，王明、博古左傾教條主義加宗派主義之後，提出了黨的兩條正確路線的代表，一是以毛澤東爲代表的黨的蘇區武裝鬥爭路線，一是以劉少奇爲代表的黨的白區地下鬥爭路線，此兩條正確路線相結合，而使全黨統一思想、統一意志、統一號令、統一策略、統一行動。

一九四五年四月，在延安召開的中共第七次代表大會上，通過了〈關於黨的若干歷史問題的決議〉。毛澤東受到了前所未有的擁戴和崇拜。劉少奇代表黨中央作了「關於修改黨章的報告」，第一次在黨章裡列入了「以毛澤東思想作為全黨的指導思想」，並號召全黨全軍「跟隨毛澤東同志前進」。毛澤東在會上被選為：黨中央政治局主席，黨中央書記處主席，黨中央軍事委員會主席，黨中央報刊編輯委員會主席。集「四個主席」於一身，真是過足了「主席癮」了。黨中央領導人的新的排名順序是：毛澤東、劉少奇、朱德、周恩來、陳雲。

第二節　基石不正

一九四五年秋天，抗戰勝利結束，即由美國友人的全力撮合，毛澤東在周恩來、林彪、林伯渠等人的陪同下，赴重慶與蔣中正談判，實施國共合作，討論召開全國政治協商會議，成立聯合政府等事宜。爲防萬一，毛澤東在離開延安前夕，正式宣布劉少奇代行他的黨政軍領導責任，一旦毛氏在重慶遭到不測，劉少奇即爲全黨全軍最高領導人。

毛澤東在重慶住了五十來天，非但沒有遇到過什麼「不測」，而且十足的風光排場。他跟蔣先生相談甚歡。蔣先生還特意派飛機去延安將江靑接到重慶來，替毛、江補行了婚禮。毛澤東則在酒宴上，當著蔣先生的面，舉起酒杯高喊了「蔣委員長萬歲」！

毛澤東當然不忘自己的帝王夢。那首據傳爲胡喬木獻給劉少奇，劉少奇又敬呈給毛澤東的詞作〈沁園春‧雪〉，毛澤東終於派上了用場。他手書一份，交由重慶的《新華日報》。率先發表：

沁園春　雪

北國風光，千里冰封，萬里雪飄。望長城內外，惟餘莽莽；大河上下，頓失滔滔。山舞銀蛇，原馳蠟象，欲與天公試比高。須晴日，看紅裝素裹，分外妖嬈。

江山如此多嬌，引無數英雄競折腰。惜秦皇漢武，略輸文彩；唐宗宋祖，稍遜風騷，一代天驕，成吉思汗，只識彎弓射大雕。俱往矣，數風流人物，還看今朝！（一九三六年二月）

毛澤東這首詞作發表後，立時風靡了陪都重慶，很快傳遍了整個國統區，大報小報競先轉載，佳評如潮，和者如雲。包括當時詩壇的領銜者柳亞子、邵力子等均紛紛東施效顰。更有一班舞文弄墨的學者名流，稱頌毛澤東的這首詞作爲千古絕唱，具繼往開來的恢宏氣概，帝王風範。「俱往矣，數風流人物」，非毛澤東莫屬了。一時間，毛澤東靠了這首詞作，彷佛一下子高過了「略輸文彩」、「稍遜風騷」的蔣委員長。說是事隔三十六年之後的一九九二年，胡喬木老人於北京病逝前夕，有朋友問過他，要不要最後聲明一下這首詞作的原著者的權益，胡喬木笑而不答，未示可否。此係後話。

一九四六年秋天，國共兩黨各懷異志，合作破裂，在全國各個戰場大打出手。戰事從爭奪東北三省開始。不久，蔣委員長的嫡系精銳——胡宗南部二十萬大軍大舉進剿延安。毛澤東雄才大略，將中共中央機關分成兩大部分：他委託劉少奇、朱德組成「中央工作委員會」，由劉少奇任書記，率領中央機關幹部過黃河，進入河北省的冀中根據地，形同一個影子內閣，爲奪取全國政權做準備；毛澤東本人則率領周恩來、任弼時、彭德懷等人留在陝北，以二萬五千人的野戰兵團跟胡宗南的二十萬大軍周旋，並遙控全國各大戰場。

毛澤東自知，他自從在井崗山上指揮過第一次和第二次反圍剿戰役以及長征後期指揮過幾次小的戰役，進入延安後的十餘年，他一直屬於紙上談兵，一門心事的在經營黨內權力，清理黨內派系，再沒有親自領兵打過仗了。在這決定國共兩黨成敗命運的全面內戰中，他是非親自上陣、親臨指揮不可了。

毛澤東靠抓槍桿子起家，此時也唯有緊抓住中共各路軍隊的統帥權，才能鞏固自己的領袖地位。至於他把周恩來留在自己身邊任參謀長，一是因爲周氏掌握著中共的軍事情報系統，紅色特工們早已分頭打入了國民黨的軍事要害機構，非周氏親自指揮不可；二是中共各路大軍的重要將領，除一野的彭德懷外，二野的劉伯承、鄧小平，三野的陳毅、粟裕，四野的林彪、羅榮桓，加上華北野戰軍的徐向前、聶榮臻，大都爲周氏當年旅法支部的成員或是周氏黃埔軍校時期的高足，要統一指揮各路人馬，非得到周氏攘臂相助不可；三是毛澤東必須掌控住周恩來，他即使是戰死疆場也要拉著周氏陪葬。自己一旦出事，劉少奇還眞的管束不住周氏，周氏一定會伺機取而代之。

一九四七年，在戰火紛飛的日子裡，年屆五十的劉少奇第五次結婚。他的第一任妻子爲何寶珍；第二任妻子爲一名俄國女子；第三任妻子爲王前；第四任妻子爲中共元老林伯渠之女林舫英；這第五任妻子爲天津名門閨秀王光美。王光美的年齡比劉少奇小了二十三歲，北平輔仁大學高材生。然而這卻是劉少奇生平最感幸福美滿的婚姻了。用劉少奇後來的話說，他的五次婚姻都屬明媒正娶，辦清了手續的。言下之意，毛澤東的五次婚姻都是不清不楚、先宿後娶且未辦手續的。

一九四八年，毛澤東所率領的中央軍委與劉少奇所領的「中央工作委員會」在河北省冀中根據地匯合。這樣，黨、軍大權又重歸毛澤東一人掌握。劉少奇受命去領導各解放區的土地改革，反奸助霸，同時負責編輯、審定《毛澤東選集》的文稿。問題就出來了：文稿中的大部分篇章，都不是毛澤東本人所撰寫，而是由他人代筆，毛只是做了若干修改而已。特別是最重要的兩篇著作：〈矛盾論〉、〈實踐論〉，完全出自張聞天、胡喬木、陳伯達、康生四人合撰，又以張、胡二人爲主，毛澤東只是作了十二處小的修正！白紙黑字，有原手稿爲證。但《毛選》中若不收入上述二部「奠基巨著」，何以成其《毛選》？劉少奇經過冥思苦想，終於想出一個兩全之法，在上述兩部著作後邊加一個註解，說明一下張聞天、胡喬木等同志參加了寫作，是黨中央集體智慧的結晶。但此事必需得到毛澤東本人的認可。

可是劉少奇把此一折衷辦法向毛澤東匯報出來時，卻立時引得毛氏龍顏不悅：算不算誰的著作，你們看著辦吧！但我從來不是在代表我個人幹革命！我這個黨主席是中央全會選舉出來的，是不是？劉少奇在毛澤東面前碰了一鼻子灰，拍馬屁拍到馬蹄子上了。他不再提出「註釋」之事，《毛選》四卷宏文編定出版，奠定了「毛澤東思想」的理論基石。到了一九五六年中共效法蘇共「反對個人迷信」時，《毛選》中的重要篇章的署名權再次被提了出來，黨中央不得不委託陸定一、康生二人去處理。可是陸、康二人發現〈矛盾論〉、〈實踐論〉的原手稿已經遺失，剩下的只是毛澤東秘書的手抄件。物證消失，問題也只好不了了之。可見毛澤東心裡有鬼，早讓手下的人「銷贓滅跡」了。

回到國共內戰局勢上。出乎毛澤東和中共其他領袖們意外的是，短短兩年半時間，通過「遼瀋」、「平津」、「淮海」三大戰役，中共奪得大陸江山，定都北京，改國號為「中華人民共和國」。毛澤東當上了中央人民政府主席，劉少奇、朱德、周恩來等人出任副主席，周氏還兼任政務院總理，實為一名紅朝宰相。

第三節　中南海大家長

劉少奇穩住了黨、政第二把手的高位，主持黨中央日常工作。他和朱德、陳雲、彭德懷等人都隨毛澤東住在中南海豐澤園內。周恩來則住在中南海西北角的一棟舊宅——西花廳。豐澤園本是前清王室演耕祈年之所，由十來座宮院式建築物組成，毛澤東的住所名菊香書屋，自是其中最為寬大舒適的一座。劉少奇一家住在福祿居，朱德一家住在海晏堂，彭德懷一家住在永福堂。正是舊宅名不改，新貴人住來。

劉少奇的福祿居跟毛澤東的菊香書屋僅一牆之隔，是為緊鄰。晚飯之後到中海與南海一帶的柳堤上散步，兩人都經常相遇，在石墩上坐下來吸烟，商談大事。劉少奇工作勤勉，清廉嚴謹，且富於馬列理論修養，還兼具經濟治國方略，很快在中共中央機關樹立起了威信。在這同時，他也不露聲色地經營起了自己的黨務系統，把一批原先他主持華北局所提攜的青年骨幹，安排到了黨政重要崗位上：彭眞出任首都北京市市委書記兼市長，安子文出任中共中央組織部副部長，薄一波出任主管財經的國務院副總理，劉瀾濤出任中共中央西北局書記等等。這期間，連毛澤東都以半開玩笑的口吻讚嘆：三天不學習，趕不上劉少奇！

劉少奇在經濟建設等治國方針上，卻開始與毛澤東意見相左。劉氏早在一九四六年即提出了「新民主主義新階段論」，當時亦獲得毛澤東和中央政治局會議通過，旨在取得全國政權後，黨的工作重心應從農村轉向城市，轉向全面發展生產力和繁榮經濟。等到打好了經濟基礎之後，再來發起改變生產關係的和平社會主義革命。這本是符合馬克思的社會主義學說的：只有在極大的繁榮了社會經濟的基礎上，才能實行改變生產關係的社會主義。第一個背叛了馬克思的是列寧。所謂的列寧主義就是「貧窮革命論」加「暴力萬能論」。而在中共黨內，劉少奇認同的是馬克思。毛澤東認同的是列寧，甚至比列寧的主張更荒謬、更激烈，提倡暴力就是一切，以戰爭方式改變生產關係，以人海戰術進行經濟建設。

中共建政初期，劉少奇一度雄心勃勃地企圖施行他的「新民主主義新階段論」，溫和漸進的經濟建國方針：在城市鼓勵資本主義經濟，在農村發展富農經濟。一九四九年冬天，他去到夫人王光美的老家天津市，接見一批工商業資本家代表時說：在現階段，我們要鼓勵資本家剝削，鼓勵大家賺錢。因爲只有允許你們剝削，工廠才能照常開工，工人群衆才會有工做，有飯吃，不致失業餓肚子。我們城市才會秩序安定。在這個意義上看，我認爲資本家的剝削非但無罪，而且有功。

劉少奇在天津的高論，傳回北京毛澤東耳裡，自然引起極大的不滿意：資本家剝削有功？奇談怪論，馬克思主義跑到天津去了？是馬克思還是牛克思？

不久，劉少奇更有另外的言論引起毛澤東的不悅。那是劉少奇偕夫人王光美觀賞了一部由香港左派影業公司拍的影片《清宮秘史》後，隨口評論說：反映戊戌變法、光緒維新、抵禦外侮，是愛國主義的影片。毛澤東也偕江青同志（尚未稱夫人，名不正言不順只能稱同志）審看了《清宮秘史》。之後毛澤東慎重其事地給中央政治局成員們寫下一封信，不點名地批評了劉少奇：有人說《清宮秘史》是愛國主義的影片，我看是賣國主義，徹頭徹尾的賣國主義。

劉少奇沒有替自己的觀點解釋、答辯。相忍爲黨，相忍爲國，這是他應有的修養。最令他吃驚、失望的是，毛澤東無視一九四六年中央政治局通過的「新民主主義新階段經濟建國方針」，而執意推行蠻橫的社會主義改造政策，以專制性手段改變生產關係，改變生產資料所有制。他自知無力反對，亦別無出路。他只有緊跟毛澤東，擁戴毛澤東，在黨內的地位才會穩固，日子才會安寧。此後，他兢兢業業管黨務，管黨的組織工作，甚少過問意識型態領域的事，不再對任何文藝作品表示看法。正如他身爲中央軍委副主席，而從不過問軍隊工作一樣。這兩樣都是毛澤東的權力禁臠，不容他人涉足的。

至於中南海內的另一實權人物周恩來，更是愼言愼行，事事小心，在毛澤東面前恭恭敬敬，竭盡忠誠。於是在中南海內，形成有趣的權力格局：毛澤東高高在上，君臨一切。黨務系統的劉少奇與政務系統的周恩來，則在毛澤東面前唯唯諾諾，比賽忠誠。至於劉、周之間，則表面上相互尊重，實際上互不買賬，偶爾還相互拆台，示以顏色。劉少奇代表黨中央所作的文件批示往往在國務院被打折扣，周恩來事無巨細均越過劉少奇直接聽命於毛澤東。周氏內心裡一直不認劉少奇爲老幾，論資歷、論功績、論人事，都輪不到你劉少奇坐第二把交椅。也好，伴君如伴虎，遲早你劉氏要飽嚐虎威的；劉少奇則深知周與毛在井崗山上結怨甚深，毛對周只有使用而缺信任。熟悉黨內鬥爭規律的劉少奇自然明白，自己與周恩來保持若即若離的微妙關係，其實於兩人都有好處；倘若兩人關係密切，毛澤東一旦生疑，就於兩人都大大不利了。

我們可以說，當年毛澤東起用劉少奇，就是爲著降低周恩來，制衡周恩來；毛澤東使用周恩來，也是爲著牽制劉少奇，愼防劉少奇。權力的天秤必須有毛澤東親自掌控。毛澤東熟讀《資治通鑑》，深闇帝王權術三昧，對黨政軍大臣的信任，絕不可以一邊倒。這次拉甲批乙，下次則拉乙批甲，親疏有度，不讓任何一方得勢坐大。

第四節　豐澤園家風

從一九四九年到一九六六年文革前夕，毛澤東還在中南海內成功地營造成了一種「家庭式氣氛」，或可稱爲「大家長風格」。毛澤東習慣在自己的住處——豐澤園菊香書屋內，召集政治局常委會議，會後經常留下常委同事們用餐。政治局常委會由黨主席、副主席加上中央書記處總書記組成，亦即：毛、劉、周、朱、陳、鄧（一九五八年後加上林彪，一九六〇年後擴大到彭眞列席）。這樣，即便會上有什麼分歧，會後一頓美食，相互敬酒，談談笑笑，問題也都獲得解決。毛澤東還經常爲個人的煩惱問題，如江青哭鬧、賀子貞回國、韓戰喪子、兒媳改嫁、神經病兒子毛岸青娶親之類，請常委同事們來參加勸解、說合，幫忙解決。毛的家事也成爲國事了。在這類場合，毛澤東還會請上「中央五老」也來參與：董老必武，徐老特立，謝老覺哉，林老伯渠，吳老玉章。最後當然是一頓團聚家宴式美餐做爲結束。

舉行「家宴」招待政治局同事們，成了毛澤東在中南海權力頂峰的一項「專利」，實爲一種「賜宴」。從未聽聞過劉少奇在福祿居、朱德在海晏堂、周恩來在西花廳宴請過毛澤東。至於比劉、朱、周又小了一號的陳雲、林彪、鄧小平、彭眞等人，就更無資格在家中宴請毛澤東了。

若論家庭生活，毛澤東在中共領導人物中，確是最爲「失和」的一位，前妻賀子貞回國不能進北京，江青又經常哭哭鬧鬧，給毛澤東的家室平添出一股乖張暴戾之氣。江青爲什麼哭鬧？只爲丈夫好色不倦，跟身邊的護士、女秘書乃至專車司機的婆娘都要來一手。毛澤東已經厭倦了江青。一九五三年後他乾脆與江青分居，把江青發配到豐澤園外西北側的「靜園」去居住。「靜園」假山林立、花木雜陳，當年爲慈禧太后老佛爺囚禁光緒皇上於瀛台之時，安置光緒皇上兩位寵妃的住處。不同的只是江青同志是失寵之後，才來入住的。毛澤東將江青趕出豐澤園後，甚至放出過「這輩子不要再看到這個女人」一類的狠心話。毛澤東還在政治局會議上提出與江青離婚。但事涉黨和國家的領袖形象，政治局同事們都不便附議。倒是周恩來熱中於在毛江之間當和事佬，多次說服江青向毛主席道歉、認錯，請主席息怒。主席是詩人氣質，喜歡年輕漂亮的女孩子，就那麼回事嘛，要顧全大局，顧全黨的利益，你江青只要保住夫人的名分就行了嘛。

對於周總理的勸和，江青不得不俯首聽命。毛澤東卻抱定冷置江青之心，兩次去蘇聯訪問以及後來年復一年地巡行大江南北，從不帶江青同行。這倒也好，各地都有美女伴舞伴浴，北國佳麗、南國仙姝，極盡眠花宿柳的浪漫樂趣。

中南海內，卻另有五對夫婦家室和睦，兒女滿堂：劉少奇王光美夫婦，朱德康克清夫婦，周恩來鄧穎超夫婦（周鄧無己出卻收養了許多烈士子女），陳雲張普椿夫婦，鄧小平卓琳夫婦。其中又以劉少奇王光美夫婦堪稱表率，令人稱慕。王光美雖然是劉少奇的第五任妻子，年齡上也比劉小了二十三歲，但她美貌溫存，有文化教養，懂禮知分寸，對劉少奇的生活照顧體貼入微，眞正當了劉的賢內助。最爲難得的，是劉少奇前四次婚姻留下五名兒女，加上王光美與劉少奇所生的四名子女，共有九個兒女，王光美均視同己出，知親知疼，調理得整個家庭樂融融的。劉少奇每逢外出，無論是出國訪問，還是去外地視察、出席會議，都一定帶著王光美同行。王光美既是劉少奇的夫人，還是他的私人秘書和護士，還兼任了「半個醫生」。中南海內，毛澤東家事一團糟，與劉少奇家室和睦極盡天倫之樂，形成鮮明的對照。江青冷居靜園，除了怨恨風流成性的丈夫，就是咬牙嫉恨王光美了。中南海內曾經有人私下議論，莫看毛主席是大福相，卻只有艷福沒有妻福；莫看劉主席一副苦相、勞碌命，卻有妻福……毛澤東見了王光美，也常常感嘆：光美呀，你和少奇是形影相隨，舉案齊眉了。

第五節　默契

然而歷史也偶有例外。一九五四年，劉少奇和周恩來曾經達成默契，聯手整掉了毛澤東的愛將高崗。那時刻正是中共籌備召開第一屆全國人民代表大會、第八次全國黨代表大會的敏感時日。中共各路人馬面臨一次新的黨政權力再分配。毛澤東私下裡授意「東北王」高崗反周恩來，並許諾高崗取代周恩來出任國務院總理，周恩來則任全國政協專職主席，當政治花瓶，做做統戰工作。高崗為陝北根據地的創始人（另一創始人劉志丹死於抗戰前線），一九三五年秋周恩來、毛澤東、朱德率領中央蘇區紅軍殘部「長征」，投奔到陝北根據地，才結束逃亡，站住了腳跟。當年延安曾經流傳過「陝北救中央」的議論。高崗本人則另有一番高論——「軍黨論」，認為中共黨組織是因為有了紅軍武裝力量才發展壯大起來的，所以毛澤東同志指出「槍桿子裡面出政權」。劉少奇作為靠地下鬥爭老家的白區路線的代表，自然是無法認同高崗的「軍黨論」，顛倒黨與軍隊的關係，主張「槍指揮黨」，違背了「黨指揮槍」的毛澤東思想原則。「軍黨論」的實質是反對劉少奇。因之，當年輕氣盛、雄心勃勃的高崗向周恩來發起挑戰時，劉少奇、朱德、陳雲、鄧小平便都站到了周恩來一邊。周恩來任國務院總理，不管怎麼說，都是中南海裡的一位好管家，大家都覺得好共事，好相處。一旦讓咄咄逼人的高崗出任總理，當上大管家，眼睛裡只有一個毛主席，大家的日子就甭過了。

高崗卻不爭氣。在一次政治局會議上，大家對他的錯誤言論進行尖銳批評時，他竟然拔出手槍來要自殺。這一來更犯了衆怒，政治局成員中的絕大多數無視毛的旨意，要處理高崗。毛澤東一時回天乏術，只好撒手不管。毛澤東以養病爲名，去了南方，沒有出席處理「高崗、饒漱石反黨聯盟」的中央全會。中央全會由劉少奇主持，鄧小平任專案組組長，提出報告，通過了關於開除高饒黨籍、交付法律處理的決定。高崗這才覺得上了毛澤東的當，被毛氏所出賣，被關入監獄不久即自殺身亡。

處理「高饒反黨聯盟」之後，劉少奇、周恩來都鞏固了各自的勢力。劉少奇當年在華北局的得力幹將安子文，取代饒漱石當上了中共中央組織部部長，執掌全黨的人事大權；周恩來則調自己的老部下、上海市市長陳毅（原華東野戰軍時期饒漱石的老對頭，陳爲司令員，饒爲政治委員）進北京，出任國務院副總理兼外交部長，成爲周氏在中南海內的臂膀。

在一九五四年九月召開的第一屆全國人民代表大會上，毛澤東當選爲國家主席，朱德爲副主席，劉少奇爲全國人大委員長。周恩來則仍任國務院總理兼全國政協主席。劉少奇在黨內的聲望日益上升，他除了主持黨中央日常工作，還主持國家的最高立法機構，並兼管農業工作。

一九五五年起，毛澤東急於在全國城鄉強制推行社會主義改造運動。他在全國農村工作會議上作了題爲〈關於農業合作化運動的報告〉。他決心消滅農村一家一戶的個體經濟，而熱中於從農民手中收回土地所有權，建立半社會主義性質的高級農業合作社。此事，他委託劉少奇、鄧子恢去具體執行。劉少奇、鄧子恢頭腦比較冷靜，如放手讓下邊搞集體化，搞大生產，吃大鍋飯，廣大農村必然出現混亂局面。因之他們決定對農業合作化運動「煞車」，潑潑冷水，而一口氣撤掉了全國二十萬個不符合條件的農業社。相信此事，劉少奇當時向毛澤東匯報過的。但一年之後，毛澤東因「八大」黨章中取消「毛澤東思想」一詞而對劉少奇大爲不滿，凡有會議，就指劉少奇、鄧子恢兩位是農業合作化道路上的小腳女人，砍掉全國二十萬個農業合作社是右傾問題。

城市的社會主義改造運動，毛澤東交給周恩來、陳雲二位去推行。周恩來對毛澤東的指示未打折扣，全國大中小城市以股份形式，將資本家所有的工廠、商店、大小企業，統統收歸國有，名曰「公私合營」，一夜之間，私營變公營，資本家當工人。大小城市張燈結綵，敲鑼打鼓慶祝社會主義改造取得成功。事後證明周恩來代表中共設計的「企業產權股份制」實爲一個大騙局，一次最大規模的巧取豪奪，沒花一文錢，就將全國所有私人企業統統沒收，收歸國有，亦即爲共產黨所有。周恩來在毛澤東面前立了一大功勞，卻並沒有改變毛澤東對他的疑慮。

一九五六年前後，劉少奇除了砍農業合作社，還有另兩件事使得毛澤東大爲光火。一是在中共「八大」之前召開的中央全會討論修改黨章時，德高望重的彭德懷元帥，基於蘇聯大搞斯大林個人迷信所產生的嚴重惡果，提出在新的黨章裡，應當取消「毛澤東思想爲全黨全國人民的思想指針」一條，得到不少人的贊同。在當時的政治局常委中，朱德、陳雲表示可以研究，周恩來則不示可否。最關鍵的是劉少奇，他非但沒有反對，竟然表明態度說：毛澤東思想最初由他提出，並且也是由他提議放入「七大」黨章中去的。現在強調集體領導，反對個人迷信，他尊重黨內多數同志的意見。事後毛澤東苦笑著說，成也蕭何，敗也蕭何，「劉克思的馬列主義修養，修到家了。」

另一件事是一九五七年一月一日，《人民日報》元旦社論的出籠，更是引起了毛澤東對於「劉、周聯手」的猜忌與警惕。聽任事情發展，劉、周二位一旦親密合作，毛澤東必然黨政軍三權盡失，只好去當一名「馬嵬兵變」之後的唐玄宗了。事情要從一九五六年秋天說起。周恩來、陳雲率領一個陣營龐大的「中國人民友好代表團」赴蘇聯參觀取經，學習蘇共在各行各業如何推行計畫經濟。代表團在莫斯科受到蘇共中央領導人的接見。蘇共領導人向「中國兄弟」介紹了自己的經驗及其教訓，並奉勸「中國兄弟」不要以戰爭方式搞經濟建設，不要犯急躁冒進的左傾錯誤。周恩來、陳雲回北京後，在由劉少奇主持的政治局會議上匯報了訪蘇觀感，並轉達蘇共領導人的告戒。毛澤東亦出席會議聽取了匯報，並表示要虛心聽取蘇共領導人的意見，吸聽他們的經驗和教訓。劉少奇則高度評價了周、陳二人此次的取經訪問活動，並指示「中宣部」和《人民日報》社寫一篇社論，以《人民日報》元旦社論的名義發表，作爲一九五七年全黨全國經濟建設事業的指導方針。會後，由周恩來親自主持中宣部和《人民日報》的一個寫作小組，寫出了一九五七年的元旦社論：反左傾，反冒進，穩步地進行社會主義建設。社論最後由劉少奇審訂，交《人民日報》於一月一日以頭版頭條位置發表。這篇社論的撰寫、發表過程，透露了劉少奇對於毛澤東左傾狂熱的社會主義大躍進意圖的及早察覺，並力圖以「中央政治局會議精神」來加以防範、遏阻。這次他和周恩來的合作，沒有歷來的相互掣肘，而是心有靈犀，十分默契。

毛澤東對這篇體現中央政治局匯報會議精神的元旦社論，卻像吃下了一隻蒼蠅，十分憎惡。他看到的是社論的弦外之音，劉周對他的防範之心，劉周從此密切合作的可能性。這是他最不願意看到的局面。他需要的是劉、周之間相互防範、相互掣肘，而由他高高在上地來裁決、統籌。他也深知劉周二位都是務實派，治國能手。

毛澤東決心批周抑劉。他對周恩來的忌諱歷來已久，不能消除。周恩來在軍隊系統、在情報系統的影響力，一直足以構成對他毛澤東地位的潛在威脅。劉少奇的實力來自黨務系統。毛澤東認周的軍事系統和情報系統爲實，認劉的黨務系統爲虛。因之自延安時期起，毛澤東即佈設了自己的權力格局：以虛制實，借劉制周。

毛澤東於一九五七年夏天發起出爾反爾的抓右派運動，瘋狂迫害知識分子，在某種意義上，可以說是爲著推翻上一年召開的中共「八大」所確立的「集體領導原則」，強化他號令天下、乾綱獨斷的個人權力。一次反右派運動，毛澤東就令全黨全軍照著他的指揮棒團團轉了。什麼劉少奇、周恩來、朱德、鄧小平，就又都乖乖地回復到了毛式政治應聲蟲的地位。

第六節　大躍進大潰敗

可以說，反右派運動是毛澤東統一號令的政治大躍進。從一九五七年秋天開始，毛澤東開始在黨的會議上公開點名批判周恩來的「反左傾、反冒進」，說提出這一口號的同志，離右派只有五十米遠了。批判周恩來，意在警告黨的第二號人物劉少奇。一九五八年初，毛澤東對周恩來的批判幾乎到了歇斯底里的地步。從一月的「南寧會議」，到二月的「武昌會議」，到三月的「成都會議」，以及夏季召開的「鄭州會議」、「北戴河會議」，毛澤東當著全體中央委員的面，當著各省市自治區負責人的面，指名道姓地批判周恩來提出「反左傾、反冒進」這一口號，是喪失了立場，離右派只有五十米遠了。毛的用意很明顯，逼周恩來辭職。周恩來在大小會議上作了二十多次檢討，可就是不遞辭呈。他實在也是代劉少奇受過。可毛澤東保劉。劉少奇未被點名，還附和毛氏批周。周恩來對劉少奇寒了心，從此知道任何時候都不應跟劉少奇沆瀣一氣。劉少奇的修養常常用於保護他自己。

毛澤東成功地離間了劉少奇和周恩來。把「劉周聯盟」消除在萌芽狀態。毛澤東也正是在批判周恩來、陳雲的右傾錯誤的同時，瘋狂地舉起了「總路線、大躍進、人民公社」三面紅旗，發動了禍國殃民的一九五八年「經濟大躍進」，大辦人民公社，大辦公共食堂，以及土洋結合，大煉鋼鐵。中共黨內無人能夠阻擋毛澤東的瘋狂。八月四日，毛澤東親自到河北省衡水地區的徐水縣，辦起了共產主義的試點。當他聽到縣委書記張國忠匯報，穀子畝產兩萬斤、山藥（馬鈴薯）畝產一百萬斤、一頭牲豬一千斤這些虛假的天文數字時，這位農民的兒子竟然狂喜不已，信以為眞。他擔心的是「你們生產了這麼多糧食，怎麼吃得完？吃不完又怎麼辦？」根據徐水視察的印象，毛澤東下令全國大辦人民公社，大辦公共食堂，實現全國吃飯不要錢。他號召全黨動手，全民上陣，大煉鋼鐵，十五年超英趕美。他要求每個省搞兩百架飛機，每個鄉兩架飛機，實現交通現代化。他說全國就是一個大公社……

對於毛澤東的這類希特勒式的狂言浪語，中共高層無人敢於提出批評。劉少奇、周恩來、陳雲、鄧小平等人頭腦較冷靜，也只是在熱烈歡呼偉大領袖的雄才大略、英明決策的前提下，強調一下實事求是。一九五八年五月下旬，中共中央召開五中全會，周恩來在會上檢討他的「反左傾、反冒進」的右傾錯誤；劉少奇倒是在代表中央政治局作工作報告時，對總路線、大躍進、人民公社等政策提出了一些批評，要求全黨在大好形勢下要戒驕戒躁、腳踏實地。毛澤東則利用這次全會，完成了一次新的權力部署。他親自提議「病夫元帥」林彪進入中央政治局常委會，出任黨中央副主席。這是毛澤東為排除德高望重的國防部長彭德懷元帥埋下的重要伏筆。

距毛澤東視察共產主義示範縣——徐水一個月之後的一九五八年九月，劉少奇也來到徐水視察。劉少奇卻在這裡看到了跟毛澤東完全不同的局面：全縣城鄉實行所謂的共產主義的全民所有制後，按規劃需要給全縣人民發放工資和生活用品。可是只發給一個月工資，全縣就鬧財政虧空，一轟而起，盲目地辦起的十一所「大學」、八十四所「紅專學院」、一千三百四十八座大小工廠，也都短命流產，造成的只是財物的巨大浪費。劉少奇針對徐水縣「向共產主義邁進規劃草案」，作出了批評。他引用孟子的話「且一人之身百工之所爲備」，來說明生產規劃的複雜性、重要性。在分配問題上，劉少奇指示縣委要對全縣收支列出一筆細帳，如果連錢從那裡來都沒弄清楚，又怎麼可以搞全縣統一發放工資和生活物資呢？他引證《禮記》上的話說：「生之者衆，食之者寡，爲之者疾，用之者舒，則財恆足矣！」劉少奇還告訴縣委領導班子，什麼是全民所有制，什麼是共產主義制度，在一些最基本的概念都沒有弄明白之前，就盲目地實行起來，怎麼行得通呢？

毛澤東和劉少奇在徐水的視察、指示，眞可謂是針鋒相對了。毛澤東是狂熱吹捧，號召全國學徐水，實現公社化；劉少奇卻是潑冷水，指示縣委算細帳，實事求是。好在毛澤東派了身邊的十八名工作人員幫助徐水搞共產主義試點，徐水縣的工作搞得一塌糊塗的眞實情況，也很快地反映到毛澤東面前，毛澤東才容忍了劉少奇在徐水唱的低調、反調，並同意中央書記處聯合河北省委、衡水市委派出工作組幫助徐水縣委收拾殘局。

徐水縣共產主義試點的破產，並沒有導致毛澤東的清醒。他繼續四出巡察，揮動巨手，口吐狂言，號召大躍進人民公社，公共食堂加大煉鋼鐵，他要實現七億人口七億噸鋼。鋼從哪裡來？全國男婦老幼齊動手，拆房砌土爐，砸鍋煮鐵水。在毛澤東掀起的上下大瘋狂中，周恩來、陳雲繼續作檢討，劉少奇、鄧小平則在不獲罪毛澤東的前提下潑潑冷水，要求實事求是。彭德懷、張聞天一批有識之士則冷眼旁觀，忍無可忍。

毛澤東靠了什麼而在中共黨內胡作非為？一是靠了臣民對皇上的愚忠，二是靠了他親自掌握著中共的擁有生殺大權的政治保衛系統。更妙的是一九五八年十一月，中共召開八屆六中全會時，毛澤東大約察覺到他一手操辦起來的總路線、人民公社、大躍進已經在全國造成了巨大的惡果，並將繼續引發經濟大災難，他主動提出來，中央的工作分一線二線，由劉少奇、鄧小平任第一線領導，他退居第二線，從事一些重大的馬列理論研究工作。他並提出辭去國家主席一職。由誰接任？毛澤東沒有指定，也沒有推薦。依著毛的本意，他想讓周恩來交出國務院總理一職，去做有名無實的國家主席。應當說，毛澤東的一這舉動，使得整個中央領導層大大鬆了一口氣。不少人心裡甚至慶幸，今後大家尊毛澤東為太上皇，讓他去與美女們相伴，安度晚年，實為社稷之福，國家之幸。毛澤東不任國家主席了，中央委員會必須推舉出一位繼任人選，去交給下一屆全國人民代表大會舉手通過。起初無人吭聲。朱德、周恩來、陳雲都夠資格，但都不表明態度。後來還是由身為中央書記處總書記的鄧小平一語定音：國家主席，我提一個，劉少奇！鄧小平的這一提名，符合黨的倫理，劉少奇自一九四五年來即爲黨的二把手，理應出任國家主席。

一九五九年初，毛澤東派往各地的「調查研究小組」，幾乎毫無例外地都給他帶回了五八年大躍進以來的壞消息：浮誇風、虛假風、共產風盛行，國民經濟嚴重失衡，部分地區已經開始鬧饑荒，餓死人。可是僅僅在四個月之前，毛澤東到河北徐水、河南新鄉、山東歷城等地農村視察時，還極口讚揚了小麥畝產兩萬斤、土豆畝產一百萬斤，替農民發愁糧食太多了吃不完怎麼辦？如今竟然說部分地區已經開始鬧饑荒餓死人？

自入主北京以後，毛澤東便在中南海內設立了一個特殊機構，稱爲「毛澤東主席辦公室」，簡稱「毛辦」，內設政治秘書、軍事秘書、外事秘書、工業秘書、農業秘書、財經秘書、文教秘書、警衛秘書、機要秘書、生活秘書等職分。各個大秘書下面還有一批小秘書。毛澤東派這些秘書們列席政治局會議、書記處會議、國務院總理辦公會議，並擔任會議記錄。毛澤東通過這些秘書直接插手和控制中央書記處和國務院，形成一個凌駕在黨中央和國務院之上的「太上皇小內閣」，眞正的權力核心，超級特務系統。毛澤東對於劉少奇、鄧小平轄下的中央書記處、中央辦公廳，對於周恩來、陳雲名下的國務院所提供給他的各行業情況匯報，缺乏信任。因而不時派自己辦公室裡的人馬赴全國各地調查研究，以給他帶回各種「第一手的材料」。

對於這些「第一手材料」，毛澤東也並非完全聽信，而給予分別處置。例如對爭議甚大的長江三峽大壩工程，他在一九五八年歲末聽取了自己的工業秘書李銳的調查匯報之後，即作出過

「此事不急，繼續調研」的指示；但到了大饑荒之後的一九六二年，他聽取了他的政治秘書田家英赴安徽農村調查「包產到戶」的情況匯報後，卻大為不悅，斷然否決「包產到戶」這一農民行之有效的自救度荒辦法，而斥之為分田單幹，右傾復辟，走資本主義道路。毛澤東還懷疑田家英是受了劉少奇、鄧小平的指派來向他逼宮，妄圖在全國農村大颳單幹風，搞垮人民公社。

然而在一九五九年春天，毛澤東有限度地接受了他的秘書們從各地帶回來的嚴峻事實，頭腦不再像幾個月以前那麼昏熱，不再叫喊七億人口搞七億噸鋼鐵、三億五千萬斤糧食，不再叫喊十五年內超英趕美之類的天方夜譚，而覺得應當強調一下實事求是、腳踏實地的精神。他讓劉少奇以中央名義向全黨發一個文件，來冷靜一下頭腦，糾正大躍進、人民公社以來的工作偏差。劉少奇深知毛氏生性多疑，經常出爾反爾。一旦由黨中央發出文件，提出糾偏糾左，毛氏轉臉又不認賬，甚至翻臉算賬怎麼辦？比如毛澤東對高崗問題，對農業合作化問題，對黨的「八大」制訂的集體領導原則問題，對一九五七年元旦社論問題，號召大鳴大放後又轉而大抓右派等等，說變臉就變臉，周恩來做人那樣機警圓熟，都幾乎難於立足。

劉少奇這次卻表現出了他的政治智慧和手腕。他順著毛澤東好大喜功、文過飾非的心性，建議說：目前全國還是形勢大好，要有問題，也是九個指頭和一個指頭之比，以黨中央名義發文件，是不是容易被下面誤解，以為國民經濟出了大亂子了？我看是不是以主席個人的名義，給全黨同志發一封指示信，強調一下糾偏糾左，提倡一下實事求是、說眞話、反浮誇？

劉少奇的這一提議，正中了毛澤東的下懷。以黨中央主席個人名義向全黨發出指示信，不正好證明了自己的英明？不正好鞏固自己的威望，重申自己在全黨的最高領袖地位？何樂不爲？於是毛澤東讓田家英幾位大秀才替他起草了一封「黨內通訊」，給全黨的大躍進浮誇風降溫，也是給三面紅旗降溫。毛澤東在信中指出，全黨要堅持講眞話，辦實事的作風，比如去年畝產小麥三百斤，今年能增產到每畝四百斤，也就很不錯了；公共食堂則應節約糧食，農忙吃乾，農閒吃稀，云云。

劉少奇的高明在於：總路線、大躍進、人民公社三面紅旗，加上大煉鋼鐵、公共食堂，明明都是你毛澤東在去年的一派大昏熱中，乾綱獨斷，大轟大擂搞起來的，誰敢反對你？誰能反對你？如今出了問題，爲什麼要由黨中央領導集體來承擔責任？解鈴還須繫鈴人！你去年多次在中央工作會議上胡吹海誇，說小麥畝產兩萬斤，馬鈴薯畝產一百萬斤，這麼多糧食吃不完怎麼辦？你今年不得不面對事實，不得不承認，小麥畝產只能有三百斤至四百斤，糧食不是太多吃不完，而是遠遠不夠，面臨著鬧饑荒的局面！毛澤東同志寫給黨內的這封指示信，是自打嘴巴了。

第七節　海瑞精神

一九五九年春天，在糾正黨內左風一事上，毛澤東和劉少奇可說是合作無間。四月上旬，在北京召開的第二屆全國人民代表大會第一次會議上，毛澤東辭去了國家主席一職，並根據中共八屆六中全會的提議，大會選舉劉少奇出任新的國家主席，並兼任國防委員會主席。也是在這次人大會議上，確立了黨和國家的雙主席制，毛澤東專職黨中央主席兼中共中央軍事委員會主席，劉少奇任國家主席兼國防委員會主席。至此，全國所有的報紙，各級黨政機關辦公室，也開始出現毛、劉的照片並列。

劉少奇更上一層樓，春風得意了。但他知道，自己並不能與毛澤東平起平坐，仍要察言觀色，小心伺奉。人大會議結束之後的四月下旬，毛澤東在上海主持了「中央工作會議」。出席會議的有中央各部委一把手和各省市自治區黨委第一書記。照例是白天開會，晚上看戲、跳舞。一天晚上，毛澤東家鄉湖南省委書記周小舟（在延安時曾任毛氏秘書），請毛主席觀看了正在上海演出的湘劇〈生死牌〉，劇情涉及明代清官海瑞。毛澤東觀劇後大感興趣，上台接見演員，並邀女演員去他的住處跳舞吃消夜。第二天，毛澤東讓人找來《明史》閱讀。之後，他在中央工作會議上大談海瑞，稱頌海瑞如何清廉秉公，無私無畏。他號召全黨學習海瑞精神，要敢於面折庭爭，犯顏直諫，要敢於給領導提意見。他要求全黨幹部要五不怕，一不怕開除黨籍，二不怕撤職查辦，三不怕老婆離婚，四、不怕坐牢，五不怕殺頭。總而言之，是要捨得一身剮，敢把皇帝拉下馬！毛澤東旁引博徵，談笑風生。一時間，各路諸侯們都相信，這回毛澤東主席是眞的要虛懷若谷，從諫如流了。

上海中央工作會議結束，「毛主席辦公室」一行人員回到北京，「毛辦」主任胡喬木秉承毛的旨意，親自登門拜訪了著名的明史專家、北京市副市長吳晗教授，向他傳達了毛號召全黨學海瑞的最新指示，要求吳晗教授替《人民日報》撰文介紹海瑞的事蹟。吳晗教授領命後，不久即在《人民日報》上發表了〈海瑞上疏〉、〈海瑞罷官〉等文章，廣獲好評。同年夏天，北京京劇院的著名表演藝術家馬連良，敦請吳晗教授給他們京劇院寫一個關於海瑞的劇本。吳晗教授從未寫過劇本，但馬連良是京劇界首席鬚生，且這一提議又符合黨中央毛主席的指示，便答應一試。這位天眞的歷史學家，果然一稿二稿直至第七稿的，寫出了新編歷史劇〈海瑞罷官〉，發表在一九六〇年年初的《北京文藝》月刊上。

劇本經北京京劇院排演，由馬連良飾演海瑞，連續演出兩個多月，場場爆滿，反響熱烈。毛澤東觀看了演出，十分讚賞，把馬連良先生請到中南海家中吃飯，表揚他演了一齣好戲，替人民做了一件好事。馬連良高興萬分，連夜跑到吳晗教授家報告了此一大好消息，吳晗教授亦為之歡喜不已。至於數年後的文化大革命初期，毛澤東為了剷除他的政敵劉少奇及其派系，而拿新編歷史劇「海瑞罷官」祭刀，致使明史專家吳晗教授和著名京劇藝術家馬連良慘死，則是後話了。

第八節　廬山神仙會

爲了糾正一九五八年大躍進的工作失誤，糾正各級幹部的左傾思想，黨中央繼上海會議之後，又於五月下旬召開了政治局擴大會議，會上彭德懷元帥第一次向毛澤東提出，大躍進以來的錯誤責任不在下面，而在中央，是整個路線錯了。毛澤東因此跟彭德懷元帥鬧了個不歡而散。接著，黨中央又決定於六月底、七月初在江西省的避暑勝地廬山召開工作會議，又稱爲「神仙會」，意即邊避暑休息邊糾左反左。會前，中央書記處要求中央大員們和各省市自治區的主要負責人下鄉下廠調查研究，務求將基層的眞實情況，存在的問題，帶到會議上來討論研究。劉少奇給會議定了個調子：對於一九五八年的大躍進，要「成績講夠，問題講透」。

對於毛澤東來說，又出現了類似一九五七年春天他大抓右派前夕的局面。不同的只是，一九五七年春天是毛澤東號召黨外人士大鳴大放，「給黨提意見，幫助黨整風」，並信誓旦旦地保證「言者無罪，聞者足戒」、「不揪辮子，不打棍子，不戴帽子」；一九五九年春天則是毛澤東號召全黨幹部「學習海瑞精神」，講眞話，反浮誇，反虛假，反左傾，並要求廣大黨員要「捨得一身剮，敢把皇帝拉下馬」。

一九五九年六月底，中共中央政治局委員們，國務院各大部委主要負責人，各省市自治區黨政第一把手，紛紛上了廬山。毛澤東入住原蔣委員長的避暑別墅——美廬，劉少奇、周恩來、朱德、彭德懷等則分頭入住了原國民黨元老宋子文、孔祥熙、陳立夫、陳果夫們的別墅。北京只留下總書記鄧小平、副總理兼外長陳毅、總參謀長黃克誠三位「看家」。副主席中則有陳雲、林彪二位請病假。像歷來的中共中央會議一樣，白天開會，晚上跳舞。毛、劉、周、朱們摟著一個個曼妙仙姝舞步親暱，笙歌入雲，眞正的神仙世界了。

七月二日，由劉少奇主持了會議的開幕式。毛澤東坐在台上，微微笑著，怡然自得，一幅英明領袖的慈祥神態。他首先發表了他韻味獨特的散文即興式講話，向全體與會者指出本次會議要研究的十九個問題。關於目前的形勢，他說是成績偉大，經驗豐富，前途光明。他也談到大家的頭腦要冷一下，「做冷鍋上的螞蟻，不要做熱鍋上的螞蟻」。他還提到去年情況本來很好，但帶來一些盲目性，只想好的一面，沒有想到困難一面……總而言之，怪話不少，要讓人說；牢騷不少，要讓人發。怨氣惡氣濁氣，一吐而快。香屁臭屁，都不要憋在肚子裡。

接下來是第二號人物劉少奇講話，他代表黨中央，重申了本次會議的基調：成績要講夠，缺點要講透。他說一九五八年經驗豐富，教訓深刻。最大的成績是得到了教訓，全黨全民得到深刻的教訓，毫無悲觀、抱怨的必要，不要責備下面。劉少奇並要求大家講眞話，擺眞實情況，竹筒倒豆子，來個一乾二淨。之後放下包袱，輕裝上陣，去糾偏糾左、大膽工作。會議開到七月十五號。不做決議，不發公報，談完就算，不追究什麼責任問題。與會者對於劉少奇的開場白報以熱烈的掌聲。細心的人也就聽出來了，中央兩主席，對於一九五八年大躍進以來形勢的估計，有著明顯的差異。劉比毛認眞、實際，願意看到形勢的嚴峻性、緊迫性。

之後是分組討論。按大區分爲華東組、華北組、西北組、中南組、西南組。中央大員們也分頭下組參加討論。如副總理兼國防部長彭德懷元帥參加的是西北組，紅軍時期和延安時期的中央總書記張聞天參加的是華東組等等。劉少奇、周恩來、朱德三巨頭則隨意下各組聽發言。只有毛澤東從不下組聽發言，留在美廬看會議簡報，掌握會議動態。毛澤東歷來有白天睡覺、晚上工作的習慣。

這習慣來自戰爭年代的夜行晝宿，躲避敵機轟炸。一般來說，毛澤東是下午三時或是四時起床，用早餐，之後是游泳、活動筋骨，或是找人談話，聽取匯報。八時左右晚餐。九時開始跳交誼舞。溫香軟玉至十二時。之後是吃夜宵，凌晨一時開始工作，或是召集常委會議，或是看材料，批文件，或是找人談話，佈置任務。凌晨三時或是四時、五時，吃安眠藥上床……爲著服從毛澤東的這種黑白不分、晨昏顚倒的作息，劉少奇、周恩來、朱德們也都不得不跟著他充當中南海內的「紅色夜鼠」。

「神仙會」的分組討論，遵照劉少奇所訂的會議宗旨，一時間又出現了「各抒己見、大鳴大放」的局面。特別是一些省委書記們，對於一九五八年的瘋狂大躍進、共產風勞民傷財，各有一本苦經，一肚子怨氣。他們初時還吞吞吐吐，慢慢的卻越談越深入，越大膽，把各省區因大辦公共食堂、大煉鋼鐵、破壞森林、破壞資源、傷農毀農的種種可咒狀況，統統擺了出來。其中廣東省委書記陶鑄、湖南省委書記周小舟、廣西區委書記劉建勳、湖北省委書記王任重等人，更是直言不諱地談到自大躍進吃公共食堂以來，各地已經開始缺糧，農民開始鬧饑荒，得水腫病，餓死人的慘狀。但他們都能守住自己的底線：三面紅旗是偉大的，毛主席是英明正確的，出了問題，是工作中的失誤，政策上的偏差。他們絕不扯上黨中央的路線方針，毛澤東的領導責任。因為大家都知道，中央委員會也好，中央政治局也好，政治局常務委員會也好，實際上都是毛澤東主席「一人委員會」，毛主席一人說了算。劉、周、朱、陳、鄧本事再大，也都是助手，看毛澤東的臉色行事。誰跟毛澤東本人爭辯問題，絕無好下場。

然而劉少奇在分組討論會上，談出了自己的觀點和憂思：去年一股風，批評右傾保守，插白旗，奪紅旗，老在帽子的威脅下。說實話的人去年不好混……五八年大躍進，吃了五七年的庫存，預支了五九年……我們不要犯長期性、全國性的錯誤……。

為什麼無人敢點毛澤東主席的名？一九五八年的錯誤明明是他一手造成！在這節骨眼上，殺出來鐵骨錚錚的彭德懷元帥。彭老總早在井崗山上就任工農紅軍副總司令，抗戰期間任八路軍副總司令，一場百團大戰，在華北戰場上打得日本侵略軍膽戰心驚。他卻因此得罪了坐鎮延安的毛澤東。原來毛澤東指示前線的八路軍部隊保存實力，擴大地盤，避免跟日軍正面作戰，讓日軍去打國軍，共軍的力量是留作日後跟國軍打內戰奪江山的！可是彭老總身爲軍人，出於民族大義，不聽毛澤東這一套，毅然發動了百團大戰……事後，毛澤東借延安整風，把彭老總召回延安，開了他五十天的鬥爭會，批判他的軍閥作風。可彭老總就是不服氣，教我帶領八路軍不打日本鬼子，你這個馬列主義老子搞不懂，想不通！

一九四五年初，日本鬼子行將戰敗投降的前夕，毛澤東從延安派遣十萬幹部赴東北，以便在蘇聯紅軍的庇護下跟國民黨軍隊搶佔東三省地盤。派去的要員包括陳雲、彭眞、高崗、林彪、羅榮恆、楊尚昆等等。延安因之一下子空虛了下來。以致事隔不久，胡宗南的二十萬精銳進剿延安時，保衛延安的只剩下了彭老總手下的兩萬五千人！可身經百仗的彭老總，爲了保衛黨中央，保衛毛澤東，硬是以二萬五千人出奇制勝，打敗了胡宗南的二十萬大軍。一九四九年十月一日，毛澤東率劉少奇、朱德、周恩來、高崗等登上天安門城樓行「開國大典」時，彭老總卻率領西北野戰軍在餐風宿露進兵新疆途中。一九五〇年毛澤東秉承斯大林旨意，決定派遣軍隊赴朝參戰，跟「以美國爲首的聯合國部隊」在朝鮮戰場決一雌雄。毛澤東原意派東北野戰軍司令員林彪掛帥出征。林彪卻推說傷病復發，難負重任。大敵當前，毛澤東才又想起了遠在西北勇猛善戰的彭大將軍。彭德懷奉命進北京後，二話沒說，就豪氣干雲地擔任了「中國人民志願軍總司令員」，率領百萬大軍在朝鮮戰場浴血三年，最後是上甘嶺一役，打得美軍不得不坐下來和談……

彭德懷元帥功高震主，性情粗豪，嫉惡如仇，作風樸實，生活艱苦。朝鮮戰場回來，他住進中南海永福堂，擔任了國務院副總理兼國防部長。他看不慣毛澤東驕奢淫逸的帝王作派，看不慣劉少奇在毛氏面前的唯唯諾諾，他最討厭周恩來對毛的阿諛奉承，替毛營造宮室，修游泳池，選送美女。他較看重鄧小平和陳雲，鄧辦事果決，腳踏實地，少趨炎附勢。在中南海內，在中央政治局會議上，彭德懷成爲唯一敢於跟毛澤東發表不同意見的人。毛對他越來越不耐煩。毛作爲中央軍委主委，倒常常受到彭德懷這位主持軍委日常工作的副主席的掣肘。

他在一九五八年十一月的中共六中全會上，提出辭去國家主席一職時，加了個附帶條件：推薦長期養病，不做工作的林彪元帥升任中國政治局常委、黨的副主席。當時不少人都替彭老總抱不平，論資歷，論戰功，論身體狀況，論名望威信，怎麼都輪不到林彪出任黨中央副主席。但毛澤東早已說通了劉、周、朱、陳、鄧，大家不能不給毛澤東面子，何況林彪當個病夫副主席，倒也樂得他不管事，掛個虛銜而已。毛澤東卻是佈下了一步妙棋，用以日後取代彭德懷的！

彭德懷倒不計個人名位，大躍進開始時他也跟著頭腦發熱了一陣子，可後來他跑遍了全國六大區十幾個省調查研究，發現情況完全不是毛澤東所吹噓的那回事，糧食不是吃不完，而是老百姓在挨餓，患水腫病！因之早在一九五九年初的一次政治局擴大會議上，彭德懷當著毛澤東的面爲民請命：大家不要以爲我的話說重了，過火了，大躍進政策從根本上來講是不是錯了呢？我看是錯了！惹得毛澤東當時就譏諷他是「武人憂天」，是觀潮派和秋後算賬派。兩人鬧了個不歡而散。

從七月三日到七月十日，彭德懷元帥連珠砲似地在分組討論會上作了七次發言，每次發言都提出要分淸責任，並且點了毛澤東的大名：

「褲子要自己脫，不要人家拉。江西還在講去年增產百分之六十七，這是脫了外褲，留了襯褲。要一次脫光，省得被動。」

「過日子，國家也要注意風景區、人工湖可以慢點搞，浪費很大。好多省都替毛澤東修別墅……」

「我們找經驗教訓，不要埋怨。不要追究責任，人人有責任，人人有一分，包括毛澤東在內。總的責任在中央，不在下面！」

彭德懷忠心耿耿，言人所不言，鋒芒直指毛澤東本人。他早就看不慣中央領導層對毛澤東逆來順受、唯命是從的禁宮風氣，毛澤東可以瞪圓了眼睛大發脾氣，訓斥劉少奇，訓斥周恩來。朱總司令則自井崗山後就竭力避免跟毛澤東有分歧，做老好人。大事小事，中央領導層再無人敢於提出跟毛澤東相左的主張，更不敢跟毛澤東發生爭論。任由毛澤東一意孤行，胡吹海誇，結果鬧出來五八年大躍進這麼大的亂子。彭德懷決心衝破黨內的這種不正常風氣。

可是毛澤東住在美廬，每天除了讀讀會議簡報，就是讀線裝書，一聲不吭。彭德懷每天的發言，由康生、柯慶施等人加油添醋地匯報給他聽，他也不表示態度。這一來，劉少奇、周恩來、朱德等人也都保持沈默。他們或許在等待著毛澤東表態，或許是想看毛澤東的好戲。相信劉少奇的內心裡是讚賞彭德懷的，是需要有人大膽陳言，指出毛澤東的種種不足。毛澤東平日總是批評人家「老虎屁股摸不得」，其實最摸不得的不正是毛澤東同志的老虎屁股？這次彭老總得理不讓人，摸了他的老虎屁股了，結果又會如何呢？劉少奇本人在毛澤東面前，卻是謙恭禮讓慣了。伴君如伴虎，不謙恭禮讓也不行。

一天中午，風和日麗，劉少奇偕夫人王光美遊牯嶺附近的名勝仙人洞。夫婦二人來到洞外，警衛人員前來報告，毛主席和幾位女服務員正在洞裡……劉少奇和王光美會意，立即停留在洞外聊天，恭敬地等著毛主席出來。他們都聽到了毛和女服務員在洞裡的笑鬧聲。後來大約有人向毛通報了，毛就在洞裡喊：光美呀，你也下來！王光美則在洞口柔聲回應：主席，您先玩吧，我和少奇還是在上面等您……毛澤東詩人習氣，早就跟江青分居了，如今一年到頭只跟一波一波的年輕女孩子廝混，聽說還練什麼採補術。

然而彭德懷元帥快人快語，他的忠言直諫，卻並不是衝著毛澤東個人來的。他是要替五億農民講話，希望毛澤東和黨中央知錯改錯，立即採取得力措施，避免發生更大的災難，甚至引發全國性的大饑荒……彭德懷覺得光在會上放炮沒有多大用處，必須找毛澤東本人談，當面把自己在六大區十來個省分看到的嚴重情況擺一擺，農村不是什麼形勢大好，而是已經開始在餓死人！七月十二日深夜，彭德懷心情複雜，一路走向美廬。他知道毛澤東習慣在深夜工作。夜深人靜，正好心平氣和地談一談。他走到美廬圍牆門口，警衛員一見是彭老總，連忙舉手行禮，並連忙進去向何值班秘書報告，但很快返回來說：毛主席剛躺下休息，他已經有好幾個晚上睡眠不好了。彭德懷仰頭看了看樓上的燈光，知道毛澤東並沒有入睡，聽人私下說新近又弄了個小服務員。好色，老毛病了。毛是不願意見他，怕和他吵架。

不願意面談，就寫封信吧！彭德懷滿懷憂思，不吐不快。他有一種時間上的緊迫感。因爲按原來的會議日程，七月十五日會議結束，與會者各奔前程。中央辦公廳的人已放出風聲，會議不會延期。他不願看到此次中央工作會議就這樣不痛不癢，浮皮潦草地結束，糾偏糾左，總該拿出幾條具體的辦法來呀！爲了寫好這封信，他苦苦思考了一天一晚。最後由他口授，秘書做筆錄，再經過修改、抄正，簽上了「彭德懷」三個大字。秘書曾經勸他放一放，他義無反顧。時間是七月十三日深夜。

信由機要員送達美廬。七月十四日，彭德懷等了一整天，靜候毛澤東的回音。

毛澤東在美廬，卻仍然沒有聲音。十多天了，毛澤東只是召見過一次前妻賀子貞，而再沒有召見過另外的人。他每天獨自一人坐在陽台上抽烟，或是在院後的竹林裡獨自徘徊，彷彿又回到了戰爭年代，像處於大戰前夜。更微妙的是，十來天了，劉少奇、周恩來、朱德等人也沒有到美廬去拜望過他。大家都在靜觀，等待著什麼大事發生。廬山上的局面已經很緊張了，要麼是毛澤東在會上下自罪詔，公開認錯；要麼是彭德懷元帥遭殃……

美廬的毛澤東，卻在思考著與彭德懷元帥完全不同的事情。他懷疑這次廬山神仙會對他是一個圈套。有人精心設計。召來各路諸侯在會上大放厥詞，紛紛陳述大躍進三面紅旗的問題，反正是一團漆黑，一塌糊塗。彭德懷一介武夫，衝鋒陷陣，當然最有代表性。可是劉少奇呢？周恩來呢？特別是劉少奇，給會議定的什麼調子？「成績講夠」是個幌子，「問題講透」才是實質。劉克思預設先機，運籌帷幄，是中軍主帥。可這次只能揪出彭德懷。要避免鬧到中央分裂、改組。若此時分裂，劉克思有可能贏得多數。

毛澤東考慮周詳之後，便在彭德懷的信上，另外加了一頁紙，添了個標題：〈彭德懷同志的意見書〉，印發各同志參考。毛澤東最討厭有人給他上書言政干政，一九五五年胡風給他上二十萬言書，有好下場？這回卻是老戰友彭德懷上書反對三面紅旗，屬反黨活動。

第九節　魔圈

七月十五日，中央辦公廳通知，會議延期。與會人員重新編組。彭德懷聞訊後高興了起來，以爲他的信起作用了，中央要認眞解決工作失誤、檢討路線偏差了。

七月十六日清晨，連續兩晚未眠的毛澤東，一反常態，讓秘書電話通知劉少奇、周恩來、朱德三位政治局常委到美廬碰頭。劉少奇的夫人王光美接到電話，向毛的秘書叫苦不迭：少奇同志服了安眠藥，已經睡下，現在藥力正發作，叫都叫不醒……毛的秘書立即去請示了毛，返回來在電話裡說：主席講不行，他也好多天沒有睡好了，囑咐扶也要把少奇同志扶過來。王光美再也無法推脫，只好請服務員來幫忙，給昏睡中的劉少奇穿上衣服，東倒西歪地扶進了汽車……

劉少奇、周恩來、朱德三人先後來到美廬。三人都迷迷糊糊的被請了來，仍處在半睡半醒狀態。毛澤東讓自己的保健護士給每人泡了杯濃茶，開門見山地指著茶几上的彭德懷的信說：你們三位還高睡？先看看彭大將軍的信如何？三人遵命，睡眼惺忪地看了看信，之後習慣性地默不作聲，等著毛澤東開口。毛澤東胸有成竹地輕輕吐了一口烟，以衆人皆睡我獨醒的口吻說：

我提個建議行不行？大家來評論這封信的性質。讓彭眞、陳毅、黃克誠……諸位也上山來，參加會議。小平打球摔了腿，陳雲也請了病假，他們二位就免了。如果林彪同志身體還可以，也請他來。彭德懷的戰表由辦公廳印發。奇文共欣賞，請各路神仙們認眞拜讀、評論。

劉少奇、周恩來、朱德對毛澤東的「建議」沒有異議。他們已經習慣了贊同毛澤東主席的任何提議。即便有所「異議」，也只是放在肚子裡。雖然他們對於批判德高望重的彭德懷元帥毫無思想準備，也不知道會有多大的阻力。但中央政治局常委要保持一致，要服從黨主席。於是，毛澤東的「建議」就成爲了黨中央常委會議的決議。

廬山神仙會來了個一百八十度的大轉彎，變成「政治局擴大會議」，接著又開成了「中共八屆八中全會」，把原本沒有上山的黨政軍各業各界的中央委員和候補委員們，統統召集到山上來，參加對彭德懷等人的全面性批鬥。原先的糾偏糾左宗旨，轉變成反右批右，深揭狠批「彭德懷、黃克誠、張聞天、周小舟反黨集團」的右傾機會主義路線！由毛澤東親自上陣，指彭德懷搞「軍事俱樂部」，文武合璧，要炸平廬山。周恩來一次發言就講了四個小時，歷數彭德懷自井崗山武裝割據時期起，到二萬五千里長征，到抗日戰爭，到解放戰爭，到抗美援朝……一貫反對毛主席、抵制毛主席的錯誤言行。周恩來也順帶著檢討了自己歷來的右傾思想。劉少奇也有長達數小時的講話。他急於撇淸自己，怕被毛指爲彭德懷背後的主謀者。他的講話的最精采的部分爲：彭德懷同志的原名叫彭得華，他是很有雄心的，要「得華」嘛！得我中華……這次廬山神仙會，他的雄心充分暴露出來了，他向毛主席下戰表，是向毛主席奪權，向黨中央奪權。毛主席的權力是全黨授予的，是歷史賦給的，那麼好奪嗎？要奪權，也輪不到你彭得華嘛！毛主席的領袖地位像廬山一樣不可動搖……劉少奇的講話語無倫次，不像往日有條理、有水平。批判彭德懷元帥表現出色的，除了毛澤東的情報頭子康生、柯慶施，國防部長的繼任人林彪元帥，還有賀龍元帥、羅瑞卿大將，北京市委的彭眞等人。而凡是在發言中支持、同情彭德懷，理解彭德懷的，均被打成反黨集團成員，無一倖免。

「滄海橫流，方顯出英雄本色」，毛澤東又一次力排衆議，力挽狂瀾，玩中共中央大員們於掌股之上。

後來有不少人爲劉少奇感到惋惜，爲周恩來、朱德們感到惋惜。他們爲著保全自己而出賣良知，出賣忠耿正直的彭德懷元帥，而痛失了一次擺平毛澤東、乃至罷黜毛澤東的絕好機會。天時、地利、人和均已俱備，又有彭德懷一批將帥、諸侯助陣。但劉少奇沒有揭竿而起，反倒助紂爲虐，順從著毛澤東極左瘋狂走下去，直接導致了全國三年大饑荒，活活餓死人口幾千萬。七年之後，毛澤東更發起文化大革命運動，極其殘酷地將劉少奇囚禁在中南海的住地，指使中央辦公廳和警衛師的造反派對劉少奇毆打凌辱，而後死於非命。

然而，持上述高論者忽略了這樣一個歷史事實，毛澤東早就在精神上和心靈上征服了他的同事們，使劉少奇、周恩來、朱德們存息於毛氏至高無上的帝王權力陰影之中。這帝王權力的形成，劉少奇是始作俑者。是他領頭建造了中共「戰無不勝、攻無不克」的毛澤東思想魔圈。自這魔圈建成，就人人都陷入其中，只能遵循著魔圈的慣性旋轉了。彭德懷元帥只不過想跳出這魔圈，最後摔了個粉身碎骨。

盧山會議批判彭黃張周、全國大反右傾之後，立即引發了全國性大饑荒，毛澤東不得不走麥城，過了兩年近乎低三下四的日子，聽任劉周陳鄧們去調整政策，挽救經濟。

第十節　坐失良機

一年大躍進，三年大饑荒。

毛澤東的大躍進失敗，及其失敗之後倒行逆施的反右傾機會主義運動，很快引發了中國大陸的經濟大崩潰和全國大饑荒。毛澤東的聲譽跌到了歷史的最低點。不見棺材不落淚，毛氏這才覺得自己惹下大禍，爲免「亡黨亡國」，只得暫時「退居第二線」，乘著他的流動行宮——專列火車，帶著他的美女服務員，以治病療養爲名，巡行大江南北，龍蛇縮頭，韜光養晦去了。

改弦易轍、拯救經濟、救黨救國的重任落到了劉少奇、鄧小平、陳雲、周恩來、彭眞等人身上。由劉少奇負總責，實施國民經濟全面收縮調整方針。首是變毛氏的「人民公社一大二公所有制」爲「三級所有，隊爲基礎」，一步退回到初級農業合作社，有的省區甚至包產到戶，使人民公社徒有虛名；二是果斷地解散禍農毀農的人民公社公共食堂，鼓勵農民開荒種地，收穫歸己。爲此，劉少奇主持制定、頒行了一系列黨中央文件，明確提出反左糾左，清理「一平二調共產風」。鄧小平、彭眞成爲他最得力的助手。

由於挽救經濟、穩固政權極有成效，劉少奇獲得黨內外擁戴，聲望日益高漲，大有取代毛澤東的可能。一九六〇、六一兩年，劉少奇的確壓下了毛澤東不可一世的狂妄氣焰。一九六〇年十一月，劉少奇主持召開中央工作會議，一臉病容的毛澤東，不得不作了檢討，流了眼淚。他承認五八年的大躍進是犯了急躁病，想一口吃成個胖子，一年建成社會主義，結果是九千萬人上山煉鋼鐵，鋼鐵沒有煉成，卻丟了糧食，丟了農業；他承認自己不懂經濟，讓全黨替他交了學費，今後要虛心向少奇、恩來、陳雲、小平他們學習。

但他仍然閉口不談廬山會議的倒行逆施，不談彭德懷元帥的冤案。他盛讚了劉少奇的領導才幹和工作作風。有了少奇同志做黨和國家的接班人，他放得下心。他可憐巴巴地說，自己諸病纏身，已是來日無多，快要去會馬克思、列寧了，幸而有少奇同志他們主持中央工作，他是死而無憾了。對於毛澤東的檢討，會議作成決議，黨內傳達到縣團一級。

毛澤東言不由衷，一再表彰劉少奇，是為著穩住劉主席。正像一九四五年八月他赴重慶與蔣中正和談期間，每有宴會，必定當著蔣中正的面，舉杯高呼「蔣委員長萬歲」一樣。如今是毛澤東言必稱劉少奇，甚至催問《劉少奇選集》為什麼遲遲沒有出版……此時的劉少奇和鄧小平，的確能夠借任何一次中央工作會議，以替彭德懷平反為名，達到罷黜毛澤東的目的。全國大饑荒屍橫遍野，河南、安徽等省分已經出現了無人村，無人鄉，毛澤東逃不脫罪魁禍首的惡名。

當然，此時的毛澤東也為自己留下了至為要害的兩手，一是通過康生、汪東興、謝富治牢牢控制住黨內情報保衛系統，嚴密監視著包括劉少奇、鄧小平、周恩來、陳雲、彭眞們的一舉一動；二是通過林彪元帥掌握住軍事指揮系統，並示意林彪在五百萬人民解放軍中大學毛澤東軍事著作和人民戰爭思想，在軍內大搞回憶對比，憶苦思甜，進行所謂的階級教育和路線教育。林彪元帥還以黨中央副主席、中央軍委常務副主席名義，要求軍隊高級將領，又特別是元帥、大將、上將三級高幹，人人撰寫革命戰爭回憶錄，大歌大頌毛澤東的建軍思想及其豐功偉業。

於是在一九六〇、六一兩年，中國大陸出現了奇特現象，一方面是毛澤東因全國大饑荒在黨內作檢討，流眼淚，放權讓賢，稱病退居第二線，另一方面毛氏卻示意林彪元帥在軍隊裡大學「毛著」，開始了新一輪的領袖崇拜運動。

相信這期間，劉少奇認眞思考過毛澤東同志的「革命移動」問題。劉少奇對於毛澤東的出爾反爾、妒賢忌能、懷疑狂癖、過河拆橋、恩將仇報、心狠手辣等等，應該有著足夠的認識。問題是罷黜了毛澤東，會不會動搖中共政權本身？自己穩不穩得住大局？攏不攏得住黨心、民心、軍心？對於黨心、民心，他相信問題不大，關鍵在於軍心。

他長期從事黨的地下工作，一九四三年到延安後也是專責黨務和黨組，自覺地不去染指軍事。名義上，是黨指揮槍。在實際上，從來都是槍指揮黨、決定黨。每一想到軍隊，劉少奇便感到底氣不足。當然，也可以借助周恩來去籠絡軍隊。但周恩來懼怕毛澤東，而與自己保持著距離，爲人又圓得像中秋節的月餅、滑得像水田裡的鰍魚，會參與倒毛？就是鄧小平、陳雲、彭眞三位，挽救經濟、收縮整頓，都能跟自己合作無間，且對毛的專橫作風也多有怨氣，一旦眞的發起倒毛，他們又未必肯跟自己聯手……退一萬步說，就算倒毛成功，怎麼處置毛？把他軟禁在哪裡？一旦讓他逃脫，東山再起，自己一家老小，可就死無葬身之地……

劉少奇疑慮重重，終於打消了倒毛的念頭。何況對於一九五九年四月第二屆人大會議確定下來的雙主席制，他亦感到某種程度的滿足。對於毛澤東，他決意好人做到底，修養修到家。他等待毛澤東自然死亡。依據是：

一、毛澤東已經患有嚴重的心臟病、高血壓、中樞性神經官能症、風濕症、老年性中風諸多不治之症，而又好食豬油、肥肉、烟酒，玩弄年輕女子，好色不倦、喜怒無常，生活毫無規則，靠藥物維持睡眠……據毛的首席保健大夫、衛生部副部長傅連暲同志私下講，毛的老年性中風症一發再發，至多活個數年功夫。而劉少奇本人呢，家室正常，夫妻恩愛，生活簡樸而有規律，身體健康——只患有輕度的糖尿症。從年齡到身體狀況，優勢都在他這一邊。

二、通過二十多年來主持全黨日常生活，辛苦經營，黨中央委員的大多數，省市委書記中的絕大多數，都是劉少奇信得過的人馬。劉少奇自信在黨內已立於不敗之地。日後就是毛澤東要整肅他，在中央政治局和中央委員會裡，都是難以通過的。

三、五九年廬山會議以後，劉少奇和朱德、鄧小平、陳雲、彭眞等人達成了默契，加強黨內民主，定期召開政治局常委生活會，對毛澤東同志的男女作風問題，提出嚴肅批評，不能任其影響黨和國家的威信——據有關文件透露，至一九六五年年底止，政治局常委生活會，針對毛澤東同志的個人生活不嚴肅問題，一共召開過十三次會議，每次會議均作了筆錄，並給予毛澤東同志以「勸告」、「口頭警告」等處分。上述會議，由政治局常委輪流主持。

一九六一年初，劉少奇主持政治局常委生活會議，解決毛澤東同志跟保健護士丁慧芬（十九歲）發生關係，致使丁慧芬受孕生子問題。為了保住這黨和國家的最高機密，中央辦公廳只好把丁慧芬遠送大西南的成都軍區大院裡去生產並予軟禁保護。毛澤東同志也是屢教不改了。他甚至連自己的專車司機的有幾分姿色的老婆也搞上了。幸而保衛人員及早發覺，及時把那專車司機調去西藏工作，否則出了車禍，怎麼得了？其餘什麼女演員、女秘書、女護士，只要不懷孕，大家都可以睜隻眼、閉隻眼，可以見多不怪。但這回跟丁慧芬是懷孕生子，實在說不過去。而且毛澤東同志一個多月前在中央工作會議上，剛剛檢討過他的錯誤，承認給國民經濟造成的空前損失……於是在這次的生活會上，常委同事們，當著毛澤東同志的面，提出了少的坦率批評：

主持會議的劉少奇說，潤之（毛澤東字）同志造成的影響很大，有損人民領袖形象；老好人朱德總司令說，潤之同志缺乏自我的約束；陳雲指毛澤東可以治天下，不能治左右；鄧小平指毛澤東主席同志勝利了，做了領袖，是不是思想也變化了；周恩來則圓融地說，潤之家室不睦，又是詩人氣質，還是要顧全大局，顧全大局……在會上，毛澤東同志不得不老著臉子，連連點頭，接受了大家給予他的「口頭警告」處分。他甚至不無幽默地說，這方面的問題，他是個老頑固了，叫做「虛心接受，深刻反省，堅決不改」。當然，這回他是關雲長走麥城了，不改也不行了。

一九六一年一月中旬，劉少奇主持召開「中共中央八屆九中全會」。距離上一次中央全會——一九五九年八月在廬山召開的「八屆八中全會」，已經一年零五個月。那次全會鬥爭了以彭德懷爲首的右傾機會主義反黨集團，隨後並在全國黨、政、軍各領域大批右傾機會主義路線，抓出了黨內的大批右傾分子。有人事後哀嘆：五七年的抓右派運動，把全國的知識分子精英一網打盡；五九年的反右傾機會主義運動，再又把黨內正直敢言的幹部悉數清洗了。黨內黨外，不出賣自己的良知者，已經無法生存下去。全國性大饑荒爆發後，毛澤東撒手不管事，由劉少奇、鄧小平們力挽敗局，拯救政權，卻又不得不按照使彭德懷元帥獲至大罪的「意見書」的精神，來調整政策，挽救經濟。

劉少奇在分析當前災難的起因的時候，直言不諱地說：三分天災七分人禍。他否定了毛澤東檢討書中所說的三條：政策偏差，蘇修逼債，自然災害。

會議最重要的議題，是制定「調整、鞏固、充實、提高」的國民經濟方針，繼續全面收縮、全面退卻，關閉全國所有在大躍進中興辦起來的工廠、學校、企業事業，人員就地遣散，國家機關工作人員下放，參加生產救荒，全面緊縮國家開支……毛澤東的「大躍進成果」被一刀切，不留尾巴。會上，甚至有人提出救命要緊，農業政策要退夠，要一直退到包產到戶，分田單幹，四大自由。外交上則應「三和一少」——和平競賽、和平過渡、和平共處，大幅減少對其他國家的革命鬥爭、游擊活動的經濟援助。劉少奇對上述提議不示可否。他明白許多事情，口號不宜公開化，只宜去實際執行。對於農業問題，他提出在極端困難時期，政策要鬆綁，生產自救可以八仙過海，各顯其能，中央不再作出硬性規定。總書記鄧小平則說得更直截了當：現在顧不得誰的面子了，不管誰發過的指示，批過的文件，凡與實際情況不符的，一律停止執行，先填了肚皮再說。

八屆九中全會的另一個議題，是否給盧山會議後全國被打成「右傾機會主義分子」的上百萬幹部甄別平反。事實已經證明，這些被撤了職、被開除出黨的同志，都是黨內敢於講眞話、作風正派的好幹部，不給這些人恢復黨籍、安排工作，也就談不上眞正的糾偏糾左。還有人提出來，黨中央也應該給彭、黃、張、周四人平反，毛澤東主席也經常說「有錯必糾，實事求是」嘛。劉少奇代表中央明確表態：盧山會議之後被劃成右傾機會主義分子的同志，絕大多數是好幹部。甄別平反工作可以從基層做起，先平反區縣一級，再平反地省一級。他本人也不反對重新研究解決彭、黃、張、周等同志的問題。但事關重大，情況複雜，應留時間給黨中央來從容處理。劉少奇的這一表態，贏得與會者熱烈的掌聲，有人熱淚縱橫地呼喊了「劉主席萬歲」！

毛澤東沒有出席八屆九中全會。他若出席會議，勢必再次作出「深刻檢討」，太尷尬了。再者，他不出席會議，劉少奇們才好放開手腳，大刀闊斧地去調整政策，拯救經濟。反正大躍進是一無是處、全軍覆沒、片甲不留了。他只留下一件事絕不讓劉少奇們去做，絕不給彭德懷平反。寧教我負天下人，不敎天下人負我。給彭德懷平反，就是要毛澤東完蛋。

第十一節　毛澤東卧室竊聽案

一九六一年二月，毛澤東乘坐他的流動行宮——專列火車，帶領著他的幾位年輕美貌的「女服務員」，來到老家湖南省長沙市，停靠在火車北站的一條支線上。毛的專列由十一節車廂組成，分別爲毛的卧房和辦公室，毛的書房兼會客室，會議室，毛的餐室，中央辦公廳負責人包廂，秘書及服務員包廂，醫療服務車廂，警衛人員車廂，戰備通訊車廂等。

此次隨行的中央大員爲公安部長羅瑞卿大將和中央辦公廳主任楊尙昆。

長沙火車北站係一貨運站，離市中心較遠，便於安全警衛。毛或中共其他領導人乘專列南巡路經長沙時，都停靠在這裡。專列到來之前，整座貨運站即已戒嚴，所以貨運列車早已奉命停駛或者繞行了。

湖南省委第一書記張平化上專列來晉見偉大領袖的時刻，車上卻鬧出來一樁不尷不尬卻又石破天驚的「案子」。正是這一「案子」，改變了中共後來的歷史進程，加劇了毛澤東與劉少奇之間的權力爭奪，並且直接種下了數年之後毛澤東爲剷除劉、鄧派系而瘋狂發動文化大革命運動的

「禍源」。

由於毛澤東在車上接見他老家的「父母官」，專列的工作人員們便都下到站台上來散步，歇息。一位專管無線電收發的青年幹部忘記了「鐵的紀律」，忽然走到一位美人兒面前去，神秘兮兮地調侃說：我聽到妳在主席卧室裡的聲音了。美人兒臉蛋兒頓時羞的緋紅，問他，你聽到什麼了？那青年幹部仍不知死活，說：聽見妳催主席快點？穿上褲子，褲子……美人兒雙手捧住了臉盤，駡了兩聲你該死，我不依，我不依！就跑回到專列上，向毛主席報告：有人竊聽！主席的睡房裡有竊聽！

毛澤東聞言，勃然大怒，揮走了張平化，即刻著人傳來負責本次專列政治保衛工作的羅瑞卿和楊尙昆二位，讓羅、楊交代，他的卧室裡到底是怎麼回事，安裝了什麼機關？他的一舉一動都被人錄音竊聽？

羅瑞卿、楊尙昆兩人面面相覷，知道事情再隱瞞不下去了；再隱瞞下去，腦袋會被搬家；只得如實報告：自一九五八年大躍進以來，毛主席立足中國，胸懷世界，放眼全球，對中國革命和世界共運，經常有新的鴻圖，新的構想，新的理論，黨中央其他領導同志無法及時領會和跟上，工作中感到吃力和緊張；而主席您又是那麼謙虛，不讓身邊的工作人員隨時隨地將您的新指示筆錄下來。爲了替全黨保存下珍貴的黨史資料，精神財富，中央書記處經過愼重考慮，不得不在主席的專列上安裝了一套設備……。

毛澤東處驚不亂，聽了羅、楊的解釋，控制住了自己的情緒，並逐漸平和了下來，不一會還笑了起來：爲了黨的工作，你們也是一番苦心囉。我不責怪你們。設備是哪裡產的？老大哥提供的？

楊尚昆回答，是以中央辦公廳的名義，通過有關渠道從海外進口的。

毛澤東點燃了支烟，也給羅、楊二位遞了烟。他已經完全鎮靜下來了，饒有興味地問，很先進囉？什麼時候裝上去的？

楊尚昆報告：一九五九年一月。

毛澤東又笑了：呵呵，整兩年了。你們還眞能夠保密嘍。我的那些工作人員都知道嗎？

羅瑞卿報告：秘書們都知道的。但要求他們遵守紀律，保守機密。

毛澤東更是哈哈笑了：旣然大家都知道，還是什麼機密？也算不上計謀囉。頂多算個陽謀！我這個人比較喜歡陽謀，自己也搞過幾次陽謀。

羅瑞卿趕忙補充說：只有進出主席房間的服務員不知道。她們經常輪換，流動性大……。

毛澤東笑過之後，一副毫不介意的神態：這樣講起來，少奇、小平他們，也是事先都知道的啊！

楊尚昆回答：經他們同意的，中央書記處有個內部決議。

毛又問：恩來呢？還有汪東興，他們知道嗎？

楊尙昆回答：總理知道，還指示過，旣是從全黨的利益出發，就一定不要鬧出誤會來才好。汪東興同志曾經有過保留意見，後來書記處做了說明，他服從中央的決定。

毛澤東笑瞇瞇地說：還是恩來慮事周全。現在本人已經不誤會了，前嫌盡釋，如何？

身爲公安部長的羅瑞卿大將，雖然看到毛主席毫無責怪之意了，但心裡仍不踏實，請示說：主席房間裡的設備，我看乾脆拆了吧！

毛澤東怡然自得地揮了揮手裡的烟捲：何必呢？羅長子莫性急。旣是中央書記處的決定，我作爲一名黨員，也應該服從嘛。況且，有這設備也好，有利我自省嘛。子曰：吾日三省吾身，爲人謀而不忠乎？與朋友交而不信乎？

接下來，毛澤東倒是向羅、楊二位，講出一篇困難時期，全黨上下，咬緊牙關，同心同德，同舟共濟的大道理來：現在全國鬧饑荒，我們快要四面楚歌、霸王別姬了。搞不好，就會亡黨亡國，重新上山打游擊。北面，有赫魯曉夫修正主義集團，他們除了向我們逼債，怎麼嘲笑我們的？三面紅旗把中國老百姓的褲子賠掉了，人民公社公共食堂喝大鍋青菜湯了；南面有國民黨和美帝國主義。蔣委員長不是又在叫喊反攻大陸，三個月光復？加上國內的地富反壞資產階級，妄圖趁我黨遇上挫折困難之機，復辟他們失去了的天堂……但是依我說，只要我黨中央團結一致，只要我黨兩千多萬黨員同志同仇敵愾，只要我們的五百萬人民解放軍做鋼鐵長城，加上佔人口大多數的工人農民不造反，跟我們走，我們就能夠立於不敗，度過難關，重新出發，迎接新的社會主義革命和社會主義建設高潮。我已經在歷次的中央工作會議上講過，也多次對外國來賓講了，本人身體欠佳，早已安排好了接班人，就是少奇同志。現在黨的工作是少奇同志當家，還有小平同志。他們懂經濟，懂建設，水平比我強。這是大局。我們每個黨員，每個幹部，無論資格多老，職務多高，都要服從這個大局。

毛澤東一席話，說得羅瑞卿、楊尚昆二位心悅誠服，吃了定心丸。羅、楊一致表示：主席的身體，才是全黨之福，全國人民之福。請主席保重。

毛澤東接下來還順便說了說，尙昆呀，你是中辦主任，北京一大攤子事情等著你。我上回就講了，你不必陪我到處跑了。有羅長子一個跟著我，夠了。你回北京去，換了汪東興來吧。

楊尚昆依言，表示馬上報告少奇同志，服從主席命令。

毛澤東想了想，又說：算了算了，你還是先陪我去廣州吧，休息幾天。這次我們去看看朱總司令最中意的蘭圃。聽講種有蘭花上萬盆，品種數百個。蘭圃有茂林修竹，綠蔭夾道，曲徑通幽，好個清心寡慾的去處……

毛澤東心裡有數。安撫住了身邊的羅瑞卿和楊尚昆，就是安撫住了北京的劉少奇和鄧小平，或許還要加上周恩來和彭眞。看來他們已經另立司令部。怎奈全國大饑荒尙未過去，他毛澤東的檢討正在黨內傳達——名曰傳達到縣團級，實際上是口頭傳達到全體黨員了。量小非君子，無毒不丈夫。他不得不暫時強忍下這口惡氣，這項奇恥大辱：在他毛澤東的卧室裡安裝竊聽器！康生的系統不是號稱無孔不入？都幹什麼吃的去了？劉少奇是搞地下活動出身，著實高明。可如今這「特務活動」搞到黨主席頭上來了！不管以什麼冠冕堂皇的理由，都是欺人太甚，膽大包天。而且已經歷時兩年，毛澤東本人毫無察覺！這是哪朝哪代有過的事？明、清兩朝的特務政治很出名，效率也很高。那都是皇上用來對付王公大臣的。明成祖遷都北京，除了錦衣衛，還搞了東廠、西廠，三大特務系統，監督下面的一舉一動。本朝劉少奇們不同凡響，明裡尊本人為「偉大領袖」，再加上「英明、正確、光榮」，暗裡卻在「領袖」的卧室裡安裝竊聽器，而且是從海外秘密進口的設備。

他們都竊聽到一些什麼了？整整兩年，本人出行了多少次？他們儲存下多少盤錄音帶了？還有中南海豐澤園那菊香書屋裡，他們也安裝了？從笑談時局，議論幹部，批閱文件，找人談話，到嬉笑怒罵，周公之樂，鶯聲燕語，遊龍戲鳳，嬌喘微微……全叫他們錄走了，存檔了，取證了！真正的珍貴史料，精神財富。他們對本人抓右派不滿，對發動大躍進不滿，對大煉鋼鐵不滿，對三面紅旗不滿，對批彭反右傾不滿，或許更早些，對本人加速社會主義改造，強制農業合作化、公私合營不滿。可是為什麼不像彭德懷那樣公開跳出來反對？彭德懷才算一條漢子，一個人物。

明裡鬥無膽，只好暗中行。本人是發表過許多豪言壯語，包括「小麥畝產兩萬斤」，包括「馬鈴薯畝產一百萬斤」，包括「七億人口搞七億噸鋼，三億五仟萬噸糧」，包括「全國就是一個大公社，實現吃飯不要錢。每個省搞兩百架飛機，每個鄉兩架，解決交通問題」，包括「十五年內超過英國趕上美國……」如此這般，罄竹難書。你們都熱烈鼓掌，熱烈歡呼過。況且那都是在中央工作會議上、政治局擴大會議上、中央全會上的講話，早就錄了音，存了檔，寫進了中央文件。要趕本人下台，要列數本人的十惡不赦，材料早就夠豐富了，罪狀百十條上千條，爲什麼還要到本人的卧室裡來竊聽？愚蠢之至，多此一舉。不！機關算盡，居心叵測，絕非等閑之舉。

大躍進的責任，國民經濟陷入暫時困境的責任，鬧饑荒餓死人的責任，本主席早就指出了，是三大因素促成：工作失誤，蘇修逼債，自然災害。有關工作失誤部分，本主席在檢討中，已經表明承擔主要責任，並沒有推諉給誰。可你劉少奇最近在八屆九中全會上怎麼說的？「三分天災，七分人禍！」謝天謝地，一語道破天機，這七分人禍的罪魁禍首，自然是指的本主席了。劉克思是想當歷史功臣，想當賢明國君？

蘇軾不識廬山眞面目。本主席不識少奇同志眞面目。過去認爲他注重馬列修養，工作勤勉，識人善用，有組織才幹。現在看來他確有另外一面。老早就懷疑他有右傾機會主義的一面。五五年他一口氣砍掉全國二十萬個農業合作社。五七年元旦社論他是主謀，爲了他的威信，後來只批了周恩來和陳雲。

五八年武昌會議期間，全國大辦人民公社的決議已經寫進了會議公報，形成了中央文件。書記處的超級元老王稼祥竟然提出建議，文件暫不傳達，不發表，因爲太冒進。可又不敢找本主席談。他找了劉少奇。少奇同志本來就跟他沆瀣一氣。少奇同志面子大，前來轉述王稼祥的高見。那回本主席是發了雷霆之怒，操了娘，大躍進的絆腳石；螳臂擋車不自量力，想阻止歷史前進。五九年廬山神仙會，少奇同志也是幕後主帥，由彭、黃、張、周等人在台前衝殺。顧全大局，也是念及二十幾年的交情，黨中央不要這麼早就鬧分裂，仍然委託他去主持中央全會，去批判彭、黃、張、周右傾機會主義反黨集團……

現在可好了，少奇同志把他過去在敵佔區搞「地下鬥爭」的高超手段，使用到黨內來了，搞到「領袖」的臥室裡來了。少奇同志黨羽已豐？中央、省市兩級的黨組，差不多都是他的人馬了。如今是盤根錯節，牽一髮而動全身。怎麼辦？在老大哥那裡，赫魯曉夫已經鞭了斯大林大元帥的屍。不是有消息說，當斯大林的遺體從莫斯科紅場陵墓中移出，被送去火化之前，赫魯曉夫親自朝遺體打了兩槍？本主席也差不多了。本主席即為中國的斯大林，身邊就睡著中國的赫魯曉夫同志。

「牢騷太盛防腸斷，風物長宜放眼量」。君子之仇，十年不晚。佛家云：善有善報，惡有惡報。還應加上兩句：不是不報，時候未到。時候一到，一定要報。

一九六一年二月，毛澤東的專列只在長沙作短暫停留，直駛南國花城廣州。汪東興已經飛抵廣州迎駕。毛澤東興致勃勃地拉著羅瑞卿和楊尙昆赴蘭圃賞蘭花。蘭圃蘭花名天下，的確美不勝收，格調高雅。汪東興則快刀斬亂麻，一手撤換了毛澤東主席專列上的所有工作人員，就地軟禁反省，交由中南海中央警衛局審查。

緊接著，劉少奇夫婦飛抵廣州。劉少奇是「負荆請罪」來了，交上了一九五八年十二月中央書記處關於在毛主席卧車上安裝設備的決議文件。上面確有書記處成員們的簽名，還有周恩來劃過的圈圈。劉少奇是要以此來向毛澤東主席表明，此舉確是爲了緊跟主席，學習主席，而不是別的活動。劉少奇並且提出來，由汪東興同志親自負責清查、檢視、銷毀存放在中央辦公廳保密室裡的所有錄音帶及其文字整理。此事，最初雖是書記處同志的主意，但經過他點頭了的，應由他個人負全責，向主席檢討、致歉，並請求紀律處分……

毛澤東聽了劉少奇的解說，哈哈大笑，一笑了之：少奇呀，你知道廣州有個六榕寺嗎？寺內有六棵千年老榕，因此得名。「六榕」二字，爲東坡居士手書。始建於梁代，明朝始稱六榕佛寺。寺裡有兩幅對聯，一云：一塔有碑留博士，六榕無樹記東坡；二云：大腹能容，容天下難容之事，張口而笑，笑世間可笑之人。我比較喜歡第二聯，喜歡那笑口常開無憂無慮無牽無掛的大肚彌勒佛。明天我們拉上羅長子，還有尙昆，一起去遊遊六榕寺。你放寬心好了，那件事就按你講的辦。你們是好心辦了件不太好的事。事情講清楚了，就算了結了。重在吸取經驗教訓。今後在黨內任何人都不准再提。我也不會提請中央處分任何人。法不責衆嘛。目前最重要的是全黨團結，一心一德，穩定黨心軍心，共度難關……少奇呀，歷代的農民起義，多因饑荒而起。千萬不要鬧到陝北出李自成，四川出張獻忠，洞庭湖出楊么，蔣委員長再從南邊一攻，蘇修從北邊一壓，我們就霸王別姬了。當然，我不會去自刎烏江，至多重新上山拉隊伍……因之，我們在全力挽救經濟的同時，要抓緊軍隊的戰備工作。決不要教我們的子弟兵也吃不飽。我倒是有個想法，黃克誠之後，軍隊的總參謀長是譚政大將。譚政身體不好，老是向我這個軍委主席請假。林彪身體更差，我的身體狀況你知道的，也是諸病纏磨，靠安眠藥過日子，活一天算一天啦。你看看，總不能叫我們這三個病夫來管理五百萬人民子弟兵吧？當然軍委的日常工作現在由賀龍同志打理，但賀龍也不是三頭六臂。我早想過，羅長子是個帥才，年輕資格老，辦事有氣魄，叫他長期當公安部長，是大材小用。我想派他去接替譚政，另外再給他加些擔子，除了任總參謀長外，還兼中央軍委秘書長，並且參加中央書記處和國務院工作。兼個副總理怎樣？先給恩來打個招呼，如何？好鋼放在刀刃上，培養他當個接班人，如何？

劉少奇聽得連連點頭，其實是一頭霧氣。關鍵在於毛澤東同志如何安排楊尚昆的工作。毛澤東彷彿看穿了劉少奇心裡的疑慮，接著說：尚昆是個好同志。在井崗山就當過彭懷德的紅三軍團政委，你不也當過紅三軍團的政治部主任？按說他的資歷不比你我淺呀。遵義會議他也出了力。後來他因為被王明列為「二十八個半眞正的布爾什維克」，受了些王明路線的影響，到延安後又一直留在中央軍委做事務性工作，職務才沒有上得去。一九四五年開「七大」，他連個中央候補委員都沒有選得上，工作上仍是兢兢業業，沒有怨言。有人替他抱不平了，還是我提議他去參加開闢東北解放區的工作，任了個東北局書記處書記。第一書記起初是彭眞吧？彭眞擅長城市工作，不去佔領廣大鄉村怎麼行？換上了林彪，黨和軍隊一手抓，局面很快就打開了。一九四九年進了北京，我念及尙昆的辦事能力，刻苦精神，調他到中央辦公廳任副主任，工作一如既往，事無巨細，踏踏實實，不久提他當了主任，直到如今……對這樣一位久經考驗，能上能下，任勞任怨，不計個人名利的老同志，老朋友，我還有什麼不放心的？論資排輩，他都夠得上元帥，至少也是個大將吧？可中辦主任，不就是個正部級？我提議，尙昆同志進中央書記處。至於我這裡，有一個汪東興足矣。休息兩天，你帶他回去，忙他的中南海大管家去吧。

毛澤東歷數了楊尙昆的資歷和功績。劉少奇心裡的石頭落了地。這回，毛澤東主席確是襟懷坦蕩，立黨爲公，前嫌盡釋了。問題是羅瑞卿去任總參謀長，誰來接任公安部部長，按原來劉少奇的腹案，一旦羅長子離開公安部，即由自己原來的警衛隊隊長——現任中南海警衛局局長李樹槐出任。問題是李樹槐只算個少將，跟汪東興同銜……

接下來，劉少奇試探著問了問：

潤之，那公安部部長，你看誰接羅長子合適？

謝富治怎樣？年輕能力強。當年陳、謝兵團，血戰中原，獨當一面哪。後來陳賡授了大將，謝富治只授上將。到公安部當了這些年的副部長，人家毫無怨言。

毛澤東處理起幹部人事來，有理有據，滴水不漏。劉少奇不能不甘拜下風。要論玩起帝王權術來，中共黨內誰也不是毛澤東的對手。

遠處著眼，近處著手。毛澤東大智若愚，不動聲色地處理了自己的「專列竊聽案」，化險爲夷了，旣痲痺了自己的政敵劉少奇，又從身邊驅離了「卧底分子」，還開始了新的人事佈局。毛澤東將要一點一點地來收回放出去了的以及旁落了的黨、政、軍、情權力，直到他重新掌控全局，調兵遣將，叱咤風雲，得以一舉剷除劉少奇及其龐大的黨組系統的那一天。一切留待來日。漢大將韓信還有過胯下之辱，唐明皇在位四十四年還有過馬嵬坡之辱呢？一旦時機成熟，毛澤東將不惜生靈塗炭，進行一場全面內戰。

進入二十世紀六十年代，中國歷史的天空，又開始彤雲密佈，殺機四伏。新一輪中原逐鹿，鹿死誰手？

第十二節　「分責」與「立碑」

在大饑荒的一九六〇年和六一年，中國大陸各省區都發生過農民搶糧暴動，各類反毛組織亦如雨後春筍，大有星火燎原之勢。惜乎缺乏黃巢、李自成式領袖人物高舉義旗，統一號令，又沒有外部勢力的及時聲援，這些暴動組織很快被中共軍隊各個擊破，血腥鎮壓了下去。這也說明了，中共的嚴密如黑社會幫會的各級黨組織，及其紅色騙局式宣傳說教，即使是在一場曠古未有的大饑荒中，仍能迷惑和奴役中國大陸的多數愚昧人口。

應當說，中共政權所以沒有亡黨亡國，還在於劉少奇、鄧小平、陳雲、周恩來、彭眞等人及時糾正毛澤東的極左路線，全面調整政策，及時對老百姓作出重大讓步，如廢止公共食堂，允許農民恢復小家庭式生活和生產活動，允許自由集市貿易，暫停階級鬥爭口號，給予知識分子一定範圍的學術言論自由等等。

劉少奇、鄧小平等人的全面收縮、全面調整方針，實際上是一次大規模的非毛運動。也正是這次非毛運動，挽救了工農業，挽救了國民經濟，挽救了中共政權和毛澤東本人。這其間，毛澤東不得不龍蛇縮頭，忍氣吞聲，離開了黨和國家的權力核心而巡行到南方各省去跳舞、游泳、養病。但他死死抓住兵權不放。抓住了槍桿子才能立於不敗之地。他雖然作了檢討，心裡並未服輸，並不承認大躍進破產，三面紅旗失敗。他等著劉少奇、鄧小平們替他治癒中共政權的創傷，度過經濟大崩潰難關，再重出江湖，重振旗鼓。

一九六一年秋天，劉少奇帶著夫人王光美，回了一趟湖南老家寧鄉縣花明樓鄉。他對一位位面黃肌瘦的父老鄉親們說了實話，大躍進以來，黨中央犯了錯誤，毛主席犯了錯誤，使得大家吃苦，挨餓，是共產黨對不起人民群衆……劉少奇在花明樓住了兩晚，卻沒有去瞻仰僅隔九公里之遙的毛澤東故居——韶山冲，表現出了對毛澤東的大不敬。劉少奇的這次「衣錦還鄉」，及其非毛言論，於數年後的文化大革命中成爲他反毛澤東的「滔天罪行」，毛澤東的紅衛兵造反派並以掘他劉氏祖墳、搗毀劉氏宗祠代毛洩憤。

一九六二年一月，全國性大饑荒高峰已過，數千萬飢民已經餓死，國民經濟大崩潰已經停止，整個形勢趨向緩解。劉少奇不失時機地在北京主持召開了一次規模空前的「中共中央工作會議」，出席會議的除了中央黨政軍負責人和各省市自治區負責人，還有全國兩千多個縣份的縣委第一書記、全國重點工廠礦山企事業的黨委書記，共七千餘人，因之又稱爲「七千人會議」。會議旨在總結三年經濟崩潰的經驗教訓，並在今後的革命與建設中牢記這些災難與教訓。黨內還面臨著要不要替「彭德懷反黨集團」平反的難題。

毛澤東在會上妙舌蓮花，作了長篇講話。他一反常態，不談階級鬥爭、路線鬥爭，而大談黨內民主生活，黨的民主集中制原則。什麼民主基礎上的集中，集中指導下的民主啦，什麼少數服從多數，多數服從眞理，下級服從上級，全黨服從中央啦，什麼團結一致，同心同德，群策群力，艱苦奮鬥，克服困難；什麼一道籬笆三棵樁，一個好漢三個幫，三個臭皮匠，湊成一個諸葛亮……，毛澤東說著說著，就又露出了馬腳。他說，他也不主張搞「個人迷信」和「領袖崇拜」。可是赫魯曉夫反斯大林的個人迷信，卻全盤否定了斯大林，所以蘇聯出了修正主義，右傾全面復辟。實際上，在社會主義歷史時期，有時候是需要一點「個人迷信」和「領袖崇拜」的。比如軍隊裡一個班，十二個士兵，需要一個班長，需要大家來尊敬、服從，才能夠打仗。如果這也是「領袖崇拜」，就是必需要的了。各級黨委書記，也是一個「班長」，黨委委員們要團結在「班長」的周圍……

毛澤東憑著他的三寸不爛之舌，憑著他的政治詭辯術，說的天花亂墜，力圖重塑他的開明君主形象。對於業已克服過來的「三年國民經濟特大災難」，亦即他的大躍進所引發的全國大饑荒，他發明了一套「責任分攤論」。他說，我是中央主席，我要擔主要的責任。但是在你們省裡，你作爲省委第一書記，要擔省裡的第一份責任；在你們地區，你作爲地委第一書記，要擔地區的第一份責任。在你們縣裡，你作爲縣委第一書記，要擔縣裡的第一份責任。依此類推……哪個廟裡都有爛菩薩。我第一個承認，本人也是一個爛菩薩……毛澤東談吐幽默風趣，不斷引發出與會者的笑聲。黨幹們的笑聲中掩蓋下了毛澤東的禍心，責任都在下面，錯誤人人有份。

爲了籠絡黨心軍心，蒞臨黨中央會議從來不參加分組討論的毛澤東，這次卻破天荒主動去到每一個省委代表團的住處，去跟每一位縣委書記握手，之後跟大家合影留念。幾天下來，他的手指都被握腫了。七品縣官們無不歡欣鼓舞，過去是縣官難得晉見到皇帝老子，如今是皇帝老子主動會見他們這一批一批七品芝麻官。

對於毛澤東的大會講話，中共大員們卻人人憂心忡忡。他們最害怕毛澤東過河拆橋，恩將仇報，翻臉不認賬，又回過頭來反右傾，批判資本主義道路，批判在困難日子裡對資產階級的妥協讓步。全國剛剛餓死了幾千萬人口。毛澤東毫不在乎這幾千萬人的性命。早在一九五八年，他跟赫魯曉夫辯論第三次世界大戰打熱核戰爭時，他說中國不怕打熱核戰，中國可以死掉一半人口，還有三、四億。也是在一九五八年，福建沿海爆發炮戰，毛澤東就希望美帝國主義也參加進來，最好是在福建省投下一顆原子彈，中國死掉兩千萬人口，美帝國主義就罪惡滔天了。

對於毛澤東的過河拆橋，最敏感的莫過於劉少奇。鄧小平很聰明，他已經學會了避開毛澤東的鋒芒。劉少奇卻無可避免地要事事面對毛澤東。因之，他在七千人會議上代表黨中央作工作報告時，重申了他的觀點，對於「三年經濟特大災難」的成因，是三分天災，七分人禍。不要文過飾非，對所犯過的嚴重錯誤輕描淡寫。要永遠記住這歷史性的災難教訓，引以爲鑒，絕不能再重犯重演。劉少奇的芒鋒所向，自然是十分明確。他甚至大動感情地說：應該把我們這些年來所犯下的錯誤，對老百姓所欠下的債務，血淚的教訓，刻成碑文，立在我們全中國每一個縣委的大門口，立在每一個地委的大門口，每一個省委的大門口，直至立在中南海的大門口，讓我們和我們的子子孫孫，牢記住我們的錯誤、罪責，保證世世代代決不重犯！

劉少奇的講話，使得大多數與會者熱淚盈眶，甚至痛哭失聲，贏得了暴風雨般經久不息的掌聲。有人振臂高呼「劉主席萬歲！」「少奇同志萬歲！」對於這掌聲和口號聲，毛澤東在主席台上如坐針氈，劉少奇卻安之若素。

七千人會議之後，中共高層對於要不要給「彭德懷反黨集團」重作決議，存在著嚴重分歧。毛澤東和林彪堅決不幹，劉少奇、朱德、陳雲、鄧小平、彭眞態度明確，周恩來則模稜兩可。毛、林是少數，但握有兵權。劉、鄧、朱、陳、彭是多數，但出於對毛澤東及其特工情報系統的畏懼，不敢結成聯盟。因之在一九六二年的春天、夏天，農村繼續被允許包產到戶，個別省區甚至允許分田單幹；城鎮則繼續發展自由貿易集市。

周恩來、彭眞、陳毅等人繼續對知識分子放鬆管制，提供學術自由，號召百花齊放，百家爭鳴，繁榮文學藝術創作，以圖形成一個「既嚴肅、又活潑，既有紀律、又有自由，人人心情舒暢的政治氣氛」。

第十三節　白旗黑旗[①]

一九六二年夏季，在彭眞任市委第一書記兼市長的北京城裡，卻出了一件異事：中共北京市委屬下的政策研究室，集中了一批政治可靠的黨內「秀才」，組成文件整理小組，人不知、鬼不覺地悄悄住進北京西郊動物園管理處的暢觀樓，整理、摘編一批自一九五八年大躍進以來，毛澤東的黨內講話，以及毛氏所批示過的中央文件、簡報等。內容大都爲毛澤東狂熱鼓吹破除迷信、解放思想、打倒權威，打破常規，人有多大的膽，地有多高的產，躍進再躍進，一天等於二十年，一年建成共產主義；全民煉鋼、全民吃公共食堂、全國吃飯不要錢、把全中國辦成一個大公社……等等胡吹海誇，豪言壯語，天方夜譚。通過這些講話、批示，活脫脫勾劃出毛澤東的無知專橫、好大喜功、執拗瘋狂。毛氏不著邊際、歇斯底里的思維方式與行事方式，只有當年的希特勒可以與之比擬。

北京市委的「秀才們」整理、摘編著毛氏的講話文件，有的義憤塡膺，有的欲哭無聲，有的則呼喊：「不替彭德懷平反，天理不容！」「三面紅旗，是白旗還是黑旗」，「劉公！彭公！你們還不動手？」「再不制止住這天字第一號的瘋子，悲劇還會重演，生靈還會塗炭！」

衆所周知，中共省市一級黨委的政策研究室，皆爲領導者的計囊，爲決策者提供資料、數據，並具體出謀策劃，因之又被稱爲「黨委參謀本部」。當時北京市委政策研究室主任由市委文教書記鄧拓兼任。鄧拓原爲中共中央機關報《人民日報》社社長兼總編輯，黨內的著名才子，因一九五八年對毛氏的大躍進「陽奉陰違」而被解職，彭眞愛其學問才華，安排到北京市委任書記處書記。暢觀樓文件整理小組，便是由鄧拓親自主持並嚴格保密的。可是文件整理小組工作了不到兩個月，突然奉命撤銷，人員全部回市委上班，所整理過的文件全部銷毀，片紙不留。

說是因爲暢觀樓內混入了康生、謝富治內務特工系統的耳目，爲了避免洩密壞事，不得不立即收兵。問題是文件整理小組是怎麼產生的？奉的誰的旨意？若無上邊的大來頭，鄧拓作爲北京市委的一名文教書記兼政研室主任，能膽大包天、妄自作主？後來鄧拓成爲毛氏文革最早的清洗對象，並自殺身亡，暢觀樓一事也就成了歷史的謎團。很容易教人聯想的是，鄧拓的上面是市委第一書記彭眞（彭並兼任中央書記處常務書記、全國人大第一副委員長、中央政法委員會書記等要害職務），彭眞的上面是其老上級、國家主席劉少奇。

看來一次倒毛密謀，又胎死腹中。在京津地區，任何此類活動都已逃不出康生、謝富治領導下的中共內務特工系統。自一九六〇年以來，該情報系統已替毛澤東蒐集到大量的「內部敵情」，正好印證了毛澤東的那句名言：凡要辦成一件事情，必先製造輿論。近兩三年來，京津地區的輿論，有一股鬼鬼祟祟的氣氛。最令人警覺的，是北京市委的三位名人鄧拓、吳晗、廖沫沙（市委常委、宣傳部長），結成「三家村」，取了個筆名叫馬南星，在北京市委的機關刊物《前線》半月刊上，發表〈三家村札記〉，每期一篇，旁引博徵，借古諷今，對大躍進三面紅旗竭盡嬉笑怒罵；鄧拓擅長雜文，還在《北京晚報》上獨闢一個專欄，叫〈燕山夜話〉，每日一篇，議黨議軍議政，指桑罵槐，含沙射影，惡毒攻擊偉大領袖毛澤東；戲劇界情況更嚴重，吳晗的一齣《海瑞罷官》，在北京京劇院連演兩年，爲民請命，替彭德懷鳴冤；上海京劇院的周信芳，則主演一齣《海瑞罵皇帝》，從上海一路罵進北京城，彭眞、陸定一、周揚們出席觀看捧場。現在罵皇帝罵的是誰?不言而喻，是罵毛澤東主席。社會主義的舞台上，還大演鬼戲、冤獄戲，什麼《關漢卿》、《竇娥冤》、《李慧娘》，隱喻社會主義社會是黑暗無比、苦難無邊的大冤獄，李慧娘更是死後變厲鬼，殺氣騰騰，找仇人算賬，發洩對共產黨的刻骨仇恨；電影和小說的情況也是這樣，大寫生活陰暗面，宣揚階級調和，階級投降……總之，京津地區的報刊雜誌、文學藝術，似乎是有組織、有預謀地營造一種輿論，一種氣氛，目標很集中，對準偉大的毛澤東。而這輿論、氣氛的背後，似有勢力強大的人物蠢蠢欲動。

有人說，毛澤東從來縱慾荒淫，卻絕不昏庸。他自一九六一年二月在長沙驚悉自己的臥室被劉、鄧一系安裝了竊聽器之後，更是懷疑成狂，時刻提防自己的腦袋被人搬家。他南巡到南昌，江西省委替他修建了室內游泳池，他不肯下水，他說水裡有人下了毒。他也不肯住進賓館，說房間裡有不潔的氣體。到了江蘇的無錫，甚至到了他老家湖南長沙，他都不敢使用爲他專設的游泳池，懷疑水裡有毒。他說他的腦後長眼睛還不夠，睡覺都要睜隻眼閉隻眼。他常常引用魯迅的一句話：宜將身子橫站著。意思是說，明槍易躲，暗箭難防，既要注意前面，還要注意後面及兩側，打八面拳。

註

①一九六二年間，彭眞曾說：三面紅旗，還是三面白旗、黑旗？

第十四節　毛澤東收緊繮繩

一九六二年八月，中共中央政治局在避暑勝地北戴河召開擴大會議。按劉少奇、鄧小平領導下的中央書記處原訂的議題，主要是研究一九六三年的國民經濟總安排、鞏固和發展國民經濟三年全面整頓以來的好形勢，以及討論進一步替黨內被打成「右傾機會主義分子」的同志甄別平反。可是毛澤東在接獲了康生的「內部敵情」密報後，卻另有腹稿，他不經政治局常委會議討論，便突然在會上點名批判劉少奇的密友、主管農業的副總理鄧子恢，在三年困難時候大颳包產到戶、分田單幹妖風，是右傾翻案的典型。接著又示意康生、柯慶施一夥借長篇小說《劉志丹》發難，指中央書記處書記、國務院副總理兼秘書長習仲勳支持該部小說的寫作出版，是「利用小說反黨」，是替高崗翻案，替彭德懷翻案。習仲勳原爲西北野戰軍政治委員（司令員爲彭德懷）、中共中央西北局書記，被譽爲中共的「智多星」，調入北京工作後成爲劉少奇的心腹。他極力主張替彭德懷元帥平反。

毛澤東一舉揪出了兩位「右傾翻案的急先鋒」，實際上是開始淸除劉少奇的得力助手。毛澤東此舉也成功地打亂了會議的整個部署。遵照毛的旨意，由政治局擴大會開成爲中共中央八屆十中全會。劉少奇等人從無勇氣在會議上跟毛澤東抗辯，只有被毛澤東牽了鼻子走。緊接著，毛澤東在會上大談他的馬列主義階級鬥爭，亦即是後來被中共的馬屁理論家陳伯達、康生們吹捧成「無產階級專政條件的階級鬥爭學說」。毛澤東的胡吹海誇在經濟上破產了、失敗了，可在政治權術上卻是他的拿手好戲。他徹底背叛了他的老祖宗馬克思、恩格斯、列寧們關於社會主義時期「階級逐漸消亡」的教導，而荒謬絕倫地提出：在由社會主義過渡到共產主義的整個歷史時期，從始至終存在著階級、階級矛盾和階級鬥爭，存在著無產階級和資產階級爭奪領導權力的鬥爭，存在著眞馬列主義和假馬列主義亦即修正主義的鬥爭，存在著社會主義道路和資本主義道路的鬥爭，存在著地主資產階級復辟的危險性。因此，階級鬥爭要年年講，月月講，天天講……千萬不要忘記堅持社會主義道路，千萬不要忘記堅持共產黨的領導，千萬不要忘記無產階級專政。

毛澤東一施階級鬥爭的撒手鐗，劉少奇、鄧小平們就只有招架之功而無還手之力了。劉少奇的兩名得力幹將習仲勳、鄧子恢被揪出來之後，也就封殺了黨內要求替彭德懷元帥平反的呼聲。至此，中共大員們只顧各自珍重，保全身家性命要緊。劉少奇、鄧小平、陳雲、周恩來、彭眞們夜以繼日，苦幹苦掙三年，挽救了國民經濟，挽救了中共政權，可難關一過，毛澤東果然過河拆橋，翻臉不認賬。

毛澤東收緊了手中的獨裁繮繩，中共大員們又只好在他的繮繩下俯首聽命。鄧小平這次總算把毛澤東和劉少奇這兩位「主席」都看透了：毛澤東是江山易改，本性難移，只共得患難，而共不得安樂；劉少奇是有反毛之心，而無倒毛之膽，凡是想另搞一套，卻每逢遇到毛的淫威就退讓，就不惜犧牲下屬來求自保。一九五七年元旦社論本是他的主意，周恩來、陳雲不過是遵行了他的主意反左傾、反冒進，後來毛澤東一次又一次斥責周、陳，並令他們作檢討，劉少奇非但不保周、陳，主動承擔責任，反而助毛批周、陳。一九五八年毛澤東發動大躍進，劉少奇明知毛錯卻不反對，反而要求全體幹部、黨員「做黨的馴服工具」，實際上是要求全黨做毛澤東的馴服工具。五九年廬山會議，在某種意義上來講，也是劉少奇屈服於毛的淫威，而出賣了彭、黃、張、周。這次北戴河會議又是一個樣，毛澤東一發威，劉少奇就聽任手下的兩員大將習仲勳、鄧子恢成階下囚……誰跟了劉少奇能有好下場？只怕劉少奇自己也不會有好下場……毛、劉兩人都是私心很重的人，只是表現形式不同。

鄧小平明白，今後跟毛、劉都要拉開些距離，少做工作，多打橋牌，消極怠工。在毛澤東領導下，不求有功，但求無過，即是上乘。北戴河會議之後，鄧小平將中央書記處的大部份工作交由常務書記彭眞去處理。彭眞能力強，精力旺，頭腦清晰，工作熱情，近年來已上升為劉少奇主席的左右手，列席中央政治局常委會議，在黨內的排名為毛劉周朱陳林鄧彭。

毛澤東也看出來矮個子鄧小平的消極，卻又頗為放任他。總比讓這位膽識過人、才智也過人的總書記去跟劉少奇積極共事好。倘若劉、鄧二人眞誠合作起來，劉的馬列修養配上鄧的膽識才智，對於毛澤東來說才是眞正的危險。八屆十中全會後，毛澤東爲了安撫鄧小平，離間劉少奇，安排鄧去主持反修鬥爭，去領導陳伯達、康生們寫作「一評」至「九評」，跟蘇共展開大論戰。

毛澤東還通過八屆十中全會進行了一次重要的人事改組：任命羅瑞卿爲中央書記處書記、中央軍委秘書長兼總參謀長；增選康生爲中央政治局委員、書記處書記，主管全黨意識形態工作；免去羅瑞卿的公安部部長一職，任命謝富治爲公安部部長；撤銷習仲勳的政治局委員、書記處書記、國務院副總理兼秘書長職務，接受中央專案小組審察；撤銷鄧子恢的中共中央農林工作部部長職務。

對於劉少奇來說，最具威脅的還不是毛澤東的上述人事任免，而在於他提出的「無產階級專政條件下的階級和階級鬥爭學說」。這一「學說」，正是毛澤東數年後發動文化大革命運動的理論基礎。毛氏通過這一「學說」，鬥爭的矛頭不再僅僅指向普通的地富反壞右資產階級，而主要指向了黨內高層的「修正主義者」，「地主資產階級在共產黨內的代理人」。

相信劉少奇最初面對這一「學說」，有過膽戰心驚，夜不安枕。他也一直未能摸準毛的心性，既然毛把黨和國家的重任都交給了自己，自己也一直順從著毛，毛怎麼可能要拔除他劉少奇？毛至多是一種泛泛的警告而已。他早安於一人之下萬民之上的「國家主席」的高位，無須再作進取。這些年來，他作爲「中華人民共和國」的國家元首，頻繁出訪北越、北韓、緬甸、尼泊爾、巴基斯坦、阿富汗、柬甫寨、印度尼西亞等亞非國家，以及東歐的社會主義國家，每次都攜夫人王光美同行，王光美並被譽爲「中國第一夫人」極盡國際風光和榮華富貴。

且劉少奇相信自己在黨內的地位穩固，在中央委員會內和中央政治局內都擁有多數，毛澤東已動搖不了他——劉少奇恰恰忘記了，毛澤東可以用槍桿子來改組中央委員會和中央政治局，毛的少數可以變多數，而劉的多數可以成少數；他還相信毛澤東已經進入垂暮之年，諸病纏身，生活又荒淫無度，好色不倦，來日無多，只要再拖上三年五年，就會自然死亡，而無須他來密謀策劃，調兵遣將，採取非常手段了。只要毛一死，他就名正言順地成爲黨政軍的最高領袖。

一九六三年、六四年，是毛、劉貌合神離的兩年。毛澤東很少住在北京，而在南方各省巡行。毛的專列行踪詭秘，行程經常瞞住北京的劉少奇。北京市如今成了彭眞的天下，中南海則由楊尙昆當家，此二人都是劉少奇的親信。毛澤東在北京已無安全感。他時時恐懼自己遭到暗算，被劉少奇一系軟禁。他從來不認爲劉少奇是個政治庸人，劉搞地下秘密工作出身，要搗起鬼來一定十足高明。實則劉少奇對於毛澤東，是以靜制動，以不變應萬變。劉還通過夫人王光美，去親近毛的夫人江青，以緩解毛的猜忌。王光美每次隨劉少奇出國訪問之前，都要先去拜望江青，徵求江青對她服飾、儀表的意見；每次出訪回來，也都要給江青送上一份異國奇珍做禮品。殊不知，王光美的一系列示好行動，反而激起了江青的妒火和仇恨。江青表面上很高興王光美送上的禮品；王光美一走就又哭又鬧，恨之入骨。自己當了二十幾年的「主席夫人」，已經年長色衰，而被風流成性的毛澤東冷落，言行上都受到許多限制。除了五〇年代初兩次去過莫斯科治療子宮瘤，之後就再沒有出過國門。王光美那樣風光排場的日子，她是一天都沒有享受過。按說，她江青才是眞正的「中國第一夫人」。她怎麼嚥得下這口惡氣？

第十五節　寡人染疾

一九六三年年初，毛澤東開始了新一輪的政治遊戲。他對自己的策略、方法、目標，包藏很深，十足慎謹。他對自己最親信的夫人江青，情報頭子康生、謝富治，方面大員柯慶施等，都沒有透底。他只讓親信們去揣摩、領會自己的意圖。他名義上已經退居第二線，悠哉閒哉，無須像劉少奇、周恩來、彭眞們那樣去日理萬機，去應付繁雜的黨務政務。他有的是時間，來縝密思考剪除劉少奇及其黨羽的問題。

毛澤東的新一輪政治遊戲起初似乎並不構成對任何人的威脅。他從抓輿論、掀起個人崇拜狂熱著手。林彪已經在軍隊裡搞了多年的學「毛著」活動，並編輯出了一本小紅書──《毛主席語錄》，紅底金字殼面，比香烟盒稍大，可以裝進上衣口袋，全軍幹部戰士人手一冊，隨身攜帶，隨時學用。這眞是一項天才的發明。林彪長期躺在蘇州園林裡養病，沒有精力抓軍事訓練，只是號召全軍學「毛著」，政治掛帥，思想領先，做毛主席的好戰士。林彪的這種治軍方式，眞正的幫了毛澤東的大忙了，產生出包括林彪本人都未曾料及的社會政治覆蓋效果。

一九六三年三月二日，毛澤東在批閱了一份瀋陽軍區呈報的關於某汽車團學「毛著」標兵、五好戰士雷鋒因公殉職的事蹟簡報，靈機一動，揮毫書寫下「向雷鋒同志學習」七個大字，之後要求中央政治局委員、元帥、大將們都來題辭，以便在全黨全軍全國人民中開展一次「學雷鋒、樹新風」活動。於是，中共黨、政、軍大員們紛紛遵命揮毫，以林彪元帥的題辭最爲直截了當，討毛澤東的歡心：讀毛主席的書、聽毛主席的話、做毛主席的好戰士！其餘劉少奇、周恩來、朱德、鄧小平、彭眞們的題辭也都大同小異，一一在全國報刊上以最顯著位置刊出，實爲一次中共大員們語言肉麻而蒼白、文字枯燥而貧乏的大展覽、大演出。

一九六三年夏天，毛澤東染了性病。性病不知來自哪一位專列女服務員、保健護士或是各地那些陪毛澤東游泳、跳舞的女文工團演員。毛的新病情傳至劉少奇耳裡，使得劉少奇大大鬆了一口氣，斯其人患斯其疾，阿彌陀佛也。他又不得不連忙調集全國最權威的性病專家，中醫西醫相結合，爲「偉大領袖」排憂解難；同時也就相信了，毛的縱慾無度，生活糜爛，只有清代的同治皇帝可以比擬了。當年同治皇上後宮三千還不滿足，竟讓心腹太監領他出大內禁宮，去街上嫖野妓，結果染上不治之疾。「偉大領袖」亦爲期不遠矣。

毛澤東的這次性病卻並未要掉他的老命，而是被中西名醫們很快治癒了。但毛澤東卻成功地利用這次性病來麻痺劉少奇們的神經，繼續他的政治遊戲。不久，毛澤東提出了新口號，號召「農業學大寨，工業學大慶，全國學習人民解放軍」。大寨爲山西省昔陽縣一個山區生產隊，大慶爲黑龍江省境內的中國最大石油基地，實際上都是周恩來總理及其屬下們樹立起來的生產典型，周恩來爲了討好毛澤東，稱這兩個典型都是靠了毛澤東思想掛帥，堅持毛的「艱苦奮鬥、自力更生精神」，戰勝惡劣的自然條件，而奪得豐收的。

周恩來並進一步稱大寨和大慶，都是毛澤東親自樹立起來的兩面革命紅旗。其實毛澤東生平從未到過大寨或大慶。它們的地面位置在哪兒大約都不十分清楚。至於林彪轄下的人民解放軍，則早已被這位拍馬元帥辦成爲「紅彤彤的毛澤東思想的大學校」了。

於是神州大地的政治氣候出現了紅色魔術式大循環：毛澤東號召全國人民學雷鋒，學大寨，學大慶，學解放軍；而雷鋒、解放軍，大寨和大慶，學的全部是「毛著」、毛澤東思想。因之毛澤東號召學習的，實際上是他毛澤東自己！毛澤東把劉少奇們玩得團團轉，把中國大陸數億工農兵愚民玩得團團轉，領袖崇拜鬧得如火如荼，如癡如狂，演出一幕人類歷史上最大規模的愚民活劇。

任何獨裁政治都如一部飛速運轉的大機器，官僚和民衆都是這機器內部的一分子，一旦墮落其中，就只能任隨這大機器運行了。希特勒在德國、斯大林在蘇俄所製造出的領袖崇拜狂潮，是爲毛澤東的師承先例。毛澤東給中共這部領袖崇拜的政治大機器加足了馬力，驅駛它去壓倒一切，吞沒一切。

毛澤東在推動工農兵愚民大行自我崇拜的同時，並沒有忘記鎮壓知識分子。從他入主中南海那一天起，他就開始恐懼知識分子，又特別是文化知識分子。從鎮反肅反，反胡風，抓右派，反右傾，他一再宣稱自己比秦始皇的焚書坑儒高明一百倍，一千倍。為了確保他的自我崇拜活動得以順利狂熱推行，毛澤東於一九六三年十二月十二日與一九六四年六月二十七日，兩次對劉少奇、彭眞主導下的文藝工作作出全盤否定的批示，他斥責中共中央宣傳部是「閻王殿」，提出要「打倒閻王，解放小鬼」；他指稱國務院文化部應改名為「才子佳人部，帝王將相部，外國死人部」！在毛澤東的潑婦罵街式指斥下，劉少奇、彭眞等只好命令中宣部和文化部進行文藝整風，文化部領導班子並被改組。剛剛過了兩年稍稍輕鬆日子的文藝知識分子，又開始人人過關，被整得鬼哭狼嚎了。

一九六四年的春天夏天，毛澤東巡行南方各省，在濟南、南京、杭州、廣州、武漢等地，籠絡各大軍區的司令員和政委，賜宴賜酒，恩威並重，問他們中央出了修正主義怎麼辦？你們跟誰走？各大軍區的頭領們都向他表忠誠，尤以南京軍區司令員許世友上將回答得最響亮：中央出了修正主義，我帶兵從南京打到北京，保衛毛主席！

毛澤東很清醒，個人迷信歸個人迷信，領袖崇拜歸領袖崇拜。他自知在中央政治局內，在政治局常委會內，他和林彪兩人是少數派，眞的要在會議上跟劉少奇們攤牌，他毫無取勝的把握。他要維護自己的最高領袖地位，只能依靠軍隊。他現在更要警惕的，是劉少奇們以黨中央領導人的名義染指軍隊。

偏偏就在這一年，進入北京以來從不過問軍隊事務的劉少奇，以國家主席兼國防委員會主席的名義，插手毛澤東的禁臠——人民解放軍的訓練和建設事項。

原來軍隊中有一大批高級將領，對林彪一味地爲了討好毛澤東主席，而大搞華而不實的學「毛著」運動、大行左傾空頭政治、領袖崇拜十分不滿。總參謀長羅瑞卿大將就公開說，「有人說毛澤東思想是最高最活的馬克思主義（林彪語——筆者註），難道馬列主義還有次高次活？這本身就不符合毛澤東思想嘛。」爲了抗衡林彪的空頭政治，主持中央軍委日常工作的賀龍元帥和羅瑞卿大將，在全軍開展起大比武、大練兵運動，號令五百萬官兵人人練一身過硬本領，要求戰士當神槍手，幹部做多面手，排有尖刀班，連有尖刀排，營有尖刀連，團有尖刀營。一時間，海陸空三軍在賀龍、羅瑞卿二人指揮下，大比武、大練兵運動搞得轟轟烈烈，扎扎實實。平時很少視察部隊的劉少奇、彭眞等人，亦在元帥們和將軍們的簇擁下，代表黨中央赴北京軍區、濟南軍區、武漢軍區觀看大比武，並檢閱部隊。部隊並喊出了向劉主席致敬、祝劉主席健康的口令。情勢所迫，毛澤東不得不對全軍大比武、大練兵運動予以肯定。但對於劉少奇、彭眞等人插手軍隊工作，則更懷恨在心，恐懼在心，更認定了劉、彭等人的「狼子野心」。他們也抓起軍隊來了？他們要幹什麼？不是司馬昭之心，路人皆知？

第十六節　自古兵不厭詐

在同一時間裡，爲了抵制毛澤東的「農業學大寨」左傾思潮，劉少奇、鄧小平、彭眞主持制訂了一個「中共中央農村工作條例」的文件（簡稱爲「前十條」），力圖把三年困難時期在農村行之有效的一套政策以中央文件形式肯定下來，並在農村進行一次「清賬目、清倉庫、清工分、清財物」的「四清」運動，以緩解基層幹部和廣大社員之間的矛盾。此一文件並得到毛澤東的讚許，毛甚至對劉說：王光美陪著你一趟一趟的出國訪問，爲什麼不下去蹲蹲點，跟社員搞搞「三同」？爲了應付毛澤東，劉少奇不得不派自己的夫人王光美帶領工作組，下到河北省撫寧縣桃園大隊蹲點。王光美化名董樸，謊稱河北省公安廳處級幹部，在桃園大隊一住兩個多月，摸索農村「四清」運動的步驟、方法。回到北京後，她在人民大會堂的中央機關處級以上幹部大會上作報告，介紹她的一套步驟、方法，十分轟動，被譽爲「桃園經驗」。王光美的「桃園經驗」整理成書面文字，受到毛澤東的親筆批示讚揚，作爲中央文件轉發全黨。

毛澤東這次是對劉少奇夫婦玩了一次欲擒故縱的遊戲。沒過多少日子，毛澤東忽然變了臉，嚴辭斥責鄧小平、彭眞主持制訂的「前十條」是把矛盾對準農村基層幹部，搞人人過關，而放棄階級鬥爭，變相保護地、富、反、壞，是實行資產階級專政。劉少奇明白毛的斥責是衝著自己來的，爲了不跟毛鬧翻了，就又拉著鄧小平、彭眞，以及「毛主席辦公室」的幾位秘書，重新制訂了一個「農村工作條例」——又稱爲「後十條」，強調農村的階級和階級鬥爭，社會主義道路與資本主義道路的鬥爭，是當前的主要矛盾。文件送達毛澤東審閱，毛又親筆加上了四個千萬不要忘記：千萬不要忘記階級鬥爭，千萬不要忘記共產黨領導，千萬不要忘記社會主義道路，千萬不要忘記貧下中農。

轉眼間到了一九六四年八月，從莫斯科傳來驚人的消息：蘇共黨中央發生宮廷政變，蘇共總書記赫魯曉夫被趕下台。取代赫魯曉夫的是最高蘇維埃主席團主席布里茲涅夫——此一職務類似劉少奇擔任的「中華人民共和國主席」。外電報導說：是趁著赫魯曉夫在遠離莫斯科的黑海邊渡假，莫斯科的政治局委員們舉行會議，解除了赫魯曉夫的一切黨政職務，並將其就地軟禁……毛澤東接獲消息，又驚又喜。喜的是赫魯曉夫這傢伙這麼快就下了台，驚的是自己也正在北戴河海濱度假，北京的老朋友們會不會受到蘇聯老大哥的啓發，如法炮製……想取代自己的黨主席兼軍委主席職權的，自然是劉少奇。

但北戴河離北京很近，國防部長林彪也絕不會跟著劉少奇他們跑，康生和謝富治的系統嚴密監視著北京軍區和北京衛戍區的一舉一動，中南海警衛師也由汪東興全權掌控，老朋友們就是有

「宮變」之心，怕也是「變」不起來的。

一九六四年底，毛澤東加快了自己的「節目」——他把深藏在自己心裡的倒劉計畫稱爲「節目」，他實在太偏好遣詞用字。節目者，關節也，舞台劇目也，日程安排也，可以任人理解、解釋。自古兵不厭詐。他已經授意自己的夫人江青和情報頭子康生，在大抓革命樣榜戲的同時，通過上海的張春橋，神不知鬼不覺地布置一個名叫姚文元的青年評論家，秘密寫作一篇革命檄文——《評新編歷史劇〈海瑞罷官〉》。毛澤東並沒有告訴江青和康生這篇文章的最終用途，他只讓自己這二位最可靠的親信去心領神會，並守口如瓶，他忘不了劉少奇、鄧小平、彭眞諸位，通過羅瑞卿、楊尚昆對自己搞的「地下工作」——在他的臥室裡安裝了整整兩年的竊聽器。此仇不報非君子。以其人之道還治其人之身，「搞地下工作」，看看誰比誰來得高明。

毛澤東跟劉少奇、鄧小平、彭眞們共事，盡量做得了喜怒不容於色，照樣請吃飯請喝酒，說說笑笑，一如往常。他要導演一齣中國歷史上從未有過的、幾億人口一齊表演的大劇；他要做中國最偉大、最成功的演員。但在他思緒沸揚的內心裡，已經快要按捺不住對劉少奇刻骨銘心的仇恨。這年寒假，在哈爾濱工程學院讀書的親侄兒毛遠新，在北京外國語學院讀書的外侄孫女王海蓉，都回到了他的身邊。他情不自禁地跟兩個孩子談起歷史上中國宮廷裡的黑暗和殘酷。都說唐開盛世，萬民樂業，萬邦來儀，可唐太宗一死，皇子皇孫就你殺我，我殺你，一場糊塗，出了個武則天，把國號都改成周。直到武則天八十多歲了，才由李隆基借助太監高力士發動玄武門兵變，奪得皇位，稱爲唐明皇，殺戮才停止了下來。清代的康熙，文韜武略，在位六十年，生了幾十個皇子，活下了十八個，個個要爭皇位。

結果是第四子胤禛飾詔篡位，是爲雍正皇上，他毫不留情地一一殺害了自己的十幾個兄弟，尤其是對於曾經跟自己爭皇位最力的皇八子、皇十四子，更是先把他們改了姓，一個姓豬，一個姓狗，之後讓他們像豬狗一樣的死去……毛澤東哪裡是在談古代宮廷裡的奪權殺戮，而是在發洩他對劉少奇們的切齒之恨。他一定要效法雍正皇帝，讓劉少奇像豬像狗一樣死去，而且就死在中南海裡。毛澤東的上述「最高指示」，到了一年半以後的文革初期，才由當上了革命造反派的毛遠新和王海蓉，以大字報形式公開了出來。不久，劉少奇果如豬狗一般，在中南海的住處「福祿居」內被劃地爲牢，與妻兒子女分離，再被打斷了雙腿，只能在地板上蠕蠕爬行，舔食著士兵扔在地上的稀飯、饅頭……此係後話。

第十七節　首次公開決裂

一九六四年十二月十五日至一九六五年一月十四日，在北京舉行了中共中央工作會議，討論農村形勢，製訂新的「四清」運動文件。會議的第一階段（即六四年十二月十五日至三十一日）由劉少奇主持。全國農村形勢經過三年時間的政策調整，放寬搞活，本已基本好轉、穩定。在討論文件時，毛澤東卻突然提出：「這次運動的重點是整那些黨內走資本主義道路的當權派！」眞是平地一聲驚雷。出席會議的各省市自治區黨委書記們面面相覷，不知所措了。這幾年毛澤東退居二線，一直在養病，用他自己的話來說是「當徐霞客，遊山玩水」；正是在劉少奇、陳雲、鄧小平、彭眞等人的領導下，夜以繼日地挽救經濟，日子才剛剛有所好轉，老百姓也剛剛有了口飯吃，可毛澤東又提出這種可怕的口號，要整人、要算賬了。又一次「養病的整拚命的」，誰工作越多，越辛苦，誰錯誤越多，罪名越大。

劉少奇心裡不悅，毛澤東的這句口號首先是衝著他來的。但他還是要顧全大局，在會議上提出折衷方案：「不要提『派』，一提『派』，就會從上到下一大片。可以提『分子』，走資本主義道路的分子，比較恰當，符合實際。」

劉少奇畢竟是劉少奇，高水平。出席會議者以爲替毛澤東找到了台階，鬆了口氣。沒想到毛澤東卻不買賬，一口咬定：「是『派』，不是什麼『分子』。」

劉少奇、周恩來、鄧小平只得去到毛澤東在中南海休息的游泳池，個別請示匯報，盼望毛澤東能退讓一下，好做下面的工作。

劉少奇說：當前還是要糾正「左」的傾向，使城鄉「四清」運動正常發展。

毛澤東說：不是「左」，是形「左」而實右，是走資本主義道路。

鄧小平一看談不攏，乾脆建議：這個會，只討論具體政策，主席年紀大了，不一定非參加不可吧？

周恩來一直謙恭地陪著微笑，怕毛澤東發火，趕忙匯報了幾件國務院的要務，把話題引開了。

毛澤東出席黨的會議，一般都只是出席一頭一尾，一頭是爲了跟大家見個面，講幾句話，給會議訂訂調子；一尾是爲了給會議做個小結，跟大家照照相，好讓報館發發消息。

中央工作會議繼續由劉少奇主持。他和鄧小平、彭眞聯手抵制毛澤東，拒不把毛的那句可怕的新口號寫進會議文件——《中央政治局召集全國工作會議討論紀要》，共十七條，統一規定了對「四清」運動性質的認識，即「社會主義與資本主義的矛盾」，以後城鄉社會主義教育運動一律稱爲「四清」，即清政治，清經濟，清組織，清思想；取消城市「五反」運動名稱。還規定了，七年之內全國分期分批完成「四清」運動。

轉眼到了一九六四年年底。會議本來要在年底結束，讓各省市自治區的黨政負責人回去過元旦，迎新年。十二月三十日下午最後一次會議通過「會議紀要」時，毛澤東出現了，他說不看文件，對這個十七條不感興趣，而在會上提出：當前全國城鄉，走資本主義道路的當權派和廣大人民群衆的矛盾，是主要的，是敵我矛盾。

劉少奇見毛澤東這樣不尊重黨中央的集體決策，也就感到忍無可忍了，也不再讓步，而說：看問題不能這樣絕對，還是各種矛盾的交叉，敵我，黨內外……主要的是四清和四不清的矛盾。

毛澤東見劉少奇在黨的會議上公開跟他唱反調，搞分庭抗禮，好吧，你終於打破「修養」，亮了牌，本主席只有奉陪了：「首先要抓敵我矛盾性質的問題，重點，要整黨內走資本主義道路的當權派。走資本主義道路的當權派，不但地、縣兩級有，省一級乃至中央國家機關的某些部門都有。他們是資產階級在共產黨黨內的代理人。」

毛澤東揮著手說話，常常像揮著一把寒光閃閃的劍。

劉少奇卻分寸不讓地說：「還是有什麼問題解決什麼問題。不是到處都有敵我矛盾，代理人。煤炭部、冶金部哪個是走資本主義道路的當權派？」

毛澤東不加思索，隨口就說：「煤炭部張霖之[1]就是！」

黨的兩位最高領袖，在黨的最高會議上針鋒相對，水火不容。出席會議的絕大多數人都支持劉少奇的觀點，也都替劉少奇捏一把汗。於是會議出現了可怕的靜場，無人附和毛澤東，也無人敢於公開支持劉少奇。就像一桶火藥行將爆炸。

和事佬周恩來出面了，他謙恭地站起來提議：「主席，本次會議還是如期結束，大家好回去過元旦，安排新一年的工作。會議文件暫不下發。大家再好好商量……」

毛澤東面無慍色，卻打斷了周恩來的話：「會議不散。過了元旦，吃飽喝足，繼續扯皮。少奇，小平，彭眞，你們看呢？」

劉少奇也不動聲色，心平氣和地說：「好！同意潤之意見。我看元旦也不要休息了，大家早日統一了意見，各地同志好回去安排新的一年。」

與會人員鼓了鼓掌，表示擁護兩位主席延長會議的決定。

劉少奇畢竟是劉少奇，他提防著毛澤東，不讓對手有喘息的機會。三十一日的上午和下午，都有接見任務，在懷仁堂跟民主黨派人士座談，晚上則要出席人民大會堂的新年晚會。他可不能像一九六二年在北戴河開的那次中央工作會議一樣，九月初，會議沒完，毛澤東提議回北京繼續開。可是一回到北京，中央政治局委員、中央書記處書記、國務院副總理兼秘書長的習仲勳，就被毛澤東下令中央警衛局抓起來了。毛澤東牢牢掌握著中央警衛系統，總是越過中央政治局和政治局常委會，先抓人，後立案，補辦一下手續。搞得政治局內人人自危，毫無安全保障。大家見了毛澤東，也都好像老鼠見了貓一樣。

一九六五年一月一日，中央工作會議繼續召開。毛澤東沒有露面。一月二日，毛澤東來了，他帶來一本《中國共產黨章程》，一本《中華人民共和國憲法》，擺在主席台的座位前，開口便說：

「我是黨員，我是公民。憑著這兩個本本，本人有講話的權利吧？可是在本黨中央負責同志裡，一個提議不讓我來開會，一個不讓我有發言權。我不過是提了句新口號，『四清』運動的重點是整黨內那些走資本主義道路的當權派。怎麼會如此敏感？一觸就跳？你們這幾年救本黨於水火，救民衆於倒懸，是立下了豐功偉業啦，誰也不會貪天之地爲己有啦！大可不別緊張，大可不別傷了和氣、元氣……本主席不再過問中央日常事務，有時出於幫忙願望，同志之情，唸唸階級鬥爭、路線鬥爭的咒符，無非是提醒提醒，實在是一片至誠……在整個社會主義社會歷史時期，階級和階級鬥爭，就是要年年講，月月講，天天講，一直講到階級消亡，政黨消亡，國家消亡，才進入共產主義，世界大同……」

毛澤東一口氣講了兩個小時。他旁引博證，古今中外，引經據典，散文式，東一鎯頭西一棒，毫無條理，卻有內在的魅力，懾服力。每逢毛澤東在會議上發表他的即興散文式「理論」，大家就會啞口，不由得不跟了他的思路走。

可這次，劉少奇就是不買毛澤東的賬，在會上公開以沈默來抵制，來對抗。眼看著，毛、劉分裂，黨中央分裂，局面行將爆炸失控。周恩來憂心忡忡，朱總司令憂心忡忡，還有董老、謝老、吳老、林老、徐老也都憂心忡忡，不能坐視毛、劉公開分裂、分手。

又是和事佬周恩來苦心孤詣和稀泥。這次他不親自出面。黨和國家兩大主席，他誰都不願得罪，也得罪不起。他代表多數老同事，找了中共中央組織部部長安子文，委以重托。安子文是原華北中央局大將，爲人正派，向爲劉少奇所器重。安子文的話，劉少奇聽得進。

果然，安子文找劉少奇作了一次推心置腹的匯報、談心。兩人都流了眼淚。劉少奇說，他絕無個人意氣，國家剛剛度過難關，不能不記取沈痛的教訓，餓死了幾千萬人口的教訓。他擔心，要是大家都不講原則，總是依著一個人，到頭來又是黨的事業受損，國家的建設受損……安子文則說，主席年紀大了。多病，思想容易偏激。他提出的新口號，肯定在各級黨委都行不通。經過一九五八年的盲從，大家都有所覺悟了。而且主席早已退出了一線，他就是想做什麼，也會力不從心。現在的問題，是本次會上，局面已經非常嚴重了。大家都覺得，千萬不能跟毛主席發生矛盾。你們兩位主席發生矛盾，下邊就亂了。總得給他個台階。你要多考慮，對毛主席可不能不尊重……

由於中央領導層中的多數人要求劉少奇向毛澤東作出讓步妥協，劉少奇只得在一次中央政治局常委生活會上作了檢討，並當面向毛澤東徵求了意見。毛澤東豁達地鼓了掌，表示都共事幾十年了，對問題有不同看法，談開了，統一了認識，就前嫌冰釋，今後誰也不准再提起。

接下來，中央工作會議由毛澤東親自主持。

毛澤東對於黨內會議，從來王道與霸道並行，他叫開就得開，他叫停就得停；他讓起草什麼決議文件，他手下的幾員理論大將如陳伯達、康生、胡喬木、田家英等就會給他起草出什麼文件。這次，他以黨主席的名義，授意自己的秘書們替會議起草出一個「紀要」，曰〈關於全國城鄉社會主義教育運動若干問題的決議〉，一共二十三條。第一條即開宗明義地說：當前全國城鄉都存在著嚴重的、尖銳複雜的階級矛盾和階級鬥爭。在所有制的社會主義改造基本完成以後，反對社會主義的地主資產階級，企圖利用「和平演變」的方式，打進來，拉出去，復辟資本主義，奪回他們失去的天堂。這種階級鬥爭勢必反映到黨內來。緊接著下來的第二條，毛澤東更是毫不含糊、攻勢凌厲地指出：這次運動的重點，是整黨內的那些走資本主義道路的當權派，亦即地主資產階級在黨內的代理人。走資本主義道路的當權派，有在幕前的，有在幕後的。有在地、縣工作的，有的甚至在省級直至在中央的某些部門工作……

與會者抱著惶惶不安的心態，以鼓掌方式「一致通過」上述決議。決議簡稱〈二十三條〉，全面改變了原四清運動的性質、內容和對象。依劉少奇、鄧小平、彭眞們的初衷，原是要總結、鞏固三年大饑荒以來，搶救農村經濟行之有效的一系列具體政策方針，如自留地、自由種植、自由集市貿易、包產到戶等等。這下子好了，這些放寬搞活的政策，統統被毛澤東接了過去，當作走資本主義道路問題，要「秋後算賬」了。因之這〈二十三條〉，實爲毛澤東向劉少奇們發出的全面反擊信號，是一年之後的「無產階級文化大革命」的前奏曲。

然而劉少奇們並無政治上的緊迫感，自信牢牢掌控著毛澤東難以摧毀的黨務系統。當時發生了一件事：毛澤東說了多次：幹部要下去，留在城裡不開飯。但是在中央機關沒人聽，沒人落實，幹部也沒有下去。不久，劉少奇到江蘇視察工作，偶爾想起幹部怎麼都不下鄉做調查研究？發一封電報回北京，責成中央組織部具體辦理。北京立即雷厲風行，中央各部部長副部長，司長局長，一千多人下鄉。全國各省市紛紛跟進。毛澤東酸溜溜地說：我的話已經沒人聽，還是少奇行，一紙電報，全國風行。

註

①張霖之，一九〇八年生，河北人，一九二九年加入中共，歷任中共軍隊政委，國務院工業部部長。一九六七年被煤炭部造反派打死。

第十八節　戰爭狂想症

一九六五年，是毛澤東最後拿定主意，謀劃秘密調動軍隊，採取非常手段，剷除劉少奇及其派系的一年。毛澤東胸懷大計，行踪詭秘。他仍以好色不倦、諸病纏身、來日無多來迷惑、麻痺劉少奇。他過去是戰略上藐視敵人、戰術上重視敵人。這次他面對著的是內部強敵，不單是一個劉少奇，而是劉少奇所代表的整個黨務系統，一張統治著中國大陸的堅不可摧的大羅網。這次他戰略上也不能輕視敵人，半點輕視不得。他深知自己是個少數派，弄不好他就會傾家蕩產，身敗名裂。

毛澤東在具體付諸行動之前，只將「節目」深藏在心裡。他跟自己最親信的江青、康生、汪東興、謝富治、林彪等人都不交底。他嚴守著一個鐵的法則：即使到了採取行動的時刻，也是做一步，透出一步，做多少，透出多少。爲著掌握全局，進退裕餘，他永遠把底牌保留給自己。

一九六五年夏天，毛澤東在獲得各大軍區司令們的忠誠保證之後，決定在北京試試虛實，測測自己究竟還有多大的威力。畢竟京畿重地，首善之區，決定最後勝負的一役要在這裡進行。九月十八日至十月十二日，在北京召開的中共中央工作會議上，毛澤東先談了國際形勢，美帝、蘇修亡我之心不死，臺灣的蔣委員長也一直在叫喊反攻大陸。越南戰場也是越打越升級，我們已經發了宣言，我國廣闊的國土，誓作越南共產黨的戰略腹地。現在不單是加緊備戰的問題，戰爭實際上已經在越南領土跟美帝主義打起來了。問題在於我們要準備打大戰，並且要立足於美國人投原子彈，打第三次世界大戰，就在中國的國土上進行……接著，毛澤東提出了他的第三次世界大戰的戰略設想：蘇修社會帝國主義的大軍從北邊打過來，讓他們佔領新疆、內蒙、東北三省，進而入侵到整個西北、華北，以黃河爲界吧，我們把黃河以北放給他們，等他們扔原子彈、氫彈，深深陷入中國內地；而在南邊，可以放印度佔領西藏，美帝國主義和蔣委員長的聯軍佔領南方各省。以長江爲界吧，把長江以南地區都放開，引他們進入內地，不怕他們扔原子彈。

而我們自己哪，全民皆兵，主動大撤退，撤退到黃河長江之間的多山地帶去，保存住實力。他們來扔原子彈也不怕，任何一座大山都會擋住核爆的輻射波……只要能把美帝蘇修都吸引進來就好辦了。他們打熱核戰，不是需要速戰速決嗎？我們卻要和他們打人民戰爭，用游擊戰、運動戰拖住他們，消耗他們，拖個三年五年。中國地方，進來由他，出去就由不得他了。到時候南方、北方，都成雲夢澤，泥沼地，我們來個關門打狗，收拾世界上的兩個壞蛋……

對於毛澤東主席的戰爭狂想，天方夜譚，不獨政治局委員們大眼瞪小眼，不知所云，就連一位位身經百戰的元帥大將們，也都面面相覷，無所適從。毛澤東一九五八年的大躍進狂想，把中國引進過大饑荒的災難。如今他老人家又提出要在中國的土地上打第三次世界大戰，打熱核戰，難怪他早說過中國的人口可以死掉一半……他們雖然無勇氣反對，可也再不能像一九五八年那樣，毛澤東提出一條狂想，大家就熱烈鼓掌通過一條，條條寫成中央文件。畢竟是，那次盲從了毛澤東的胡吹海誇，全國餓死過幾千萬人口。

毛澤東見無人開口表態，知道自己的雄才大略，又一次把老同事老戰友們都鎮住了。他有時也眞看不起他手下的這班庸才，沒有一個像韓信，像趙子龍，像劉伯溫，更不用說什麼亞歷山大、拿破侖。但毛澤東也凸顯孤立，豪言壯語，無人附和。他點名發言。首先請少奇同志談談高見。劉少奇擺出他一貫的謙恭修養，說，他對軍事工作一向過問得少，還是先聽聽元帥大將們的意見。毛澤東再請主持中央軍委日常工作的賀龍元帥談談看法。一向性格豪爽的賀胡子竟語不達意地說，他服從黨中央，保衛黨中央；毛澤東面帶慍色，點名讓軍委秘書長兼總參謀長羅瑞卿大將發表意見。羅倒是態度坦然，站起來回答：對於主席的指示，軍委辦公廳和總參謀部，還需要時間來學習、領會、消化，再作出通盤的戰略規劃，來落實主席的宏偉構想。

毛澤東見其他政治局委員和軍委常委們也都無意開口，便宣布散會。他這回可眞有了孤家寡人的感覺。他在北京講話，是無人聽了。放屁不響。中南海是一潭死水，攪都攪不動了。在北京也沒有安全感。難怪康生多次密報他，少奇同志都許願了，內定彭眞爲總書記的接班人，羅瑞卿爲國防部長的接班人。看來，文武兼備，北京的確成了劉少奇和彭眞的天下了。

他又乘專列離開了北京。他在北京總是格格不入，提心吊膽，儘管康生、謝富治、汪東興等人一再向他保證，安全問題萬無一失。他還是懼怕自己在中南海內被劉少奇一系軟禁，做唐明皇晚年那號太上皇，要死不得死，要活不得活。

在毛澤東看來，北京的一切都不大正常。轟轟烈烈的表象下，藏著一股陰森森的詭譎之氣。中南海內隱伏著殺機，淸末囚禁過光緒皇帝。在當前氣氛中，宮變、政變最宜於發生。現在亞非拉國家政變成風，軍人紛紛上台執政。中國就能倖免？只怕是自己不政變，人家也會政變。俗語說先下手爲強，後下手遭殃。自古量小非君子，從來無毒不丈夫。

在北京地區搞政變，劉少奇自然是幕後總指揮。誰是第一線的掛帥人物？賀龍？他雖然匪氣猶存，但周恩來是他恩師，受周牽制，不致輕舉妄動，況且賀胡子跟少奇同志也從來扯不上關係；羅瑞卿？羅長子雖然跟林彪關係不大融洽，正好對林也是個牽制，看來少奇同志也想利用，但羅長子頗有儒將之風，不會那麼傻吧……對了！還有個彭德懷！毛澤東想起了當年勇冠三軍的彭德懷元帥，五九年廬山會議後搬出了中南海，住在西郊的掛甲屯。彭老總六二年還給他毛澤東上個一封八萬言書，全盤否定廬山會議的批判。不可低估了此公在軍隊裡的影響。特別是北京軍區的楊勇上將、王平上將，都是他在朝鮮戰場上的老部下、老同事。一旦有事，彭德懷確是個掛帥人物。劉少奇一旦公開掮動給彭德懷平反，黨內必有大批人群起響應……趁劉少奇們還沒來得及籌措，先把彭德懷調離北京，把這隻被罷了官卻仍不倒威的軍中猛虎，發配得遠遠的！去哪裡？派他去四川參加大西南三線建設，交成都軍區暗中「保護」起來。

第十九節　放逐彭德懷，不做蘇加諾

一九六五年九月二十三日上午，毛澤東通宵未眠，請來了彭德懷。這是自一九五九年廬山會議之後，毛澤東對彭的唯一一次召見，也是最後一次召見。毛澤東身著長睡衣，一副病態龍鍾的樣子，拉著彭德懷的手說：早在等著，還沒有睡。你這個人有個犟脾氣，幾年也不寫信，要寫就寫八萬字。廬山一別，老朋友不再見面……生性粗耿的彭德懷差點就大叫了出來：是我不願見面嗎？你這裡是想來就能來嗎？毛澤東明察秋毫地用手勢止住了他，自顧自說了下去：廬山的事，也許眞理在你那邊，讓歷史去作結論吧。今天還有少奇、小平、彭眞同志，等一會就來參加。恩來去機場接西哈努克親王，不能來。我們一起談談吧！

談話後，毛澤東請劉、鄧、彭一起陪彭德懷吃飯，毛澤東和彭德懷都流了淚。黨中央分配彭德懷去四川成都當三大線建設指揮部的第三副總指揮。可是只過了一年，文化大革命狂飆驟起，彭德懷元帥被紅衛兵小將和軍內造反派押解回北京批鬥、毆打、關押。他多次寫信向毛澤東求救，毛澤東視他爲死老虎，不再具任何威脅。直到彭德懷於一九七四年十一月二十九日悲慘死去，毛澤東再沒有理會過他。這是後話。

一九六五年九月底，一向受到中共全力扶植、栽培的印度尼西亞共產黨，發起了「九月三十日運動」，利用蘇加諾總統的衛隊，以保護蘇加諾總統的名義實施紅色恐怖，捕殺陸軍高級將領，圖謀奪取全國政權。「喜訊」傳來，毛澤東感到歡欣鼓舞。因爲印尼共產黨的重要幹部幾乎都在中國內地接受過「理論教育」和「游擊訓練」，印尼共黨總書記艾地更是尊毛爲革命導師，遵毛的思想爲印尼共黨的行動指南。毛澤東樂天地認爲，自己的革命思想在南亞大國印尼開花結果，南亞又新生了一個人口衆多、海域廣大的社會主義國家！可是事出毛澤東意料，十月一日，印尼陸軍部隊作出強烈反應，一名不很出名的陸軍准將蘇哈托率領陸軍師反政變，控制了首都雅加達，全國各地陸軍也同時動手，在各地搜捕共產黨，實行血腥鎮壓……形勢很快逆轉，支持革命的蘇加諾總統被陸軍包圍、軟禁，印尼共黨總書記艾地被陸軍士兵槍殺。這無疑給了偉大的毛澤東當頭一棒，原來他的「思想」在別的國家並不管用，如同他自己常說的紙老虎，一捅就破。

毛澤東在震驚、沮喪之餘，想起了老朋友蘇加諾總統的下場。蘇加諾在印度尼西亞也是位搞個人迷信、領袖崇拜的高手，被尊爲「印尼獨立之父」、「民族英雄」、「偉大統帥」、「偉大國父」。據三次到訪過印尼的劉少奇、陳毅等人回來說，印尼全國的機關、學校乃至普通老百姓的家庭，處處都掛著蘇加諾的標準像，城市裡更是到處可以看到「蘇加諾萬歲」、「萬歲蘇加諾」的大標語、大橫幅。蘇加諾總統每到一地，總要受到數十萬、上百萬民衆的熱烈歡呼。可是，這回陸軍部隊一佔領雅加達，槍桿子一說話，老百姓就鴉雀無聲，蘇加諾就當了階下囚……可見，這「個人迷信」、「領袖崇拜」也確是個花架子，表面上轟轟烈烈，實際上華而不實。機槍坦克一上街，它就屁用沒有，屁錢不値。要是在北京，劉少奇們以黨中央名義動用軍隊，把中南海控制起來，把他毛澤東禁錮在豐澤園，劃地爲牢，而提出的口號又是「保衛黨中央，保衛毛主席」，那些沒有文化的農村士兵娃娃怎麼曉得？還不是長官們叫他們怎樣放槍就怎樣放？他毛澤東不就成了中國的蘇加諾？

印尼共產黨九月三十日政變的失敗，老朋友蘇加諾和艾地的下場，使得毛澤東有了一種時間上和行動上的緊迫感。早在一九六二年以來他就認定，在北京，在中南海，劉少奇、鄧小平、彭眞們已經抱成一團，形成了他們的司令部和黨中央。毛澤東不得不到上海，拉住病夫元帥林彪，另立一個司令部和黨中央，而且屬於少數派，但握有兵權。南北兩個司令部和兩個黨中央，彼此心照不宣，只是暗中較勁。事到如今，毛澤東只有調動軍隊來對付北京，對付劉、鄧、彭。與其讓劉少奇發動政變，不如自己先下手，來個主動政變，制伏對手。歷史和眞理，從來由勝利者撰寫。成者爲王敗者爲寇，古今一理。試看當今天下，亞非拉國家，大都是軍人執政，眞正的槍桿子裡面出政權。政權政權，說穿了就是鎭壓之權。

毛澤東所慰者，是他相信林彪，在動用軍隊一事上，會跟自己合作無間。但必須等到諸事完備，需要秘密調動軍隊的那一天才能跟林彪談。林彪多病，四九年以來很少出面，正有一種政治野心上的飢渴感，可以給他許願，搞掉了劉少奇，他就是二把手。諒他半條性命，縱有野心也形成不了危險。當初派他接替彭德懷，就是看中他的多病，少管事，而由軍委主席一人軍權獨攬。

在動用軍隊之前，毛澤東還要先辦文武兩件要事。一是發表江青、康生他們在上海弄出來的那篇文章——《評新編歷史劇〈海瑞罷官〉》。江青這兩年算起了一點作用，除了抓樣板戲，還秘密抓出來這麼一發炮彈。文章先後歷時一年，七易其稿毛澤東只看了最後兩稿。每次都把稿子夾在樣板戲劇本裡，由張春橋坐專機專程送到江青和康生手裡，硬是瞞過了少奇同志的那批耳目呢；二是要解決羅瑞卿的問題。參照印尼發生的事變，看來林彪講的也對，羅瑞卿這幾年手伸得很長，有野心。林、羅二位不合作，關係鬧的很僵。可自己要動軍隊，就必須借重林彪。羅瑞卿一旦發覺自己處境有問題，就很可能死心塌地投向劉少奇。劉少奇不是許了願，日後提升他當國防部長？對於羅瑞卿，已經是息虎為患了。他現在兼任多少職務？政治局委員，書記處書記、國務院副總理、中央軍委秘書長，總參謀長，集黨、政、軍、情於一身，並且直接控制京津地區衛戍。上回汪東興也反映過，羅長子連中南海警衛師的人事任免都要插手……林彪說得好，彭德懷已經調離北京，現在中國要出蘇哈托式的人物，必定是羅瑞卿無疑！

第二十節　先下手為強

一九六五年十一月十日，上海《文匯報》以頭版頭條位置發表了姚文元的大作《評新編歷史劇〈海瑞罷官〉》。事出突然，使北京的劉少奇、彭眞們吃了一悶棍，感到文章大有來頭，且是來的不善。據一手代毛操辦此事的江青後來說，姚文元的文章打響了文化大革命的第一炮，敲響了劉少奇一伙人的喪鐘。

同年十二月十日，也是在上海，毛澤東授意林彪，誘捕了羅瑞卿大將。執行誘捕任務的是林彪手下的空軍司令員吳法憲。十二月十五日，林彪在中共中央軍委緊急會議（擴大）最後一天的會上，代表黨中央主席兼中央軍委主席毛澤東宣布：撤銷羅瑞卿黨內外一切職務，交由中央軍委專案組審察。緊接著，毛澤東下令撤銷中央辦公廳主任楊尙昆職務，離開北京，調外地工作。

至此，毛澤東清除了他行將調動野戰部隊包圍北京的一大障礙，朝著他革命政變的目標步步進逼。他眞正是一隻老謀深算的老狐狸。他決定，在完成調派大軍包圍、控制北京之前，他絕不回到北京去了。他人外地，有中央警衛團加上當地軍隊保護，劉少奇們在北京就搞不了兵變。因爲捉拿不到他毛澤東本人，兵變就失去意義。就算劉少奇一黨橫下一條心搞政變，非法宣布停止毛澤東的一切職務，他毛澤東也可以在外地召集各路勤王大軍，前去進剿。南京軍區的老朋友許世友司令員早拍過胸膛了：中央出了修正主義，他帶兵從南京打向北京！就算打一場內戰又有什麼了不起？劉少奇們至多只能撐三兩個月。那時，老朋友周恩來就又會發揮他的談判天才，居間和談。和談？可以，劉少奇先舉白旗投降……

毛澤東在發配彭德懷（去大西南），誘捕羅瑞卿等謀略殺伐上，事事順遂。可是他授意上海《文匯報》發表的《評新編歷史劇〈海瑞罷官〉》一文，卻在劉少奇、鄧小平、彭眞的黨務系統面前碰了壁。江青說那是一道銅牆鐵壁。康生說簡直要用原子彈才轟得開。毛澤東說，再厚的牆也要透風的。

署名姚文元的文章在上海《文匯報》的發表日期爲十一月十日。毛澤東等了整整兩個星期，全國各地如一潭死水，毫無反應，不要說予以轉載，連提都沒有人提到。毛澤東十分惱怒，問康生是怎麼回事，中國成爲誰的天下了？康生報告說，是中央書記處對此文保持沈默，中宣部則公然表示反感和不可理解，新華社也就不敢擅自作主，全國各省市的報紙自然是看北京的眼色行事，與中央書記處保持一致了。毛澤東氣得眼睛發綠，臉塊鐵靑，發誓要摧毀「北京獨立王國」，倒毀「中宣部閻王殿」。只因尙未完成軍事部署，不得不強忍下一口惡氣。毛澤東下令，報刊不轉載姚文元的文章，新華書店出小冊子，立即全國發行。

為了打破沈寂，也是給北京方面一個警告，十一月二十一日，毛澤東在杭州會議上公開講話了……姚文元的文章好處是點了名，但沒有打中要害……〈海瑞罷官〉的要害是「罷官」。嘉靖皇帝罷了海瑞的官，一九五九年我們罷了彭德懷的官。彭德懷也是海瑞。

十一月二十二日，毛澤東又親自把上面的話對彭眞講了，並質問彭眞，為什麼要包庇吳。彭眞卻當面頂撞說：我們已經調查過了，沒有發現吳晗同志和彭德懷同志有什麼組織上的聯繫。十一月二十三日，在彭眞的請求下，彭向毛作了一次個別匯報。彭態度謙恭誠懇地回顧了〈海瑞罷官〉一劇的始末，等於當局揭了毛的老底：是毛當年提倡向海瑞學習，是始作俑者。

十一月二十四日，上海新華書店奉命向全國各省市自治區徵訂姚文元文章所印製的小冊子。北京市新華書店遵市委之命拒報徵訂數。上海方面以長途電話催訂亦不予理會。在拖了一個多月之後，北京市新華書店迫於上海方面的強大壓力，勉強接受了區區四千冊，但堆放在倉庫裡準備作廢紙處理。

表面上是北京市與上海市的公開對抗，實際上是劉少奇的北京黨中央對抗毛澤東的上海黨中央。中共的南北兩大司令部壁壘分明，出現了中共高層從未有過的分裂對峙。且南北兩大司令部各有優勢：毛澤東、林彪在中央政治局、政治局常委會內屬於絕對少數，但握有兵權和黨內警衛情報系統；劉少奇、鄧小平加上周恩來、朱德、陳雲、彭眞是政治局及其常委會內的絕對多數，足以阻止毛、林任何無理提議的通過，且眞理在他們一邊：過去號召全黨幹部學習海瑞精神的是毛澤東，表揚〈海瑞罷官〉是齣好戲、馬連良演得好、吳　劇本也寫得好的是毛澤東，今天指〈海瑞罷官〉是替彭德懷翻案的，也是毛澤東！太過惡劣、太過出爾反爾、翻臉不認賬了。劉、鄧、彭司令部的致命傷是人齊心不齊，還各自防範，劉少奇作爲反毛派領袖也缺乏氣魄和膽識，缺乏同舟共濟、生死與共的政治道德凝聚力。

十二月二十九日，周恩來爲了緩和行將爆炸的緊張局面，說服硬漢子彭眞作出有限度的妥協，由北京市委機關報《北京日報》和《光明日報》全文轉載姚文元的文章。三十日，中共中央機關報《人民日報》在「學術研究」版轉載了姚文元的文章，並冠以一個經周恩來親自修改審定的「編者按」，用語十分溫和，提出學術問題，既應允許批評，也應允許反批評，實事求是，以理服人。周恩來確是費了一番良苦用心，力圖將雙方的爭論限制在歷史學術範圍之內，不把事情鬧到天大。他實際上是在幫劉、鄧、彭的忙。

毛澤東明察秋毫，自然看出了周恩來的「禍心」，更感到自己的孤立，有劉、鄧、彭三個公然作反還不夠，又跳出來一個智多星周恩來，兩面派，搞「學術討論」！毛澤東對此恨之入骨，他再一次痛罵北京市是「獨立王國」，「針插不進，水潑不進」，要「打倒閻王，解放小鬼」。他所指的北京已經不僅是北京市委，更主要的是指把持黨中央書記處、政治局的劉少奇、鄧小平、彭眞了。

毛澤東由此越加印證了自己的看法：劉、鄧、彭已經自成體系，另立司令部於中南海了。他面對的簡直是一堵銅牆鐵壁，還是江青說得對。

一九六六年一月，北京的劉少奇爲了爭取主動，從正面來引導，也是掌控有關〈海瑞罷官〉的這場學術討論，徵得政治局多數常委的同意，並報備毛澤東主席，在中央書記處名下，成立一個「中央文化革命五人領導小組」，組長彭眞，成員陸定一、康生、于立群、姚溱。毛澤東所以同意成立這個「五人小組」，一是爲了贏得時間，完成軍事部署；一是爲了讓劉少奇、彭眞們去充分表演，去玩他們的賊喊捉賊的把戲，讓他們暴露得更徹底。

第二十一節　北京二月兵變(一)

一九六六年一月，毛澤東乘坐他的專列火車離開杭州，移居湖北武昌東湖賓館。他十分清醒，自己面臨的是一場生平最大的政治權力豪賭：如何調動軍隊去包圍北京，剪除劉、鄧、彭集團。他在軍事上的難題，首先是怎樣對付北京軍區。

北京軍區是全國十大軍區之一，擁有三十餘萬野戰部隊，轄區爲河北、山西、內蒙三省區，司令員楊勇原是彭德懷手下的虎將，政委廖漢生中將更是賀龍的外甥！根本不可能叫他們派兵去接管北京市，去抓那些中央大頭頭。可是若從外地調大軍進入他們的轄地，又怎能瞞得過他們，說服得了他們？

再者，究竟從哪一個外地軍區調動大軍來包圍北京？毛澤東優先考慮到南京軍區。該軍區的司令員許世友上將早就向他拍了胸口，立了軍令狀：「中央出了修正主義，我帶兵從南京打到北京！」難得少林寺和尚出身的許將軍的這分忠誠。派許世友領軍包圍北京，可說是萬無一失。問題是南京軍區的部隊北上，一路上要經過安徽、山東地界才能進入河北，或者從安徽繞道河南進入河北。只怕大軍尙未進入河北地方，已經鬧得全黨全軍大譁，目標早就暴露無遺。派武漢軍區的部隊北上，也有同樣的問題。且軍區司令員陳再道上將，最先是張國燾的部下，後來是二野鄧小平的部下，毛澤東怎麼能信任？離北京最近的外地軍區，應數濟南軍區，軍區司令員楊得志上將倒是向毛澤東表過忠心。但楊得志上將也是二野人馬，鄧小平手下一員虎將，據說跟鄧小平私交不錯。他要是接受秘密任務後，稍稍透給北京的老上級一點風聲，豈不壞了大事？而且河北、山東，到處都是劉少奇、鄧小平、彭眞們的耳目……

依著毛澤東的用兵方略，自己旣要借重林彪元帥，就不想動用林彪麾下的人馬。非戰年代，將帥一系，兵家大忌。可思前慮後，在別無選擇的情形下，毛澤東不得不啓動瀋陽軍區的精銳。那裡正是林彪的老巢。從瀋陽軍區調軍隊入關，倒是路程短，沿途多山，目標小，較易保密。數萬鐵騎，日夜兼程，幾天之內，即可抵達北京外圍，佔據有利地形，完成軍事包圍。印象中，幸而軍區司令員陳錫聯不是四野出身。

毛澤東信奉馬列是個名，信奉帝王術數倒是眞。他認爲，縱覽中國歷史，從北向南用兵，總是大吉大利，所向披靡。

由此，毛澤東於一九六六年一月間認定了，從瀋陽軍區調精銳部隊入關，包圍北京，最是大吉大利。他謀略在胸，但仍瞞著最親信的林彪元帥。他仍要回過頭來考慮如何對付、處理北京軍區部隊的問題。這是他前進路上的攔路虎。不處理好，一切神機妙算都無從談起。

毛澤東讓軍事秘書替他找來軍事地形圖，之後獨自一人，面對地圖沈吟。十多年沒有打過內戰了，很上癮。他很快查清楚了，駐守在河北張家口及燕山山脈一帶的，是北京軍區的一個集團軍及其三個火箭獨立師和一個空軍師。駐守在北京南邊的石家莊一帶是另一個軍，形成對北京的南北拱衛之勢。張家口的那個空軍師可以不去驚動，一北一南的野戰部隊和那三個火箭炮兵師，則一定要設法弄走……可以考慮，讓林彪以中央軍委名義，命令北京軍區所屬的上述部隊，來一次春季大練兵，輕裝出營，徒步行軍，千里拉練，去山西，去內蒙！把駐紮在河北省境內的野戰部隊統統調走。在這同時，還要組織北京軍區正師級和正軍級的將領們，赴中蒙、中蘇邊境前沿視察戰備情況，研究邊防戰略問題。時間上安排它兩個月，讓北京軍區演出一場空城計，將領找不到士兵，士兵找不到將領。這一來，就是有人想到北京軍區的部隊做壞事，保劉、周、鄧、彭，也手中無兵，兩眼空空。當然，在這之前，還得找各大軍區的司令員，政委們開次會，重提一下北京軍區負責的中蒙邊境防線，是我國北方軍事戰略的要害防線。一旦蘇軍大舉南侵，必然選擇中蒙邊境突破。一旦我中蒙邊境防線被突破，蘇聯紅軍的坦克機械化部隊，一天一夜即可突進到北京外圍，如同利刃直插進我們的心臟……毛澤東製造蘇軍行將入侵的神話，完全是爲了轉移視線，以掩蓋他調動軍隊來解決黨中央內部的政敵。以軍事手段解決黨內矛盾，政見分歧，確是毛澤東的一大發明。

一九六六年二月，春節剛過，毛澤東在武昌東湖賓館召集了一次各大軍區司令員、政委的聯席會議，名曰討論研究全軍戰略戰備問題。

他憑著他的妙舌蓮花，胡吹海誇，著重談了北方三大軍區亦即蘭州軍區、北京軍區、瀋陽軍區的戰備防務重任。他說，與蘇修之戰，遲早會打，勢所難免。馬列主義和修正主義是你死我活之爭，不存在著調和妥協。主義之爭最後總是要付諸軍事手段來解決。與蘇修之戰，我們不抱和平幻想，要立足於打，而且是早打，大打，打熱核戰，在中蘇之間近萬公里的邊境線上全面開打。我們國家還窮，還沒有建設好，沒有多少包袱，不怕打戰。我們人口多，幅員大，兵員充足。蘇聯的人口不到我們的四分之一，又大都集中在城市裡，建設得比我們好，打起戰來就有許多顧忌。我黨幾十年的經驗證明，富人怕打戰，怕革命；而我們窮人喜歡打戰，喜歡革命。從來富人怕窮人，有錢人怕窮光蛋……我們不怕原子彈。跟蘇修決一雌雄，最後還是由雙方陸軍來進行。這一戰打好了。我們就可以收回海參崴，可以收回清朝末年被沙皇軍隊吞併過去的，黑龍江以東、以北的三百多萬平方公里的疆域。那一來，我們的版圖不就又擴大了三分之一？不是老有人擔心我們人口太多嗎？這三百多萬平方公里的大平原地帶，可以養活多少人口？三億還是四億？你們不信？反正我信。還是那句話，一萬年太久，只爭朝夕。戰爭決定邊界，決定一切。

毛澤東的戰爭狂想，氣吞霄漢，又使各大軍區的司令員、政委們感到折服，敬佩不已。毛主席的確比歷史上的秦皇漢武、唐宗宋祖、成吉思汗，都要敢想敢幹，豁出去幾億人口的性命不算數，跟蘇修的氫彈、原子彈大戰一場。只是偉大領袖這次沒有提到，如果跟蘇聯全面開打，打熱核戰，中國方面究竟準備死掉三億人口還是四億人口，主動放棄掉哪些省份以「誘敵深入」，最後好「關門打狗」？

會議結束後，毛澤東和林彪留下了北京軍區的司令員楊勇上將、政委廖漢生中將談話，交代任務，命兩位將軍分頭執行：楊勇留在毛澤東身邊，跟毛的軍事顧問小組的成員們一起，研究北方防線的戰略戰術問題。實際上是把楊勇上將留置監視了起來；廖漢生中將則回到軍區機關，佈置河北省境內部隊春季大練兵，千里野營，並組織軍區所屬正師、正軍級以上高級將領，由廖漢生親自率領，赴中蒙、中蘇邊境視察戰備，檢閱部隊。

毛澤東用兵眞如神，孫子孔明拜下風了。在對北京軍區施行調虎離山計兼空城計之後，毛澤東才對自己的親信林彪元帥稍許透了透底，問林彪：瀋陽軍區司令員陳錫聯這人怎樣？

林彪回答：

陳錫聯在大革命時期屬紅四方面軍，抗戰時期在一二九師，解放戰爭時期屬於二野，很會帶兵，也很能打戰，人還老實。五九年廬山會議後，查出瀋陽軍區司令員鄧華跟彭德懷跑，撤了。記得還是主席提出來，派陳錫聯去接替的。毛澤東點點頭，頗爲釋懷，陳到底不是林的親信。毛又問：瀋陽軍區屬下的第三十八軍，是不是駐紮在山海關外？軍長叫什麼名字？林彪心裡很鬼，他已經猜到毛澤東的意圖，便回答說：三十八軍原屬四野第十三兵團，五〇年編入志願軍赴朝鮮作戰，上甘嶺一役，打得美軍趴下來和談，就是這個軍。從朝鮮撤回後，經過重點裝備，目前是全國陸軍中唯一的全機械化軍，配備有多個坦克師、火箭炮兵師、防化師，總兵員超過八萬，實際上是個集團軍建制。它部署在山海關至錦州一帶，是一支我們用以對付蘇軍入侵的戰略打擊力量。現在的軍長叫王猛，五五年授少將，敢打敢拚，年輕有爲。

毛澤東笑，微微地看著自己的這位親信元帥。看來病夫林彪還保持著他特有的精明和清醒，對部隊的情況瞭若指掌。說實在話，在十位元帥中，以戰績而言，毛澤東最看重的還是林彪。當年林彪率四野百萬雄師，從黑龍江一路打到海南島，論功勞誰也比不了。

主席的意思，是要調三十八軍進山海關，佔領北京？林彪問。不待毛澤東回答，林彪又說：明白了，主席已經把北京軍區演空城計了。

毛澤東深看了林彪一眼，彷彿在說，不愧爲當年工農紅軍的小諸葛……過了一會，毛澤東才說，我這裡寫了兩道命令，一道給瀋陽軍區司令員陳錫聯，一道給三十八軍軍長王猛，讓他們立即來武昌見我們兩個……命令由我們兩個一起簽署，如何？

說著，毛澤東從兩隻牛皮紙長條信封裡，抽出兩道手諭，請林彪簽名。林彪面有得色，看過手諭，簽下，才說：

主席，這事自然是做得越機密越好，萬不可驚動北京方面……最好是由陳、王兩人自己出面，各自向瀋陽軍區黨委告兩天病假，然後秘密接他們來武昌。

毛澤東點點頭：很好。這事就我們兩個知道。說辦就辦吧，今天晚上，派架專機送命令去給陳錫聯、王猛二位過目。他們過目後，命令收回，並立即隨專機來武昌，不准停留。

林彪恭敬地望著毛澤東。他嘆服毛澤東的謀略，大處著眼，小處著手，連每一個細目都不漏過。

一九六六年二月，毛澤東和林彪在禁衛森嚴的武昌東湖賓館精心謀劃，秘密調兵遣將包圍北京，著手軍事政變的同時，首都北京亦已經彤雲密佈，鬼氣森森，籠罩著一種面臨政變的緊張氣氛。因爲北京軍區的異常情況，是瞞不住主持軍委日常工作的賀龍元帥和代理總參謀長楊成武上將的。瞞不住賀、楊二位，也就瞞不住劉少奇、周恩來、鄧小平、彭眞。軍區司令員楊勇上將被留置在武昌毛澤東那裡，軍區政委廖漢生中將則奉毛、林之令，率軍區正師、正軍以上高級指揮員，赴中蒙中蘇邊境檢查戰備，並規定他們兩個月之內不准返回，而駐張家口的一個軍和駐石家莊的另一個軍，也同時奉命進行春季練兵，分頭去山西、內蒙古千里野營，南北兩面拱衛北京的部隊，一下子給抽空了……

令劉少奇、鄧小平、彭眞們膽戰心驚的局勢，還有今年年初以來，中央軍委機關、總參謀部、總政治部機關，已全部投入了深揭狠批羅瑞卿「反黨亂軍罪行」的大會小會，賀龍、楊成武也天天去主持這些大會小會，而使軍委、總參處於半癱瘓狀態。

賀龍發牢騷說，現在全國軍隊的調動、訓練情況，他是兩眼一抹黑了。如果蘇聯紅軍選擇此時突襲北京，憑了北京衛戍區、中南海警衛師那點人馬火力，我們連招架之力都沒有……

蘇聯紅軍不可能突然進犯，劉、鄧、彭、賀們眞正擔心的是被自己的子弟兵圍城。一旦兵臨城下，他們只有束手待擒。在京的劉派大員們都眼巴巴地盼著劉少奇拿主意，下決心。劉要是再「修養」下去，很快就會狗屁不值。但劉少奇有劉少奇的一定之規。他無力也無膽跟毛澤東搞軍事對抗。就算橫下心來反政變，可自古擒賊先擒王。毛澤東躲在南方，行踪詭秘，黨中央請他回來主持會議，聽取匯報、歡慶元旦、歡度春節、接見外國元首……毛澤東均以養病療病爲名，拒絕回北京，只差一句話沒有說出來了：絕不回中南海，做你們的甕中之鱉。

拱衛北京的南北兩支部隊都被拉走了，北京的確處在了易被包圍、攻擊的境地。但劉少奇還有引爲寬慰的理由：自一九四九年後，中央政治局常委會議就給中央軍委、各大軍區下過一道禁令，任何野戰部隊、地方軍區部隊，不得以任何藉口，進入或是路經京津警備特區；任何級別的軍人因公因私進入或是路經北京，嚴禁佩帶武器，嚴禁武裝警衛人員隨行。劉少奇長期主持黨中央工作，講究的是黨紀條例，迷信文件，迷信會議。他恰恰忘記了他最不應該忘記的，是毛澤東在延安常說的那句名言：本人從來和尚打傘，無法（髮）無天。

儘管如此，劉少奇還是覺得北京衛戍空虛，應予適當充實。根據中共中央和中央軍委的規定：在和平建設時期，經報備中央政治局同意，中央軍委常務副主席（林彪）有權調動一個師的部隊，主持中央軍委日常工作副主席（賀龍）有權調動一個團的部隊，大軍區司令員有權調動一個營的部隊。以下各級軍事首長調兵權力順減，並均需事先報備上級黨委同意。

唯對中央軍委主席毛澤東的調兵權力，未有作出明確的規定。

一九六六年二月，主持中央軍委日常工作的賀龍元帥，批准北京衛戍區新組建一個加強團，以充實北京地區的警衛力量。相信此事出自劉少奇的授意，並經得了周恩來、朱德、陳雲、鄧小平、彭眞等的同意。在這一特殊敏感時刻，讓北京衛戍區新組建一個加強團，這樣一件觸及權力神經中樞的事項，報備了遠在武昌東湖賓館以美女醇酒療病的中央軍委主席毛澤東沒有？報備了遠在蘇州養病的中央軍委常務副主席林彪沒有？還是業已報備中央政治局在京領導人同意，賀龍元帥只是做自己職權範圍內的事？

一九六六年二月上旬，有北京衛戍區的後勤首長，到西郊海淀區的北京大學和人民大學等單位去借宿舍，準備作爲臨時營房。因爲這些大學的高年級學生都下鄉參加四清運動去了，空出了許多宿舍。但後來覺得軍隊借住大學生宿舍，不好管理，影響也不大好，此一方案被放棄了。不久，連北京衛戍區新建一個團的事也夭折了。眞實的原因，是康生、謝富治的內務情報系統及時掌握了情況，及時報告了在武昌的毛澤東主席。毛澤東立即讓自己的政治秘書給北京的周恩來掛了電話，問北京衛戍區擴充部隊，這麼大的事，爲什麼不跟中央軍委的兩位主要負責人通氣？是哪個皇帝批准的？天兵天將又是從哪來調來的？北京的朋友們準備辦什麼大事？你們放心好了，本人早有心理準備。北京的所有大事由你們去辦，反正我住在南方，不會中計落網的。

毛澤東讓周恩來去向劉少奇們傳話，去發出他的嚴厲警告，是具深意的：一、周恩來爲賀龍元帥的恩師，入黨介紹人。長期以來，賀龍對周恩來唯命是從。五九年廬山會議撤銷彭德懷的軍委副主席兼國防部長職務時，毛澤東提出由林彪接替，周恩來則推荐賀龍身體好，主持軍委繁忙的工作較合適。結果老奸巨猾的毛澤東，提出讓林彪兼任中央軍委常務副主席，只管軍隊大事，而由賀胡子主持軍委日常工作，掌握實際。這樣，毛澤東既給了周恩來面子，又安撫了雄心勃勃的賀胡子。賀胡子跟林彪從來面和心不和，他們之間也正好相互牽制，彼此監察……眼下，劉少奇他們要在北京地區有任何軍事動作，非依靠賀胡子不可。正是京城無統帥，賀龍作先鋒了；二、周恩來是位腳踏兩邊船的人物，他既要服從劉主席，又要擁護毛主席，無論哪一方獲勝，他都可以保住他的國務院總理。讓周恩來傳話，對周本人是一記警鐘，對劉少奇們則是厲聲警告，停止你們的雕蟲小技吧，你們的一舉一動，都在我老毛的掌握之中；三、三十八軍正在悄悄開進山海關，還沒有完成對北京的戰略包圍，少奇同志他們還沒有成爲甕中之鱉，毛澤東還不要跟少奇同志撕破面皮，免得逼少奇同志他們狗急跳牆，使出一些防不勝防的「地下工作者」的手段來，比如行刺、投毒、爆破、轟炸等等，相信都是長期從事過黨的地下工作的朋友們的拿手好戲。

從蘇聯西伯利亞襲來的強大寒流，使得北京的早春天氣冰凍三尺，堅冰欲裂。呼嘯的北風中彷佛摻雜著火藥味，血腥味。一方面是雙方都在調兵遣將，準備兵變武鬥——劉少奇一系自然不是毛澤東一系的敵手；另一方面，雙方繼續演出文鬥。控制輿論，舞文弄墨——則劉少奇一系保持著暫時的優勢。到了此時此刻，劉少奇不得不哀嘆、承認：黨何曾指揮過槍？從來都是槍指揮黨、決定黨，槍桿子裡面出政權。

第二十二節　北京二月兵變(二)

一九六六年二月三日，中共中央文化革命五人領導小組，在彭眞主持下召開了第一次會議，並作了重點發言。彭眞已經沒有退路了。事情明擺著，毛澤東批判吳晗副市長的〈海瑞罷官〉，就是爲了進而批他彭眞，或許還有他背後的劉少奇、鄧小平。過河卒子也好，打頭陣的先鋒大將也好，只能勇往直前，從來凶多吉少。彭眞已經被毛澤東當面斥責過。可他仍在會上分寸不讓地兜毛澤東的老底；堅持著說。

根據調查的事實，說明吳晗和彭德懷，根本不存在著什麼組織上的聯繫。吳晗是根據毛主席在一九五九年四月上海會議上提出要學習海瑞精神，並在《人民日報》向他約稿的情況下，動手寫文章的。那個時候還沒有廬山會議一說。廬山會議是在上海會議三個月之後才開的……〈海瑞罷官〉這齣戲的劇本，動筆在廬山會議之前，這是事實。戲上演後，毛主席看了。毛主席還把扮演海瑞的馬連良，請到家裡作客，主席當面稱讚馬連良演得好，劇本也寫得好。這些並不是我憑腦子想出來的，而是從調查中來的……

五人領導小組除了康生未發一言之外，其餘陸定一、許立群、姚溱都講了話，同意彭眞的觀點。當天晚上，許立群、姚溱根據彭眞的指示，整理出了一個〈關於當前學術討論的匯報提綱〉。第二天彭眞將〈提綱〉仔細修改，再送交五人小組每位成員圈閱。康生圈閱後未提任何反對意見，表示認可。二月五日，劉少奇主持中央政治局常委會議，討論了五人小組的〈匯報提綱〉。劉、周、朱、陳、鄧五位常委都對彭眞的工作予以肯定。劉少奇指示彭眞去武昌向毛澤東當面匯報，爲的是以政治局多數常委認可的事實來堵毛澤東的嘴，逼毛澤東表態。二月八日，彭眞率領五人小組全體成員，專程赴武昌東湖賓館向毛澤東匯報。毛澤東既已決定秘密調兵，以武力解決跟劉少奇們的黨內權力之爭，對彭眞呈上的〈匯報提綱〉之類的文字遊戲再無興趣。他聽了匯報，對〈匯報提綱〉提了些並不要害的意見，應付了事。彭眞一行人返回北京後，又在一次政治局常委會議上，報告了赴武昌向毛澤東主席當面匯報的情況，劉、周、朱、陳、鄧再次肯定了彭眞爲首的五人領導小組的工作。常委會議後，彭眞會同陸定一、許立群等人對〈匯報提綱〉作了最後的修改。二月二十一日晚，彭眞一不做，二不休，根據中央書記處的慣例，他以中共中央的名義擬出了一個關於轉發〈匯報提綱〉的批示，用中共中央文件的形式，將〈匯報提綱〉轉發全黨全國。速度之快，效率之高，令在武昌的毛澤東驚奇不已。彭眞的這一重大舉動、自然是得到了主持黨中央工作的劉少奇、鄧小平的首肯。這是這位山西硬漢爲穩固劉少奇一系的陣腳，力圖控制局勢的逆轉，所做的最後的努力。

一九六六年二月底、三月初，在北京的中央軍委機關、總參謀部機關天天大會小會忙於批判、清算羅瑞卿，而毫無察覺的情勢下，駐守在山海關外的機械化王牌軍——三十八軍，悄悄移師，穿越萬里長城，進入河北地界。瀋陽軍區司令員陳錫聯上將瞞過了軍區黨委其他成員。王猛軍長也未對軍黨委成員們交底，所發出的行軍命令也只是春季練兵，千里野營。八萬將士執行一項嚴格的軍紀：野營拉練期間，行動絕密，禁止一切與外界的私人通訊聯絡。大軍沿人烟稀少的燕山山脈南下，一直行進到北京外圍的密雲縣、昌平縣、延慶縣、房山縣一帶的大山裡紮下營帳，完成了對北京市區的軍事包圍。只留下東南面的通縣不圍，那裡是平原地區，人烟稠密，目標容易暴露。

一九六六年三月中旬，在第三十八軍完成了對北京城區的軍事包圍的情勢下，毛澤東、林彪突然下令改組了北京衛戍區黨委及其司令部、政治部。緊接著，以北京衛戍區司令部的名義，派出多個軍事接管小組，每個小組由一名師級幹部任組長，率領一個警衛連，於同一個晚上，分頭進駐黨中央機關《人民日報》社、中央人民廣播電台、新華社、《北京日報》社、北京人民廣播電台、北京電報大樓等要害單位，宣佈實施軍事管制。軍事管制小組並宣佈：他們並不干涉各單位的日常行政、業務活動，只對電台、新華社、報社所發出的重要新聞稿、社論稿、重點文稿，予以審閱，提出取捨建議。

劉少奇、周恩來、鄧小平、彭眞等黨和國家第一線領導人是第二天上午，才獲悉上述輿論喉舌單位已被軍隊進駐管制。《人民日報》社、新華社、中央人民廣播電台等單位的負責人連夜向中央書記處值班室和總理辦公室告急，值班人員還認爲是警衛部隊換防，不必大驚小怪呢。還是身兼北京市委第一書記和北京市長的彭眞發現自己住宅的警衛排也被換了人馬，立即警覺並電話報告了劉少奇。劉少奇氣憤得差點連話筒都拿不住了：動兵了？有這個必要嗎？把我們當什麼人啦？劉少奇畢竟經驗豐富，感到事情非同小可，讓機要秘書通知北京的政治局常委開碰頭會。因朱德、陳雲二位身體不適，去了外地休息，在京的常委只有劉少奇、周恩來、鄧小平三位，還有彭眞算列席常委。說是劉、周、鄧、彭在驚訝困惑的同時，亦十分氣憤，立即把主持中央軍委日常工作的賀龍元帥請來，問是怎麼回事？賀龍元帥直搖頭，表示毫無所知，莫名其妙。問代理總參謀長楊成武上將哪裡去了？賀龍報告前兩天毛主席來電話，讓楊總長到武昌匯報工作去了。

問北京衛戍區現在誰管事？賀龍報告：主席和林彪剛下令改組了衛戍區黨委和司令部，名義上還是傅崇碧少將當司令員，但新來了個「四野」的溫玉成中將當太上皇，什麼都管。現在三十八軍和衛戍區究竟算什麼關係，也搞不清楚，他也不便過問。

賀龍元帥生性豪爽，見劉、周、鄧、彭四位面面相覷，就又忍不住繼續報告說；二月份北京軍區的人馬被抽空，三月初第三十八軍進關，到了北京外圍完成軍事佈置，到昨天晚上軍隊進駐電台、報館，這些大事，他這中央軍委的當家和尙統統被蒙在了鼓裡。這是兵變嘛！兵變，早就發生了。我們痲木不仁，他們手腳很快……

周恩來以犀利的目光制止住了賀龍的口無遮攔，轉而對劉少奇說：少奇同志，事已至此，只有儘快請示潤之本人了。一向愼言愼行的劉少奇，一臉苦笑，一臉無奈地攤了攤手：槍桿子裡面出政權了，叫我們怎麼做事？還是以中常委多數同志的名義，請他自己回來主持工作吧！小平，你看怎麼辦？鄧小平說：沒法子搞懂，鬧到動用軍隊接管，還是什麼黨指揮槍？他未必肯回來。

彭眞知道自己已經獲罪於毛澤東，沒有插言。

劉少奇給遠在武昌東湖賓館「養病」的毛澤東主席掛了電話。可是武昌方面接電話的警衛秘書說：主席服了安眠藥睡著了，是不是請下午三點以後再來電話、也可以直接掛到游泳室去……

北京塌了天，毛澤東卻在武昌東湖賓館懷擁溫香軟玉睡白日覺。中南海成了隻大熱鍋，劉少奇和他的同事們成了熱鍋上的螞蟻。直到當天下午四時左右，劉少奇才在電話裡聽到了從武昌東湖賓館游泳室傳來的毛澤東的聲音。毛澤東語調輕鬆，還像往常那樣幽默風趣：少奇呀，北京出了點小情況，我是知道的，沒有什麼了不得。黨中央還是黨中央，國務院還是國務院嘛。你不是下旬還要和陳毅出國訪問？你是國家主席，放心去好了……我身體不好，回不了北京。北京的事，還是由你和恩來、小平當家嘍……開個會研究局勢？當然可以。我們先開個政治局常委擴大會，如何？有勞各位遷就一下病號，來我這裡開吧！你們要在北京開也可以，我派康生做代表，到會上轉述我的意見……

康生！又是那個牛頭馬面、害人從不眨眼的康生。中央政治局委員裡除毛以外沒有一個人喜歡這個陰毒的傢伙。毛澤東主席卻一再予以提拔重用，並視爲知音親信。劉少奇聽了毛澤東一席話，就像吃下一隻蒼蠅，要吐要嘔都不成。

第二十三節　「革命就是割豬肉」

實際上，毛澤東運籌帷幄，早已是文武兼備：在北京動用衛戍部隊接管電台、報館的同時，在武漢東湖賓館正秘密集中了一批秀才，夜以繼日地加班加點，趕作幾篇批判北京市委、批判劉、鄧路線的革命檄文。

這批御用秀才為：陳伯達、康生、張春橋、姚文元、關鋒、王力、戚本禹等。毛澤東委派自己的夫人江青做這個寫作班子的召集人和聯絡員。以這批人為骨幹，一個將要取代彭眞為首的「中共中央文化革命五人小組」、進而取代鄧小平為總書記的中央書記處的毛氏權力機構——中央文革小組，已呼之欲出了。

三月十七日至二十日，中央政治局常委擴大會議在毛澤東下榻的武昌東湖賓館舉行。國防部長林彪元帥照例請了病假。除了毛、劉、周、朱、陳、鄧六位常委出席外，擴大出席者有彭眞、康生、陳伯達、陸定一、王任重等人，留置在毛澤東身邊的代理總參謀長楊成武上將、北京軍區司令員楊勇上將以及毛澤東的軍事參謀彭紹輝上將，則作為列席者，參加了會議。會議由毛澤東親自主持，仍然採用大題小作、聲東擊西戰術，給劉少奇、周恩來、鄧小平等人佈設迷局，使其摸不到他的底細。他煞有其事地專門就學術批判問題作了長篇講話。他與大家促膝談心似地滔滔不絕。他說：我們解放以後，對知識分子實行包下來的政策，有利也有弊。現在學術界和教育界是知識分子掌握實權。社會主義革命越深入，他們就越抵抗，就越暴露他們的反黨反社會主義面目。吳晗和翦伯贊等人是共產黨員，也反共，實際上是國民黨。現今許多地方對這個問題的認識還很差，學術批判還沒有開展起來。各地都要注意學校、報紙刊物、出版社掌握在什麼人手裡。要對資產階級的學術權威進行切實的批判……《前線》也是吳晗、廖沫沙、鄧拓的，是反黨反社會主義的……毛澤東並進而指出：文、史、哲、法、經，要搞文化大革命，要堅決批判，到底有多少馬列主義？

聽了毛澤東的講話，劉少奇總算鬆了一口氣：毛澤東主席原來要解決的還是個知識分子問題，毛給文化大革命劃定的範圍，並不包括黨、政、軍等要害領域。毛一臉病容，看來的確是老了，調派大軍進駐宣傳輿論單位，以槍桿子去管筆桿子，也是以大炮轟蚊子，小題大作了。

彭眞卻沒有劉少奇這種僥倖心理。他手下的三員幹將鄧拓、吳晗、廖沫沙，第一次被毛在黨的會議上點名爲「反黨反社會主義」。他明白自己也大禍將臨。但他仍寄望於劉少奇、鄧小平的中央政治局及其書記處，寄望於周恩來、陳雲的國務院，能爲他、爲北京市委市政府主持公道，說幾句相救助的話。

然而正是在這南、北兩個黨中央、兩個司令部生死決鬥的關鍵時刻——一九六六年三月二十四日，劉少奇偕夫人王光美出訪友邦巴基斯坦，三月三十日回國，留在新疆境內的和闐、烏魯木齊等地視察，並未返回北京。四月四日，再又偕夫人出訪阿富汗、緬甸，四月二十日返國。兩次出訪皆由國務院副總理兼外交部長陳毅元帥陪同。

劉少奇作爲「國家主席」，北京黨中央的主帥，在這段最要命的日子裡離開北京，離開黨中央權力核心，除了他對毛澤東仍心存僥倖抱有希望之外，只有兩種可能：一、是他已在心裡承認徹底失敗，毛已先他下手實施了「兵變」。但他尙未與毛公開撕破過臉皮。就算他在大饑荒的一九五九年冬至一九六二年春有過對毛不恭言行，但確實從未有過具體的反毛計畫，相信毛手下的內衛系統也未抓著過他的什麼把柄，自己在黨內的權力基礎也還甚爲穩固，事情似乎還有轉圜的餘地；二是他或許已知悉中央軍委的元帥、大將們、三軍總部的司令員政委們，普遍對林彪秘密調動「四野」第三十八軍入關，到北京城裡搞「兵變」感到憤怒和羞辱，而寄望軍隊元老們群起反「兵變」，趕林彪下台，斷毛的翼羽。他則置之事外，回來正可收拾局面。

可是毛澤東的兵變功夫已經修練到家，早抽空了北京軍區在河北省境內的部隊，北京地區已完全處在了第三十八軍的鐵壁銅牆之下，北京城內的衛戍部隊司令部亦已改組，中南海及其所有中央政治局成員、書記處成員們的住宅，則完全由毛的親信書童出身的汪東興率領的中南海警衛師控制著，中央軍委只剩下賀龍元帥幾位演空城計，無兵無卒的，就是想反兵變也反不起來了。

搞經濟建設，毛澤東往往壞事，遠不及劉、周、陳、鄧高明；玩弄軍事手段，陽謀陰謀，劉、周、陳、鄧們卻從來不是毛澤東的對手。

一九六六年三月二十八日至三十日，毛澤東在武昌東湖賓館多次召集江青、康生、陳伯達、張春橋等人談話。毛澤東開始點名批判彭眞。他對彭眞已恨之入骨，卻又舉著小拇指說：彭眞算老幾？小人物一個，我只要動一根指頭，就可以把他捅倒！所謂的「五人小組匯報提綱」混淆階級界限，不分是非，是錯誤的。毛提出要支持左派，要培養我們自己的年輕的學術權威。不要怕青年人犯「王法」。要建立隊伍，進行文化大革命。他說，我們爲什麼不成立一個小組？就叫文化革命小組，伯達當組長，康生做顧問，江青、春橋做副組長，湖北父母官王任重這一段表現不錯，也兼個副組長，謝富治、姚文元、關鋒、王力、戚本禹諸位當成員……當然這事現在不准外傳，等我找機會叫政治局開會通過一下。

接下來，毛澤東對幾位親信大將面授機宜：彭眞的北京市委搞成獨立王國，針插不進，水潑不進；陸定一、周揚的中宣部是閻王殿，專門壓迫左派，要解散，要倒毀，重新來過……四二年我在延安就講過，搞革命就是割豬肉，要一刀一刀來割，一塊一塊來割。莊子曰：庖丁爲文惠君解牛，何輕疾。我們要向庖丁前輩學習，講究刀功刀法，自下而上，先易後難。豬肉尚未割成，同志仍需努力！

毛澤東的高超韜略，神機妙算，陳伯達、康生、江青、張春橋們是心領神會、俯首投地了。

也是毛終於向他們透了透「天機」，或稱爲「路線交底」。過去幹革命「割豬肉」，是從國民黨政權身上一刀一刀割下根據地，建立起使共產黨勢力日益擴大的地盤；現在幹革命「割豬肉」，也是一刀一刀，一塊一塊地來割，自下而上，由小及大，先割掉北京市委的「三家村」，再割掉市委第一書記彭眞，再割掉中宣部，一步一步割上去……毛澤東話未說明，但意圖已對親信們暗示得很清楚了：一刀一刀割向中央書記處總書記鄧小平，一刀一刀割向國家主席劉少奇……

第二十四節　北京中央不堪一擊

一九六六年四月二日，軍事管制後的《人民日報》和《光明日報》同時發表了戚本禹的文章：〈海瑞罵皇帝〉和〈海瑞罷官〉的反動本質，公開炮打中共北京市委，矛頭直指劉少奇的心腹大將彭眞。彭眞卻求救無門。周恩來總理很圓熟，已經刻意疏遠著他。鄧小平總書記倒是沒有迴避他，中宣部的陸定一也夠朋友，跟他深談過兩次，卻不得要領。一切等著劉少奇回來拿主意。劉少奇卻逗留在新疆視察工作，還即將出訪阿富汗王國及緬甸，最早也要到四月二十日才能返回北京。

四月九日至十二日，中央書記處奉毛澤東的電話指示召開會議，鄧小平主持，周恩來、陳雲、彭眞、賀龍、康生、陳伯達、陸定一、王稼祥等出席，中辦副主任田家英等列席。會上，康生作爲毛澤東的聯絡員，傳達了毛澤東主席於三月底的幾次談話內容，點了彭眞的名，並羅列了彭眞自批判吳晗的〈海瑞罷官〉以來所犯的「一系列錯誤」。陳伯達則指著彭眞的鼻子，揭發批判彭眞從民主革命到社會主義革命時期在「政治路線方面所犯下的一系列罪行」。康生、陳伯達代表毛澤東意向的發言，給會議帶來巨大壓力。陸定一卻豁出去了，看不慣康生、陳伯達兩位的「狗仗主勢」，起而質問：共產黨辦事，還講不講個規章？有不有個紀律？不經黨中央政治局研究討論，憑什麼信口開河，指某位中央負責人「犯了一系列錯誤」、「一系列反黨罪行」？一時間，與會者大都贊賞陸定一的膽識。康生、陳伯達雖然居於少數，但有偉大的毛澤東授意，有三十八軍撐腰，毫不退縮，與陸定一展開激烈爭辯，康生指陸定一爲彭眞的同路人。賀龍元帥瞪了康生、陳伯達幾眼，幾次要發言，均被坐在一旁的周恩來制止住了。陳雲則閉上眼睛，滿臉陰雲，一聲不吭。一九五九年廬山會議上他就未發一言，後來回到北京繼續批彭德懷，他也坐在主席台上閉著眼睛一聲不吭。那次林彪向毛澤東匯報說：陳雲的眼神很可怕，像要吃人。毛澤東卻對上海印刷工人出身又長期從事黨務及經濟工作的陳雲不以爲意：他就是那個樣子，不要去理會他；這次康生會後到武昌跟毛澤東匯報時，也提到陳雲的眼神很可怕，充滿了仇恨。毛澤東仍不以爲意：陳雲還是老樣子，不要去理會他。

倒是彭眞本人沈得住氣，在徵得鄧小平點頭之後，作了發言。他出奇地冷靜，沒有說一句替自己辯解的話，而說：我們的問題，又主要是我本人，鬧到今天這一步，確實冰凍三尺，非一日之寒了。因之很有必要儘快召開一次中央全會，來討論研究，來明辯是非，以理服人，治病救人。包括對我本人的組織處理。不然，繼續這樣上上下下，黨內黨外的鬧騰下去，對黨對國家都損失太大。

彭眞的水平，在中央領導層是衆所周知的，否則他一個山西省貧苦人家出身的人，也不會受到毛、劉的器重，提拔到今日的高位。當即有陸定一、賀龍、田家英等附議，要求及早召開中央全會，解決黨內紛爭，以求得全黨在毛澤東思想旗幟下的團結、統一。

令彭眞、陸定一吃驚和寒心的是：主持會議的鄧小平，卻嘴巴很緊，沒有替大難臨頭的彭眞說句公平一點的話，除了同意向毛澤東主席提請召開八屆十一中全會之外，他爲了平息毛澤東的憤怒，反而同意會議做出決議：起草一個〈通知〉，徹底批判〈五人小組匯報提綱〉的錯誤，並撤銷這個提綱；成立文化革命文件起草小組，報毛主席和政治局常委批准，爲召開中央全會作準備。

散會時，不知厲害又一向富於人情味的中央辦公廳副主任田家英，特意走到彭眞面前，關照說：保重啊。彭眞直著脖子苦笑著回答：彼此保重，放心，我彭胡子不會叛黨自殺。已經走出會議室的康生卻回過頭來看到這一幕，匯報到毛澤東那裡。田家英即將被新賬老賬一起算，在劫難逃了。

再說深居武昌東湖賓館呼風喚雨、玩中共其他領導人於掌股之上的毛澤東，卻任由劉少奇、周恩來、朱德、陳雲、鄧小平以中央常委的名義再三懇請，堅決不回北京。他仍委託劉少奇、鄧小平主持中央日常工作，一是做爲緩兵之計，二是製造機會讓他們繼續犯錯誤。四月十六日至二十日，毛澤東再次在武昌召開政治局常委擴大會議。會上，毛澤東親自出馬，對彭眞的「反黨罪行」進行無情的批判。他把「反黨篡軍分子」羅瑞卿也扯了進來，並且點了陸定一、楊尚昆的名。這一來，根本不曾存在過的「彭、陸、羅、楊反黨集團」便在毛澤東的談笑之間初具規模。配合著偉大領袖的聖旨，康生、陳伯達在會上口沫橫飛，攻勢更爲勇猛凌厲。彭眞已經抬不起頭。鄧小平、陳雲、朱德皆保持沉默。周恩來態度曖昧，但漸次趨於順從毛澤東。這次會議認可了上次中央書記處擴大會議所做的決議，並決定重新組建「中共中央文化革命小組」，毛澤東手上有現成的名單，他照著一張十行紙唸了一遍，無異議通過。對於召開新的中央全會，毛澤東不示可否，只是含糊其辭地對劉、周說了一句：大家看著辦吧！有人事後議論說，鄧小平此舉，無異於自掘墓穴，等著毛澤東將其扔進去。實則鄧小平希望以自己最後的緊跟行動，力圖爭取參與運動領導，以乞憐於毛澤東放他一馬。

毛澤東仍住在武昌，繼續對彭眞進行嚴厲批判。毛的講話由康生帶回北京在中央政治局傳達。毛澤東卻透出了他絕無放過劉少奇的信息。毛說：彭眞要按他的世界觀改造黨。凡是有人在中央搞鬼，我就號召地方起來反他們，叫做孫悟空大鬧天宮，並搞掉那些保玉皇大帝的人。現象是看得見的，本質是隱蔽的。本質也會通過現象表現出來。彭眞的本質隱藏了三十年。

「玉皇大帝」當然指的是劉少奇。毛澤東只差沒有點劉少奇的名了。

第二十五節　「五・一六通知」出台

一九六六年四月十九日，國家主席劉少奇及夫人王光美，國務院副總理陳毅及夫人張茜一行，結束了對友鄰巴基斯坦、阿富汗、緬甸的國事訪問，回到雲南省會昆明。自三月二十六日出訪以來，劉少奇離開北京已近一月。在昆明，他向北京發出兩封電報：一封給周恩來總理轉毛澤東主席，報告已圓滿結束對友邦的訪問回到昆明，提出要去西雙版納看看，那裡有十幾萬知識青年在開墾橡膠園，並請示主席回京後，可否安排一次見面以匯報出訪情況；另一封給中央書記處總書記鄧小平，向中央請假一星期去西雙版納等地調查研究、慰問知青。

實則是劉少奇眞不想回北京。他離開北京這段時間中央又出了兩件大事：揪出了彭、羅、陸、楊，都是他的左臂右膀；成立了「中央文革小組」，全班人馬都是毛澤東手下的親信秀才。他已明顯感覺到了，他回北京前程未卜，凶多吉少。雲南省委第一書記、昆明部隊司令員兼政委閻紅彥上將，在多次匯報、交談中，亦對黨中央的激烈鬥爭狀況憂心忡忡，特別是對黨內軍內緊急傳達「彭、羅、陸、楊反黨陰謀集團」一事十分反感。閻紅彥上將並直言不諱地說：江青憑什麼在中央張牙舞爪？既然毛主席那樣討嫌自己的婆娘，爲什麼現在又搞「舉賢不避親」，讓她坐直升飛機當了「中央文革小組」第一副組長？搞不懂，想不通啊，劉主席，陳老總，老首長。

劉少奇、陳毅在閻紅彥等人的陪同下，乘汽車赴西雙版納。在路上，他收到了北京的兩封回電，一封是周恩來拍來的，轉告毛澤東主席指示：請少奇同志速回北京主持中央工作，個別見面事另訂時間；一封是中央書記處鄧小平拍來的，亦是敦促速返北京，一切面告。

從昆明乘汽車赴西雙版納，走滇緬公路，穿越橫斷山脈，來回路上就要一星期。因之劉少奇、陳毅回到北京已是四月底。周恩來、朱德、鄧小平到機場迎接。在機場休息室，劉少奇聽了工作簡報：根據毛主席指示，彭、羅、陸、楊被劃爲反黨陰謀集團。劉少奇連說「不可思議，難以置信」，中央書記處一下子少了四名書記怎麼辦？鄧小平說，主席已初步同意調中南局陶鑄同志到中央工作，主持宣傳口。

調陶鑄進北京，算是毛澤東對劉、鄧所做的一點讓步。陶鑄是湖南老鄉，跟林彪同屬黃埔六期，當過林彪的第四野戰軍政治部主任。南下廣東後轉地方工作，任廣東省委第一書記，後又升了中南局第一書記。人年輕，有才能，有政聲。今後若周恩來不行了，倒是個做總理的材料。關鍵是他到了中央工作後，會跟了哪一個司令部走。

劉少奇回到北京看到的第一個文件是「中央文革小組」起草並經毛澤東修改過的——關於開展文化大革命運動的〈中國共產黨中央委員會通知〉，一個措辭激烈、殺氣騰騰的可怕「通知」。他跟毛澤東通了電話。毛說不忙見面，先代我主持五月四日開始的中央政治局擴大會議吧，我的一些具體意見，會委託康生在會上傳達。

關鍵時刻，劉少奇沒能拍案而起，缺乏臨爲玉碎、不爲瓦全的氣概膽識。他又一次犯了「黨性修養」的老毛病：大難當頭，只圖自保。他爲了順從毛澤東，很少保護自己的戰友、同事乃至親信。一九五四年他不保護上海地下黨和新四軍時期的老同事潘漢年，潘漢年被毛澤東判處無期徒刑而死於湖南米江勞動農場；一九五五年反「高崗、饒漱石反黨聯盟」時他不保護自己的新四軍老部下饒漱石；一九五八年他不保護周恩來、陳雲，毛澤東連續十三次公開點名周、陳二人右傾，「離開右派只有五十米遠了」；一九五九年廬山會議他不保護彭德懷元帥，反而對彭德懷落井下石，彭的一大罪名「裡通外國」就是他所封贈；一九六二年八月的北戴河會議他不保護自己的愛將習仲勳、鄧子恢；一九六五年十一月毛、林誘捕羅瑞卿大將他不據理力爭；現在毛澤東要拿彭眞、陸定一、羅瑞卿、楊尙昆等人開刀祭旗，搞文化大革命，接下來就要向他劉少奇這位「玉皇大帝」下手了，他仍然不能最後一搏，拯救自己。他總是希望能跟毛澤東達成妥協。明眼人當時已經看得出一個即將降臨的大悲劇了：劉少奇不保護他人，他人也不會保護他劉少奇。

中共的另一領導人周恩來則表現出來跟劉少奇完全不同的作風。周在文革初期的滔天紅禍中，拚了老命去死保自己的親信大將，包括力保賀龍元帥、葉劍英元帥、聶榮臻元帥，力保國務院副總理李先念、李富春、譚震林等，繼而力保受毛、林派系排斥的將軍們、部長們。他很快在自己身邊形成一個強力軍人集團，來與毛澤東、林彪的黨中央周旋。妙不可言的是，毛澤東也需要周恩來的軍政集團來牽制勢力日益膨脹的林彪派系！其結果是，周恩來保護老部下，老部下保護周恩來，使得周恩來於權力爭鬥的殘酷夾縫中歷盡艱辛得以倖存，此係後話。

一九六六年五月一日，身為中共北京市委第一書記兼市長的彭眞，第一次沒有在北京市慶祝「五一國際勞動節」的活動中露面。五月四日，毛澤東仍委託劉少奇在北京主持中央政治局擴大會議。毛澤東卻讓康生做代表，在會上正式提出「彭眞、羅瑞卿、陸定一、楊尙昆反革命集團」案。彭眞已知這可能是自己最後一次出席中央會議，仍孤注一擲地提出：召開中央全會，集體討論解決黨內紛爭。但此時他已被毛澤東「定罪」，他的提議，已無人敢於公開附議。

這次被擴大進來參加會議的，除了陳伯達、康生二人原本就是政治局委員之外，還有張春橋、謝富治、江青、王力、關鋒、姚文元、戚本禹等毛派鬥士。他們以毛主席指示做後盾，在會上喧賓奪主，展開了凌厲的攻勢。他們誓言「不論資格多老，地位多高，功勞多大，誰反對偉大領袖毛主席，誰反對戰無不勝的毛澤東思想，就全黨共誅之，全國共討之」！幸而政治局擴大會議上仍是「老革命」佔多數，有賀龍、陳毅、李富春、李先念、徐向前、聶榮臻、葉劍英等一批元帥、副總理，力主緩和氣氛，冷靜局面，並敦促中央常委早日召開八屆十一中全會，處理黨內重大問題。這一來，被毛澤東親自點名的「彭、羅、陸、楊反革命集團」，除羅瑞卿已遭投入軍隊監獄外，彭眞、陸定一、楊尙昆三人均暫不逮捕，而責令他們留在各自的府上，反省檢查。實際上是遭到軟禁了。

有趣的是，林彪遲遲不肯返回北京視事。毛澤東兩次電話通知他赴北京出席政治局擴大會議，林彪卻留在他蘇州的行館裡「養病」，無意出山。此時毛澤東已經從武昌東湖賓館移居杭州西子湖畔的劉莊。他不得不委派北京的周恩來赴蘇州敦請，並讓周恩來傳話：難道還要我親自到蘇州來請你回北京主持工作嗎？林彪得到了毛澤東的承諾，這才由周恩來陪同乘專機回了北京。林作爲黨中央副主席兼國防部長，出現在政治局擴大會議上，毛派勇士們頓時聲勢大漲。

鬥爭如火如荼。五月十六日，政治局擴大會議仍然由劉少奇主持，在出席者與列席者均擁有同等表決權的情況下，以舉手方式通過了由陳伯達、康生起草的，經毛澤東親自審定的「中國共產黨中央委員會關於開展文化大革命運動的通知」——簡稱爲「五·一六通知」。實爲一個中共踐踏自己的黨章的非法文件。

毛澤東在〈通知〉上親筆寫下：混進黨裡、政府裡、軍隊裡和各種文化界的資產階級代理人物，是一批反革命的修正主義分子。這些人物，有些已經被我們識破了，有些則還沒有被識破，有些正在受到我們的信用，被培養爲我們的接班人。例如，赫魯曉夫那樣的人物，他們正睡在我們的身旁……

上述〈通知〉，遵照毛澤東的命令，不再依慣例先由黨內層層下達，而直接交由新華社於當天晚上全文播發，並刊登在第二天的全國所有大小報刊上。毛澤東派軍隊接管新華社、中央人民廣播電台、人民日報社等要害單位後，已將新聞輿論工具完全操縱在自己手中。此次會議名義上由劉少奇主持，實際上完全由遠在杭州的毛澤東掌控，從五月四日一直開到五月二十四日才結束，其間雙方的激烈爭吵可想而知。在通過了〈五・一六通知〉之後，緊接著又通過了毛氏的「中共中央文化革命小組」組成，清一色的毛派人馬：陳伯達任組長，康生任顧問，江青、張春橋任副組長，核心成員爲謝富治、姚文元、王力、關鋒、戚本禹等人。周恩來費盡心機，才將陶鑄安排進「中央文革」任顧問，王任重任副組長。劉、周、朱、陳、鄧等中共元老們還爭取到了一項黨內專案工作紀律：任何情況下，嚴禁對黨內高級幹部嚴刑逼供，肉體摧殘。此項專案工作紀律並得到毛澤東的簽署。嗜殺成性的康生赴杭州向毛澤東匯報時曾表示不滿：專案人員可以不對審查對象動刑，但廣大革命群衆出於無產階級義憤，對反黨黑幫分子動動拳腳，怎麼辦？毛澤東說，還是要勸止，要文鬥，不要武鬥，但絕不能給人民群衆訂框框，潑冷水，束縛群衆的手腳。

一九六六年五月十八日，久病出山的政治權力餓虎林彪元帥，以毛澤東的最親密戰友、學生、最可靠的革命接班人的姿態，在會上作了一個專談中外「軍事政變、武裝奪權」的精彩演講，講殺人，講鎮壓，你死我活，血流成河，講得與會者毛骨悚然。講著講著，林彪卻也透露了偉大領袖毛澤東的玄機：近幾個月來，偉大領袖一直在做一篇大文章，秘密調兵遣將，軍事包圍北京，以軍事手段粉碎了黨內外階級敵人妄圖政變的陰謀！

親密戰友林彪無意中揭了毛澤東的老底：在北京地區行軍事政變的不是別人，正是毛澤東自己。六月初，毛澤東瞞住北京的劉少奇、鄧小平，悄悄移居他的湖南老家韶山滴水洞賓館後，讀到林彪的這篇殺氣騰騰的講話稿，當即給自己的夫人江青寫下一信，表示了對自己的這位學生、接班人的擔憂和不滿，以留作歷史的存照。也就說明了，毛要打倒劉少奇，不得不借重林彪，卻又從一開始就對新接班人缺乏信任。

第二十六節　鄧拓、田家英自殺

「五·一六通知」發佈後，全國上下即開始了極左瘋狂與紅色恐怖。毛澤東雖然取得了一連串的勝利，但他要一舉推翻劉少奇、鄧小平等人牢牢掌控著的黨務系統，仍感到相當棘手。他也明白，黨內的廣大幹部，尤其是中高級幹部，包括中央委員會的絕大多數委員，對他貿然發動文化大革命運動並無好感，會想方設法予以對抗、抵制，一旦危及到各級官員的切身安全，即有爆發全國內戰的可能。對於爆發內戰，毛澤東已有思想準備。他已橫下一條心：與其到時候讓內戰自發性爆發，不如自己主動發起一場革命性內戰……

另說面臨滅頂之災的彭眞等人，倒是做到了「不自殺叛黨」。羅瑞卿大將則早於三月十八日深夜，從住所樓頂跳下未死，只跌斷左腿骨，被送進醫院截掉左腿，弄成殘廢，投入監牢，後曾被紅衛兵及軍內造反派以籮筐裝了，抬著四處游鬥；第二名自殺的中共高幹彭眞的愛將、北京市委文教書記鄧拓。時間是一九六六年五月十七日深夜，亦即毛澤東強令中央政治局擴大會議通過關於開展文化大革命運動的〈五·一六通知〉的第二天。鄧拓眼看彭、羅、陸、楊等中央領導人被打成「反革命集團」，康生、江青、陳伯達、張春橋一夥成為暴君毛澤東的咬人狂犬，覺得自己再活下去，必定落入惡魔康生手中，人格凌辱不說，更會遭受嚴刑逼供。鄧拓對康生當年在延安秉承毛澤東旨意，大搞「搶救運動」殘酷拷打無數無辜性命，記憶猶新。他不能擔保自己一介書生報人，在歷經日夜吊打、皮開肉綻之後，咬得住牙關，不交代出一九六二年那半途而廢的「暢觀樓」事件。那一來，自己所敬重的中央領導人就眞要死無葬身之地了。自己一死，一切就斷線，無從查起。士可殺，不可辱。寧可站著死，不願跪著生。書香世家出生的鄧拓，滿腹詩書，文章錦繡，追隨共產黨革命三十幾年，沒想到會這樣自相殺戮……當晚，鄧拓寫下兩封絕命書。他的一支名滿神州的生花妙筆，已毫無文彩。一封給中共北京市委，相當長，為自己的〈燕山夜話〉和〈三家村札記〉做最後的申辯，並寫下了「共產黨萬歲」、「毛主席萬歲」等口號，十足類似古代的諫臣被暴君降旨推出午門斬首之時，還要面北跪下，三呼皇上賜死之恩，以求減緩株連九族之災。鄧拓此時三呼「萬歲」，正是為的力圖減緩自己帶給愛妻及子女們的罪孽。鄧拓的另一封絕命書很短，是寫給愛妻的，流露的是他的血淚眞情：「……你們永遠不要想起我，永遠忘掉我吧。我害得你們夠苦了，今後你們永遠解除了我所給予你們的精神創傷。永別了，親愛的。」鄧拓是在自己卧室的衛生間裡，以剃鬚刀割斷自己手腕上的動脈大量出血而身亡。

「五・一六通知」後的另一位著名自殺者為中共中央辦公廳副主任、毛澤東的政治秘書田家英。田家英自一九四八年起到毛身邊工作，青年才俊，正直忠誠，博學強記，文筆簡潔迅疾，深獲毛的器重。毛澤東於五十年代的大小「著作」，大多出自田的手筆，毛只是稍作修改審訂而已。一九五九年的廬山會議上，田家英對於毛澤東不管天下蒼生死活，爲一己私慾而大發淫威，倒行逆施將爲民請命的彭德懷元帥打成反黨集團，即已有過痛不欲生的憤懣。會後曾向毛提出「下基層鍛鍊」的要求，不獲批准。三年大饑荒時期，田家英多次率中央工作組到安徽、河南、山東等重災區調查研究，目睹了農村餓殍載道、屍骨盈野的慘狀。田家英每次返回北京，均向毛澤東作出如實匯報，並協助劉少奇、鄧小平等人說服毛澤東在經濟路線上作出重大調整，如說服毛同意劉少奇、鄧子恢等人提出的在農村允許包產到戶、責任到田等單幹性質的緊急措施。可是到了一九六二年，大饑荒一結束，毛澤東就過河拆橋，翻臉不認賬，在中央全會上大批鄧子恢的「右傾翻案風」，大談階段鬥爭和兩條道路鬥爭。由於長期在毛澤東身邊工作，田家英親眼目睹了「偉大領袖」如何玩弄權謀，玩弄美女而且在瘋狂製造「自我神話」、「自我崇拜」的愚民運動的同時，處心積慮地一步一步爲劉少奇、鄧小平、彭眞們設下陷阱，令其上當落井。一九六三年後，毛澤東對田家英的「不健康情緒再次發作」有所警覺，但仍不准其「下放基層工作」的請求，原因很簡單，田家英知道的黑幕太多，奧秘太多。一九六四年毛澤東決心以軍事手段剷除劉、鄧系統之後，將田家英降爲生活秘書。田家英仍掛名爲中央辦公廳副主任，實際上毛命其管理一件十足羞辱他人格的事：毛澤東每玩過一名美女，即由田家英支給一筆服務費用，並負責該名美女回單位後的提級提薪，入團入黨！「五·一六通知」頒行之後，田家英終於對共產黨、對社會主義革命的崇高信仰徹底破滅，看穿了所謂的共產革命實為新一輪封建專制王朝的復辟，一場紅色大騙局，遂於六月四日深夜自縊於中南海住宅。

田家英自殺身亡的消息傳來時，毛澤東已秘密移居老家湖南韶山滴水洞。他每天在滴水洞旁的小水庫裡游泳，鍛鍊體魄，養精蓄銳，準備返回他久違了的、也是軍事政變成功了的北京，去召開中央全會，去補辦一個手續，給予劉少奇、鄧小平們政治上致命一擊！對於在他身邊工作過整整十八個年頭的田家英的自殺，他說：死了？小叛徒一個！只要那個「玉皇大帝」這時刻不畏罪自殺就行，我還需他來表演連場好戲。大風起兮雲飛揚，威加海內兮歸故鄉！……

毛澤東以軍事手段作後盾，強令中央政治局擴大會議通過「五・一六通知」後，再又授意康生、陳伯達們乘勝出擊，發動大學生和青年教師們革命造反。五月二十三日，亦即政治局擴大會議結束的前一天，康生找來他的親信——北京大學哲學系黨總支書記聶元梓個別談話，部署聶回北大貼出「第一張大字報」，公開炮打北大黨委和北京市委，以圖把文化大革命的烈火燒向全國。五月二十五日，聶元梓等七人聯名貼出了那張後來被毛澤東譽為「全國第一張馬列主義的大字報」。周恩來不知就裡，聞訊後感到事關重大，於當天晚上派人到北大進行調查，重申中央關於貼大字報要內外有別的規定，並嚴厲批評了聶元梓等人無視黨紀的行為。

第二十七節　陷井

對於周恩來的出面干預，做爲毛澤東在北京的政治聯絡員的康生，不能不認眞對付。他立即派專人將聶元梓的大字報底稿火速呈送給仍在武昌東湖賓館的毛澤東。六月一日下午，毛澤東從武昌打電話給北京的康生，讓康生轉告周恩來，說他同意把聶元梓等人的大字報向全國廣播。毛澤東的電話，無疑給了周恩來當頭一棒。周恩來無法抗拒，一面電話向毛澤東認錯，一面讓康生去通知新華社和中央人民廣播電台，於當天晚上將聶元梓等人炮打北大黨委和北京市委的大字報向全國廣播。

一九六六年六月一日還發生了一件大事：毛澤東電令中央文革小組組長陳伯達，在原三十八軍軍事管制小組的配合下，接管了黨中央機關報《人民日報》社的行政、編輯業務，由陳伯達本人兼任報社社長、總編輯二項職務。這樣，中共中央的最高「喉舌」，便直接掌控在毛派手中了。六月一日晚上，康生傳達毛澤東的緊急指示，命令《人民日報》於六月二日的頭版，以「大字報揭穿一個大陰謀」的通欄標題，全文刊登出聶元梓等人的大字報，並同時刊出陳伯達、王力、關鋒三人連夜趕寫出來的評論員文章：「歡呼第一張大字報！」

星星之火，可以燎原。一時間，北京地區的五十五所大專院校和一百多所中等專業學校、普通中學裡，那些早被毛澤東的極左思潮所煽動起來而唯恐天下不亂的狂熱青年們，紛紛高唱毛澤東的「造反有理」語錄歌曲，奮而造反，掀起揪鬥學校校長、書記和出身不好的教師們的風潮，稱爲「讀毛主席的書，聽毛主席的話，緊跟毛主席革命造反」，「深揭反革命黑線，狠鬥反革命黑幫」，「老子英雄兒好漢，老子反動兒混蛋」……整個教育系統局勢大亂，失去控制。許多學校出現了學生群毆校長、教師事件，多名中學校長被活活打死……劉少奇、鄧小平家裡的就讀北大、清華、師大附中的孩子們，帶回了學校裡的恐怖信息，其中打人最兇的，又是那些平日恨上課、恨考試的高幹子女。如任其發展下去，局面將不堪設想。

此時，毛澤東已經從武昌東湖賓館移居杭州西子湖畔的劉莊。六月四日晚，劉少奇、鄧小平終於獲得毛澤東的同意，乘專機飛往杭州，向毛澤東請示、匯報工作。劉、鄧向毛報告了北京大中學校的亂象及多名校長被打死、被迫自殺的情況，建議立即向各大、中學校派駐工作組，以恢復校園裡的正常秩序。毛澤東卻玩世不恭地說：學生娃娃們剛解放了幾天，造了造師道尊嚴的反，我看形勢好得很，不是糟得很嘛，無非是死了幾個人嘛，何必匆匆忙忙派什麼工作組，去指手劃腳呢？對於毛澤東的高論，劉少奇連連點頭，但仍堅持著派工作組，否則工作實在難以做下去；鄧小平則比劉少奇直截了當些，他請毛主席回北京主持工作。毛澤東將兩人打量了一會，才說：還在治病，沒法子返回北京。北京的事，還是有勞二位相機處理。一定要派工作組，你們回去開會研究嘛，我也不是一定就反對。劉少奇、鄧小平二人以爲是毛澤東鬆了口，認可了他們的提議。卻不知這正是毛澤東替他們設下的新陷井：派工作組鎮壓學生運動。

當劉、鄧繼續匯報關於召開十一中全會統一全黨對文化革命的思想認識時，毛澤東卻突然以嚴厲的口氣，指出周恩來於五月二十五日晚上，派人到北京大學「威脅革命左派聶元梓，妄圖扼殺第一張大字報」的問題：北大出了一張大字報，他這個國務院總理爲什麼那樣敏感？手腳又是那樣的快？周恩來是既要保卒，也是保帥。保卒是爲保帥。此人不同凡響啦，老牌右傾機會主義，歷史上是國際派紅人，王明路線的推行者。毛澤東要求劉少奇、鄧小平回北京後，召開政治局常委擴大會議，中央文革成員全部出席，批評幫助周恩來。不破不立，不塞不流，周是幾十年的老問題了，能不能解決？

對於毛澤東整肅周恩來的授意，劉、鄧二人倒是十分清醒，無非是離間彼此關係，之後各個擊破。眼下中共元老們已經人人自危，他們不再順從毛澤東一意孤行整人了。他們二人於當晚趕回北京後，將毛的這項「最新指示」按下不表。鄧小平對劉少奇表示的更明確：又要整恩來，還等主席回北京後親自來主持吧。

六月五日，經過整夜奔波歸來的劉少奇在北京主持召開了有中央各部委負責人參加的政治局常委擴大會議。絕大多數的與會者主張立即向所有大專院校派駐工作組，以控制住目前校園內的惡劣局面。會議結束後，劉少奇即把會議的決定以電報傳眞方式報告給杭州的毛澤東，毛澤東回覆同意。於是從六月五日當天晚上起，在短短半個月內，即以北京新市委的名義，向北京地區所有大學、中學派駐了工作組，代行各學校的領導職能。劉少奇爲了掌握運動的第一手材料，派自己的夫人王光美以工作組組員身分，進駐清華大學校園。在這同時，劉、鄧、周還頒發出一個工作文件——「中共中央關於開展文化大革命的指示」，共爲八條，具體規定了：大字報不要上街，運動應內外有別；開會要在校園內開，不要在街上開；不要上街，不要遊行示威，不要搞大規模的聲討會。此份中共中央文件，劉少奇亦曾緊急呈報給杭州的毛澤東，毛澤東以紅鉛筆劃了一個圓圈，並沒有表示異議。

一九六六年六月上旬，劉少奇還堅持以中央名義發出通知，讓分布在全國各地的中央委員，中央候補委員作好各項相關安排，準備到北京來出席八屆十一中全會，討論研究有關文化大革命運動的問題，時間暫定六月下旬。這是劉少奇、鄧小平爲牽制毛澤東的文革瘋狂，力挽危局所作的最後努力。他們相信，一百多名黨中央委員及候補委員的絕大多數，亦即各省市自治區黨委第一書記、中央機關各部委第一把手，連同人民解放軍的主要將領們，都不會同意毛澤東的大亂全黨、大亂全國的搞法，期望能以中央全會絕大多數人的集體意志，來制止毛澤東主席一意推行的紅色狂瀾。惜乎劉、鄧均無勇氣破釜沈舟，向全黨全國人民公布一九五八年毛氏大躍進導致三年大饑荒餓死人口數千萬的眞相，來警策即將降臨的新一輪大災難。

再說北京的所有大學、中學校園，經工作組進駐、宣講中央文件後，混亂局面本可以控制住了；沒想到毛澤東卻利用他的親信們——中央文革小組的康生、陳伯達、江青、王力、關鋒、戚本禹等人，分頭潛入幾所名牌大學搧風點火，傳達毛澤東的各項最新指示，提出懷疑一切，打倒一切，直至鼓動部分頭腦簡單、思想偏激的狂熱青年去驅逐劉、鄧中央派駐的工作組。

於是在所有校園內，很快形成了兩大派學生組織的對立，一派要堅決保衛工作組，保衛工作組就是保衛黨中央；另一派則認定工作組反文革、反毛澤東思想，鎮壓學生運動，應當被趕出校園。許多學校的兩大派學生開始動嘴辯論，繼而動手打群架。校際之間出現串聯活動。但保衛工作組的一派學生平日多為品學兼優，中規中矩，即便打群架也知自我約束。而造反一派學生則多為平日頑皮搗蛋、痛恨課堂試卷者，因之革命造反打群架正是投其所好，表現最頑強，最具戰鬥力，最要誓死捍衛毛主席。毛派大員們背著劉少奇、鄧小平、周恩來在大學校園內大肆搧風點火的結果，導致六月二十日前後，即有三十九所大專院校的工作組被趕出了校園，局勢愈趨混亂激烈。劉少奇的夫人王光美亦被迫捲入清華大學校園內兩大派學生勢力的爭鬥之中。當時的明眼人已經不難看出：北京地區所有大、中學校內兩派勢力的激烈爭鬥，實際上是為劉鄧黨中央與毛林黨中央的又一次大對決，亦可稱為一場代理人之間的戰爭。

第二十八節　滴水洞

一九六六年六月下旬，北京校園戰爭的總導演毛澤東，悄悄離開他的杭州行宮——劉莊，乘專列火車移居至他的湖南老家湘潭韶山沖滴水洞賓館。這是一個十分神秘靜僻的所在，四面環山，遠離村鎮，林木森森，毛澤東稱爲「西方的一個山洞」。據傳此地爲一條龍脈所在，毛的父母即葬於附近坡地。毛澤東實際上是個甚講風水迷信之人。一九二七年九月他發動湖南農民秋收暴動，是從這裡出發而後上了井崗山、延安，去奪得全國政權的；這次，他要進行生平的第二次革命，也要從這「龍脈」之地出發，去一步一步打倒坐鎮北京中南海的劉少奇和鄧小平。

更何況，毛澤東需要不時變換各地的妙齡女子，來鬆弛他長年緊張的大腦神經，來輔助治療他日益嚴重的失眠症。湘女多情，溫柔似水，且柔中有剛，跟那吳儂軟語、嬌艷欲滴的蘇杭美人兒又別是一種風情。還有湖北美女——他笑稱爲「武昌魚」，鮮嫩中帶有辣味……連少不經事的貼身護士張毓鳳都提醒他：南方女子身子燥熱，多了會傷身子，不像東北女子從小受山參地氣養育，能滋補男人。什麼話？女子也，同志也，床上床下都是平等的，召之即來，來之能戰，戰之即勝即完。稱爲杯水主義也好，游擊戰術也罷，左右就那麼回事。本主席浪漫氣息，漁獵美色而不癡迷美色，好色而不昏庸，絕不教區區男女之事誤了政權兵權黨權這社稷大事的。

滴水洞賓館不遠處有座小水庫。毛澤東好泳。中共湖南省委和湘潭地委早些年即已揣摸好了「上意」，在水庫的坡沿上鋪下了一層厚厚的細沙及鵝卵石，以免偉大領袖下水時涉足汙泥。毛澤東此時一改多年諸病纏身的形象，每天下午在冰涼的小水庫裡暢游兩小時，有美人兮在水之湄！談笑賦詩，指點古今，意氣揚揚。

他告訴身邊的工作人員，這次是「臨時隱居」，不再讓北京的同事們知道他的行踪，又來匯報工作，逼他表態。他卻掌握著北京的動態，知道大、中學校已經天下大亂，幾十所學校的劉、鄧工作組已被趕跑，死了一些校長、教師，有的是畏罪自殺。放手讓學生娃娃們革命造反，造修正主義教育路線的反，能不有一些過火行爲？能不死掉一些人？哪次革命不死掉一些人？有什麼奇怪的？聽說劉、鄧已經著手反擊，部署工作組在校園裡抓黑手，抓反革命，抓反動學生。全國各地的大專院校的情形也大致上如此。謝天謝地，劉、鄧這回是闖進馬蜂窩去了，鎭壓學生運動，從來沒有好下場。到時候一聲號召，全國的學生娃娃們都來造他們的反，革他們的命，痛打落水狗。

毛澤東「隱居」韶山滴水洞，北京的劉、鄧遍尋不著他，不知他爲什麼要玩貓藏耗子式遊戲。這些年來毛澤東經常行踪詭密，在北京日理萬機的劉、周、鄧們常常十天半月的不知他身居何地。中央文革小組卻每天有專機抵達長沙軍用機場，或是送材料，或是送人，再由機場直接以專車送往滴水洞賓館。對於跟劉鄧的這場鬥爭，毛澤東並沒有絲毫的輕敵麻痺。他最擔心的仍然是被劉鄧牢牢控制著的黨務系統。召開中央全會的事一直被他拖著，但終歸是要召開的。一旦自己的文革主張被中央委員會的多數人所否決，那就只有打內戰一途可供選擇。因之毛澤東亦作了最壞的打算，多次召來湖南省委的幾位親信書記談話，交代形勢：如果發生內戰，你們就先去湘東山區搞根據地，準備打游擊，到時候我來當政委，我們重新拉隊伍，建紅軍，再來一次農村包圍城市！毛澤東此言可不是說著玩的。一九六六年七月中旬湖南省委的華國鋒、李瑞山、于明濤等人，的確去了湘東北平江縣的連雲山區住了些天，白白胖胖的身體忍受了山溝黑蚊叮咬，準備了「認清形勢、緊跟主席、重新游擊」來的。

毛澤東瞞著北京的劉、鄧「隱居」韶山滴水洞二十來天，卻獨獨讓周恩來知道他的行踪。你劉少奇、鄧小平不是拒絕召開中央常委擴大會議整周恩來嗎？那好了，本人就再給周恩來一個機會，一次考驗。若是周恩來不將本人的隱密行踪透給劉、鄧，就證明周尚未跟劉鄧結爲同夥，周就還可以被爭取、教育、使用。用周恩來代表本人去整劉少奇，一著妙棋也。如果周恩來此次將本人的隱秘行踪透給了劉鄧，那就證明了他們是一個集團，到時候就新賬老賬一起算，將劉鄧周一網打盡，決不姑息。

此時的毛澤東，在運籌帷幄、神機妙算的同時，也頗有點「赴湯蹈火、一往無前」的悲壯情懷。爲備不測，他於一九六六年七月八日深夜，給自己的那位年長色衰、愛哭愛鬧卻也忠心耿耿的夫人江青，寫下一封長信，大有留作「政治遺囑」之意。他寫道：本人身上兼有虎、猴二氣，虎氣爲主，猴氣爲輔……我在二十世紀六十年代就當了共產黨的鍾馗了。事物總是走向反面的，吹得越高，跌得越重，我是準備跌得粉身碎骨的。這有什麼要緊，物質不滅，不過粉碎罷了。全世界有一百多個黨，大多數黨不信馬列主義了。馬克思、列寧都被他們搞得粉碎，何況我們呢？

我們再來看看北京的劉少奇和鄧小平。一九六六年六月下旬，一些在外地任省委書記的中央委員，已經惶惶不安地來到北京，準備著出席即將召開的八屆十一中全會。這是劉少奇賴以跟毛澤東會議對決的最後機會。會議卻未能如期舉行。說是在這關鍵時刻，作爲中央書記處總書記的鄧小平，已經看穿了毛澤東的不良用心，十足悲觀絕望，又工作消極起來，覺得毛澤東早已動用部隊對北京實施了軍事管制，康生、陳伯達一夥又如同毛手下的吃人狼犬，青年學生們更是一個個飛天蜈蚣似的唯恐天下不亂，在這種情勢下，即使是開成了一次黨主席拒絕出席也拒絕認可的中央全會，還有什麼用處和意義？毛林兵權在握，說不定一聲令下，就把擅自召集會議的人統統抓起來，以反黨叛國論處。偉大領袖動用軍隊搞的是武鬥，劉鄧只能開會搞文鬥，怎麼是對手？因之，鄧總書記屬下的中央書記處和中央辦公廳，遲遲未能發出召開全會的正式通知。還有一說，是毛澤東及時給了鄧小平嚴厲警告：懸崖勒馬，苦海無邊，回頭是岸！這就是後來的港臺書刊稱鄧小平在一九六六年的關鍵時刻背叛、出賣了劉少奇的由來。

相信此時的劉少奇，已完全明白了他的險惡處境。北京的大學生們其所以敢於爲所欲爲地趕走黨中央派去的工作組，敢於慘無人性地打死自己的校長、老師，完全是受到康生、陳伯達、江青等中央文革小組一夥人的幕後慫恿，而康、陳、江等人的背後，正是那位不肯返北京的毛澤東主席了。事已至此，劉少奇倒是表現出來一種義無反顧，我不下地獄誰下地獄的氣概。他除了派自己親愛的夫人王光美參加清華大學工作組，去跟造反學生展開針鋒相對的鬥爭，甚至允許自己那就讀北京師範大學附中的女兒也當了學校文革委員會成員。劉少奇並對北大工作組、清華工作組均有具體的批示：「說工作組是黑幫的大字報，是右派打著紅旗反紅旗……敵人出洞了，這個蛇出洞了，你們消滅他就容易了。北大工作組處理亂鬥現象的辦法是正確的，及時的。」劉少奇還把自己的上述批示，以工作簡報形式轉發全國，以期制止全國性揪鬥「黑幫分子」的狂潮。這一來，全國各地的工作組在當地黨委支持下，開始「反干擾」，抓反動學生，使得兩派勢力之間的爭權鬥爭，愈演愈烈。

七月十二日，從華中重鎭武漢市傳來石破天驚的消息：隱居韶山滴水洞二十來天的毛澤東，也是「諸病纏身」了十餘年，多次宣稱自己快要去見馬克思了的毛澤東，十二日午後在湖北游泳健兒的陪同下，於武昌岸邊下水，一舉暢游長江三十里！上岸後，毛澤東豪情萬丈地對隨侍左右的湖北省委第一書記王任重等人說：人說長江很大，大並不可怕。美帝國主義不是也很大嗎？我們頂了他一下，也沒有啥！

毛澤東龍威猛虎暢游長江的消息及上述豪壯之語，配上毛的游泳照片，第二天一早即出現在全國所有報紙的頭版頭條上。立時，毛澤東出山，虎嘯龍吟，威震全國。北京的劉少奇們是聞風喪膽，談虎色變了。說是劉少奇的孩子們回到中南海家中偷偷議論：毛伯伯裝病裝了十多年，他裝得眞的樣……劉少奇本人苦於無法跟毛澤東電話聯繫上，想祝賀毛主席身體康復都不成。自六月四日晚上在杭州的那次工作匯報後，毛澤東已經刻意迴避著他劉少奇了。

第二十九節　毛澤東回北京

一九六六年七月十八日下午，毛澤東的專列火車突然駛進北京火車站。也就是說，他確信他手下的親信部隊已經完全控制住了北京地區，無人能劫持他，軟禁他，暗害他；而劉少奇已成了籠中鳥，甕中鱉。這是自一九六五年十月毛澤東南巡整整九個月之後，終於回來了。被蒙在鼓裡的劉少奇，聞訊後立即趕往北京火車站迎接。但毛澤東已經進了車站的特設休息室，拒絕見到劉少奇。這是中共的黨中央主席毛澤東，第一次當著中央文革小組成員們的面，也是當著身邊的工作人員的面，刻意冷落貴爲國家主席的劉少奇。

當天晚上，在中南海內跟毛澤東比鄰而居的劉少奇，步行到毛澤東的豐澤園菊香書屋門前，去求見毛澤東。但見門前停著多輛轎車，顯然是毛澤東正在跟人談話。警衛人員卻早已接獲命令，告訴他這位國家主席和黨中央第一副主席：主席剛回，很累，已經休息。

毛澤東再次拒見，使劉少奇空前緊張。他回到家中，把自己關在書房裡，苦思良久，感到自己實在是清廉勤勉，辛辛苦苦，問心無愧……他請自己的夫人王光美給周恩來總理掛去一個電話。周恩來卻是剛從毛澤東的住處回到家裡，接到王光美的電話，倒是說出了眞情：剛才在主席那裡開了常委碰頭會，有康生、陳伯達、江靑三位列席，我還奇怪少奇同志怎麼沒到，原來是沒有通知……光美呀，請照顧好少奇同志，請少奇同志保重！王光美含著淚聲說了一句：總理也要保重！對方再無聲音，她只好放下話筒。

六月十九日下午，毛澤東終於在自己的書房裡會見劉少奇、鄧小平，有周恩來等人陪同。稍事寒暄之後，毛澤東即毫不客氣地斥責說：「派工作組是錯誤的！工作組起了阻礙運動的作用。工作組阻礙革命，勢必變成反革命……昨天回到北京後，感到很難過，運動搞得冷冷淸淸。有的學校大門都是關起來的。甚至有些學校鎭壓學生運動。誰去鎭壓學生運動？只有北洋軍閥。凡是鎭壓學生運動的人都沒有好下場！運動犯了方向、路線錯誤。趕快扭轉，把一切框框打個稀巴爛！」

毛澤東並進一步嚴厲指出：「誰反對文化大革命？美帝、蘇修、日修、反動派。共產黨怕學生運動是反動的。有人天天說走群衆路線，爲人民服務，而實際上是走資產階級路線，爲資產階級服務。」

毛澤東一頓劈頭蓋腦的斥責，使得劉少奇、鄧小平、周恩來驚懼不已，啞口無言。他們又一次面臨著毛澤東的言而無信，出爾反爾。他自己高高在上，在外地優哉樂哉，不做實際工作，專事遙控，指手劃腳。一出了問題，卻把責任推給辛辛苦苦從事實際工作的人。眞是養病的管著賣命的。毛澤東卻正在氣頭上，瞪圓了眼睛問：

怎麼都不講話？少奇、小平不是早就要求開全會來解決黨內紛爭嗎？

劉少奇終於忍無可忍，無所畏懼地看著毛澤東，這位自己在延安時代力排衆議一手扶上去的「偉大領袖」，說：派工作組一事，我和小平六月四日晚上到杭州，向主席匯報過，主席是講過不要怕亂，不要匆匆忙忙派什麼工作組，叫我們回北京開會做決定。六月五日回來召開政治局常委擴大會議，出席會議的大多數人怕亂，贊同派工作組，做出了決議。當天晚上我用電話報告了主席，主席回覆了同意。現在運動出了方向、路線問題，責任在我，我應當檢討，請求處分。再不行，可以把我撤職查辦，可以把我下放回老家去種地！

對於劉少奇的這頑強態度，毛澤東也頗爲吃驚了，眞不能低估了這個對手。他眼睛瞇縫了好一會，才從劉少奇身上移開了，轉向鄧小平說：少奇把我端出來了，揭了老底……看來，各位都是飽受委屈的了。總書記，下通知吧！本月底，全體中央委員、候補委員來北京集中，開十一中全會。我們到會上把各人的觀點攤開來，也搞一回大鳴大放大字報，熱鬧熱鬧，如何？

當天下午的會見，不歡而散。毛澤東也不再像往常那樣，留老同事共進晚餐。劉、鄧、周三位心裡彤雲密布。中南海上空雷聲隆隆。劉少奇對於自己直言冒犯毛澤東，甚感後悔。回家跟王光美一說，光美也吃驚，批評他不冷靜，不過話講了就講了，也不要後悔，反正眼下的事是秀才遇到兵，有理講不清了。當天晚上，劉少奇卻仍堅持著，才又跟毛澤東通了電話，表明這幾個月來主席一直在南方，他確是盡力在揣摹著主席的意圖，按黨的傳統方式在北京主持工作的。土改運動派了工作組，合作化、反右、公社化，三年困難時期整風整社，都派了工作組，四清運動也派了工作組。這回，派工作組出了問題，是自己適應不了新形勢……同時也擔心，如果不派工作組，任由學生娃娃們鬧下去，局勢大亂，主席一旦返回北京，自己沒法子交代的……

對於劉少奇的委婉解釋，毛澤東在電話裡不計前嫌，笑呵呵的：少奇呀，老革命遇上新問題囉。文化大革命、反修防修，對你我，對大家都是個新考驗，犯些錯誤是難免的。你也不要想那麼多了，錯了就改，改了就好。我們共事幾十年，還要共事下去啊。

毛澤東認定劉少奇是在對他施緩兵之計，他就將計就計，也回敬劉少奇一個緩兵之計。他並認定了劉少奇這位老朋友的特性：怯於明爭，長於暗鬥。看來劉克思是想在工作組問題上搞主動退卻，想讓他的工作組體體面面地退出各所大專院校。可世上的事，也總不是由得你劉克思一人神機妙算的。你的工作組是天馬行空，想來就來，想走就走？沒那麼便宜。先教學生娃娃們批倒批臭了，威風掃地了，再趕走！對不起，現在是你劉克思通過工作組鎮壓革命左派，做下壞事，覆水難收。本主席就是要派中央文革小組的人馬分赴北大、清華、師大、人大，發動左派造反，召開大會小會揪鬥各學校的工作組，把工作組問題暴露在光天化日之下。揪住了工作組，就是揪住了劉少奇、鄧小平。對了，康生、陳伯達不是剛提議採用一個理論新名詞？叫做：劉、鄧推行的是一條資產階級反動路線！妙極。旗幟鮮明，畫龍點睛。湖南鄉下人說的，打蛇打七寸。

第三十節　江青耍雌風

七月二十四日下午，毛澤東親自主持中央政治局擴大會議，正式討論劉少奇、鄧小平在派工作組問題上所犯下的「方向路線錯誤」。毛澤東像上幾次會議那樣，未跟其他的政治局常委打招呼，就私自通知中央文革小組成員都來列席會議，並且有發言權。會議一開始，毛澤東就裁示劉少奇先做檢查，談認識。

劉少奇悶頭吸著香烟，表示沒有思想準備，想先聽聽大家的批評，而後發言。出席會議的政治局委員們都愁眉苦臉，悶不吭聲。會場氣氛壓抑而沈重，簡直令人窒息。毛澤東見自己的意圖受阻，開始顯得焦躁不安，向列席會議的中央文革成員們瞪了兩眼。

突然，新上任「中央文革小組第一副組長」、毛夫人江青，一個箭步衝到了劉少奇面前，手指著劉少奇的鼻尖，厲聲訓斥起來：

「劉少奇，你的威風哪裡去了？你派工作組殘酷鎮壓革命小將，不是很得意嗎？還有你的王光美當你的得力打手！你罪大惡極，罄竹難書！你必須親自去向受迫害的革命小將賠禮道歉！還有王光美，代表你在清華大學蹲的什麼點？迫害了多少革命左派？」

說著，江青轉過身來，肆無忌憚地逼視著坐在會議桌兩邊的十幾位政治局常委和委員，元帥和大將們——這些老傢伙，大部分都是一九三八年反對她和毛澤東結合，後來又以政治局決議名義給他們約法三章的那批人，她再也按捺不住壓抑了，三十年來的惡濁怨氣，尖聲叫喊道：

「我認為，劉少奇必須到清華、北大去檢討，必須到清華、北大聽取革命小將的控訴和批判！我強烈要求主席批准這個革命要求！」

江青大發潑聲，大耍雌風。

會場裡鴉雀無聲。一位位黨和國家領導人彷彿被江青的尖厲的喊叫聲鎮住了。他們看一眼主持會議的毛澤東，又都趕忙移開了各自的視線，面面相覷，像在相互詢問：這是在哪裡？開的什麼會議？這叫黨中央政治局擴大會議？還是中央文革小組的造反批鬥會？江青憑著什麼，竟然衝著黨的副主席、中華人民共和國主席劉少奇頤指氣使、吆三喝四？

劉少奇臉色凝重，不理會江青，只將目光投向毛澤東主席，彷彿在等著毛澤東表態，等著毛澤東像往年一樣喝斥江青：「放屁！不知天高地厚，你給我滾出去！」毛澤東對江青的這類喝斥，劉少奇、朱德、周恩來諸位幾乎每年都能聽到一、兩次。偏偏這一次，毛澤東沒有理會劉少奇，也沒有理會朱德和周恩來。毛澤東吸著烟，微微笑笑，安之若素。很明顯，他放任江青當著大家的面攻擊劉少奇。

坐在離劉少奇不遠處的副總理兼外交部長陳毅，這時已經氣得臉色發白，手指直顫。爲了克制住情緒，他伸手向旁邊的葉劍英元帥要了一支烟，手上的打火機「咔嚓、咔嚓」響了好幾下，烟才點著。他深深吸下一口，再烟霧和著心中的憤怒一齊吐出。

仍然沒有人開口。江青仍然肆無忌憚地一一逼視著政治局委員們。鄧小平、陳雲在一角閉目養神，李富春、李先念低著頭看著各自的布鞋尖，徐向前、葉劍英、聶榮臻目光平直，彷彿什麼都不看。譚震林副總理滿不在乎地抬頭仰望天花板。只有陳伯達、康生、謝富治和中央文革成員以敬佩的目光堅定地支持鼓勵著江青。江青的目光惡狠狠地落在了副總理賀龍元帥身上。賀龍毫無畏懼地回敬她以威猛強悍的對視，差點就要拍案而起，卻被周恩來以一聲輕咳提醒、制止住。江青面露得意，一時身上煥發出種「一人之下萬民之上」的女統領氣概，倒也沒有忘記她的主攻目標，氣焰更爲張狂地逼問：

「劉少奇，你爲什麼不表態？你是不是害怕群衆？」

劉少奇只是冷冷地回敬了一句：「我先聽聽大家的嘛，今天是開政治局委員擴大會……」

「你誰的都聽，就是不肯聽毛主席的，是不是？」坐在毛澤東一旁的陳伯達發話了。

「江青代表毛主席」？座中，不知誰壓低聲音冒出來一句。聲音雖小，卻很清晰，大家都聽到了。

陳毅終於忍不住了。他手指在烟灰碟裡一擰，擰滅了手中的大半支香烟，猛地站起來，盯住江青，問：「你們要少奇同志去清華園作檢查，要是下不了台怎麼辦？回不來怎麼辦？後果你們想了沒有？有錯誤可以批評，就在這裡批評嘛，為什麼非讓他去清華大學作檢查?!」

陳毅說畢坐下。朱德點點頭。周恩來先搖搖頭，再又點點頭。與會的大多數政治局委員都以敬佩、讚賞的眼光看了看陳毅。政治鬥爭，言多必失，沈默是金。但畢竟需要陳老總這號敢於面折廷爭的人。

毛澤東乾咳了一聲，終於打破沈默，表示要開口說話了。他知道，他再不出聲，就可能出現兩派人馬當著他的面激烈爭吵的局面，那一來就會陷他於被動，陷江青和中央文革成員們於被動。

他今天倒是很欣賞江青的表現，雖然還談不上「穆桂英掛帥」，但敢闖敢衝，確有一股革命造反的氣派。過去她只會在豐澤園家中耍潑，令他嫌惡；今日她到政治局會議上來打頭陣，倒是好鋼用到了刀刃上，不錯，不錯……看來，這黨中央政治局，包括政治局常務委員會，確有必要進行一次改組，補充進一批新鮮血液了。否則，仍然依靠這批德高望重的老同事、老朋友，什麼事都幹不成。

毛澤東說：現在確有一點小將上陣，老帥歸隱的味道了。「五、一六通知」，文化大革命開始以來，誰在衝鋒陷陣？誰在打開局面？是文革小組的成員們。這段時間，我們中央好多幹部，沒有做多少好事，文革小組卻做了不少好事，名聲很大。少奇、小平派出那麼多工作組，起壞作用，阻礙運動，應當允許革命師生統統驅逐之……毛澤東講了一個多小時，穩住了中央文革小組的陣腳，再無人提出反駁。

七月二十六日，毛澤東背著其他的政治局常委，單獨接見中央文革小組全體成員時，更進一步指出：全國百分之九十五的工作組犯了方向路線錯誤，你們去發動革命師生驅逐工作組，去動員千百萬個小孫猴子，一齊來造玉皇大帝的反！

七月二十八日，北京市委奉命作出關於撤銷大、中學校工作組的決定。七月二十九日，中央文革小組在人民大會堂召開了「北京市大專院校文化革命積極分子大會」，幾乎所有被工作組批判過的問題學生都成爲文革積極分子出席。會上，劉少奇、鄧小平、周恩來被迫在派工作組問題上作檢討，承認犯了方向路線錯誤。劉少奇在檢討發言時，話裡有話地說：「至於怎樣進行無產階級文化大革命，你們不大清楚，不大知道。你們問我們，我老實回答你們，我也不曉得。我想黨中央其他同志、工作組成員也不曉得。」劉少奇此言，有著很強的隱喻性，隱喻他和黨中央的大多數領導人，被蒙在了鼓裡，落入了人家預設的政治陷阱。在大會快要結束時，毛澤東突然出現了，由一位年輕美貌的女護士攙扶著，前來接見革命師生們，前來接受經久不息的掌聲、萬歲聲。周恩來則適時地站上一張椅子打拍子，指揮全體與會者高唱歌頌毛澤東的名曲——《大海航行靠舵手》。毛澤東在頌歌聲中，龍行虎步，向革命師生頻頻招手。相形之下，剛剛作過檢討的劉少奇和鄧小平，一下子成了狂熱的革命師生們的眼中釘了。

第三十一節　毛主席炮打劉主席

一九六六年八月一日，中共高幹階層期望已久的八屆十一中全會終於在北京舉行。黨主席毛澤東已經做下手腳，未經政治局討論，竟然以砸爛框框條條爲名，擅自決定中央文革小組全體成員和北京市大專院校革命師生代表一百來人列席會議！而且許多「革命師生代表」連普通黨員身分都不具備。毛澤東是替自己邀來了一批極左派政治打手和吶喊助威者。他的這一明目張膽，史無前例的踐踏章程的行徑，完全顯露出了其鄉村流氓賭棍的兇悍本質。會場內外皆由毛澤東的衛隊嚴密把守。面對此情此景，大多數爲中共打來江山戎馬一生的中央委員們，個個面無人色，無所適從。也無人敢於站出來表示異議。事情明擺著：他們這些來自中央各部委、各省市自治區黨委的「諸侯們」，在會上的一舉一動，一言一行，都會受到「列席會議」的革命師生代表們嚴密監視，都會很快被大字報、小字報、傳單各種方式公布出來，傳回他們各自的機關單位去，傳回各省市自治區的所在地去，而成爲各地造反學生的活靶子，揪鬥打倒的對象！堂堂中央全會，只剩下一條赤裸裸的「眞理」：誰反對毛澤東的文革主張，誰就是走資派，反革命修正主義派，誰就會下地獄；誰擁護毛澤東的文革瘋狂，誰就是革命左派，無產階級接班人，誰就能升官掌權。

會議一開始，毛澤東和劉少奇就公開了彼此的分歧，爲各自的觀點進行辯護。劉少奇是豁出去了，趁著毛澤東還不能一下子取消他的發言權，他爭取多次發言機會。他表示自己的無辜，他不是要反對毛主席，而是領會錯了毛的意圖。毛長期離開北京，中央的工作一直是由他和小平等同志在做。他自問工作勤勉，夜以繼日，顧及的是全黨全局的利益。工作做得越多，錯誤也犯得越多，思想右傾，求穩怕亂，他不敢苟同越亂越好，越亂越革命……劉少奇在替自己辯解的過程中，仍有許多顧忌，他不敢將毛澤東這些年來玩黨和國家於掌股之上及個人生活腐敗的老底和盤托出，更不敢提及三年大饑荒中，他和鄧小平、周恩來、陳雲們如何幫助毛澤東度過難關，保住了毛的最高領袖的權位，事後毛卻過河拆橋，恩將仇報……劉少奇明白，那一來他和他的一家老小都會死無葬身之地。

毛澤東在全會上的講話，卻仍如他在延安時的名言：老子和尚打傘，無法（髮）無天。他從詮釋自己的反修防修、階級和階級鬥爭、無產階級專政條件下繼續革命的理論入手，列數出劉少奇同志自一九四九年進北京以來的一系列右傾機會主義的錯誤，特別是近一段在派工作組問題上的方向路線錯誤。錯誤的根源早在少奇同志於一九三九年發表的並被尊爲全黨教材的著作——《論共產黨員的修養》中就存在了，少奇同志在書中只談階級鬥爭，不談無產階級專政，是半個馬克思主義，亦即修正主義。只有旣講鬥爭，又講專政，才是完全的馬克思主義……

毛澤東的確英明，要動搖和剷除劉少奇在黨內的基礎，必須從否定他的著作入手。當然，他爲了自圓其說，也是爲著爭取到中央委員中的多數，他並不要一下子置劉少奇於死地。他仍堅持著自己的「割豬肉戰術」，一刀一刀來割。他每次講話，仍一口一聲少奇同志，小平同志，苦口婆心，要求少奇、小平承認錯誤，檢討錯誤。金無足赤，人無完人，要做工作，能不出錯？要給犯錯誤的同志改正的機會，還是三不主義，不打棍子，不揪鞭子，不戴帽子。要給出路，讓犯過方向路線錯誤的同志能繼續爲黨爲人民工作。

妙舌蓮花，毛澤東說得入情入理。但他的這一套說詞已經不能打動在座的中央委員們。偉大領袖總是好話說盡，說過就變，翻臉不認。但毛澤東仍有斬獲，在中央政治局常委會的七名常委中，他已經爭取到了朱德、周恩來兩票，加上他自己和林彪，佔了四票，湊成了勉強的多數。劉少奇、鄧小平、陳雲三人成爲少數。陳雲多半還會請病假，以沈默來對抗。那也很好，只剩下劉、鄧。但在二十名中央政治局委員和一百餘名中央委員及候補委員中，他仍無把握爭得多數。且開了三、四天會，政治局委員中的多數，中央委員中的絕大多數，仍然保持著令他難堪的沈默。批判劉、鄧，一時竟缺乏熱烈響應。那些請來的「列席代表」早一個個摩拳擦掌要按捺不住了。毛澤東及時讓康生、陳伯達去做了工作，寧安勿躁，過早「聲援」，易生反感，反誤大事。毛澤東決定挾自己的黨主席重威，重拳出擊，先在會上造成聲勢，再從組織人事方面動一次大手術——重新改選中央政治局常務委員會，把自己的兩大炮手康生、陳伯達安排進去，就可以一當十，形成自己的絕對優勢。

八月五日，毛澤東在中南海大院裡貼出了他親自書寫的一張大字報，題爲〈炮打司令部——我的一張大字報〉。他寫道：全國第一張馬列主義大字報和人民日報評論員的評論，寫得何等好啊！請同志們重讀一遍這張大字報和這個評論。可是五十多天裡，從中央到地方的某些領導同志，卻反其道而行之，站在反動的資產階級立場上，實行資產階級專政，將無產階級轟轟烈烈的文化大革命打下去，顚倒是非，混淆黑白，圍剿革命派，壓制不同意見，實行白色恐怖，自以爲得意，長資產階級的威風，滅無產階級的志氣，又何其毒也！連繫到一九六二年的右傾和一九六四年形「左」而實右的錯誤傾向，豈不是可以發人深省嗎？

毛澤東的書法，剽學唐人懷素、張顚，筆走龍蛇，甚爲可觀。毛澤東的大字報，是一道針對劉少奇、鄧小平下的戰表，亦是給了劉少奇作出的政治路線宣判書。中央文革小組立即把毛澤東的墨寶影印出來，分發給出席全會的所有人員，同時還交由北大、清華業已出現的「紅衛兵」組織，去全國範圍內廣爲鉛印散發。

毛澤東親自炮打劉、鄧司令部。僅此一舉，毛澤東即令劉少奇、鄧小平在全會上被孤立起來，再無人敢於走近他們。八月六日、七日兩天，十一中全會的會議內容變成討論學習毛澤東主席的大字報，由林彪、周恩來、朱德三位輪流主持，要求每位中央委員和候補委員對毛澤東主席的〈炮打司令部〉談感想，談認識、談覺悟，思想跟不上、想不通的，要跑步跟上，趕緊搞通。林彪的發言最徹底：毛主席的大字報，是精神原子彈，一句頂一萬句，思想不通也得通，誰也阻擋不住。

八月八日，毛澤東出席全會並親自主持。他讓大會工作人員宣讀一份早就由康生陳伯達起草、他本人精心修改過的會議文件：〈中國共產黨中央委員會關於無產階級文化大革命的決定〉（亦即後來通稱的〈十六條〉）。工作人員宣讀完畢之後，康生隨即起立，提議對這份具歷史性意義的戰略文件，進行舉手表決。康生的提議，立即獲得那些列席會議的中央文革小組成員們和首都革命師生代表們的熱烈掌聲。毛澤東沒有想到的是，此時還坐在台上的劉少奇竟然挺身起立，以他一貫沈靜而拗口的寧鄉口音提議說：遵照黨章和歷屆全會慣例，全會的決議文件，應以無記名投票方式付予表決。台下的中央委員中有人鼓掌。可是立即遭到列席會議的中央文革小組成員們和革命師生代表們的噓聲和鼓譟，並且有人領頭呼喊起了口號：「誰反對毛主席，我們就打倒誰！」「堅決跟資反路線血戰到底！」「誓死捍衛毛主席！誓死捍衛文化大革命！」「毛主席萬歲、萬萬歲！」

眞是流氓加無賴，喊起口號來了。毛澤東大約也覺得不大像話，便裝神弄鬼的，站起身子來平息住「列席者們」的鼓譟聲和口號聲。他和顏悅色地詢問台下的中央委員們：現在有兩種表決方式的提議，大家看看，到底採用那一種。問畢坐下。可是台下一片沈寂，無人回答。坐在一旁的劉少奇面帶得色，鄧小平、陳雲則閉目養神。連平日開會表現最活躍的智多星周恩來，此時都悶不吭聲。唯有也是久病出山的林彪元帥虎視眈眈，望著台下的數位元帥、將軍。場面甚是尷尬。這時，倒是老好人朱德忍不住了，附在毛澤東耳邊說了句什麼……毛澤東算找到了台階，也是孤注一擲地對著麥克風說：好，玉階兄言之成理。本人贊同總司令的，也是少奇他們所堅持的，對決議案採用無記名投票表決。同時，本主席也要裁定：由中央文革小組和革命師生代表，各出兩人，負責監票、點票！

毛澤東一言九鼎，乾綱獨斷，使出了撒手鐧，中央委員們還能不識相？事後，一位老將但私下裡賭咒：哪裡是在投票？在那班王八蛋的監視下，就像在遞投降書，請罪書，是在當俘虜！排隊投票，就像一支給人送葬的隊伍！

由「列席人員」點票驗票的結果，送交毛澤東過目。毛澤東想了想，交由周恩來去予以宣布：除棄權票與廢票外，贊成票多出反對票，文件通過！「列席會議」的中央文革成員和革命師生代表立即鼓掌、歡呼。而會議的正式出席者——中央委員們，除林彪、康生、陳伯達、謝富治等少數人物眉飛色舞之外，絕大多數人如喪考妣。連毛澤東後來也不得不承認：〈十六條〉通過得很勉強，微弱多數，但到底通過了，辦完一道不得不辦的手續。假若決議案通不過，毛澤東則會採用他的非常措施，以黨主席兼三軍統帥名義，解散中央委員會，將他們送回各自的省區、單位去，交由當地革命左派去揪鬥處理，文件則以中央文革名義發出。佔人口大多數的工農兵群眾的領袖崇拜熱潮已經可以摧毀一切，他毛澤東除了怕被人暗殺，其餘什麼都不在話下。幸而事情並未壞到那步田地，他的文化革命總算「名正言順」。無法無天的毛澤東取得了「合法性」。至於該次全會的表決結果，究竟反對票佔多數，還是贊成票佔多數，到會的中央委員是否達到了法定人數，則至今仍是歷史謎團，爲偉大的毛澤東諱，或是爲中國共產黨諱，都是不好見人的。

〈十六條〉作爲中央全會決議通過後，劉少奇失去了最後希圖自救的機會。原先大多數對毛氏文革絕無好感的中央委員們，不得不調整自己的立場、觀點，紛紛向文革派靠攏，重新強調各自對毛澤東的忠誠。但毛澤東和文革派大員們並不十分看重這些人。因爲這些散布於中央各部委、各省市自治區黨政部門的當權人物，在即將深入開展的群衆造反運動中，必然成爲革命運動的對象與阻力，他們必然利用手中的權力，千方百計阻礙運動，如組織各種保皇勢力來保他們自己、挑動群衆鬥群衆，打內戰，甚至動用專政手段對造反群衆施行鎭壓。

六月九日，毛澤東向全會提出了一份改選並擴大中央政治局常務委員會委員的候選人名單。毛澤東又讓在黨內軍內廣結善緣的周恩來出面，作出說明：這次重選中常委，旨在加強中央領導層的集體智慧，發揮集體領導的作用，採用只進不出的原則，以利全局，以利團結。毛澤東還通過周恩來向中央委員們許諾：文化大革命，大亂三個月，十月一日國慶節後進入鬥、批、改階段，之後結束運動，通過大亂達到大治，把全國辦成一所紅彤彤的毛澤東思想的大學校。

毛澤東是妙舌蓮花，周恩來是自欺欺人。新常委候選人名單的次序爲：毛澤東、林彪、周恩來、陶鑄、陳伯達、鄧小平、康生、劉少奇、朱德、李富春、陳雲。此項排名，林彪高升至第二位，是中央委員們意料中事。但對於長期主持黨中央工作的「國家主席」劉少奇，竟然一下子降到第八位，排名情報頭目康生之後，不少人仍感到不是滋味。改選以舉手表決方式進行，再無人表示異議。毛澤東親自站立在主席台上數數點票，結果是人人舉手，一致通過。需要順帶提到的是，在選舉的前一天，新調進北京任中央書記處書記兼中宣部長的陶鑄（原中南局第一書記兼廣東省委第一書記），發現自己的名字竟然高居第四，排在周恩來之後，甚覺不妥，連夜讓自己的夫人曾志出面，去找主席「老鄉」毛澤東，要求把名字挪後。毛問挪到那裡？曾答挪至陳雲之後。毛不准；中常委一人一票，不存在誰前誰後，貴在誰左誰右誰修。毛強烈暗示出來，陶鑄年輕有才幹有文采，好好幫同文革派幹，日後是接替周恩來任國務院總理的人選……可是當慣了「南天王」的陶鑄卻不辨風向，身兼中央文革顧問，竟不把毛夫人江青放在眼裡，而跟著周恩來保護老幹部，保賀龍、保陳毅、保鄧小平，甚至不贊成打倒黨內最大的走資派劉少奇！幾個月後，即被毛澤東斥爲「反革命兩面派」，下令逮捕入獄，很快折磨致死——此是後話。

八月十一日，劉少奇、鄧小平正式在中央全會上作出檢討，承認在主持中央日常工作以來，辜負了毛主席的信任，違背了毛澤東思想，推行了資產階級反動路線，犯了嚴重錯誤。劉、鄧檢討之後，毛澤東作了即席講話。他熱情肯定了少奇、小平二位的態度是好的，認識也是誠懇的，當然還需要深入批評、教育。他重申，不要把犯錯誤的同志一棒子打死，要立足於拉，而不是推。要給犯錯誤的同志改過自新、重新做人的機會。總之一句話，是給出路，歡迎少奇、小平回到正確路線上來。

第三十二節　捉放賀龍元帥

在打倒劉少奇、鄧小平一事上，毛澤東是穩操勝券了。他的「不把人一棒子打死」，實爲「不把人一次性打死」，而是分階段、分步驟地一刀一刀來「割豬肉」。因爲劉少奇畢竟是黨內的「龐然大物」，幾乎跟所有的黨政軍領導人都有著千絲萬縷的關係。而且對劉、鄧也要有所區別。鄧小平在井崗山上跟自己一起挨過國際派的整，被打過毛、鄧四人小幫派，還是到了陝北後，自己才一步一步將鄧提拔起來的。鄧小平是廬山會議之後才跟了劉少奇跑，但也不是跟得很緊。可以考慮把鄧小平樹成一個知錯能改的典型……至於劉少奇，是肯定要處理掉的了，是你死我活、有我無他的問題。若念及老朋友交情留下他，本人身後劉肯定會當赫魯曉夫，對本人鞭屍。毛澤東甚至設想好了，不要下令逮捕劉少奇，更不用送他去秦城，就在中南海他家裡劃地爲牢，接受批鬥。七鬥八鬥，讓他病死。誰都不擔處死劉少奇的名分。

斯大林一九三七年下令處死了蘇共的那麼多政治局委員、中央委員，其中也包括他的幾位格魯吉亞老鄉，就做得很蠢。一九五六年被赫魯曉夫一個秘密報告揭發出來，舉世震驚。

毛澤東發動中國文化大革命，肯定也要送一批老戰友、老同事去見閻羅王，但毛澤東不會下令格殺任何一個人，只是讓他們一個個被革命左派出於無產階級的革命義憤而鬥死、打死、傷病折磨死，或是他們自己叛黨自殺。條條道路通羅馬，通北京。政敵死亡是目的，達到目的的手段則有高下優劣之分。即便是多年後，中國黨內再出赫魯曉夫式的人物（很可能出），不肖徒孫來翻他毛澤東的檔案，那就公布檔案吧！毛澤東並無任何處死黨內同志的文字依據。毛澤東的確要比他的外國老師斯大林輩、中國宗師秦始皇輩高明一百倍、一千倍。不信？毛澤東早在一九五八年的八屆五中全會上發出過豪言壯語：秦始皇算什麼？我們比秦始皇高明一百倍，一千倍。

但八屆十一中全會之後的劉少奇，對於老朋友毛澤東究竟會如何對付他，發落他，仍不摸底，也仍存幻想。他相信，自己從未與毛澤東鬧下過私人冤仇，也從沒有計算過毛澤東的最高權位——確曾有過機會，也不乏人進言，但劉少奇顧及大局和個人名節而未下手；自己跟毛澤東有的只是工作分歧、路線觀點分歧。毛澤東好大喜功，自己比較腳踏實地，毛澤東凡事轟轟烈烈，自己遇事求穩怕亂；毛澤東討嫌框框條條，自己偏好規章制度；毛澤東主張用戰爭方式搞經濟建設，外行領導，自己強調和平時期尊重計畫經濟，內行管理……兩人之間，理想、主義、道路、路線，其實並無本質區別。而且每逢跟毛澤東萌生工作分歧，他總是客客氣氣，盡力退讓，總是給了毛澤東面子和台階。他都甚至沒有像彭德懷元帥那樣當衆頂撞過毛澤東。只是大饑荒的一九六〇年十一月要求毛澤東作檢討那次，自己講了重話：潤之公共食堂已經吃得餓殍載道，河南、安徽都出現了無人村，你還要堅持吃下去，肯定亡黨亡國！老百姓會送我們上斷頭台！但自己第二天就向他表示了歉意，說了和氣話，他都流了眼淚。撤銷公共食堂的事他卻不肯鬆口。後來還是總書記鄧小平拍了板：顧不得他的面子了，救農民要緊，下文件解散！爲這事，後來在廣州開會討論人民公社六十條，毛澤東還對鄧小平大發雷霆……

還有就是一九六五年一月討論「二十三條」那次，也是自己作了檢討，給了毛澤東面子……

按劉少奇的最壞的設想，毛澤東對自己，會信守在中央全會上多次作出的諾言：給出路，包括政治出路和生活出路。就像毛澤東五九年廬山會議後對彭德懷元帥那樣：政治批判從嚴，生活處理從寬，仍然當個掛名的中央委員甚至政治局委員，但每逢中央開會，就自動告假，不出席，不露面，不惹毛澤東生氣。

一九六六年八月十日晚上，八屆十一中全會剛剛通過文化大革命運動的綱領性文件〈十六條〉，毛澤東即出現在中央文革群衆接待站，接見前來慶賀、歡呼的數萬名大專院校革命師生——紅衛兵小將。毛澤東發出號召：你們要關心國家大事，把文化大革命進行到底！他並號召全國大專學生進行革命大串聯，北上、南下、東征、西進！去颳文化大革命的風，去點文化大革命的火！去揪黨內走資派，去挖社會上的牛鬼蛇神！他指令國務院發布緊急通知：對於外出革命串聯的大專學校師生，全國所有鐵路、公路交通一律免費，所有旅館亦不收取宿費！各省級地級城市，並應立即成立「革命師生串聯接待站」，免費提供食宿。毛澤東師承古典小說《水滸》上描述過的法術，打開魔瓶瓶口，把數千萬「小魔王」統統釋放出去，去大亂天下，大亂中華。一時間，紅色中國數千萬大專院校師生和中學生，離開課堂校園，如同蝗蟲般鋪天蓋地，從一座城市湧向另一座城市，從一個省分湧向另一個省分，稱為「毛主席的紅衛兵走遍全國」。毛澤東為著在全國範圍內掀起對他本人的個人迷信、領袖崇拜高潮，自八月十八日起，更是親自身著草綠色軍裝，佩戴「紅衛兵」袖章，於短短兩個月之內，在北京八次接見來自全國各地的紅衛兵小將，總人數超過一千二百萬。毛澤東為一己私慾，不惜國計民生，令整個一代年輕人瘋狂地免費大遊走，大旅行。

一九六六年八月二十五日，主持中央軍委日常工作的中央政治局委員、國務院副總理賀龍元帥，在自己家中突然被捕。前來逮捕他的軍人沒有出示任何文件批示，只稱是執行中南海保衛局任務。賀龍堅持來人應說出個起碼的理由，對方才指賀參與了「二月兵變」陰謀。這回是元帥遇到兵，有理講不清了。賀龍跟林彪長期不和。賀龍北伐戰爭時期已是國民革命軍的一名軍長，林彪只是賀龍軍中的一名排長。但即使是如今林彪高居為黨的第二把手，毛澤東的最可靠的接班人，逮捕賀龍元帥這樣級別的開國元勳，也一定要經過毛澤東的批准。明顯的，是毛澤東仍害怕有人搞政變暗殺他。毛懷疑賀最具可能性，因之要先下手消除隱患。依據只是林彪老婆葉群的一次揭發，指賀龍愛玩各式手槍，身上也常藏手槍，還送過一支手槍給某元老的女兒，妄圖將槍混入政治局會議暗殺毛主席……自從毛澤東帶頭貼出大字報，中南海內也是大字報、小字報滿天飛，各種捕風捉影的可怕流言紛紛當成嚴肅事實披露出來，使得這中共中央機關和國務院機關要地，越發鬼氣森森，人心惶惶，殺機四起。

賀龍被捕的事，震驚了周恩來。賀龍、陳毅兩位元帥，是周恩來在中南海內的左臂右膀。周恩來立即派人對賀龍預謀政變一事做出調查，查無實據。周將調查結果報告林彪和毛澤東，並以自己的身家性命作保，將賀龍保了出來。爲了安全，周恩來把賀龍夫婦接到自己的西華廳家中居住。毛澤東才又裝神弄鬼地對賀龍表示安慰，找賀龍談話，說自己也是「保賀老總的啊」！實則是毛澤東玩的擒縱之術，對賀龍的這一抓一放，爲的警告中共軍中的大人物們，若有不軌舉動，他毛澤東決不手軟，定會斷然處置。再者，毛澤東爲了控制周恩來，終歸是要處理掉賀龍的。毛認定賀龍「匪性難改」，是最具反叛性的一位元帥。

第三十三節　「祝展開全國全面內戰！」

一九六六年九月，劉少奇、鄧小平繼續在中央工作會議上作檢討，毛澤東繼續在劉、鄧的書面檢討上作出正面批示，肯定劉、鄧認錯態度好，有進步。九月下旬，在籌辦十月一日的「建國」十七周年活動時，已經晉昇爲中央書記處常務書記、國務院常務副總理兼中宣部長的陶鑄，犯下了觸犯毛澤東的大錯：他依慣例，仍指示新華社發出兩張「主席標準像」，一爲黨主席毛澤東，一爲國家主席劉少奇；爲了保護副總理兼外長陳毅元帥，還同意對一張新聞照片做了「換頭術」，讓陳毅出現在毛澤東身邊。相信陶鑄的這些舉措，都事先請示過周恩來。但陶鑄卻惹下了牢獄之災，此係後話。

正是這一年的秋冬之季，全國學生大串連，全國揪鬥走資派，全國大大小小機關、學校大鬧奪權、反奪權文化革命的狂暴風雨席捲神州大地……幾乎所有地方都出現了兩大派群衆組織的爭鬥，且從文鬥很快發展成武鬥。每派群衆組織又各有其強大的後台，如湖北的「工人造反總司令部」的後台爲湖北省省軍區，「百萬產業工人革命大軍」（簡稱「百萬雄師」）的後台爲武漢部隊，四川省的「產業軍」的後台爲四川省軍區，「紅色造反總部」的後台爲成都部隊等等。一般而言，各省市自治區黨委和省軍區支持一派，是爲所謂的「保皇派」；各省地的野戰部隊則直接聽命於毛、林及中央文革，支持另外一派，是爲「造反派」。兩大派組織都從各自的後台那兒獲得槍枝彈藥，而大打出手。而最爲荒謬的是兩大派組織都宣稱自己是眞正的革命左派，爲的「誓死捍衛毛主席」；面對全國交通癱瘓、工廠停工、礦山罷工、兩派組織大打出手，毛澤東卻感到億萬群衆被眞正發動起來了，文化大革命運動不再冷冷清清，「形勢不是小好，也不是中好，而是一派大好！」毛澤東要印證他的信念：人民群衆在翻天覆地的大動盪中數天內所能接受的觀念改變，要超過平靜年代裡的數十年乃至上百年。因之大亂天下，越亂越好。亂透了，才能徹底清除劉、鄧路線及其社會基礎，才能砸爛舊的國家機器，改朝換代，重建黨團組織，重建政權。正於林彪所言，把全黨、全軍、全國都辦成爲一所紅彤彤的毛澤東思想的大學校。

一九六六年十二月二十六日，爲毛澤東的七十三歲生日。雖說毛澤東早於五〇年代建政之初，就明文規定，禁止爲黨和國家領導人祝壽、擺酒。毛本人卻年年在自己生日這天設宴慶壽。一九六六年底的這次生日宴會，自然不會有他的老同事、老戰友如劉少奇、鄧小平等人出席了，他請的是中央文革的左派悍將們，包括康生、陳伯達、張春橋、姚文元、關鋒、王力、戚本禹等，江青則以女主人身分說說笑笑，好不得意。中共元老一輩中，僅有周恩來和朱德。席間，擅長應付這類場面的周恩來，帶領中央文革的秀才們，圍站在毛澤東座前，齊齊地舉著酒杯，唱歌也似的連呼三遍「祝毛主席萬壽無疆」！毛澤東對衆人祝福他「萬壽無疆」並無多大興趣，也不起立，只是舉了舉杯子致答，說出一句氣貫長虹、山河失色的話：

「祝展開全國全面內戰！」

中央文革的左派悍將們一聽這道聖旨，竟也都驚訝不已！接著便都歡欣鼓舞地熱烈鼓掌。周恩來也跟著鼓了鼓掌，並當即囑咐陳伯達、康生等人，要把毛主席的最新指示的精神實質，寫進「兩報一刊」一九六七年元旦社論裡，作爲新一年裡文化大革命運動的指導方針的新內容。

「兩報一刊」爲《人民日報》、《解放軍報》、《紅旗》雜誌的簡稱。文化大革命以來，毛澤東及其麾下的文革小組即利用「兩報一刊」發號施令，凡毛澤東有了新的政治意圖，「最高最新指示」，都由文革小組的悍將們舞文弄墨，寫出「兩報一刊」社論，向全國發佈。一九六七年元旦社論本已由陳伯達、康生主持寫成，內容亦已夠兇狠，殺氣騰騰，連「萬炮齊轟」、「刺刀見紅」、「砸他個稀巴爛」、「打他個片甲不留」等詞句都用上了。江青提出，就以毛主席的這句最新指示「祝展開全國全面內戰」做元旦社論的標題，又響亮又大氣魄。康生表示贊同。校樣出來後，周恩來卻要滑頭，不示可否。周的那句「要把主席的這個最新指示的精神實質寫進元旦社論去」的話，本是用來討好、應付毛澤東的，而且機巧地用了「精神實質」一詞，並沒有要引用原話的意思。倒是身爲文革小組組長的陳伯達——這位最受毛澤東倚重的馬列主義理論家提出來：做標題，太兇。軍隊裡那批跟我們唱對台戲的老傢伙，更要借題發揮，指我們中央文革公開號召打內戰了……陳伯達這一說，其他的文革悍將們也都有點洩氣。唯毛夫人江青對陳伯達十分光火：老夫子，您連主席的最新指示都不敢用？是不是思想上有點右？老狐狸陳伯達立即順水推舟：你是文革小組第一副組長，由你出面去請示一下主席，不是更方便些？如何？江青白了眼，因爲她也摸不清毛的底，只知道爲了把文革進行到底，毛是不惜打內戰的。可是若以此話做元旦社論的標題，等於公開號召打內戰，出於策略上的考慮，未必肯同意。說不定還會受到一頓嚴厲喝斥，自討沒趣。且毛經常罵她的一句話是：成事不足，敗事有餘。

一九六七年「兩報一刊」元旦社論用的仍是原標題——〈向走資派和牛鬼蛇神展開總攻擊的一年〉。這樣，就連中央文革小組那批極左派打手們，也未敢在社論中引用毛澤東的那句名言。一九六七年，卻確是全國武鬥高潮的一年。幾乎全國所有省市自治區都分裂成兩大派組織大打出手。四川境內的武鬥出動重型坦克與火箭炮，廣西、湖南的兩大派武鬥則使用了「援越武器」——一種見血封喉的陸軍刺刀。這種刺刀的鋒刃經過特殊藥物處理，本是用在越南戰場上殺美國士兵的，只要刺破了敵人的皮膚，刺刀尖上的劇毒藥物即會通過血液迅速蔓延，可在幾分鐘內導致死亡。皆因各省區的兩大派組織均各有軍隊做後台，暗中提供武器彈藥。

雖有周恩來等人以「中共中央、國務院、中央軍委、中央文革」四家的名義聯合發出紅頭文告，三令五申禁止武鬥，但全國各省區兩派組織間的大規模內戰，從一九六七年直打到一九六八年，整兩年時間才基本停息。而浙江省金華地區、河北省保定地區的兩派組織武鬥，槍槍炮炮一直延續到一九七五年才被制止住。文革期間，毛澤東的各類最高最新指示滿天飛，唯對全國武鬥，他從沒有明確表示過反對。

一九六七年年初起，毛澤東、林彪對全國實施軍事管制，所有機關、學校、廠礦企業的領導班子都癱瘓了，打倒了，只好由軍事接管小組執掌權力。

一九六七年春天、夏天，毛澤東由張春橋、謝富治、王力等人陪同出巡華北、華東、中南等省區，而沿途各地新上台的「革命委員會」主任（多爲軍人）都向他匯報：由於全面武鬥，學校不上課，工廠不開工，礦山鬧罷工，公路、鐵路、航運交通都中斷了。毛澤東卻笑呵呵地說：形勢大好，不通的反面就是通！當有人匯報：城裡的工人下鄉搞武鬥，鄉下的農民也進城搞武鬥，揹了梭標、鳥銃大打出手，有人給他們一天一塊錢做工資。毛澤東聽了很高興：農村包圍城市？好得很！農民平時要種田，沒有功夫進城，如今農民也可以進城了嘛，一人一天一塊錢，比他們的工分收入高，划得來；當有人匯報，許多機關單位的食堂，因大師傅們也鬧造反，不起伙不開飯時，毛澤東更是哈哈大笑：還是大師傅最厲害，惹不起！你們這些人不革命，當然不要給你們開飯……

如此種種，毛澤東充滿風趣而又玩世不恭的「最高最新指示」，均由隨行的張春橋等人紀錄整理，形成文件，以貼佈告的方式，層層下達，貼滿全國城鄉，直接鼓舞著全國範圍的大武鬥。面對全國大武鬥，毛澤東的「親密戰友、最可靠的革命接班人」林彪元帥也一再表示：「形勢大好，不是小好，也不是中好！群衆組織之間打派戰，無非是幾種情況：一種是好人打壞人，應該；一種是壞人打壞人，活該；一種是壞人打好人，鎮壓！」最爲慘烈的武鬥事件發生在雲南、四川、貴州、河南、山西、安徽、廣西等省區。廣西壯族自治區首府南寧市，武鬥中處於守勢的「四二二」革命造反派，最後退守進了南寧市地下的戰略防空地道；而處於攻勢的「無產階級革命派聯合指揮總部」，則在省軍區部隊的直接支援下，掘開堤防水淹地道，一舉淹死地道內的數千人，使得匯流廣東珠江的數百里河道，浮屍滿江，一直飄流到珠江的出海口。

第三十四節　智擒王光美

我們再來看看被軟禁在北京中南海福祿居裡的劉少奇。劉少奇的那位老鄰居毛澤東，則早於一九六六年的秋天即搬出了中南海，先到西郊香山別墅住了些日子，懷疑房間裡有毒氣，年底又搬進城，在中南海對面的人民大會堂浙江廳臨時居住。這佔地廣大的人民大會堂內，除了可容八千人的大劇場、大宴會廳以及二樓小劇場之外，還有三十座相對獨立的省區級廳堂，如北京廳、新疆廳、浙江廳、雲南廳等等。毛澤東搬離中南海的用意很明顯，就是爲的方便中南海內的造反隊隨時批鬥劉少奇、鄧小平。他卻要兩耳清靜。亦免得有人代爲求情。他還具體指示過：可以批鬥劉少奇，但不宜拉出中南海，亦不要送去秦城監獄。秦城已經關押著從四川成都揪回來的彭德懷，以及在北京被捕的羅瑞卿、彭眞、陸定一、楊尚昆等一批大人物，但不要用來關押劉少奇。劉少奇的待遇應當特殊些。至於鄧小平，應當與劉少奇有所區別，要立足於一幫二拉，教育挽救。堅持文鬥，觸及靈魂，而不要傷及皮肉，以觀後效……

一九六六年十一月十八日，毛澤東背著中央政治局，背著劉少奇本人，授意中央文革成立

「劉少奇王光美專案審查小組」，並指定由自己的夫人江青任負責人。於是，中央文革著手從精神上襲擊劉少奇夫婦。一九六六年十二月下旬的一天，毛夫人江青率領康生、謝富治等人，親自赴清華大學找到劉少奇與前妻王前所生的女兒劉濤，以黨中央、毛主席的名義，要求劉濤揭發自己的生父，而且威脅說這是跟她的反動父親劃清界線的最後機會。年輕的劉濤見毛主席的夫人親自出面找她，陪同來的又是中央文革顧問康生和公安部長謝富治，明白了事情的嚴重性。幾經遲疑之後，於一九六七年一月一日去探望了自己的生母王前。王前因患精神病長期住醫院治療，最痛恨的就是當年劉少奇背棄她另結新歡王光美。王前向女兒「揭發了劉少奇在白區工作時期將黨費兌換成金圈金戒指戴在身上」等「行徑」。於是劉濤根據母親提供的「罪行材料」，拉著同母所生的弟弟劉允貞，一起寫下了揭發生父劉少奇的大字報……可憐劉少奇的九名子女，最大的一兒一女下放新疆當知青，七名留北京的子女則都在各自的學校被革命師生揪鬥凌辱，代父受過。因之劉濤及其弟弟劉允貞為著減輕自身政治壓力，而揭發生父的「罪行」以劃清界線，在那個舉國喪失理性的瘋狂年代裡，是毫不足怪的了。

一九六六年一月一日清晨六時，中南海的造反隊就給劉少奇的住所福祿居來了個「開門紅」：兩位造反鬥士叫開了院門，在院牆上貼下多幅大標語，又在院內甬道上以排筆濃墨刷下兩條大口號「打倒中國的赫魯曉夫劉少奇！」「誰反對毛澤東思想絕沒有好下場！」

這是在毛夫人江青慫恿下，中南海造反隊對劉少奇家室的第一次突然襲擊。劉少奇一家所住的福祿居，隔牆就是毛澤東所住的菊香書屋，均屬前清王室別院豐澤園的一部分。福祿居爲一長方形宮院建築，分爲前院、中院和後院。前院爲劉少奇的書房、辦公室、會客室，中院爲廚房、餐室和幾個孩子的宿舍，後院爲劉少奇夫婦的卧室、保健休息室。後院和中院均各有一道側門通向院外，但平日很少啓用。全家大小包括工作人員在內一律從前院大門出入。劉少奇、王光美起床後，才到前院看到了標語口號，臉都氣白了。在堂堂中南海內，如果無人主使，誰會使出這一套呢？而他還掛名爲黨中央常委兼國家主席！劉少奇當即讓王光美打電話給周恩來總理，談了情況，並提到劉將辭掉「國家主席」等職務的事。周恩來立即要求中央辦公廳派人清理掉劉家院子裡的標語口號，但對劉欲辭「國家主席」職務事，則說：「這不行，不行啊。這有個全國人民代表大會問題。」周並要求他們夫婦，今後無論何種情況，都不要離開中南海。周恩來很明白，劉少奇夫婦一旦離開中南海，情況更難以控制，可能於混亂中遭到暗算。

周恩來還意圖維護國家法統。此時的毛澤東和夫人江青，以及他手下的林彪、康生、陳伯達們，早就不把什麼「國家主席」、「全國人民代表大會」之類放在眼裡了。一九六七年一月三日，受江青「個別談話」所啓發的劉少奇前妻的女兒劉濤、兒子劉允眞，在中南海職工食堂大門口貼出了「揭發黨內最大走資派劉少奇」的大字報。

立時引來中南海內的大群幹部戰士圍觀並奔走相告。大字報於當天即被傳出中南海。形形色色的紅衛兵組織再又迅速將它傳送到全國各地。毛夫人江青的目的達到了，一向被譽爲「中南海模範家庭」的劉少奇家裡爆發父子革命！出自劉少奇親生兒女的大字報，誰又不感興趣？最具爆炸力，也最能從思想感情上給劉少奇夫婦以狠狠一擊。一箭何止雙鵰？無形中還給了中南海造反隊的鬥士們以莫大的鼓舞。

中南海造反隊由中共中央辦公廳屬下的秘書局、機要室、警衛局、電話局、生活服務局、政策研究室等單位一批思想激進的幹部職工所組成，直接聽命於中辦主任汪東興及其汪東興上面的謝富治、康生和江青。一月三日晚飯後，中南海造反隊的三十餘人闖進福祿居前院，勒令劉少奇和王光美站在走廊上接受批鬥，造反隊員們又呼口號又唱語錄歌，劉少奇夫婦的四個未成年的孩子嚇得躲縮在走廊牆角裡發抖。其間造反隊員還強令劉少奇背誦《毛主席語錄》書中某一頁某一條，劉少奇背誦不出，造反隊員們群起哄笑嘲罵，並當著劉少奇的面高呼「打倒黨內最大的走資派劉少奇！」「劉少奇不老實，死路一條！」

三天後的一月六日，毛澤東夫人江青更直接導演出了一場「智擒王光美」的醜劇。當天傍晚，王光美在家裡突然接到讀中學的女兒亭亭從醫院裡打來的電話，說姐姐平平在放學回家的路上被汽車壓斷了腿，需要截肢，正在人民醫院急診室等候家長簽字。王光美急得面無人色。劉少奇做爲父親，本能地作出反應：「我們馬上到醫院去！」王光美記起了周恩來總理的多次忠告——要求他們夫婦不要離開中南海，因而有些遲疑。劉少奇卻顧不得許多了，說：「你不去我一個人去！這麼小的孩子爲了我挨鬥，受難……我還有什麼？還有什麼？」劉少奇、王光美驅車趕到了醫院，卻沒有見到受難的女兒平平，而見到了被當作人質扣留在醫院的兒子源源和女兒亭亭。兒子見了王光美就說：「媽！是他們逼迫亭亭打的電話！他們要抓的是您！」原來江青指使清華大學的紅衛兵設下圈套，誘騙王光美出中南海，以便抓去清華大學批鬥。紅衛兵們沒想到劉少奇也出現了，要不要一起抓走？江青同志沒有部署……王光美一見紅衛兵人多勢衆，情況不好，爲了自己的兩名孩子，更主要的是爲了劉少奇能安全返回中南海，便當機立斷地對那群紅衛兵說：「好了！我隨你們去清華園，不是王光美的統統走！」

劉少奇領著兒子劉源和女兒劉亭亭以及幾名工作人員回到中南海家裡。倒數第三小的女兒平平已經守候在門口。劉少奇忙問：「平平，你的腿……」平平撲到了父親懷裡：「我的腿沒事，他們把我扣留在學校裡，爲的是把媽媽騙出去抓走……」飽受屈辱的平平和亭亭抱住父親放聲大哭了起來。

劉少奇卻欲哭無聲。他所能明白的是，那隻如來佛式的巨手正在玩弄著他的命運，操縱著他的生死。

他所不能明白的是，爲什麼偉大領袖也要學封建帝王大搞株連？爲什麼要把罪孽強加到自己的幾名年幼無辜的子女身上？都是一起從生死戰場上走過來的戰友、同事和鄰居啊，都是親眼看著他們出生、長大、上學的啊，平日都是「毛伯伯」、「江阿姨」的叫得又甜又亮的啊，爲什麼？這是爲什麼？劉少奇怎麼都想不透，想不通……此時的劉少奇，大約仍然沒有想起，自從共產黨執掌政權以來，年復一年人為地進行階級鬥爭，搧動階級復仇，全中國數以千萬計的地、富、反、壞、右、資產階級的無辜子女，已經因為他們父母的「罪孽」，被株連迫害了整整十七年了，成千上萬的「反革命後代」尚未成年，就成為共產黨政治祭壇下的犧牲品……如今的情況是，以毛澤東為首的中共領導集團，年復一年地奉行階級專政、暴力萬能，越鬥越上癮，鬥得血紅了眼睛，鬥得喪心病狂，從中南海外鬥進了中南海內，才禍及到了無辜的高幹子女、革命後代。正是天網恢恢，疏而不漏了。

按劉少奇的生活習慣，每天的深夜，他總是由王光美陪著，走出福祿居，到中海與南海交匯一帶的湖堤上散步，以鬆弛疲累了一天的頭腦，舒展緊張了一天的筋骨。人都知道，中南海裡數他和周恩來兩人工作最繁重，也最辛苦……。這天深夜，劉少奇照例出來散步，卻沒有了王光美，只有三個年幼的孩子平平、源源、亭亭緊隨著他。家裡還有最小的女兒小小（瀟瀟），是劉少奇的掌上明珠。一月的北京，天寒地凍，湖水已結成厚冰。亭亭拉著父親的手，又哭泣起來了，她這些天一直被「造反派」關押在學校裡，今天早上被迫在全北京市中學生聯合批鬥大會上做檢查，下午又被押去平平姐的學校陪平平姐挨批鬥，後又和源源哥一起被押往醫院當人質，在清華紅衛兵的拳頭、皮帶的威逼下給家裡打了那個騙媽媽的電話，直到眼睜睜地看著媽媽被清華大學的紅衛兵抓走……爸爸！我們家到底犯了什麼罪？人家為什麼這樣鬥我們？隔壁的毛伯伯哪裡去了？他為什麼不來救救我們？清華大學抓媽媽的人，說是江阿姨叫他們幹的……，是不是毛伯伯要害我們一家人……小亭亭聲音不高，像在自言自語。後面的源源回頭望了一眼在不遠處監護著他們的衛兵，伸出巴掌想捂平平的嘴巴。劉少奇像一株枯樹站在路燈下，沒有制止女兒的哭訴……寒風呼嘯，繁星閃爍，凍徹肌膚，彷彿有一陣一陣的腥風血雨撲面。劉少奇牽著三個孩子，無聲地在湖堤上走著。這哪裡是金碧輝煌的中南海啊，哪裡是莊嚴肅穆的黨中央、國務院首腦機關的所在地，分明是個遍地圈套的迷魂陣，人鬼雜居的陰陽界，機關密佈的生死場啊。迎著劉少奇和他的孩子們的，是那無邊無涯的黑暗。

經過周恩來的出面干預，王光美在清華大學挨了整夜的批判鬥爭之後，總算回到了中南海家中，回到了劉少奇和兒女們身邊。毛澤東和江青也初步達成了目標，利用摧殘劉少奇夫婦跟兒女們的親密感情，來摧毀劉少奇健全而清醒的大腦神經。

說是毛澤東在人民大會堂的臨時居所內聽了「智擒王光美」的匯報，哈哈大笑：妙妙妙！過去是王光美抓左派學生，如今是左派學生抓王光美，這叫來而不往非禮也！並即興吟哦：清華小將出奇兵，調虎離山把敵擒……

一月六日「智擒王光美」的醜劇剛剛演過，一月七日，毛夫人江青下令逮捕了劉少奇的另一名兒子劉允若。毛澤東說自己無後，一個兒子被打死在朝鮮戰場，一個兒子是神經病，兩個女兒遲早要嫁人，生下後代也不是毛家的人。而劉少奇卻有九名發育正常、聰明懂事的子女，還年年被尊爲「中南海機關模範家庭」！單憑這一點，江青早就切齒忌恨，毛也心裡極不平衡。卻說這劉允若小名毛毛，在劉少奇的子女中排行老三。因他在批鬥會上不肯承認父親是「中國的赫魯曉夫」、「老反革命分子」，罵江青才是眞正的黑幫、反革命，而被關入公安部監獄。劉少奇遲遲未獲悉他這個兒子被捕的事，就算獲悉了，他也已經救不了自己的親骨肉了。現在的情況是，劉少奇及其大多數的中共元老們，已經分不淸誰是江青誰是毛澤東了。江青每逢公衆場合，各種大會小會，必定宣稱她代表毛主席，代表中央文革。很明顯的，她已獲得了毛澤東百分之百的授權。正如江青本人後來說的那樣：「我是毛主席跟前的一條狗，主席叫我去咬誰，我就去咬誰。」

更奇怪的是，劉少奇作爲國家主席，並長時間擔任黨的第二號領導人物，他的住所本是受到中央警衛局、八三四一部隊（中南海警衛部隊之番號）的特級保護，一天二十四小時均有衛隊執勤的。可是自一九六七年元旦那天起，衛隊不知受到哪一級領導人的指示，不再阻擋中南海造反隊的人馬闖入福祿居，無論是深夜還是凌晨，總是大門一拍就開了。衛隊的職能變成對劉少奇夫婦的監管。深知中央政治保衛系統奧秘的劉少奇，心裡自然明白，若是沒有毛澤東主席本人的命令，八三四一部隊政委兼中央辦公廳主任的汪東興等人，是不可能對他採取此項曾經用來對付過高崗、饒漱石、習仲勳、彭德懷、彭眞、羅瑞卿等人的非常措施的。

一場以摧毀劉少奇、鄧小平在人民群衆中的領導人形象爲目的的運動，繼續有計畫、有步驟地進行著。一九六七年一月十日，北京市新華書店總店和北京市運輸公司的革命左派採取聯合行動，將書店中所存的有關劉少奇、鄧小平的畫像和書刊，統統運送到天安門廣場當衆焚燒，引來數萬名革命造反派和紅衛兵小將圍觀、歡呼，配以樂隊敲鑼打鼓，之後還舉行了慶祝遊行，呼喊「打倒劉少奇！」「保衛毛主席！」北京市新華書店並就此向全國各省市新華書店發出革命通報，推廣造反經驗。於是全國各地紛紛效仿，也都當衆焚燒了「中國頭號走資派」劉少奇和「第二號走資派」鄧小平的畫像、書刊。不久後，更有湖南寧鄉縣的紅衛兵，四川廣安縣的紅衛兵，分頭採取革命行動，掘了劉少奇和鄧小平兩家的祖墳，以向偉大領袖毛澤東和林彪副主席表忠心。

第三十五節　毛澤東游戲劉少奇

一九六七年一月十三日深夜，劉少奇正在福祿居前院的書房裡寫檢查，毛澤東卻派秘書乘一輛華沙牌臥車來接劉少奇，去毛在人民大會堂裡的臨時住處——浙江廳談話。

是毛澤東忽然對他的老戰友、老同事、老鄰居動了惻隱之心？還是毛澤東要在陷劉少奇於死地之前，觀察一下這位對手的動靜，做最後一次火力偵察，估量一下對方還有多大的反彈能量？還是要對劉少奇這位「有反毛之心、無反毛之膽」的「英雄好漢」，甕中之鼈，來一次狸貓戲耗子式遊戲？還是在弄死劉少奇之前，仁至義盡地行一次告別儀式，以求得一點內心的平衡？不管怎麼說，是劉少奇第一個發明了「毛澤東思想」這個其妙無比、其力無窮的名詞，也是劉少奇第一個呼喊出了「以毛澤東思想作爲全黨全軍政治工作的指針」的響亮口號，劉少奇的確是擁立他毛澤東的第一人……

毛澤東在住所的門口迎著劉少奇，伸出他柔軟而暖和的大手，緊緊握著。毛澤東看到，短短數月間，老鄰居的一頭灰髮已成滿頭霜雪，臉色慘白，愁紋縱橫，兩頰削瘦，顴骨高聳，眼窩深塌且滿是血絲，原先壯碩的身子，已經瘦得雞皮鶴首；劉少奇卻萬沒想到毛澤東還會對他這麼熱情，一時間受寵若驚。他更沒想到的是，毛澤東見面的第一句話竟是問：

「平平的腿好了嗎？」

劉少奇黯然神傷了，一股寒氣忽地從腳底下直竄頭頂，不由得打了個冷噤。他對老鄰居的一份幻想也立時烟消雲散。原來老鄰居什麼都知道，一切都在掌握之中！他眞想大聲替自己的兒女們求情、哀告：潤之兄！源源、平平、亭亭他們兄妹，都是你看著出生、長大的啊，你都是抱過、親過的啊，如今你要打倒我，就打倒我一個吧，至多陪上一個王光美，對我的兒女，您和江青同志要手下留情，手下留情啊……

劉少奇這話卻只能悶在心裡，不能說出。他還要爭取毛澤東的寬容和念舊，不要把他往死裡整，給一口飯吃，活一條性命。他恭敬地望著毛澤東，臉上泛著莫可奈何的苦笑，儘可能平靜的回答：「平平的腿……根本沒那回事，他們騙人……」

接著，劉少奇抓住機會——這或許是能跟毛澤東個別見面的最後機會了，便又簡要地檢討自己犯了方向路線錯誤，辜負了主席二、三十年來的信用和器重，對不起主席，對不起中央。之後，劉少奇鄭重地提出了自己經過反覆考慮的要求，說：一、這次路線錯誤的責任在我，應由我來承擔，廣大幹部是好的，特別是許多老幹部是黨的寶貴財富，儘快把廣大幹部解放出來，使黨少受損失；二、辭去國家主席、中央常委和《毛澤東選集》編委會主任職務，和妻子兒子去延安或是老家種地，以便儘早結束文化大革命，使國家少受損失。

對於劉少奇的請求，毛澤東卻沈吟不語。他不停地吸著雲烟，彷彿在深深地品味著。他甚至像往年一樣請劉少奇也吸一支他最喜愛的特製熊貓牌雲烟。他從劉少奇的請求中，看出來劉少奇的金蟬脫殼之意，看出來劉少奇不想死，想活下去，想善終。將劉少奇削職爲民，讓其活下去，不就是放虎歸山，留下一個最大的隱患？那就好了，本主席一死，劉少奇肯定出山鬧翻案，肯定要來鞭他老毛的屍。光是五八年大躍進引發三年大饑荒，餓死人口數千萬一條，就會把他老毛搞成千古罪人，遺臭萬年……你劉克思那點子太聰明，瞞得過別人，瞞不過本主席。你劉少奇也是機關算盡太聰明，反誤了卿性命。階級鬥爭，階級專政，黨內黨外，你死我活，概莫能外。還記得你劉克思指使羅瑞卿、楊尚昆在本人卧室裡安裝進口設備，對本人搞竊聽、行地下活動的事嗎？還有一九六〇年你領頭催逼我在全會上做檢討，流眼淚嗎？君子算賬，十年不晚……

再說遠一點，一山不容兩虎，一國不容兩君，共和國也容不得兩主席。你劉克思不得善終，這從你一九五九年四月那次人代會上當選爲國家主席那天起，就注定了。那時刻，你爲什麼不力辭？你爲什麼不力荐朱德，甚至周恩來出任國家主席？還有最聰明的一著，就是提議取消國家主席職位，反對設立雙主席制分庭抗禮。以你的聰明，你或許想到了，但你不肯提出。你是有野心，也要做主席，而且是國家元首，在名分上高過黨主席！早知今日，何必當初？你不行，你以「修養」自居，以爲自己眞能什麼修身齊家治國平天下，卻並未「修養」到家，差著火候，聰明反被聰明誤……

毛澤東不動聲色地沈思良久，才又和顏悅色起來。他避而不談劉少奇「犯錯誤」的事，亦不理會什麼「辭職」不「辭職」之類的屁話，而談起他最拿手的話題——如何讀書。他勸劉少奇如今不做工作了，就應當認認真真讀幾本書；還具體介紹了德國動物學家海格爾的《機械唯物主義》和狄德羅的《機械人》。毛澤東侃侃而談，一時間，什麼階級鬥爭路線鬥爭，什麼文化大革命你死我活，全國揪黑幫鬥走資派，全國武鬥打槍放炮等等，彷彿都不存在，都在九霄雲外了。

一個小時匆匆過去，劉少奇再沒有插上嘴，毛澤東即起身送客。他堅持著送劉少奇到書房門口。這書房眞大，足有三、四百平方米，原是一間可容三百多人開會討論的大會議廳間隔而成。在書房門口，毛澤東又握住了老鄰居劉少奇的手，無限親切、語重心長地囑咐說：「好好學習，保重身體。」

劉少奇返回到中南海家裡，已經是第二日凌晨。可全家人都在眼巴巴地等著他從偉大的毛澤東那裡回來。劉少奇果然帶回來令全家人欣慰、有了安全感的好消息：主席很熱情，很客氣。我進去的時候，他已經等在書房門口，跟我握手。我檢討錯誤，提出辭職，他都沒有表態。也沒有批評我的錯誤，只是囑咐我好好讀書，保重身體……

可憐劉少奇一家人，聽了劉少奇的這番話，一個個心裡的石頭落了地，甚至看到了前途和希望。看來，毛主席瞭解了情況，覺得自己手下的人馬也做得太過分了些，所以找了老鄰居去表示一下慰問、安撫。幾個孩子都高興得熱淚盈眶了，又都要高呼毛伯伯萬歲，毛伯伯眞正偉大和英明了。劉少奇和王光美二位，雖然沒有孩子們那麼樂觀，但也覺得，就憑了毛澤東主席的這次個別召見，親切談話，消息傳開去，中央文革那伙人及其屬下的中南海造反隊，總該有所顧忌，有所約束，會讓他們一家人過上稍許安寧一點的日子了。

可是劉少奇這次又錯估了形勢。他認識毛澤東五十年了，又發明了「毛澤東思想」這個「戰無不勝、攻無不克」的名詞，但卻並不認識眞正的毛澤東，也不認識眞正的毛澤東思想。或者說他只認識延安時期的那個尙知收歛尙知掩藏的毛澤東，而不認識一九四九年後登上了紅色君王寶座的毛澤東，只認識那個打天下時與大家共得患難的毛澤東，而不認識那個坐天下時與大家共不得安樂的毛澤東；只認識那個幽默風趣、巧言令色、妙舌蓮花的政治領袖毛澤東，而不認識那個凶悍殘忍、言而無信的鄉村流氓毛澤東……

就在劉少奇被毛澤東個別召見、親切談話之後的第三天，亦即一月十六日，中南海造反隊的鬥士們就在毛夫人江青的直接指使下，又一次衝進劉少奇的住所福祿居院子，貼大字報，大標語，開批鬥會。他們勒令劉少奇夫婦站上一張獨腳圓桌，向毛主席像和革命群衆低頭認罪。白髮蒼蒼的劉少奇於冷冽的寒風中，顫抖著身子，顫抖著聲音，邊向造反隊的鬥士們作檢討，邊替自己辯護：我從來沒有反對過毛澤東思想，只是有時候違背了毛澤東思想；我從來沒有反對過毛主席，只是在工作上有過意見分歧……

批鬥會結束後，工作人員才把劉少奇夫婦從獨腳圓桌上扶下來。由於天氣奇冷，又颳著老北風，劉少奇、王光美手腳都凍痲木了，鼻孔裡流著淸鼻涕。他們不明白這一切究竟是爲著什麼，毛主席剛剛召見過，可毛主席手下的人又來衝擊他的住所，來揪鬥他們夫婦。劉少奇讓王光美給周恩來總理掛電話。可總理沒有回家，接電話的鄧穎超大姐說，恩來近來整日整夜都留在人民大會堂，日夜都在跟各省市兩大派組織的代表談判，協調各地的武鬥事件，搶槍事件，罷工事件，絕食事件……恩來已經犯過心臟病，不被整垮，也會累塌……一月十六日深夜，周恩來回了電話，光美呀，情況複雜，遠比想像的複雜，你要禁得起考驗。

這卻是周恩來跟劉少奇夫婦的最後一次通話。周恩來的話裡無形中透出來一個訊息……全國打派戰，懷疑一切打倒一切，所有的群衆組織都在抓「叛徒」，抓「特務」，搞革命競賽，都血紅了眼睛。除了毛、林及中央文革的少數幾個人，絕大多數的領導人都被懷疑成叛徒、特務、反革命。連老好人、全國人大委員長朱德的家也被抄了，中南海裡貼出了「朱德是大軍閥、黑司令」的大字報。北京和上海街頭，則出現了「周恩來是大叛徒」的傳單和大標語。看來，如今是人人自危、自顧不暇了，今後誰也難以對他劉少奇夫婦提供什麼關照了。毛澤東的承諾，黨中央全會的決議、公報，黨的章程，國家的憲法，統統作不得數了，統統成了手紙。毛澤東主席從來就把黨的章程、決議、國家的法律條文當手紙，斥爲「條條框框專了我的政」。

一月十七日淸晨，中南海電話局的一夥人突然衝進了劉少奇的書房兼辦公室，要撤走劉少奇的電話機。正值劉少奇徹夜未眠，仍留在書房裡寫檢查，而挺身阻攔並據理力爭：「這是政治局的電話，沒有毛主席、周總理的批示，你們不能撤，也無權撤！」一夥人大約只是受命於江青、康生的中央文革，而沒有直接受命於周恩來、毛澤東，只好悻悻離去。可是一月十八日，還是這同一夥人，又氣勢　地衝進了福祿居，二話不說，就把院子裡的電話機，全部收走了，電話線也都全被扯斷。這次，他們顯然是獲得了偉大領袖的指令。

劉少奇夫婦被人打了一頓悶棍似的，傻了眼，暈了頭。他們被切斷了與外界的唯一聯繫管道。幾個孩子也深知厲害地急了，一直追著那夥人到大門口：今後再有人來衝擊家院，再來揪鬥凌辱父親、母親，甚至動手打人，怎麼去向周總理報告、求救?可孩子們又哪能知道，敬愛的周總理爲求自保，早就尊林彪爲「副統帥」，尊毛夫人江青爲「文革旗手」了，大會小會的揮動著紅寶書，跟在毛澤東、林彪的身後，高呼「敬祝毛主席萬壽無疆！敬祝林副主席永遠健康，」並當了江青的面高呼：「向江青同志學習!向江青同志致敬！」不久，周恩來也會聲音宏亮地呼喊「打倒中國的赫魯曉夫劉少奇！」

第三十六節　亂世狂

一九六七年的首月，被毛澤東及其手下的文革成員們譽爲「一月風暴」。意指毛氏文革集團在全國範圍內掀起了奪取各級黨政領導權力的紅色風暴。

一月五日，中國最大的工商業城市上海，以「工人階級造反總部」爲主體的上海市造反聯盟，宣佈奪權成功，頒發「奪權宣言」，成立「上海公社」（後由毛澤東改名爲「上海市革命委員會」），取代了原中共上海市委和上海市人民政府。「上海市革命委員會」主任爲毛澤東愛將張春橋，副主任則有王洪文、姚文元等。同時被他們奪了權的還有《文匯報》和《解放日報》兩家報館。

一月九日，《人民日報》全文刊載上海革命委員會的「奪權宣言」，將上海奪權經驗向全國推廣。

一月十二日，《人民日報》以頭版頭條位置，套紅刊登出「中共中央、國務院、中央軍委、中央文革賀電」，熱烈祝賀、高度讚揚上海革命造反派從走資派手中奪得黨政大權，成立了新生的紅色政權——革命委員會，是一件劃時代的大事，譜寫了一曲共產主義的勝利凱歌……

「上海奪權」跟「北京軍管」一樣，實為毛澤東調派親信陸軍部隊實施的又一場兵變醜劇。為著及時推廣毛氏的「上海奪權經驗」，北京文革集團的大員康生、江青、陳伯達等人搶權如搶火，日夜輪番接見來自全國各地的造反派代表，號令他們火速返回各地，效法「上海經驗」：奪權，奪權，奪權！權權權，命相連，有了政權便有了一切，喪失政權便喪失一切。

一時間，從「走資派」手中奪取權力的「紅色風暴」席捲了神州大地。劉少奇、鄧小平一系在黨內的權力基礎——全國所有的權力機構，從中央各部委到各省市自治區黨委乃至地委、縣委均被奪了權，各級黨委書記、政府部長，一個個均成了「走資派」、階下囚，而被關押、毆打、游鬥。「紅色風暴」的一月，實為血腥的一月：

中央政治局常委、國務院副總理陶鑄，未經任何會議討論，即被毛澤東及夫人江青宣佈為「反革命兩面派」、「大叛徒」，而被捕入獄；

國務院煤炭工業部部長張霖之被造反派活活打死；

上海市委第一書記曹狄秋受盡造反派淩辱後自殺；

雲南省委第一書記兼昆明部隊第一政委閻紅彥上將，被軍內外造反派層層包圍，向中央求救，反被毛夫人江青在電話中刻毒咒罵，寫下紙條「我是被陳伯達、江青逼死的」，後服毒自殺；

中國人民解放軍海軍東海艦隊司令員兼政委陶勇上將，因不堪軍內毛派造反人員的攻擊凌辱，跳井自殺。堂堂東海艦隊司令員沒有戰死在海上，而投身在囚禁他的院子裡的一口古井……

「一月風暴」在北京地區最爲駭人聽聞的，是毛夫人江青麾下的紅衛兵組織一舉揪出了「隱伏在黨中央機關裡的」一個大叛徒集團——「薄一波等六十一人叛變自首案件」，此「六十一人叛徒集團」的成員，絕大多數人爲中央現職高幹，並且是劉少奇、鄧小平的「親信死黨」，如薄一波爲主管財經的國務院副總理，安子文爲中共中央組織部部長，劉瀾濤爲中共中央西北局第一書記……等等。一時，舉國輿論譁然。毛澤東明知其中冤屈，卻下令重新專案審察，昧著天良、罔顧歷史眞相，很快將六十一人定爲「叛徒」，用以證明他發動文化大革命運動是何等的必要、及時，何等的英明、正確。

在毛澤東的親自主使下，一九六七年的「一月風暴」，是中共高級幹部自殺、他殺、被捕入獄人數最多的月份。也是周恩來遵從毛澤東的旨意，簽署逮捕令最多的一個月份。周恩來的確也另有用心：眼下全國搞成了紅色恐怖世界，紅衛兵小將和革命群衆可以隨意打死人殺害人，把衆多的受毛、林排斥的老幹部投入監獄，反而比較安全，起碼可以保住他們的性命……一位位開國功臣的自殺、他殺，並沒有滿足或動搖毛澤東的慾望和雄心，而囑咐文革集團的大將們繼續升溫，一定不要心慈手軟，溫情主義，怕流血，怕死人；要大批特批資產階級的人性論，大歌大頌革命的堅定性。

在北京，在中南海，除了劉少奇、鄧小平等人開始被公開揪鬥外，單是在十位元帥一級的人物中，被抄了家的，即有朱德、賀龍、陳毅、徐向前、葉劍英、聶榮臻六位（其餘四位元帥彭德懷已入獄，劉伯承患病長期臥床、羅榮桓病故，只剩一位林彪做了毛澤東的親密戰友），更不用說比元帥軍階低的大將、上將、中將們了。而能闖入上述元帥、將軍們的府第打、砸、搶、抄的，絕非北京市的普通學生、工人、市民中的造反派，而恰恰是毛夫人江青手下的中南海造反隊及軍事院校的造反軍人加上部分高幹子弟。情形極像當年希特勒手下的衝鋒隊和黨衛軍。

偌大一座北京城，沒有被無產階級革命派佔領的地方已經很少。連中共中央、國務院的所在地都成了毛澤東和夫人江青的御用打手——中南海造反隊的天下。中南海共有四座大門，南大門面對長安大街，曰新華門，爲儀門，進門後是一堵大屛風，屛風後爲南海水面，並無樓宇建築；西大門外是南北走向的府右街，門內爲國務院機關重地；北大門是東西走向的文津街，門內外爲中共中央機關重地，周恩來的住所西華廳即在宮牆的西北角上；東大門外是南北走向的南長街，門內爲警衛局禮堂及毛澤東、劉少奇、朱德、陳雲、鄧小平、陳毅、李富春、李先念、江青、胡喬木、汪東興等人的住所。

自一九六六年七月十八日毛澤東從外地返回中南海後，中南海內便實施了分區警衛制度：從北門出入的中共中央、中央文革工作人員，一律持紅色通行證（稱爲紅牌）；從西大門出入的國務院工作人員，一律持黃色通行證（稱爲黃牌）；從東大門出入的中南海警衛局人員及中央首長的家屬子女們，一律持綠色通行證（稱綠牌）。唯中央領導人可四門通行，警衛人員只須辨認他們的專車車號。如無特許，持某一區域通行證者不得進入另一區域。此一分區警衛制度，把堂堂一座皇家禁苑中南海，管制得如同高級監獄一般，正如毛澤東所說，針插不進，水潑不進。

但是在一九六七年春天、夏天，中南海的五座大門外面，卻都有軍事院校造反派和中共高幹子弟造反兵團的重兵把手，與中南海警衛團的徒手部隊嚴陣相對。中南海實際上處於一種莫名其妙的被包圍狀態。警衛團的幹部戰士早就奉命對革命造反派要「罵不還口，打不還手」，只能以人牆阻擋造反派的衝擊。中央文革指揮下的造反派人多勢衆，高呼著「打倒劉、鄧、陶」、「揪出賀龍、揪出陳毅」的口號，曾經五次衝破警衛團的第一道人牆，妄圖從中南海內抓走劉少奇、鄧小平，抓走陳毅、賀龍。五次衝擊，都由周恩來出面，以保證毛主席的安靜和安全爲理由，說服軍內造反派退出。有兩次，周恩來擋在西大門的二重門口，手持擴音喇叭，面對不肯退出去的造反軍人吼叫：「你們要衝進來抓走陳毅，除非從我周恩來身上踏過去！」

最有意思的是此時毛夫人江青跟周恩來展開了一場「鬥智鬥勇」遊戲：周恩來剛聽到西門告急的報告，趕到西門去勸阻造反派的衝擊，江青卻通知北門外的人馬立即展開新的衝擊，於是北門警衛部隊又向周恩來報告北門緊急！周恩來只得西門、北門的兩頭奔走。他成了名副其實的「中南海救火隊隊長」。

毛澤東此時已經從人民大會堂浙江廳搬回中南海內修整一新的「游泳池」居住。此處距離劉少奇、鄧小平兩家的院子都較遠，且隔音效果相當好。毛澤東下令，任何企圖替劉、鄧說情討饒的人，一律不見，免開尊口。有人向他報告，現在中南海四座大門都被造反派圍住了，每天都有人要朝門裡衝，是不是太吵鬧了？毛澤東回答：我這個人就是喜歡熱鬧、熱鬧一點有什麼不好？新生事物的誕生，總是要伴隨著一陣大喊大叫、躁動不安嘛；有人請示他，萬一革命造反群衆衝進了中南海怎麼辦？毛澤東說：衝就衝嘛，爲什麼那樣害怕群衆革命造反？造反派受了那麼久的壓迫，還能不准人家衝一下中南海？中南海不要成爲劉少奇的避風港，要允許他們包圍中南海。當然不一定讓他們衝進來……毛澤東的確喜歡這種天下大亂的形勢，這種大喊大叫、動蕩不安的氣氛。每天深夜，他都要走出「游泳池」，去看那些揭發劉少奇罪行的大字報、小字報，去聆聽、欣賞那從宮牆外邊傳進來的「打倒劉、鄧、陶」、「打倒賀龍、陳毅」的口號聲，以及那此起彼落的語錄歌聲、「大海航行靠舵手」、「東方紅」的頌歌聲。他很欣賞，很陶醉，這是人類有史以來最雄渾、最偉大的音樂史詩，頌歌唱徹大江南北，每一塊土地。只有劉少奇和他的死黨們，陷落進人民群衆憤怒聲討的海洋大海之中。

由軍事院校的造反學生和高幹子弟造反組織組成的大軍，未能衝進中南海之後，改變了策略：嚴密監視中南海四座大門的出入車輛，只要懷疑車內有他們的「獵物」，便蜂擁而上，攔車搶人，使得司機、衛士高度緊張，每次出入中南海大門，均車速不減，如同闖過「敵方」的封鎖線。可憐堂堂的共和國元帥、國務院副總理兼外交部長陳毅，這期間離開中南海赴人民大會堂接見外國貴賓，坐在車內須以大禮帽罩臉，如同做賊一般。後來，還是經過周恩來的特許，陳毅才可以走中南海地下通道外出。那地下通道，貫穿了中南海和人民大會堂，原先規定只有毛、劉、周、朱、陳、林、鄧七位中央常委可以使用。一九六七年夏天，負責中央領導人內務保衛工作的公安部副部長李震，被人神秘地掐死在這地道裡，這一特殊「皇道」才被封死，停止使用了許多日子。此係後話。

第三十七節　軍人反彈

如前所述，中南海五座大門內外，所演出的一幕幕活劇，盡在偉大領袖毛澤東的掌握之中。一月十九日，毛澤東爲了減緩、平息軍中將帥們的反文革情緒，不得不在北京京西賓館召開了一次有各大軍區司令員和政委參加的中央軍委擴大會議，軍隊元帥、將軍們抓住機會，跟毛澤東夫人江青及其他中央文革大員們展開了一場面對面的鬥爭。元帥、將軍們本欲對毛澤東舉行一次「集體下跪進諫」，後被朱德總司令流著老淚所勸阻：現在北京控制在誰手裡？人家會趁機把你們一網打盡！還是保存下一批軍隊骨幹吧……。一月二十日，毛澤東以軍委主席、最高統帥身分接見出席會議的三軍高級將領。「集體下跪進諫」改成向軍委主席匯報情況。毛澤東本欲跟大家揮揮手、照個像就走人，但濟南軍區司令員楊得志上將向他敬禮，領頭匯報起軍區機關被造反派衝擊撬開保密室搶走文件的情況，緊接著是武漢軍區司令員陳再道上將向他匯報軍區政委鍾漢華被造反派抓走扣留不能來北京開會的情況，接下來是陳毅元帥向他匯報海軍東海艦隊司令員陶勇中將被迫跳井自殺的情況，還有廣西軍區司令員向他匯報一位在越南前線被美國炸彈炸斷了手臂的英雄排長，返回祖國南寧市卻被造反派開槍打死的慘案……毛澤東本來不要聽這些文革的陰暗面，但面對元帥、將軍們心中所壓抑著的不健康情緒，不得不坐下來聽完匯報，並作出讓步，同意簽發幾位元帥所擬訂的〈中央軍委八條命令〉，規定不准衝擊軍事機關、抓捕軍隊首長、不准搶奪軍隊武器、不准在軍內搞打、砸、搶、抄、抓等等。會議最後由和事佬周恩來站在台上打拍子，指揮三軍高級將領們高唱〈三大紀律八項注意〉、〈大海航行靠舵手〉兩支革命歌曲結束。

奇怪的是，毛澤東的革命接班人林彪元帥沒有陪同毛澤東出席這次接見。顯然是林彪的狡獪，他不要面對三軍高級將領的「不健康情緒」，而讓軍委主席毛澤東去親自處置。林彪的這點小聰明，毛澤東自然看在眼裡，記在心裡了。

一九六七年二月十四日，在中南海懷仁堂，由周恩來主持了一次中央工作碰頭會，有國務院、中央軍委、中央文革三家的主要負責人出席。自去年年底以來，毛澤東下令中央文革取代中央書記處，執掌黨中央的日常工作。正是此次碰頭會上，鬧出了「二月逆流」，亦即「三總四帥大鬧懷仁堂」。「三總」指國務院三位尚未垮台的副總理：李富春、李先念、譚震林；「四帥」指身兼中央軍委副主席的四位尚未垮台的元帥：陳毅、葉劍英、徐向前、聶榮臻。三總四帥在周恩來的默許下，向以毛夫人江青爲首的中央文革集團再次發起猛烈反擊，陳毅喝斥江青、張春橋搞亂全黨、搞亂全國，聲震屋瓦；葉劍英怒而拍案痛斥陳伯達，拍斷了自己的右手小拇指；譚震林大吼「幾個月來你們整死了多少老幹部？我哭都沒有地方哭！這次坐牢殺頭也要鬥爭到底！」

碰頭會開成了拍桌打椅，雙方吼叫的對罵會，周恩來不偏不倚，貌似公允。當天晚上，江青、張春橋向毛澤東作了匯報，告三總四帥如何囂張謾罵，把矛頭指向了黨主席。毛澤東龍顏大怒，第二天拉著林彪親自出席會議，威脅三總四帥說；我把北京交給你們行不行？你們可以抓康生、陳伯達坐牢，拉江青槍斃！我和林彪回南方去打游擊，重新拉紅軍幹革命！周恩來見毛澤東大怒，連忙責令三總四帥向毛澤東、林彪作檢討認錯。毛澤東、林彪當機立斷，下令撤銷中央軍委常委辦公會議，成立中央軍委辦事組代行權力。毛澤東並任命林彪夫人葉群爲軍委辦事組組長。葉群只被授過中校軍銜，卻一步登天執掌起原先中央軍委秘書長的權力。三總四帥一下子被解除了軍權。此後，毛夫人江青執掌中央文革，林夫人執掌中央軍委辦事組，毛林之間隱伏下了新一輪的明爭暗鬥。此即「二月逆流」。

「二月風暴」全國奪權，毛澤東掃蕩了劉、鄧在黨內的權力基礎；反擊「二月逆流」，毛澤東、林流遏阻了來自軍隊方面的反文革勢力。被軟禁在中南海內的劉少奇、鄧小平，失去了緩衝毛澤東致命打擊的最後屏障。

第三十八節　救助劉少奇

一九六七年二月，劉少奇仍在努力自救。他希望有人出面勸說毛澤東，讓毛澤東對他和他的家人能動一點起碼的惻隱憐憫，不要置他們全家人於絕境。再者，在中共最高權力圈內，也確有一批革命元老，革命老大姐們，力圖救助劉少奇和鄧小平。元老如朱德、董必武、謝覺哉、吳玉章等，老大姐如鄧穎超、蔡暢、康克清、帥孟奇等等。但是關鍵在於誰能見到毛澤東。現在能夠見到毛澤東的，都是中央文革那班倒劉倒鄧的英雄好漢。周恩來雖然能夠經常見到毛，但周已經摸透了毛的韜略，爲了自身的生存，也決無可能替劉少奇說項，除非周願意因此斷送自己的前程；朱德倒是說過：劉少奇是打不倒的，歷史終歸是歷史。但朱總司令也不宜出面替劉少奇說話了，朱德本人的家院——海晏堂都被中南海造反隊查抄過，中南海內貼出過「打倒大軍閥、黑司令朱德」的大字報、大標語。後來還是毛澤東說了話：「朱毛朱毛，蔣介石不是叫喊殺朱拔毛？朱毛不分家，朱德仍算紅司令」，才替朱德解了圍。後來有人說這本是毛氏夫婦在做戲，先指使中南海造反隊去抄了朱德的家、貼出打倒朱德的大字報，再出面保朱德，這樣就封了朱德的口：

你朱老總是泥菩薩過河，自身難保啊，你還能出面保劉少奇、鄧小平？

在中共元老中，最適於出面勸說毛澤東對劉少奇一家手下留情的，是毛澤東和劉少奇兩人的老師徐特立。徐特立老人早年任教於長沙第一師範，教授過毛澤東和劉少奇。後毛澤東在延安登上中共最高領袖寶座，曾信誓旦旦地說過和寫過：徐特立同志過去是我的老師，現在是我的老師，將來還是我的老師。可惜毛、劉的這位共同的導師，已於一九六六年夏天，眼睜睜的看著自己的兩位高足——毛澤東和劉少奇龍爭虎鬥，氣急病故了。

被毛澤東以師長相尊的老人中，還有董必武、謝覺哉、章士釗三位。董、謝二位均爲中共高官，本身也都受到紅衛兵造反派的衝擊，此時若出面替劉說話，毛澤東必定斷然拒絕。多位中共元老、大姐私下商議的結果，認爲還是由具黨外民主人士身分的章士釗老人出面較合適。章士釗無權無職，卻跟毛澤東有私誼。章士釗先生字行嚴，湖南長沙人，在北洋軍閥政府時期即出任過教育總長，是爲眞正的國民黨元老。毛澤東最早於恩師楊懷中教授（毛氏第二任妻子楊開慧之父）家中拜識得章士釗老前輩。一九二〇年，章士釗先生住在上海。身無分文的窮學生毛澤東來到上海，以籌集赴法勤工儉學團路費爲名，出面向章士釗先生借錢。章士釗先生重鄉誼，喜晚輩上進，當即慷慨解囊，交給毛澤東二萬銀元。銀元到手，毛澤東卻沒有拿去做什麼赴法勤工儉學團的路費，而是帶回湖南做了革命經費。可以說，毛澤東最初的「革命本錢」，即是從章士釗先生手上取得的。一九四六年秋，毛澤東到重慶與蔣中正和談，一住五十天。毛澤東拜見黨國元老章士釗徵詢意見時，章士釗老人寫下一個「走」字，示意毛儘早脫離重慶返回延安，準備打內戰。一九四八年，章士釗作爲南京中央政府的求和代表之一，赴北平與周恩來等人談判時，鑑於國民黨敗局已定，自己又一直跟毛澤東保持著「鄉誼」，而與其他幾位和談代表一起「棄暗投明」，歸順了新朝。毛澤東倒也沒有虧待章士釗，安排他一家住在北京，領一份高薪當政治花瓶。兩家往來密切。一九六二年，毛澤東更把章士釗的美貌幼女章含之留在身邊，當了他的「私人英語教員」。

以上種種，章士釗老人這位中共權力爭鬥的「旁觀者」、「局外人」，倒的確成了能夠出面找毛澤東，替劉少奇求情的適合人選。一九六七年二月，章士釗老人多次給毛的秘書掛電話，要求拜會毛澤東。得到的回答卻總是：主席很忙，不克相見，有事請先寫信吧。拖到三月上旬，章士釗老人只好退而求其次，給毛澤東寫下一封長信。

信中字斟句酌，撿了毛澤東喜歡的話說：自新中國成立後，國家興旺發達，全都仰仗共產黨之英明領導。而毛、劉團結乃共產黨領導核心堅強的保證……金無足赤，人能無過？劉少奇同志犯了錯誤，性屬方向路線，望毛、劉兩位領導能赤誠相待，好好談談，劉可做檢討，但切不可輕易打倒……

章士釗先生替劉少奇求情的信，通過特殊渠道送達毛澤東手裡。三天後，毛澤東給章士釗回了一封親筆短信：

行嚴先生：惠書敬悉。爲大局計，彼此心同。個別人情況複雜，一時尙難肯定，尊計似宜緩行。敬問吉安！

毛澤東　三月十日

毛澤東爲了讓章士釗先生不再替劉少奇說情，於回信不久，又派人把中央文革及中央專案組準備下的「劉少奇罪行材料」，送給他閱讀。來人特別說明，「材料」尙未公開，是黨內絕密文件。通過此「材料」，章士釗看出來，毛澤東已決定把劉少奇定爲「叛徒、內奸、工賊」，徹底消滅掉。章士釗老人再說不出話來了，毛主席是要罔顧歷史事實，羅織罪名，置劉少奇於死地，國家和百姓亦因此要遭受大難了。

再說劉少奇家裡的電話機被江青手下的中南海造反派收走後，劉少奇夫婦被切斷了與外界的一切聯繫。爲著了解外界動態，只有靠幾個孩子每天淸晨騎自行車出門，去大街上買回來五花八門的鉛印、油印的紅衛兵小報，以及擠在人群中間抄錄各種駭人聽聞的大字報消息。什麼宋慶齡被抄家，李宗仁被捕，李宗仁的婆娘郭德潔本是美國中央情報局特務，什麼「賀龍行刺毛主席未遂」、「伍豪（周恩來）脫離共產啓事大暴露」……這些大字報、小字報，更多的是充塞著對劉少奇夫婦竭盡誣陷中傷的訊息。劉少奇卻通過閱讀這一份份小報，揣測出來運動的某種風向。例如有人造謠說他劉少奇曾經自詡爲「紅色買辦」，曾經吹捧《淸宮秘史》是「愛國主義影片」等等，劉少奇敏感覺察到，這是要進一步對他興師問罪、開刀問斬的信號。他及時給毛澤東寫了一封信，說明事實眞相並駁斥種種謠言誹謗。時間是一九六七年三月二十八日。他的信，肯定會送到毛澤東手裡。因爲毛澤東親自掌握著批鬥劉少奇的每一步驟和策略。劉少奇也明明知道，毛澤東既然批准中南海造反隊撤走了他家裡的電話機，也就不會回他的信了。他也不可能在中南海裡貼出大字報。那一來中南海造反隊更會給他扣上「反攻倒算」的帽子，引來更激烈的批鬥。

就在劉少奇給毛澤東寫信辯誣之後的第四天——四月一日，全國所有的大報小報同時刊登出中央文革小組成員戚本禹的一篇代表毛澤東鬥爭意向的文章：《愛國主義還是賣國主義？——評反動影片〈清宮秘史〉》。文章引述毛澤東的話，「被人稱爲愛國主義而實際是賣國主義影片的《清宮秘史》，至今沒有被批判。」意指劉少奇當年爲堅持自己的錯誤而壓制下了革命大批判……文章無中生有，假列史實，用語兇狠，殺氣騰騰。戚本禹在文章的結尾，畫龍點睛地向「黨內最大的走資派×××」，提出「八個爲什麼」，亦即「八大罪狀」，其中最惡毒的一條爲問劉少奇「爲什麼要長期包庇、重用六十一人叛徒集團的變節分子？」並作出了「你就是假革命，反革命，你就是睡在我們身邊的赫魯曉夫」的結論。

實際上，戚本禹的這篇大作，本是毛澤東授意寫出，並經毛澤東修改、審定後，才交「兩報一刊」發表。最後那句結論性的話「你就是假革命，反革命，你就是睡在我們身邊的赫魯曉夫」，亦是毛澤東親筆所加。文章發表出來後，毛澤東又裝神弄鬼地寫出一個批示：戚文很好，八個問題，擊中要害，缺點是沒有點名。

這是毛澤東對劉少奇辯誣信的公開回答。毛澤東並命令中央辦公廳，把戚本禹的文章和他的批示，再加個按語，作爲中共中央的正式文件，轉發全黨。這份中央文件，不再分別什麼黨內黨外，可以像安民告示一樣公開張貼。就這樣，毛澤東不用召開什麼會議，就輕而易舉地把劉少奇的問題定了性，並公開化，在全國上下掀起一場點名批鬥劉少奇、鄧小平的新高潮。隨後，毛澤東進而明確了他的陽謀：近年內不再召開什麼鳥會，包括中央全會，政治局會議，中央常委會議。大部分中央委員和政治局委員，都被革命群衆揪出來了，成了革命對象，還用得著開會？不湊足材料，不作出徹底打倒劉少奇，將其永遠開除出黨的決議，就沒有必要再開中央全會來扯皮，再給劉少奇講話的機會。

再說被軟禁在中南海福祿居院內的劉少奇，在讀了四月一日《人民日報》上的文章之後，看出來是毛澤東的授意之作，憤怒得把報紙撕作兩半，摔到了地下。他再控制不住自己的情緒，大聲對夫人王光美和孩子們說：「這文章通篇扯謊！我什麼時候說過那個電影是愛國主義的？什麼時候說過自己是紅色買辦？這不是事實，是栽贓！黨內鬥爭從來沒有這麼不嚴肅過。我不是假革命，更不是反革命，也不反毛澤東，毛澤東思想是我在七大上正式提出來的……我早在去年八月的會議上就講過五不怕。如果這些人光明正大，可以來找我面對面辯論！在中央委員會辯論，在人民群衆中辯論……」

可是毛澤東很英明，不會再給劉少奇面對面辯論的機會。那樣會撕開面皮，甚至互揭老底。太麻煩了，也太愚蠢。最簡便的辦法，就是把劉少奇夫婦交給中央文革屬下的中南海造反隊去批鬥，讓革命左派去掌劉少奇的嘴，去剝奪劉少奇的發言權。青皮後生、紅衛兵小將都能做到的事，何須勞動三軍統帥，本黨主席?開會?免了。

事實上，戚本禹的文章加上毛澤東的批示，以中共中央文件的方式轉發全黨全軍之後，劉少奇即被正式定性爲「中國的赫魯曉夫」，「黨內頭號走資本主義道路的當權派」。毛澤東此舉，手法自屬高超絕倫，史無前例。但他不召開會議走走起碼的舉手表決形式，作個哪怕是以槍桿子威逼出來的「一致通過」的決議，而採取這樣一種輕佻、荒謬方式，來打倒一位經全國人民代表大會選舉出來的堂堂「中華人民共和國主席」，中共長期的第二號領導人，留給歷史的就只能是一則鄉村流氓、獨夫民賊式話柄了。

第三十九節　中南海困獸

一九六七年四月六日晚上，中南海造反派的鬥士們呼喊著「打倒劉少奇」、「毛主席萬歲萬萬歲」的口號，衝進了劉少奇的住所福祿居，向劉少奇宣布「中南海全體革命幹部職工通令」：最高指示——階級鬥爭，一抓就靈；把敵人打翻在地，再踏上一隻腳，叫他永世不得翻身！勒令黨內頭號走資派、反革命黑幫總頭子劉少奇及其臭婆娘王光美，自即日起必須自己做飯，打掃衛生，洗衣服，並改變作息時間，隨時準備接受群衆批鬥，交代所有罪行，只許老老實實，不許亂說亂動，否則一切後果自負！此令，若有違犯，嚴懲不貸！

中南海造反隊向劉少奇夫婦頒布「勒令」之後，接著便根據戚本禹文章中的「八大罪行」，命令劉少奇作出回答。劉少奇倒是不急不忙，根據歷史事實，對「八大罪行」逐條解釋、申辯。其中回答到至爲要害的「薄一波、安子文等六十一人叛徒集團案」時，劉少奇說：那是一九三六年，日本侵略軍佔領北京（當時叫北平）前夕，有中共華北局的六十一名重要骨幹，被關押在國民黨的「北平軍人反省院」裡。西安事變後，國共兩黨合作抗日，國民黨方面提出來，只要這六十一人每人塡寫一張表格，辦理一個手續，即可以放他們出獄。日本軍隊進逼，形勢十分危急，一旦這六十一人落到日軍手中，肯定會被殺害。當時劉少奇作爲華北局第一書記，聽了匯報，覺得事關重大，立即通過地下電台請示延安黨中央。當時的黨總書記是張聞天。張聞天知會了在延安的其他幾位黨中央負責人（包括負責軍事工作的毛主席），在無異議情形下，復電華北局劉少奇，同意這批黨的幹部以塡表方式出獄，繼續爲黨工作。這件事，當時是十分淸楚的。在一九四五年黨的「七大」上，又再次對這六十一名幹部出獄一事作了決議，不影響他們當選中央委員和中央候補委員。大家不信，可以找《毛選》第四卷，重讀一遍黨的「七大」通過的〈關於若干歷史問題的決議〉……怎麼可以到了三十年之後的今天，突然又提出這批爲黨爲國家立下汗馬功勞的幹部——而且有的人已經犧牲在戰場上了，是什麼「六十一人叛徒集團」呢？還寫進了文件……

劉少奇根據歷史事實作出的答辯，一時竟使得中南海造反隊的鬥士們無言可對。爲了不長劉少奇的威風，滅中央文革的志氣，隊員們胡亂呼喊了一通「堅決打倒」、「徹底砸毁」之類的口號，唱著「毛主席語錄歌」，撤出劉少奇的家院。

四月七日，劉少奇交出了一篇關於「八大罪狀」的「交代」材料，以書面形式說明歷史眞相。劉少奇仍然頑強地認定：歷史就是歷史，誰也竄改不了眞相。然而落難中的劉少奇恰恰又忘記了，他長期作爲毛澤東的第一副手，已經幫著毛澤東竄改過許多的歷史眞相。時至今日，毛澤東不過是將歷史眞相竄改到了劉少奇頭上罷了。

劉少奇家裡的工作人員，把劉少奇的「交代材料」原件呈送給中央辦公廳，並代劉少奇抄寫了一份大字報貼在中南海職工食堂牆上，一時引來不少人好奇圍觀。此事說明，劉少奇身邊的工作人員仍在同情他這位落難的「國家主席」。可是幾個小時後，這份劉少奇答辯的大字報就被人撕得粉碎，且被一張寫著「劉少奇不投降就叫他滅亡」的大標語所覆蓋。之後，中南海造反隊開始把劉少奇夫婦拉出福祿居家院，到職工食堂裡去公開批鬥。每當劉少奇依據歷史事實回答訊問時，造反隊員就用《毛主席語錄》本敲打劉少奇的嘴和臉，理由是「不准繼續放毒」。《毛主席語錄》本被譽爲「紅寶書」，大紅塑料硬殼封面。劉少奇多次被打得嘴鼻流血，苦不堪言。此一具有象徵意味的情節，一定使毛澤東和江青十分開心，中南海造反隊的人馬以《毛主席語錄》本打劉少奇的嘴，不正代表了他們夫婦掌了劉少奇的嘴？不亦樂乎，又何其快哉！一直到後來劉少奇在中南海內的一次次批鬥會上，被造反隊員打斷了雙腿，踢斷了胸肋骨，情況也都均由住在同一座中南海內的毛澤東親自掌握著，但從未聽聞過毛澤東有任何對劉少奇「要文鬥不要武鬥」的指示。毛澤東早計算好了，要劉少奇死在「無政府狀態下的革命群衆手裡」，而不要死在有軍隊管制的政府監牢裡，誰都不要擔負處死劉少奇的名分。

四月八日，中共中央辦公廳通知劉少奇夫人王光美去清華大學作檢查，時間在四月十日。劉少奇夫婦原以爲，旣是由黨中央辦公廳正式通知，事情總會做得較有規矩，有人身保障。可是到了四月九日中午吃飯時候，女兒平平帶回來消息：「聽說，明天清華大學要開三十萬人批鬥媽媽大會，江青、陳伯達、康生親自出席，還有由三百名『大黑幫分子』組成的『陪鬥團』，聽講是文革旗手江青同志的一大發明。『三百人陪鬥團』裡，有彭德懷伯伯、張聞天伯伯、彭眞叔叔、羅瑞卿叔叔、薄一波叔叔、陸定一叔叔、楊尙昆叔叔……」

劉少奇困獸猶鬥，聞言大怒，推開飯碗，像是對著什麼人，大聲叫喊了起來：「怎麼可以這樣對待光美？我有錯誤我承擔！工作組是中央派的，政治局常委擴大會的決議，毛主席同意過的，光美沒有責任！爲什麼讓她代我受過？要作檢查，要挨鬥，我去！我去見群衆！我是一個共產黨員，死都不怕，還怕群衆？」

王光美連忙勸解說：「不急不急，已經到了這一步……清華大學的運動是我直接參加了的，當然應該我去向群衆作檢查……何況中央辦公廳並沒有通知你去……群衆，什麼是群衆？……」

「你是執行者，決策的不是你，也不光是我劉少奇和鄧小平！」劉少奇激動地鳴叫著冤屈：「我絕沒有反過黨，沒有反過毛主席。別人反對過毛主席，林彪反過，江青反過，康生曾是國際派大紅人，這是歷史。我一直擁護毛主席。我在主持中央工作的幾十年裡，違反毛澤東思想的錯誤是有的，但沒有反過，工作錯誤有，但都是嚴格遵照黨的原則做的。我沒有搞過陰謀詭計，工作是大家一起做的，要我承擔主要的責任，可以！但錯誤得自己去改！別人就一貫正確？爲什麼不許人家向中央文革提意見？有不同意見就把人抓起來！」

差點就要叫喊出毛澤東的名字來了。劉少奇越說越激動，把手中的湯杓猛地往桌上一摔，渾身都顫抖了起來：

「去年八月，我就不再過問中央工作。從那以後，錯誤仍在繼續。將來，群衆鬥群衆的情況還會更厲害，不改，後果更嚴重。那時，責任不能再推到我身上。這麼多幹部被打倒了，不少人連命都送掉了……有人想逼我當反革命。我可以問心無愧地說，不論過去和現在，就是將來也永遠不當反革命，永遠不反馬列主義、毛澤東思想！一個革命者，一生爲革命……」

劉少奇滔滔不絕地訴說著，也是表白著。他是在說給自己的子女們聽，也是在說給家裡的工作人員聽。工作人員中，肯定有一兩名是毛澤東夫婦派來的耳目。就讓耳目去傳話，去告密。劉少奇連死都不怕了，還怕有人去告密？過去國民黨懸賞十萬銀元要劉少奇的命，如今「國家主席」劉少奇的命一文不值，哈哈，人家都不屑於撤銷他這「國家主席」的職！國家主席，什麼是國家主席？

劉少奇的身體已經十分虛弱，話講多了，就直喘粗氣。不得不息一息。他平靜住自己，恢復了安詳神態。他親切慈愛地看著兒女們，說：「我有感覺，我的日子不會很多了。不是我不想，是人家不會給……我死了以後，你們要設法把我的骨灰撒在大海裡，像恩格斯一樣。大海連著五大洋，我要看著全世界……你們要記住，這就是我給你們的遺囑！是的，遺囑。我身無長物，眞正的無產者，沒有東西留給你們……」

王光美已經哭了許久了，此時泣不成聲地說：「還不知道，人家會不會給你留骨灰，留了骨灰，會不會交給他們兄妹……」

「會把骨灰交給你們的，」劉少奇目光堅定地看著孩子們說，「你們是我的兒子、女兒，這一點無論任何人都不能否定……你們放心，我不會自殺的，除非人家把我槍斃或鬥死。我有這個準備……你們一定要活下去，要長大，要學本領……你們要記住，你們的爸爸是個無產者……你們要做人民的好兒女……」

幾個孩子淚流滿面，靜聽著父親的話語。劉少奇說完，站了起來，振臂呼喊起了口號：「共產主義事業萬歲！」「馬列主義毛澤東思想萬歲！」「中國共產黨萬歲！」喊完口號，他回自己的房間去了，筋疲力竭地倒在床上，一動不動。

劉少奇的神經並沒有錯亂，而且思路十分清晰。他有一個強烈的預感：毛澤東夫婦不會允許他繼續與家人團聚下去。毛澤東做事會做到底，下一步就會叫他劉少奇妻離子散，家破人亡。他總算對毛澤東有了新認識了，共事了幾十年的老鄰居，到今日才有所認識。正如蘇軾說的，不識廬山眞面目，只緣身在此山中。

第四十節　三十萬人「公審大會」

一九六七年四月十日，是中共歷史上最黑暗的日子。

四月八日，中共中央辦公廳提前兩天通知劉少奇夫人王光美，準備去清華大學作檢查。中央辦公廳卻未告訴她面臨的是一次規模空前的三十萬人「公審大會」，更不會告訴她江青和葉群將分別代表毛主席和林副主席到會坐鎮。

四月九日晚上十二時，中央辦公廳派出中南海警衛團一個排的士兵，將王光美秘密押往北京西北郊的清華大學看守。離開中南海福祿居時，孩子們已經睡下，她只跟劉少奇垂淚相別，知道此去凶多吉少，帶上了毛巾、牙刷、簡單的換洗衣物，準備批鬥大會之後被捕入獄。

一輛草綠色軍用卡車跟盯著一輛軍用吉普，抵達清華大學已是凌晨二時。王光美先被關進一間小屋子裡寫檢討書。由警衛排和清華大學紅衛兵組織——「井崗山造反兵團」共同看管。「井崗山兵團」的頭頭並通知她：不准睡覺，全天的批鬥順序是，清晨六時接受紅衛兵聯合造反總部的第一次審訊：上午十時，在首都三十萬革命群衆批鬥大會上示衆；中午一時，接受第二次審訊；下午五時，接受紅衛兵組織的第三次審訊。

貴爲「國家主席夫人」的王光美，曾經被世界上許多報刊稱爲「中國第一夫人」、「亞洲風雲女性」、「神州金鳳凰」，面對的是整個晝夜的輪番揪鬥、恐嚇、羞辱和毆打。中央辦公廳派來的士兵們只有看守的責任。行前中辦負責人給他們交代了政策：不能束縛群衆手腳，不能向紅衛兵小將潑冷水，當然還是要堅持文鬥，不能把人打傷殘了。

晨六時，在清華大學中央主樓一間小型會議室裡，王光美在一派「打倒」、「消滅」、「火燒」、「油炸」的口號聲中被押了進來。會議主持者勒令她先向牆上的偉大領袖毛主席像低頭請罪，再轉過身來面向審訊她的一百多名紅衛兵代表低頭認罪，之後才被允許在一張四方櫈上坐下。主審人爲北京師範大學著名的紅衛兵領袖譚厚蘭和清華大學「井崗山兵團司令」蒯大富等五人。王光美剛坐下，就又被喝令站起來，因爲正式審訊之前還要舉行「三忠於四無限」儀式。但見所有的人都面朝毛澤東像挺胸肅立，右手緊握的紅寶書《毛主席語錄》貼放於左胸心臟部位，齊聲唸誦：「無限敬仰毛主席，無限熱愛毛主席，無限崇拜毛主席，無限忠誠毛主席！敬祝偉大領袖、偉大導師、偉大統帥、偉大舵手，我們心中最紅最紅的紅太陽，萬壽無疆!!萬壽無疆!!萬壽無疆!!敬祝毛主席的親密戰友、最可靠的革命接班人林副主席身體健康！永遠健康!!永遠健康!!」而當唸誦至「萬壽無疆、萬壽無疆」及「永遠健康、永遠健康」時，人人的右臂都舉過頭頂，有節拍地揮動著紅寶書，猶如一面面血色小旗在擺過來擺過去，蔚爲壯觀——不久這一領袖崇拜儀式發展成每日兩次，早上曰「早請示」，晚上曰「晚匯報」，在神州大地的每一單位、每一家庭風行，直令全世界的所有宗教儀式望塵莫及。

崇拜儀式的第二項內容爲「學語錄」，由主持人囑咐大家翻開紅寶書，找到有關階級和階級鬥爭的內容，齊聲朗讀：「凡是反動的思想，凡是毒草，凡是牛鬼蛇神，一定要進行批判，決不能讓他們自由氾濫！」「革命不是請客吃飯，不是繪畫繡花，不是寫文章，不能那樣雅致，那樣溫良恭儉讓。革命是暴動，是一個階級推翻另一個階級的暴力的行動！」

上述儀式節目，被批鬥者王光美亦可跟隨紅衛兵小將們一道履行，不同的是她手捧語錄本時必須低下腦袋，作出請罪認罪狀。

審訊會開始。依慣例，第一個步驟爲「打威風」，即施以政治高壓，製造緊張激烈的現場氣氛，以打掉被審訊者的自信心和自尊心，使之膽戰心驚，失去抗拒及替自己辯護的能力。

審訊者：王光美！你知道你是什麼人嗎？

王光美：知道，中華人民共和國女性公民，中國共產黨黨員，四個孩子的母親。

審計者：放屁！你是三反分子劉少奇的臭老婆，頭號走資派劉少奇的幫兇！反動的資產階級分子！

王光美：毛主席還沒有這樣說……

審訊者：你等著吧！捉妖隊上！給三反分子顏色看看！

立時，十來名男女紅衛兵氣勢洶洶，一擁而上。他們拿著中南海造反隊抄劉少奇家院所抄得的一九六三年王光美隨國家主席劉少奇訪問印尼時所穿的絲綢旗袍、長統絲襪、高跟皮鞋等物，迫令王光美當場穿上。兩位健壯的女紅衛兵一左一右地扭住了王光美的兩隻胳膊。

審訊者：王光美！這些衣服你一定要穿上！穿好了，不准脫，穿到三十萬人批鬥大會上去！

王光美（妄圖從扭住她的女紅衛兵手裡掙脫）：就不穿！

審訊者：穿也得穿，不穿也得穿！

王光美（雙手被扭到了背後）：反正我不穿。

審訊者：告訴你，今天是鬥爭你，不老實，你要皮肉受苦的！

王光美面對百十名血紅了眼睛的紅衛兵，努力使自己鎮靜下來。由於她不再妄圖掙脫，扭住她雙臂的紅衛兵緩了緩勁。

王光美：我們好好談談，好不好？

審訊者：你想跟誰談？誰願跟你談？今天是鬥爭你，打倒你！

王光美：反正你們不能侵犯我的人身自由。

全場哄笑，恥笑。紅衛兵人人大笑：王光美還想人身自由？眞不知人間有羞恥二字。

審訊者：王光美！你聽到這哄堂大笑沒有？上回是我們清華紅衛兵「計擒王光美」，這回是黨中央辦公廳派解放軍押送你來接受批鬥！偉大領袖教導我們說：對於階級敵人，別說大民主，小民主也不給，一點也不給，半點也不給！今天是對你實行群衆專政，沒有你的人身自由！

王光美閉了閉眼睛，最難纏的就是這批頭上長角、身上長刺的紅衛兵。他們都跟自己的大兒子、大女兒不相上下年紀……她睜開眼睛，低下了頭，以一個母親的聲音求告說：小將們，這是綢子的，太冷了。

審訊者領頭朗讀毛主席詩詞，全場紅衛兵一齊應和：最高指示：凍死蒼蠅未足奇！

王光美：如果我眞的反對了毛主席，那就凍死也活該。

審訊者提高了聲調：你還敢說你沒有反對偉大領袖毛主席？

兩名紅衛兵一人一隻手按下了王光美的腦袋。王光美仍然倔強地申辯：我現在不反，將來也不反！

審訊者：花言巧語。穿上！把你的妖服統統穿上！

王光美不肯就範：你們沒有這個權利……

審訊者：紅衛兵戰友們聽見沒有？說我們沒有這個權利？我們就有這個權利！今天，是毛主席和江靑同志讓我們鬥爭你，我們要怎麼鬥就怎麼鬥，沒有你的自由。你們那套眞理面前人人平等的臭理論早就破產了。我們是革命左派，毛主席的紅衛兵，你是反革命的臭婆娘，你混淆不了階級陣線！

這時，紅衛兵中有人喊：時間到！給劉少奇的臭婆娘穿妖衣！

說著，十來名「捉妖隊」隊員再次衝上來，七手八腳抓住王光美，剝她身上的薄棉衣、罩褲。王光美奮力掙扎，又喊又叫，卻被按倒在地，揪的揪她的頭髮，脫的脫她的鞋子、襪子。王光美在地上大聲抗議：你們搞武鬥，你們違反毛主席指示……你們武鬥……

「捉妖隊」隊員們給王光美套上了絲綢旗袍。全場紅衛兵齊聲朗誦：最高指示：革命不是請客吃飯，不是寫文章……革命是暴動，是一個階級推翻另一個階級的暴力的行動！

王光美仍在地下大聲抗辯：誰反對毛主席指示就……

不待王光美說完，紅衛兵們就齊聲回答：最高指示：頑固分子，實際上是頑而不固……把他打翻在地，再踏上一隻腳，叫他永世不得翻身！

王光美被揪住頭髮，提起了腦袋，但仍在抗辯：你們用強制手段！你們違反人性……你們跟我的兩個大孩子一般年紀……你們也都有母親，都有母親……

審訊者：胡扯！這時刻你還來推銷你的資產階級人性論？是你侮辱了我們！你當年穿上這套妖服去印尼與蘇加諾吊膀子賣風騷，丟盡了中國人民的臉。你侮辱了全中國人民！你還想倒打一耙？對你這個反動的資產階級分子，我們就是要強制，要專政！

這時一位幹部模樣的軍人走到主持審訊的五位紅衛兵司令之中，低聲交代了幾句什麼。審訊者點點頭，宣佈說：現在我們寬大為懷，允許三反分子王光美坐起來！給她一張紙擦嘴。

王光美的額頭出現紫塊，嘴角在流血。她站了起來，接過紙去擦血跡時仍不忘記說了一聲

「謝謝」：我訪問印尼的情況，希望你們好好調查，全面了解一下。

審訊者不理睬她的申辯，換了話題訊問：我問你，「打擊一大片，保護一小撮」是誰提出來的？

王光美一坐上櫈子便又挺胸抬頭，落落大方：眞正的革命者是勇敢的，是勇於正視事實的……「打擊一大片，保護一小撮」，肯定不是我提出的，也不是清華工作組。誰是眞革命，誰幹的誰自己承認。是誰說清華園是黑窩的？是誰說寧可懷疑九十九個也不放過一個黑幫……眞正的革命者要敢於站出來，誰幹的誰自己承認。

審訊會沈寂了一刻。王光美的回答話裡有話。一九六六年六月中旬中央決定向大專院校派出大批工作組時，康生、謝富治系統的人員即混進了工作組，在各校園內以極右面目出現，大抓「反動學生」，大放恐怖言論。例如中央文革的成員戚本禹就混入了北京建工學院工作組……但後來這些人很快離開了工作組，劉少奇夫婦始知上了當，中了特務政治的計，但已經查無實據，滿身長嘴說不清了。而康生又是毛澤東手下的大紅人，掌握著文化大革命的生殺大權。

審訊者：派工作組的目的是什麼？交代！

王光美：同意派工作組是當時中央政治局常委擴大會議的決定。當時毛主席不在北京，劉少奇主持工作，報告過毛主席……但劉少奇眞正派出的，只有我一個人，來清華園蹲點……毛主席還對劉少奇說：王光美爲什麼過去下鄉四淸時跟社員三同（按指同吃、同住、同勞動），現在不三同啦？可以參加勞動……這樣可以接受批評。

審訊者：別美化你自己了！就你這一個人，把多少革命群衆打成反革命？害了多少人？

王光美：我們沒有定一個反革命。

審訊者：你賴不掉「打擊一大片，保護一小撮」的事實。

王光美：事實總是事實，應根據事實得出結論。

審訊者氣急了，拍桌大罵：你這大扒手！反革命黑幫！頭號走資派的臭婆娘？鎭壓學生的劊子手！你當年就給中國人民丟臉！丟大臉！臭不要臉！你隨劉少奇訪問印尼，竟然親手給印尼的資產階級大政客蘇加諾點烟，爲印尼反動統治者服務……王光美！你要老實交代！

王光美：好，我交代。那次劉少奇是國家主席身分訪問印尼。我是他夫人，我認爲我沒有丟臉。那天是告別宴會，蘇加諾坐在我旁邊，我是女主人……應當尊重印尼習慣。

審訊者：你現在對劉少奇有什麼看法？

王光美：說他一輩子假革命，反革命，不反資本主義，不是事實，我沒有這方面的了解。

審訊者又按捺不住了：捉妖隊上！替這個頑固到底的三反分子戴「項鍊」！

幾名「捉妖隊」隊員聞令衝上來，把一大串以乒乓球串起來的特別「項鍊」要套進王光美的脖子。王光美本能地晃動著腦袋抗拒。有人從她身後左右開弓，給了她兩掌，另有人抓住了她的左右兩肩，揪住了她的頭髮，她被「固定」住了。她的臉因痛楚而抽搐著，但她沒哭，只是抗議：你們武鬥！又打人，武鬥！打人，你們……孩子們……

放屁！誰是你的孩子？揍這個資產階級大妖精！

你們……你們跟我的孩子差不多年紀，你們也有母親……毛主席，他們打人，打一個母親

……毛主席，毛澤東……

你敢叫喊毛主席的名字？老子揍扁了你！

毛主席的名字就叫毛澤東，毛潤之……

場面一片混亂。那位幹部模樣的軍人又進來了，又在五位審訊者中間說了幾句什麼。審訊者揮揮手，表示革命左派寬大爲懷，讓幾位「出於無產階級革命義憤」而動了拳腳的「捉妖隊」隊員退下，勒令王光美重新坐好，重新擦掉嘴上的血汙，以免影響了審訊會的莊嚴氣氛：王光美！項鍊好看嗎？你說！江青同志叫你出國不要戴項鍊，你爲什麼偏要戴？

王光美：你們怎麼知道的？她告訴你們啦？

審訊者：放肆！你敢攻擊我們敬愛的江青同志？

王光美：不不，不是的……我說，我一直很尊敬江青同志。她的年紀、資歷、水平都比我高。前些年她身體、心情不大好，我經常去拜望她。我每次出國之前，都去向她請教，徵求她對我服飾的意見。每次出訪回來，也向她作了匯報。大家知道，江青同志除了五十年代初去過兩次蘇聯治病，再沒有出國的機會……至於一九六三年去印尼那次，江青同志是要我不要帶別針，沒

有說戴項鍊的事。當然問題是一樣的……

審訊者：王光美！你倒是眞會吹噓美化自己。江青同志沒有機會出國，你卻陪著劉少奇走遍天下，花天酒地，外國資產階級報紙吹捧你爲「中國第一夫人」、「亞洲風雲女性」，還有什麼「神州金鳳凰」，恬不知恥！

王光美：那都是工作，國事訪問……

審訊者：工作？恐怕是去賣國吧？現在你說說，你對戚本禹同志的文章《愛國主義還是賣國主義》有什麼看法？

王光美：戚本禹的文章，請原諒，戚本禹的文章……我覺得，覺得……

整個會場轟動起來了，紅衛兵們又跳又叫，大聲起鬨，威迫王光美快說，快交代。

王光美無所畏懼，忽然倔強地也大聲叫喊，把紅衛兵們的起鬨聲都蓋過了：就是有很大的片面性！是的！片面性！

審訊者：記下來！放毒！攻擊中央文革，放毒，記下來！

王光美不屈不撓的頑強態度，竟使得會場安靜了下來。王光美說：記就記吧！我說的，怕什麼！「懷疑一切」不是工作組搞的，更不是劉少奇搞的……我沒有這個思想，劉少奇也沒有這個思想。

審訊者：無恥！現在誰都看透了你這個反動的資產階級分子的本質了。

王光美：我不是反動的資產階級分子，我是共產黨員。眞理就是眞理。我只是受了資產階級反動路線的影響。

審訊者：你敢懷疑紅衛兵運動？你敢否定革命小將？

王光美：眞正的愛護革命小將，應該是什麼就說什麼，不能歪曲事實來愛護革命小將……

會場上又有人起鬨，有人大聲吼叫：放毒！放毒！打倒王光美！油炸王光美！消滅王光美！

王光美：如果你們擺事實，講道理，就讓我把話講完。毛主席說，壞話，好話，反對的話都要聽，要讓人把話講完。你們要是不擺事實，不講道理，那我就不講了。隨你們鬥吧！

審訊者：胡說！你頑固到底，死路一條！我們就是要響應偉大領袖毛主席的號召，把中國最大的走資派劉少奇拉下馬！

王光美：拉下馬我同意。別人領導要比他領導對黨有利，對國家有利。

審訊者：王光美，你對戚本禹同志的文章最後部分提出的八個問題，怎麼看法？

王光美：我可以交代我的看法，但請你們不要從中起鬨、打斷。一、對於劉少奇說文化大革命是老革命遇到新問題，對於劉少奇瘋狂復辟資本主義，瘋狂反對毛主席，我坦率地交代，我不知道，也不能理解，因爲這不是事實；二、把劉少奇定性爲中國黨內最大的走資派，中國的赫魯曉夫，我等待毛主席講話，等毛主席講最後一句話。劉少奇並不是夢寐以求資本主義，他是想搞社會主義的。他特別談了一些防修、反修、反資本主義復辟的問題，他經常想，但想不出辦法，無辦法沒有水平，無魄力像毛主席這樣搞文化大革命。他是考慮避免修正主義復辟的。我認爲他最大的錯誤是沒有提倡全黨大學毛澤東思想，從他的地位、重要性、毛主席對他的信任來看，應很早就提出的，但他一九六六年才提出，這是他最大的錯誤；三、他沒有反對過毛主席，更沒有什麼猖狂。他有違反毛澤東思想的地方，有不少是世界觀問題；四、對於一九三六年原國民黨北平軍人反省院六十一人出獄一事，他沒有大肆宣揚什麼。他是想替黨保存革命再生力量。當時白區地下黨人員損失極大，日本侵略軍又快要攻佔北平，因爲一些人不知名、影響不大，就讓他們自首了。當時劉少奇是中央華北局書記，這事還是柯慶施同志提議的，劉少奇報告了延安黨中央，黨中央同意他們以自首方式出獄。北平六十一人，天津幾十人。至於自首書的措詞，什麼「堅決反共」，他不知道的；五、說劉少奇反對資本主義改造，沒有！一九五〇年他在天津是講過一些錯話。當時天津有一種過「左」的情緒，不少人要消滅剝削階級，是毛主席派他去糾偏的。新中國剛成立，困難很多，一切重來，資本家若關閉工廠，工人就要失業。講「剝削有功」是指安定社會秩序，工人有飯吃，不能脫離特殊的社會背景。至於一九五五年砍合作社的問題，劉少奇是求穩怕亂，是想先鞏固後發展，是他同意鄧子恢幹的；六、關於一九五六年「八大」的政治報告和大會決議、黨章，取消「毛澤東思想」這一條，既是大會通過的，就不是哪一個人的問題……大會文件、決議草案、黨章草案，毛主席沒有看過？不可能吧？劉少奇好像看得也很匆忙。不過文件出來已經很久了，毛主席、黨中央也未說過八大的文件有錯誤……

王光美一口氣說了十一條，有理有節，有事實依據，全面駁斥了戚本禹文章強加給劉少奇的八大罪狀。說的聽的，都心裡有數，王光美不是在駁斥什麼戚本禹，而是在駁斥中央文革，駁斥毛澤東本人。

第一次審訊從淸晨六時到上午九時。紅衛兵審訊者除了不時對王光美施以打、罵之外，根本就不是王光美的對手，還要王光美來對他們解釋黨的有關歷史事實、具體政策、人際關係等。

上午九時半，警衛戰士遞給王光美一碗稀飯、一塊鹹菜、一個窩窩頭，王光美只喝了稀飯。她多次要求脫下紅衛兵「捉妖隊」以強制手段給她穿上的旗袍、高跟鞋，還有乒乓球項鍊，均被看押她的紅衛兵所嚴厲制止。當發現她要自己脫下一身「妖服」時，紅衛兵戰士立即將她的雙手反扭了過去，綁了起來，並在她胸前掛了一塊大黑牌，黑牌上面寫著「三反分子王光美」，並在她的背上插上了高標，上面寫著打了大紅叉的「打倒三反分子王光美」。

上午十時，王光美就這樣全身披掛並五花大綁，被中央警衛團的士兵押上「首都三十萬革命群衆公審王光美大會」批鬥台的。使王光美觸目驚心的不是三十萬人組成的紅海洋，而是批鬥台下跪著的那一長排「三百人陪鬥團」，這些親手締造了這個國家的中共元老們，也是人人五花大綁，個個胸前掛著黑牌，背上插著高標，跪向毛澤東畫像，跪向三十萬手揮紅寶書的革命群衆，低頭認罪，其狀極像即將押赴靶場，等候槍決。其中最著名的有自井崗山上就任紅軍副總司令的彭德懷元帥，延安時期的中共中央總書記張聞天，前中央書記處常務書記兼北京市委第一書記彭眞，現職中共中央政治局常委兼國務院副總理陶鑄，前中央軍委秘書長兼總參謀長羅瑞卿大將，前國防部副部長兼總參謀長黃克誠大將，前國務院副總理兼中宣部長陸定一，前中共中央統戰部部長李維漢，前中共中央組織部部長安子文，前中共中央辦公廳主任楊尙昆，前國務院副總理習仲勳、薄一波，前中共中央高級黨校校長楊獻珍、林楓，前中共中央西北局第一書記劉瀾濤，前中共中央東北局第一書記宋任窮，前中共中央中南局第一書記王任重，前中共北京市委第二書記劉仁，前北京市副市長萬里……三百名陪鬥團成員，每一位的黨內職務和資歷都比台上的王光美要高出多少倍。最爲慘不忍睹的，是前中央軍委秘書長兼總參謀長的羅瑞卿大將，他因於一年前跳樓自殺未遂被截了肢，不能行走，而被裝在一隻籮筐裡，由兩名士兵抬進會場，身上也是五花大綁。

被押解到台上來跟王光美跪在一起低頭認罪的，則只有「反動頭銜」爲「反革命修正主義黑幫頭目」的彭眞，「六十一人叛徒集團首要分子」的薄一波，「反黨野心家」的陸定一，「鎮壓學生劊子手」的蔣南翔（職務爲國務院高等教育部部長兼淸華大學校長）等四人。

批鬥台側是紅旗招展的大會主席台。毛澤東夫人江靑、林彪夫人葉群，加上陳伯達、康生、張春橋、謝富治、姚文元、王力、關鋒、戚本禹等人坐上了主席台。毛夫人江靑揮舞著手中的紅寶書，拖長聲調，首先講話：紅衛兵小將們，革命的同志們，朋友們！我代表偉大領袖毛主席，問大家好！向同志們致以無產階級的革命敬禮！並熱烈祝賀本次三十萬人公審頭號走資派劉少奇的反革命臭婆娘王光美大會的勝利召開……台下自然是一陣陣海濤般的歡呼聲和口號聲。周恩來總理也趕來出席了，並當著江青、葉群的面，拍馬有術地呼出兩句新口號：「向江青同志學習！向江青同志致敬！」、「向葉群同志學習！向葉群同志致敬！」

由於是毛澤東親自下令召開如此規模的批鬥會，北京衛戍區出動了兩個師的部隊擔任警戒，嚴防「階級敵人破壞搗亂」。更有周恩來最擔心的美帝、蘇修趁機「空襲」問題。萬一敵人導彈來襲，那麼三十萬革命左派和三百名大黑幫頭子，連同周恩來、毛夫人江青、林夫人葉群，還有康生、陳伯達等等。都要陪劉少奇的臭婆娘王光美同歸於盡了。

毛澤東及中央文革的原意，是在借助「公審」王光美的三十萬人大會，把中央一級的三百餘名大黑幫分子來一次總展覽，總遊鬥，並通過電台廣播、報紙新聞、新聞紀錄片等宣傳手段，把「文化大革命的偉大成果」傳達至全國，對黨內、特別是軍內的那股反文革勢力更是一次嚴厲的警告、威懾。因之大會在江青、周恩來代表毛主席、黨中央講話，首都高校紅衛兵組織代表唸過對王光美的控訴書、揭發書之後，即由周恩來登台打拍子，指揮三十萬人高唱一曲〈大海航行靠舵手〉的毛澤東頌歌結束。

三百名陪鬥團成員仍由警衛部隊押回監獄關押。王光美則仍被扣留在清華園內。中午十二時半，警衛戰士給王光美一碗白菜湯、兩個窩窩頭。王光美只喝了菜湯，沒有動窩窩頭。她胸前的黑牌、身後的高標倒是被摘除了，五花大綁也鬆下了，但仍不准許她脫下身上的「妖服」。

下午一時，在清華主樓八〇三教學室，對王光美進行了第二次小規模審訊。內容跟早上的第一次審訊大同小異。問她對今天的三十萬人批鬥大會有什麼感想？她說，大會表現了群衆的憤怒，三十萬人，眞是大氣魄，還有三百人的陪鬥團，使我很震撼。我個人受一些委屈也沒啥，毛主席教導我們要經風雨見世面嘛。我希望你們給我聽錄音，大會的喇叭聲、口號聲太大，我聽清楚的太少了。我應該知道自己犯了什麼錯誤，也應該讓劉少奇知道。審訊者問她：知不知道劉少奇是個老牌的右傾機會主義者？她回答：知道。有人指他爲老右傾，立三路線時批評他右傾，王明路線也批評他右傾。他一直反對在黨內搞「殘酷鬥爭」、「無情打擊」那一套……審訊者打斷了她的話，會場又起鬨，叫罵她放毒，反攻倒算，對她又喊又罵加上推搡揪打……到了下午四時，王光美支持不住，暈倒了過去。紅衛兵們還說她耍賴，裝死。中央警衛團的軍人找來醫生診視，卻證明王光美不是「裝死」，而是「虛脫」，立即給她注射了葡萄糖，並建議暫停批鬥。王光美醒來後，說自己頭暈，肚子餓，她有胃病，消化不了窩窩頭，請求給她一碗湯麵。在旁的紅衛兵氣壞了：劉少奇的臭婆娘竟然不肯咬窩窩頭，而要吃湯麵！倒是看押她的軍人認爲：湯麵也不算什麼特殊營養，爲了革命利益，還是給她吃吧！

下午五時四十分，王光美在吃過一碗湯麵並稍稍休息之後，被押回八〇三教學室繼續審訊，一直被審訊到晚上十時零五分。內容跟上兩次審訊大同小異。最後一個問題竟是：王光美！害怕不害怕？她回答：我沒有罪，劉少奇也沒有罪，我不怕，我把準備坐牢的毛巾、牙刷都帶來了。

一九六七年四月十日，被稱爲中共歷史上最黑暗、最醜惡的一日。王光美並沒有在這一日被捕入獄。她是過了一九六七年九月十三日被投入秦城監獄的。這天參加審訊王光美的男女紅衛兵們，私下裡不得不議論、嘆服：姥姥的！死硬哪，女丈夫哪，見過大世面！替劉少奇辯護滴水不漏，夠水平哪！

當天深夜十二時，渾身傷痛的王光美，被中央警衛團的軍人押送回中南海福祿居家裡。孩子們已經睡下，劉少奇眼睜睜地等著她。王光美在批鬥場上，充當了整整二十四小時的女丈夫，死硬派，沒有掉過一滴淚，回到家裡，卻倒在牀上再起不來了。她想放聲大哭，都哭不出來了，只能作無聲的飲泣。劉少奇也淚流滿面，緊緊揑住她的手：

光美！光美……你去替我受了罪……罪孽在我，在我……

少奇，批鬥會上，我告訴他們了，劉少奇，王光美，沒有罪。

他們打人！在中共中央召開的批鬥大會上打人，在中南海的批鬥會上也打人！這不是人的世界……不是人……

少奇，少奇……我爲什麼活著、爲什麼還要活著啊，少奇……你不知道，他們怎麼對待我……我告訴他們，我的大孩子跟他們年紀差不多，我是四個孩子的母親，加上你原先的五個孩子，共是九個……你們人人也都有母親……可他們不肯住手，他們殘暴凌辱一個母親……是什麼理論把他們教育成了野獸、畜牲？

知道，知道……源源、平平人們都被勒令去參加了大會……回來把情況都講了……不講，我也想得到。殘酷鬥爭，無情打擊，幾十年的老手法，老習慣……我一直反對在黨內這樣搞，所以我是黑修養，罪人……

少奇，我們一起死了吧……我是一刻都不想活下去了……我好恨，好恨……這個沒天良的世界，這些沒天良的人……我們什麼時候得罪過他們夫婦？你說，什麼時候？總是依著順著，尊著供著……我們只不過活得比他們恩愛，是眞正的夫妻，國內國外，同出同進，風光排場……男不盜，女不娼……他們爲什麼要這樣對我們？包括迫害我們的幾個孩子……

光美，應當死的是我……他需要我死掉。我已經想過很多……但我不要自殺。我要死在他們手上，留給歷史，歷史會有公論……你，是九個孩子的母親，最小的瀟瀟才六歲，六歲……孩子不能沒有母親。你要活下去，孩子們才不會變做孤兒……爲了孩子，你要活下去，看著他們長大，成家……

天！那我受罪到幾時？到哪一年？他們會讓我活嗎？他們不槍斃我，也會鬥死、打死我……

在床上和衣哭泣了一陣，王光美竟小睡了一會。她太疲累了。可是只睡了約摸半小時，就又驚叫著，嚇醒了。劉少奇給她端來了一碗蛋花湯。女兒亭亭裹著毛巾被當睡衣，躲在房門外流淚，偷看，偷聽。

王光美喝下蛋花湯，身上長了些精神。她忽然說：

少奇！有句話，我要對你說……哪天人家把我們分開了，我或是你被捕了，就說不成了……

你說，我聽著，聲音小一點……

少奇！這是一場軍事政變，是的，反革命政變。一個人代替了黨中央，連政治局、政治局常委會議都不要了，不開了。他們動用親信部隊，要把天下的功臣，統統殺盡……今天上午我被押上台，就看到了台下跪成一長隊的三百人陪鬥團。都是些什麼人物啊？滿朝文武，沒有他們，能有今天這個國家，這個天下？能有那對夫婦的高位？政變！反革命軍事政變！

劉少奇不吭聲，晃了晃手。意指牆外有哨兵，房間裡也可能早被人裝了竊聽器。王光美明白了他的意思：

還怕什麼？到了今天，還怕什麼？再怕，也改變不了什麼了……你是一個好丈夫，好父親，但不是一個好的政治家……你總是怕、怕，總是讓、讓，才落得今天這一步……不說別的，他糟蹋過多少良家女子？數得過來嗎？一九六三年還染上梅毒！你這個國家主席還竟然兼任他的醫療組組長，組織專家給他治梅毒……還叫顧全大局！好個顧全大局！我不怕，我要說，我今天對審訊我的紅衛兵頭頭們都說了：我不怕，毛巾、牙膏都帶著……

第二天，一九六七年四月十一日中午，兩眼佈滿紅絲的劉少奇，慎重其事地對夫人王光美說：我想了一晚上，你昨天的話是對的。他們是從去年年初起，就背著黨中央，背著中央軍委，偷偷調動三十八軍包圍北京，佔領北京，開始了一場反革命兵變！這是誰也抹不掉的歷史。

第四十一節　中南海托孤記

一九六七年四月十日的「首都三十萬革命群衆公審王光美大會」之後，毛澤東掌握運動火候，張馳有度地讓劉少奇夫婦及其家人過了一段稍稍安靜的日子。江青愛將戚本禹的倒劉檄文〈愛國主義還是賣國主義〉，毛澤東加了個按語，正式把劉少奇定性爲「黨內最大的走資本主義道路的當權派」，「中國的赫魯曉夫」，未經任何會議討論，即以「中共中央、國務院、中央軍委、中央文革」四家聯合發文的方式，頒發全黨全軍全國去了。毛澤東早已凌駕於黨中央、國務院、中央軍委之上，統領一切，指揮一切。但過去總要開開會，舉舉手，走走「決議」形式，現在連這道走形式的手續也予以廢止，黨就是我，我就是黨，最省時省事。當然他也考慮到，對於他毛澤東公開號召打倒劉少奇，黨內黨外，軍內軍外，還要有一個思想醞釀、認識轉彎的過程。因爲在這之前，他一直在會議文件上，在劉少奇的黨內書面檢討上批示：少奇同志態度是好的，認識是誠懇的，要立足於拉和幫，要給出路，要允許改過，而不要一棒子打死。現在是他毛澤東本人改了口，正式表明要把劉少奇一棒子打倒、打死，割豬肉已經割至最要害的一刀。不是他出爾反爾，言而無信，而是出於他的戰略部署。如果去年文革一開始就提出打倒劉少奇，行得通嗎？黨、政、軍、警、情各要害部門接受得了嗎？權力鬥爭無誠實可言，資產階級如此，無產階級更是如此。就是時至今日，劉少奇已成階下囚，甕中鱉，仍不可操之過急。韶山老家的人常說，性急等不得豆腐爛。意指豆腐本是極易煮熟的食物，太過性急就會燒糊燒苦的。

從四月中旬到五月下旬，由於遵照毛澤東的有張有馳的戰略部署，劉少奇夫婦在中南海內沒有遭受批鬥。劉家的兒女們也被允許隨各自學校的同學們去外地串連，也是免費旅遊。劉少奇本人則由警衛員監護著，堅持每天深夜在中南海裡看大字報，以及各式各樣的「中央首長重要講話」，「最新最高指示」，了解全國各地的運動形勢。王光美幾乎足不出戶，在家裡和保母一起整理、清洗、縫補著全家老小的衣物，等待著被捕入獄、夫離子散那一天的到來。她心裡有數，不會拖得很久的。說不定逮捕令早就辦好了，都交到中南海警衛團汪東興他們手上了，只等著毛澤東主席最後點點頭。她和劉少奇沒有錢財留給孩子們，家裡人口多，花銷大，平時就沒有多少積蓄。有一點錢存在中南海儲蓄所，早被中央辦公廳造反隊凍結了，連存摺都抄走了。留給孩子們的只有這些半新不舊的衣物。兒子女兒都正在抽條長個子，能穿多久就穿多久吧。孩子身上，有母親的一雙手哪。最令王光美心碎的，是六一年出生的女兒小小（瀟瀟），今年才六歲，又嬌又嫩一棵小苗苗。別的幾個孩子或許都能熬得住、活得下，可小小怎麼辦？六歲的小小能上哪兒去？

王光美本是天津望族出身，在教會學校裡從小學唸到大學，能講一口流利英語，曾爲輔仁大學校花，才貌雙全的大家閨秀。一九四六年在北平中美軍事調處執行部任英文翻譯，經人秘密介紹而認識了中共第二號領導人劉少奇。其時劉少奇的第四次婚姻業已破裂，英雄美人一見傾心，很快結了婚，組成了後來在中共高層中人人稱羨的美滿家庭……王光美是個秀外慧中、外柔內剛、平日很少落淚的人，近年來卻老是暗自落淚。她從「中國的金鳳凰」跌落成黑烏鴉，盡力做到了不在批鬥場合流淚，甚至都盡力避免在少奇和孩子們面前哭泣，卻止不住獨自一人時作無聲的飲泣。她什麼都不怕，包括批鬥，掛黑牌，戴高帽，插高標，最怕的是跟丈夫、孩子們分離，被活活打散。毛澤東主席爲什麼不肯開恩，給條活路，放劉少奇一家回老家去種地啊，王光美也可以養豬打狗，種菜種瓜，把老老小小的日子料理得和和睦睦。王光美相信自己上得下得，甜得苦得，當得好一名農家主婦……她整理、縫補著孩子們的衣物，腦子裡就不時閃出那首自己牙牙學語時就會了的唐詩：慈母手中線，遊子身上衣，臨行密密縫，密密縫……

王光美也給劉少奇整理出了一包衣物，主要是襯衣、內褲、單衣、夾衣、毛線衣和一件半舊的軍棉大衣。那幾套出訪時或見客時穿的毛料中山裝、毛皮呢大衣、短大衣，今後是沒有機會穿了，這些「禮服」反正是花公家的錢做的，屬於「公物」，到時候不是上交就是被抄走。外邊的人可能不理解和不相信，少奇的生活其實是相當樸實的。連自己這資產階級出身的人，也跟著他樸實了。四九年春天從西郊香山搬進中南海來時，住的是豐澤園中的另一套小庭院，連間會客室都沒有，有時總理、彭眞他們來談工作，就在睡房裡臨時加兩把椅子，還有人得坐床沿。後來搬進這與毛澤東主席隔鄰的福祿居裡，房舍是寬敞了些，可前院的二層房屋，樓下是工作人員的值班室，樓上是少奇的書房和辦公室。辦公室的西牆有三扇長條形窗子，每逢夏季陽光直射，少奇穿著短褲背心辦公還汗流浹背，用上電風扇是一九五五年以後的事。再說這每日三餐飯，孩子們要上學，要按正常時間作息，早、中、晚三頓自然是由廚師郝苗師傅來做。但少奇跟毛澤東一樣，是上午睡覺，下午開會或是見客，晚上工作，凌晨四時左右才休息，因此在凌晨一時要吃夜宵。雖然郝苗師傅堅持要做這頓夜宵，但少奇不肯，王光美自己也覺得過意不去。後來還是少奇想出了辦法，請郝苗師傅每頓晚餐都多做一點，到了凌晨一時由王光美把剩飯菜一鍋燴了來解決。因之工作人員都笑稱她王光美爲「燴飯師傅」……可是自今年一月一日之後，中南海造反隊的人馬想衝就衝，想鬥就鬥，連帶這些工作人員都抬不起頭，人人自危，誰也不敢來接近他們夫婦了。王光美手撫著丈夫的衣物，心裡有說不出的苦澀，眞是人生如夢，榮華富貴只是過眼烟雲：堂堂一位國家主席，今後穿得著的衣物整理出來，就只這麼一包，不大費勁就能提走。還硬要說他是頭號走資派，大資產階級在黨內的代理人。而那位在全國各地都建有行宮別館游泳池、到處有美女隨侍、荒淫無度、染有花柳病的人，卻是最紅最紅的紅太陽，中國無產階級最最偉大的導師和領袖！

一九六七年的四、五、六三個月，女兒平平、兒子源源可是見了大世面了。他們有幸參加了大串連——還是虧了毛澤東說了一句話：劉少奇的孩子也可以參加串連，到外地去看看嘛。平平和源源去過天津、山西、陝西、青海、雲南、四川、湖南、湖北，免費乘火車汽車走了半個中國呢。他們當然不能暴露自己的身分。孩子心細，每出去些日子，就要返回北京，向父母報告各地的見聞。他們在成都、西寧、昆明、武漢、長沙、天津等城市，都看到過兩大派組織之間的武鬥，大街上躺著屍體，有的電線杆上吊著人。毛澤東主席的老家湘潭市還出動了軍工廠的坦克車，轟隆隆把柏油馬路都軋出深深的轍印，四川成都、重慶一帶的「產業軍」和「革造聯」則動用了援越武器火箭筒及火焰噴射器。據說以火焰噴射器最具殺傷力，能把任何躲在堅固工事裡的另一派人馬瞬刻間燒成灰燼。反正打死了人也不知道誰是兇手。還有許多被打死的人連姓名、單位都搞不清，人死了就跟螞蟻一樣。兩派都各有軍隊做後盾，暗中供給槍炮武器。雲南昆明的武鬥乾脆就是從老撾、柬埔寨撤回來的「工字兵」（即工程兵部隊）跟昆明軍區所支持的造反組織在直接開打。孩子們沒有敢去廣西，只聽說南寧附近的好些縣都在整縣整縣的處死五類分子及其家屬子女，還吃人肉。現在是兩大派組織都殺紅了眼睛，有的地方浮屍滿江，血流成河。可兩大派呼喊的口號卻都是一樣的：誓死保衛毛主席，誓死捍衛文化大革命。

劉少奇仔細地聽著，很少說話，常常陷入沉思。其實他從各種紅衛兵小報上所刊載的「中央首長重要講話」裡，亦已知全國陷入了一場瘋狂而又莫名其妙的大武鬥、大內戰。究竟什麼是群眾，什麼是群眾運動啊？明明是一場政治痞子運動加街頭流氓運動。共產黨卻是靠這種「運動」起家、發跡的。問題是共產黨已經坐了天下，爲什麼不去好好治理社會、建設國家？而年復一年的重複這類運動，把一切人性的良知、理智、公德、仁慈、規範統統當作資產階級垃圾來掃蕩、埋藏。把一切獨立的思想、人格、風骨關入了監牢，整個國家民族，尤其是青年學生，才會如此的浮躁無知、狂熱淺薄、野獸般殘酷。這種狂熱殘酷終於演進了中南海，演到了劉少奇面前。劉少奇本人不也是始作俑者之一？他不正是作爲毛澤東長期的頭號助手，釀成了造就了今天的這一切？以革命的名義，以拯救中國於水火的名義，共產黨和毛澤東們行的是街頭流氓革命和政治痞子運動，這恐怕是劉少奇的一個認識死結，直到他生命的最後時刻都沒有勇氣承認。

令劉少奇百思而不解的問題是：毛澤東採取軍事手段，煽動個人迷信，發動文化大革命，除了要打倒他劉少奇及整個黨務系統之外，還要把國家引向哪裡去？搞成什麼局面？從那些紅衛兵小報上刊出的「中央首長重要講話」所透出的信息來看，毛澤東確是在公開、半公開的鼓勵打內戰，讚賞打內戰，允許大流血。毛夫人江青前些天在接見河南省造反組織「二七公社」的進京代表時說：當人家端起槍來對付你們的時候，你們爲什麼不可以拿起武器自衛？這在過去叫做以革命的武裝對抗反革命的武裝，現在叫做文攻武衛，文攻是動口，武衛是動手！毛夫人的這一指示傳達下去，全國各省市自治區的兩派內戰立時升級，神州大地成爲了一座大煉獄，人都變成了瘋子和魔鬼。

一九六七年六月一日，中共中央的兩報一刊——《人民日報》、《解放軍報》、《紅旗》雜誌，爲紀念毛澤東主席親自決定發表北京大學的「第一張馬列主義大字報」一周年而刊出社論，其間以黑體字全文引用了毛澤東的〈炮打司令部〉，再次提醒人們，這次運動的重點是打倒劉少奇、鄧小平，首要的運動對象是「中國的赫魯曉夫」劉少奇。

六月中旬，驕陽似火，頌歌沸揚，紅旗如血。毛澤東離開了中南海，離開了北京，乘坐他的流動行宮專列火車去巡視大江南北。實際上他很快又住進了湖北武漢市武昌東湖賓館。那裡的女服務員能提供給他最優秀的服務。王昭君的後代們可不像王昭君本人那樣失寵於漢武帝，一口一聲「主席，都想你了」，令他欲仙欲佛春情勃發。他在年輕美女身上找到了對自己生命力的自信心和企圖心。他相信自己經常駕馭年輕女子有益健康長壽。跟年輕美女作身心交會，能使自己也變得年輕而富於朝氣。但他決不在此類事情上專情於某一人。美女有如榮寶齋爲他特製的十行紙，而一頁撕一頁，很少重複的。且那些出身貧苦、沒有多少文化的女孩子，多半會把跟「偉大領袖親密共枕一夜」當作一生的最大幸福。也是在武昌東湖賓館，一位長相秀麗的小女兵抖著身子脫了衣服上了床，才對他說：主席，我的身子是留給您破的……毛澤東雖然皺了皺眉頭，心裡卻頗感動，頗受用。一般他是不用處子的，那太麻煩，且要多費些時間的。他讀《素女經》，就搞不懂黃帝爲什麼喜歡馭處女。他的大半生精力都是在進行兩種戰爭：一種是跟男人的戰爭，一種是跟女人的戰爭。可以毫不誇張地說，他都是敗戰少，勝戰多，成爲了征服者。

毛澤東這回離開中南海，離開北京，正好放手讓他的夫人江青和中央文革的大將們來對付劉少奇，對付鄧小平、陶鑄們。策略已經交代，輕重緩急亦已部署，他無須親睹執行，而要避囂，樂得耳目清靜。六月下旬，江青、康生派出人馬分頭深入大專院校煽動，稱劉少奇王光美把中南海大院當作了運動的避風港，政治的安全島，紅衛兵戰士們應當緊急動員起來，組織起來，去「圍攻中南海，揪出劉少奇」……於是幾天之後，中南海紅牆外，帳篷林立，標語林立，戰鼓齊鳴，口號震天，日夜不息。北京五十萬紅衛兵把堂堂的中共中央和國務院機關重地中南海，圍了個水泄不通。毛澤東主席也早在一年前就指示過，要允許革命左派來包圍中南海，包圍國務院。

七月一日，《紅旗》雜誌發表社論，除了號召全國工農兵造反派「揪出黨內一小撮叛徒、特務、走資派」，更公然號召「揪帶槍的劉鄧路線」，把矛頭指向了軍隊的中高級將領。社論並列舉了「劉少奇在各個歷史時期的反革命罪行」，為全國性批劉倒劉高潮烈火澆油。

正當在這令劉少奇憂心如焚、坐臥不安的時刻，北京建工學院紅衛兵組織〈八一戰鬥團〉在中南海西門外設立了「揪劉前線指揮部」，立即得到了江青、康生的中央文革的支持，派戚本禹前去慰問、打氣。七月四日晚，中共中央辦公廳主任兼中南海警衛部隊政委汪東興[①]，代表黨中央通知劉少奇說，黨中央的意見，要求劉少奇向建工學院「八一戰鬥團」寫出一份書面檢查。劉少奇身心交瘁，怎麼也寫不下去。黨中央政治局、書記處都撤銷了，中央常委會也沒有了，連個會議都不開了，還有什麼黨中央？只剩下了毛夫婦、林夫婦，卻仍然盜用黨中央的名義行事……

劉少奇的檢討書只好由王光美代筆，寫畢送交中央辦公廳，劉少奇想想不對，又立刻讓工作人員要了回來，加上了兩小段話：「文革初期是黨中央、毛主席委託我主持中央日常工作的」，「文革開始時我去建工學院蹲過點，問過情況，當時我通知中央文革派人參加，中央文革小組派了戚本禹同志參加。」

只因劉少奇在檢討書中加上了以上話語，檢討書上交中央辦公廳，並由中央辦公廳傳至建工學院後，立即被江青旗下的人馬指為「反攻倒算」，「是向中央文革瘋狂反撲」，「是射向毛主席革命路線的大毒箭」，「是假認罪、眞反撲的反革命宣言」。為此，中南海西門外的「揪劉前線指揮部」向全北京市紅衛兵、造反派發出「揪劉緊急動員令」，號召組成「揪劉陣線」，派出更多的紅衛兵來包圍中南海，並架設起幾百隻高音喇叭，從四面八方對準中南海日夜狂吼。

由於周恩來及中南海警衛部隊的全力阻擋和勸止，紅衛兵造反派衝不進中南海，就把一些省委第一書記和中央各部的部長揪到中南海的幾座大門外，設下批鬥台輪番批鬥。江青向汪東興發話說，既然不讓紅衛兵衝進來揪劉少奇，中南海裡就應當自己批鬥嘛，也好向主席交代嘛。於是中南海造反隊便與牆外的「揪劉陣線」相配合，又一次掀起了批鬥劉少奇、王光美的紅色惡潮，並再次貼出了打倒朱德、打倒陳雲、打倒陳毅、打倒李富春、打倒譚震林、打倒徐向前、打倒葉劍英等一批元帥和副總理的大字報，大標語。劉少奇獲知這一切之後，痛心疾首的說：糟糕！打倒劉鄧路線還不夠？還要打倒另一大批老幹部……

王光美說，你已經不工作了，這個國家主席，辭掉算了。你再正式提一提，我們下鄉種地去，我和孩子們養得活你。

劉少奇說，辭國家主席和其他職務的事，我早跟主席、總理都當面說過。主席不吭聲……現在看來，不會讓我那麼好受，也不會放我回老家種田。我下去了，他們還批什麼？鬥什麼？包圍什麼？

過了兩天，在劉少奇家中工作了十八年的廚師郝苗，因多次在工作人員中間替劉少奇夫婦叫屈，抱不平，並私下裡罵過江青像巫婆，毛主席像神漢，被人匯報，而被林彪、江青下令冠以「特務」罪名逮捕。郝苗師傅城市貧民出身，廚藝高超，爲人耿直。他的下場，對劉少奇身邊的工作人員造成很大的恐慌，隨時有被中央文革栽誣成「特務」、「走卒」、「爪牙」、「保皇兵」的可能。此後他們噤若寒蟬，提心吊膽，再不敢有任何同情劉少奇夫婦的言行。

劉少奇不得不替自己作最壞的打算。他有一件揪心的家事，就是幾個尙未成年的孩子怎麼辦？尤其是最小的女兒小小（瀟瀟）才六歲，天眞無邪，愛笑愛鬧，是他和王光美的掌上明珠。文革一年來家裡所發生的一切，險風惡浪，已給小小稚嫩的心靈造成了極大的摧殘，再有更大的變故，比如自己被整死，王光美進監獄，小小怎麼經受得起？怎麼活得下去？誰來把她扶養成人？長期以來，共產黨的階級鬥爭學說批判父子情，否定骨肉情，嘲笑血緣親，提倡父子革命，鼓勵骨肉分離六親不認，這回卻輪到了劉少奇自己。過去是革人家的命，可以不眨眼睛；如今革命革到了自己頭上，眼睛再睜不起……這些日子，劉少奇見到小小，就總要摟在手上，心裡再苦、身上再痛，也要抱著小小，格外的眷念，格外的淒涼，來日無多，抱一回是一回了。劉少奇還常常叨唸著：我們小小該上學了，小小該上學了，上學，上學……

王光美覺察出了劉少奇的心事。她和少奇都是讀書人家出身，一向很看重每位孩子的文化教育。共產黨搞革命要依靠文盲愚昧，領導人卻絕不讓自己的後代目不識丁，不學無術。她作爲母親，又怎能不替自己孩子們的前途憂心如焚呢？可現在，能送小小去哪裡上學？小學校也在鬧革命，紅領巾都變成紅小兵，專門欺凌黑幫子女……一想到小小，王光美心裡就一陣陣絞痛。

一天，王光美終於憋不住了，對劉少奇說：如果咱們被捕了，能不能跟他們提，准許我把小小帶到監獄裡去扶養？那一來，我就可以自己來教她學文化，也學點英文。

劉少奇搖著頭：怎麼可能呢？第一，他們會把我們兩人分別監禁，不會讓我們相互照顧、互相幫助；第二，他們也不會把小小交給你的。他們搞起內部的殘酷鬥爭、無情打擊來，比誰都厲害、殘忍。他在井崗山上殺「ＡＢ團」，殺了多少紅軍指戰員？後又在延安指派康生搞「搶救運動」，從來不眨眼睛……我是坐過兩次軍閥的監牢，一次是一九二五年在長沙，一次是一九三〇年在瀋陽，都活著出來了，繼續幹革命……這次，若是進了共產黨自己的牢房，只怕是很難活著出來了。也許不會把我投入監牢，而會在這福祿居裡劃地爲牢，讓我當光緒。我有這個預感，也有這個思想準備。我不是光緒，但下場會比光緒慘。不會讓我活多久了，我活著，對人家就是個威脅。怕我活著的時候歷史會翻過來。問題是小小必須活下去……

不是有許多先烈都把孩子帶進國民黨的監獄裡去扶養過嗎？電影裡也演過的。王光美還不死心地說。

人家准許把夫婦兩人關押在一起，那是在監牢裡生的……人家是軍閥，講一點起碼的天理常倫，孔孟之道……劉少奇一臉悲苦地回答。

難道，現在就連那時都不如嗎？楊開慧不就帶著三個兒子，在長沙坐過軍閥何鍵的監牢嗎？岸英、岸青、岸龍三兄弟，又有哪一個是在監牢裡生的？

是啊，我審定《毛澤東選集》文稿的時候，查閱過有關的資料，楊開慧是一九二九年底帶著三個兒子入獄的。可他丈夫是一九二七年九月上井崗山不久，就跟賀子貞同居了。楊開慧很癡心，三年之後才因不肯公開聲明脫離夫妻關係，被何鍵下令槍斃……一九三七年在延安，也是賀子貞剛去莫斯科治病，就又跟上海來的藍蘋住在了一起……所以上回他們批鬥我的私生活，我就說了：本人是有過五次婚姻，但每次都是明媒正娶，清清楚楚。

你們哪，我看也是自作孽，捧出個什麼人？

洛甫[2]讓賢，比我更早，也更早受罪。

王光美無話可說了。劉少奇也無話可說了。不知爲什麼，這些日子他經常想到張學良。張學良將軍和楊虎城將軍一九三六年在西安驪山華清池發動兵變，把蔣介石抓了起來，逼蔣抗日。事後蔣也只是把張、楊二位軟禁了起來，直到一九四九年逃離大陸前夕才把楊虎城全家處死，而張學良將軍和趙四小姐則一直活在台灣。

劉少奇忽然朝王光美招了招手，兩人出到了後院裡。說來可笑，康生、謝富治系統的竊聽裝置只能用於室內，而不能顧及室外。因之包括康生、謝富治、汪東興這些中共特工頭子本身在內，每當有最要害的話要跟親人交代時，即便是滴水成冰的大冬天，也一定要出到院子裡去才可進行。正是特務政治，紅色東廠，紅色西廠，紅色錦衣衛，你中有我，我中有你了。

七月上旬的北京，紅日當頭，晴空萬里。院子裡的蟬聲吱呀吱呀地叫個沒完沒了，成了一切先進竊聽裝置最美妙的干擾。劉少奇夫婦坐在樹蔭下的石櫈上。王光美知道少奇有最要緊的話要說了。

光美，我曉得你心裡，有個問題一直想問我，又一直沒有問……

嗯。你想說就說吧，我聽著。

不說就沒有多少機會了。你一定想知道，在一九六〇、六一兩年，我有機會、也有能力把他請下台，也有不少人暗示過我，包括毛身邊的某些人，我卻考慮再三，按兵不動……我這人總是顧全大局，怕這怕哪，怕黨分裂，怕軍隊分裂，怕引起內亂，怕外部敵人乘虛而入。國家太大，八億人口，非同兒戲。我甘當黨內二把手，國家一把手。我也對他缺乏真正的認識。他那兩年裝得很謙遜，對我和小平、賀胡子都是言聽計從，簡直是百依百順。還老淚縱橫作檢討、認錯，發誓不再過問黨和國家第一線的工作，只管一點軍事……現在看來是我錯了，我被自己的「修養」耽誤了。要是那時就把他請了下來，對黨、對軍隊、對國家都有好處，至少也不會有今天的這場武鬥內戰、大瘋狂了……要說我對黨、對國家有罪，罪就在這裡。

王光美靜靜地聽著。她能理解，也能體諒。二十年榮辱，生死與共，她很敬重劉少奇。劉少奇繼續說：

「對蘇政策，分歧更早一些。我不主張把關係搞那麼僵。獨立自主，不做兄弟，也可以做鄰居。他卻動不動提出不怕原子彈，可以死幾億人口。一九五八年那次，他穿了游泳褲在游泳池邊接見赫魯曉夫，虧他想得出，做得到……人家是一國總理，總書記，究竟是他侮辱了人家，還是丟了自己的臉……一九五九年在廬山反彭德懷，我幫了忙，講了許多違心的話。彭德懷從來對我敬而遠之，敢跟毛澤東當面爭吵……歷史以後都會翻過來的，彭德懷是對的，他才是英雄。我們，不是。」

「少奇，難得你跟我說這些……謝謝。」

「早就想說了。我有預感，他們把我們兩個拆散後，我就不會活多久日子了。而你會被允許活下去，他要留你做個活證據……記住，你要把我這二十年來反這反那的事實，統統以書面形式揭發、交代出來，要毫無保留。他們需要，我也需要。最早的分歧，是他否定新民主主義新階級，執意實行激進社會主義開始的……」

「不！」王光美眼含淚花，絕然地搖了搖頭：「不！我不會。反正已是個罪人，我交代不交代，都沒有用，不如留個頑固到底、保皇到底的名節。」

「唉唉，你呀！我是要你把材料留給歷史。我是反過他的胡作非爲，只是不力，常常屈從。歷史是由後人來寫的，那時才會有客觀和公正。」

王光美看著劉少奇好一會，才點了頭。少奇對人對事，思考問題，總是比自己要老到些，深入些。她握住了丈夫骨瘦如柴的手。

話題又回到了小女兒小小身上。到底拿小小怎麼辦呢？她那樣小，那樣嬌氣，像棵嫩苗……

劉少奇沉思良久，說：我們把她托付給阿姨吧！托孤，劉氏孤兒……我們要記住小小身上的特徵，將來一定要把她找回來。只要我們中間的哪一個能活著出來，就一定要把我們的子女統統找回來。

說畢，他們相互抓緊了彼此的手。

王光美在大事上，一向尊重劉少奇的主意。她抹乾淚水，咬了咬牙，說辦就辦，不能拖延。說不定哪天來幾個軍人把他們夫婦帶走，就想辦都來不及了。當天晚上，她翻出兩張劉少奇和自己的照片，去中院的阿姨房裡，找著了帶小小的趙阿姨。小小已經躺在床上要睡覺了，趙阿姨正逗得她舞著小手手笑嘻嘻呢。

趙阿姨是北京郊區一位忠厚純樸的鄉下女人，六年前小小剛出生時，由中南海服務局去找北京市委考核選聘來的。可以說小小是趙阿姨一口水一口奶的哺育著的。當王光美把兩張照片交在趙阿姨手上時，禁不住淚如泉湧：

老趙，我把小小托付給你……家裡的情況，你都看到了……我和少奇……把小小給你，拜託你把她養大，一定呀，一定呀……少奇說，這是托孤，托孤呀……

「托孤」二字，在趙阿姨這位鄉下婦人聽來，比山大，比山重。老戲文上看得多了，忠臣良將，落難的皇太子，乃至皇后皇妃，爲逃脫斬草除根之禍，演出過一齣齣義薄雲天、肝腸寸斷的托孤大戲。每回觀看這類戲文，台上台下總是哭成一片的。這時刻趙阿姨眼裡沒有淚水，身子站得直直的，她要跪下去，接受這份千古重任：人心都是肉長的，兒女都是母親身上掉下的骨肉，我的孩子都長大了，今後只要有我趙氏在，就有小小在，鄉下人家養個孩子，不就添把木杓？放心，就算日後我一家窮到討口，也會把小小養大，供她上學讀書……

王光美拉住趙阿姨，不讓她下跪：老趙，今後你是我們一家的恩人……要下跪的應該是我，不能是你……好好好，我們都不下跪……你在我們家這些年了，人家不知道，你卻是知道我和少奇的爲人……

趙阿姨雙手緊捏住王光美的胳膊，彷彿決心、信仰，都集中到她的勞動操持慣了的手上來了：眼下這世事，這中南海地方，又在活演老佛爺和光緒皇上呢！我什麼時候帶小小走？

王光美搖搖頭：現在還不忙。要是哪天有軍人來逮捕我和少奇，你就提了菜籃，從側門把小小帶走。他們不會留意你的……今後，你和小小在一起，會吃很多苦……

王光美泣不成聲，再說不下去。她撲在了小小身上，放聲痛哭了起來。小小卻嚇壞了，不知母親跟趙阿姨說了些什麼，也不知母親爲什麼大哭。小小趕快從母親手中掙脫了出來，縮到床頭的角落裡去，一對閃亮的大眼睛充滿了疑懼，望望也是淚流滿面的阿姨，又望望媽媽那雙從床邊朝她伸過來的手……

註

①汪東興爲江西興國人，爲毛澤東的書童、衛士出身。

②洛甫即張聞天，中共延安時期的總書記，對毛澤東十分禮讓，一九五九年與彭德懷一起被毛打成反黨分子。

第四十二節　毛澤東武昌逃脫「兵變」

一九六七年七月中旬，是毛澤東的文化大革命風雲詭譎、險象環生的日子，也是毛澤東玩弄權謀險些陰溝裡翻船的日子。紅色風暴席捲下的神州大地，出現了兩處滔天巨浪：一處是北京，五十萬紅衛兵包圍著中南海和人民大會堂；一處是武昌，武漢軍區部隊公開對抗中央文革，衝進東湖賓館綁架中央文革大員之後舉行武裝大遊行，而毛澤東本人又正好也住在武昌東湖賓館一號院……

我們先來看看紅海洋中的北京城。五十萬紅衛兵不僅僅是將劉少奇一家、鄧小平一家、陶鑄一家包圍在中南海內，數百隻高音喇叭日夜狂吼著「揪出劉少奇」，也把周恩來總理包圍在人民大會堂內。其時毛夫人江青已經掌握著周恩來歷史上「有變節行爲的鐵證」——天津紅衛兵小將們從敵僞報紙檔案中查獲的〈一九三二年二月伍豪等二百四十三人脫離共產黨聲明〉①。此案歷史上本有結論，卻在這次紅衛兵全國大揪叛徒、特務的高潮中重新被翻了出來。但共產黨的歷史結論是可以視鬥爭需要隨時推翻的，「薄一波等六十一人出獄案」，不也早就有了歷史結論嗎？

這次不也由毛澤東主席親自批示定爲「六十一人叛徒集團」了嗎？江青收到天津紅衛兵小將呈送上來的「材料」後，如獲至寶，立即影印四份，加上她自己的一封信，一份呈送給毛澤東主席，一份呈送給林彪副主席，一份呈送給黨內的最高情報頭子康生，一份送交周恩來本人。江青在信中威脅周恩來說：「……他們查到一個反共啓事，爲首的伍豪（周××），要求與我面談……」最可怕的卻是毛澤東的批示：「送林彪同志閱後，交文革小組同志閱，存。」毛澤東意屬默認了此事，爲下一步整肅周恩來留下伏筆。毛澤東夫婦的這一唱一和，在那揪叛徒揪紅了眼睛的險惡日子裡，眞要了周恩來的老命。不過，毛澤東慮事周全，打倒劉、鄧尚在激烈進行，黨內軍內阻力重重，若還即刻再提出打倒周恩來，勢必引起全黨全軍新的大震盪，更會阻力大增。毛澤東夫婦與中央文革的大將們達成默契，採行另外的策略：累垮周恩來，拖死周恩來。周恩來已經患有心臟病。

因之，當一九六七年七月十八、十九、二十日三天兩晚，繼劉少奇之後主持中央日常工作的周恩來，中共中央、國務院、中央軍委、中央文革等四大機構的總協調人周恩來，被聲勢浩大的上百個紅衛兵組織包圍在人民大會堂內，除了周本人的衛士加上人大會堂的執勤軍人組成人牆，抵擋著潮水般的紅衛兵隊伍一波接著一波的猛烈衝擊，近在咫尺的中央軍委、中央文革及其中南海警衛部隊、北京衛戍區部隊，因未獲毛、林指令，而無任何人來營救他周恩來，替他周恩來解除包圍。

周恩來只得靠他驚人的生命毅力和政治智慧自救。他趁毛、林尚未公開號召打倒他，設法說服了包圍他的紅衛兵組織的頭頭們，達成口頭協議，由每個組織各自推舉出代表，分批進入人民大會堂內，與他周恩來「辯論」所有的問題，包括他本人的「歷史嫌疑」和「方向路線錯誤」問題。周恩來三天兩晚不睡覺，分期分批地與紅衛兵組織的代表們「激辯」（周不激化矛盾，經常利用政治詼諧使紅衛兵小將發笑），結果是周本人靠中醫中藥硬撐著，紅衛兵小將們反倒疲累了下去。但仍有更多的代表等著跟周恩來「輪番辯論」。如果再拖下去，周恩來就眞要垮了，倒了，毛澤東夫婦的神機妙算就眞要達成目標了。

可是七月二十日凌晨，從湖北武漢傳來驚天動地的消息：「武漢兵變」！武漢軍區獨立師和二十九師的數千名軍人首先衝進軍區機關大院，繼而洪水一般衝進禁衛森嚴的東湖賓館，扣留了毛的親信、公安部長謝富治上將，抓走了中央文革大員王力。更不妙的毛澤東本人正秘密住在東湖賓館一號院。情況十分危急，弄不好偉大領袖會如當年抓蔣的「西安事變」，成爲陸軍士兵的階下囚。坐鎭北京的林彪和江青聯名致電毛澤東，敦請紅太陽立即設法離開武漢。毛澤東則急電中央文革，嚴令解除北京五十萬紅衛兵對中南海及人民大會堂的包圍，命周恩來立即飛赴武漢當和事佬，和平解決軍隊譁變問題，替他毛澤東解圍。

正是「武漢兵變」救了周恩來的政治生命。毛澤東身爲中央軍委主席，「三軍最高統帥」，爲何會在自己眼皮底下激發出兵變來呢？從大的運動背景上看，可以說，這實際上是以毛、林爲首的軍事文革集團與以周恩來爲首的「三總四帥」軍人實力集團的一次認眞較量。兵變的直接起因則在於毛澤東和林彪力圖快速清除軍隊裡的那股頑強的反文革勢力，提出「揪帶槍的劉鄧路線」、「揪軍內一小撮」，鼓動軍內造反派和地方造反派聯合衝擊軍事機關，揪鬥關押軍事首長。他們以爲可以像解除地方黨政大員那樣，由革命左派一哄而起，輕易地將非嫡系的軍事首長們轟下台，而派出自己的親信人馬去接管。

俗話說：天上九頭鳥，地下湖北佬。意思是湖北人好鬥難纏，桀驁不馴。「武漢兵變」前夕，武漢三鎭地區分裂成兩大派群衆組織：一爲中央文革支持的以大專院校（包括軍事院校）師生爲主體的「工人造反總部」，一爲武漢軍區支持的以產業工人復員軍人爲主體的保守組織「百萬雄師」。兩大組織有過長達數月的激烈武鬥，死傷累累。「百萬雄師」組織嚴密，實力強大，在軍隊支持下把「工人造反總部」打成反動組織，並抓獲了其頭目。兩派又均上告北京，鬧到中央文革。毛夫人江青代表中央文革公開支持「工人造反總部」，指責武漢軍區司令員陳再道上將、軍區政委鍾漢華中將「犯了方向路線錯誤」。於是武漢三鎭地區運動形勢出現大反覆，軍區政委鍾漢華因此被造反派揪鬥、關押，連中央軍委擴大會議都未能出席。武漢街頭出現了「打倒陳再道、解放全中原」的大字報、大標語。但陳再道、鍾漢華兩位將軍拒不接受毛夫人江青的指責，毛澤東親自出面找他們談話仍表示「思想不通」。七月十四日，毛澤東手下的文革幹將謝富治、王力、關鋒三人以「中央代表」身分來到武漢。七月十五、十六兩日，毛澤東裝神弄鬼，一方面召集隨侍左右的謝富治、汪東興、王力、關鋒、李作鵬等人開會，指示「要給『工人造反總部』平反」，「要對『百萬雄師』進行說服教育」，「陳再道等人應當改弦易轍支持工人造反總部」，部署把鬥爭矛頭對準陳再道和鍾漢華；另一方面又找陳再道、鍾漢華兩人談話，好言撫慰，以穩定「軍心」。

七月十八日晚上，謝富治、王力秉承毛澤東的旨意，專程赴武漢水利電力學院「工人造反總部」，在工人總部的數千名成員大會上，代表中央文革講話。謝富治說：毛主席、林副主席、黨中央、中央文革堅定不移地支持你們，你們受壓抑、受打擊的現象是不允許存在的，要把這種現象翻過來，叫它一去不復返。王力的講話被稱為「四點指示」：一、武漢軍區支左大方向錯了；二、要為「工人造反總部」平反；三、造反派即革命左派；四、「百萬雄師」是保守組織，保的是黨政軍內的走資派。

七月十九日，「工人造反總部」出動數十輛裝備高音喇叭的宣傳車，在整個武漢三鎮地區流動播放謝富治、王力在水利電力學院講話的實況錄音及王力的「四點指示」，激起了「百萬雄師」一派群衆的極大憤慨，並立即進行全面反擊。幾小時之內，聲討謝富治、王力的大字報、大標語貼滿了武漢三鎮的大街小巷，並出現了「揪出王力」、「打倒王力」的激烈聲浪，局勢如同火藥，一觸即炸。

七月十九日傍晚，支持「百萬雄師」一派的武漢軍區某獨立師、武漢市警備第二十九師士兵數千人乘坐軍用卡車進城，匯合湖北省委、省政府直屬機關幹部，一共近萬人蜂擁到武漢軍區機關大院門外請願，要求謝富治、王力接見。更有「百萬雄師」一派的大批人馬趕來聲援，周圍街道萬頭鑽動，手臂如林，口號震天。接著，獨立師和二十九師的軍人以及「百萬雄師」的人馬，井然有序地分別乘上一百多輛軍用卡車和數十輛拉響警笛的消防車，浩浩蕩蕩開入軍區機關大院，在大操坪結集，高唱軍歌和高呼口號，繼續要求謝富治、王力接見，以質問王力在水利學院的「四點指示」的依據和來源。軍區機關負責人出來勸止，做做表面文章，自然不會管用。由於謝富治、王力拒不出面，請願軍人群情激憤，當有人告訴他們，謝、王等人並不住在大院內的「將軍招待所」，而是住在隔鄰的東湖賓館裡。於是軍人和群衆如同滔滔洪流一般湧出軍區大門，湧向東湖賓館。

時間已是七月二十日凌晨。原來這武昌東湖，乃是整個武漢地區風光最秀麗的去處，環繞著綠波盈盈的寬闊水域，一派婆娑樹海中，除有著名的武漢大學校園，更有中共湖北省委機關大院，武漢軍區機關大院，東湖賓館和東湖公園。東湖賓館佔地廣大，花木繁盛，分佈著近三十棟各自獨立的西式別墅建築，路如蛛網，園如迷宮，曾是中共中央多次舉行「武昌會議」的地方。毛澤東情有獨鍾的東湖一號院，則是一座宮殿式庭院，隱蔽於整座園林的最幽深靜僻處，有單獨的警衛線、出入通道，是爲園中之園，園中禁區。

再說七月二十日凌晨時分從隔鄰武漢軍區大院湧潮而來的大群解放軍士兵和「百萬雄師」的

民衆，衝進警衛森嚴的東湖賓館大門後，於一派哄亂中要找到謝富治、王力下榻的別墅院落還眞不容易。更要害的是軍區司令員陳再道上將和政委鍾漢華中將，明明知道毛澤東主席正住在賓館一號院內，對外是封鎖了消息的。情勢一旦失控，憤怒的軍人和保守派民衆極有可能連同毛澤東一起拿下的。

於是微妙的情況出現了，二十日凌晨一時左右，武漢軍區司令員陳再道上將前來賓館拜望公安部長謝富治上將，正是上將對上將，旗鼓正相當了。這無異於給衝擊賓館的士兵和民衆引了路。陳再道司令員剛進入謝富治部長的房間，「百萬雄師」的人馬也緊隨著衝了進來，叫喊著要抓王力。王力卻躲在隔壁房間裡不敢出來。陳再道司令員喝令大家冷靜，到院子裡去說話。警衛員立即在院子裡擺下幾張椅子，讓陳司令員和謝部長坐下。因陳司令員是支持「百萬雄師」的，他講話，軍人和群衆都願意聽。謝富治這時也強裝出滿臉笑容，答應本日下午安排時間接見「百萬雄師」的群衆，聽取大家的意見。王力一看這氣氛，以爲沒事了，也出來和陳再道、謝富治坐在一起。恰在這時，以獨立師和警備二十九師士兵爲主的數百人，叫喊著「抓王力」「抓王力」，衝了進來。王力一看大事不妙，趁混亂溜回房間插上房門。士兵們立即追進去，踢開房門，勒令王力去軍區大操坪回答群衆的問題。王力以「中央文革成員」自居，堅持不走。士兵們便在一陣哄叫聲中，把王力抓了出來，塞進一輛汽車，送到二十九師師部關了起來。在軍人手中，文革大紅人、極左派大秀才王力嚇得尿了兩次褲子。

公安部長謝富治則拉住陳再道司令員不放，由隨身衛士陪著一起去一號院見偉大領袖毛主席。他們先見到的是中央辦公廳主任汪東興。陳再道以自己的腦袋向汪、謝二位作保，士兵和群衆絕不知道毛主席的住處，毛主席的住處有絕對的安全。汪東興讓謝富治陪陳司令員留在警衛值班室稍候，自己立即進去命令警衛營的全部人馬進入緊急狀態，子彈上膛，擴大防區。在整個東湖賓館實施戒嚴。並立即將武漢事態報告中央軍委緊急應變小組。之後，汪東興回值班室找陳再道司令員：主席已經睡了。現在是早晨時間了，你寫個條子，我們派人去把鍾政委也接來，大家一起來負責主席的安全吧。

東湖賓館內，汪東興留住了武漢軍區司令員陳再道和政委鍾漢華，使其與部下脫節，難有進一步的動作。實際的情形，陳、鍾放任屬下軍人抓走王力，也只是順乎民情，向中央文革示威，出一口惡氣而已，並無其他更大的圖謀。

東湖賓館外，由於抓獲了王力，武漢三鎮的駐軍和佔居民人數絕大多數的保守組織「百萬雄師」，無不歡欣鼓舞，一齊湧上街頭，數千輛卡車載著武漢軍區的指戰員，以及工人、農民，排成四路縱隊，浩浩蕩蕩，舉行武裝大遊行，高呼「打倒王力！」「打倒中央文革一小撮」，「揪出謝富治」，「血債要用血來還」等口號，表現出武漢地區軍民反文革反潮流的雄偉氣勢和大無畏品德。這種軍人的武裝大遊行，一直持續到七月二十三日。

再說毛澤東怎樣從武昌東湖賓館逃脫。七月十九日傍晚，毛澤東警衛營的便衣發現軍區大院門口有大批軍人結集鬧事，立即報告了汪東興。汪東興十分敏感，立即報告了毛澤東，同時派出一批便衣混入鬧事軍人、群衆中去，隨時掌握動向。毛澤東起初不太在意，他不相信武漢軍區的陳司令員會效法當年的張學良，像抓蔣委員長那樣抓他。況且整個武漢地區均處在軍區獨立師和警備第二十九師的控制之下，軍人若要抓他，憑了汪東興率領的這一個加強營的警衛能力，他是無法逃脫的。但毛澤東還是同意了汪東興的部署，作了最壞的打算：密令武漢空軍（政委劉豐爲林彪親信）警衛團立即封鎖東湖賓館一號院東門至武昌軍用機場通道，並由直升機飛行大隊提供空中火力支援；急電坐鎮北京的林彪、周恩來、康生、江青，立即解除北京五十萬紅衛兵對中南海和人民大會堂的包圍，周恩來火速乘專機趕來武漢處理軍人鬧事問題。命令發出，毛澤東甚爲厭煩地揮了揮手，對汪東興交代：除了周恩來之外，其餘人一概免見。之後便服了安眠藥，休息去了。

七月二十日上午，北京的林彪、江青聯名給毛澤東傳來急電，稱主席處境極不安全，敦促立即轉移。毛澤東上午睡覺，汪東興未敢及時呈達。當日傍晚，被北京紅衛兵包圍了三天兩晚的周恩來，乘空軍專機飛抵武昌空軍基地，囑咐專機機組人員留機待命，作好隨時再飛的一應準備。周恩來趕到東湖賓館一號院，由汪東興陪著晉見毛澤東。毛澤東處驚不亂，笑說：恩來救駕來了，怎麼走？周恩來說，東興他們已安排好了，從速從簡，坐吉普車去空軍機場，再乘專機離開武漢。毛澤東點點頭，卻又玩世不恭地笑笑，說：反正現在也搞不清楚了，本人究竟是被武漢軍區陳司令員劫持，還是被你們劫持……汪東興請示周恩來總理：要不要陳、鍾二位去機場送行？周恩來說：帶上，主席起飛後，才讓他們回軍區機關。

毛澤東自七月十八日後，再沒有召見過陳再道、鍾漢華二位。他多年不坐飛機了，這次情況特殊，身不由己了。他指示不回北京，去上海。周恩來、汪東興不愧為應變能手，在這同時，已命令毛澤東的專列火車起動，沿線戒備，直駛上海。這就造成假象，毛主席仍是乘坐專列火車離開的，武漢軍人眞有動作，也只能去追打火車了。

七月二十一日，周恩來陪同毛澤東住在上海西郊賓館。他從毛澤東、林彪手上獲得臨時軍事指揮權，命令全國陸、海、空三軍進入緊急戰備狀態；命令海軍東海艦隊封鎖長江出海口，並派出艦艇向湖北長江水域進逼；命令南京軍區部隊舉行軍事演習，配合東海艦隊從安徽一線進逼湖北；命令成都軍區部隊舉行軍事演習，從四川東部一線進逼湖北；命令廣州軍區部隊舉行軍事演習，從湖南一線進逼湖北；命令北京軍區部隊舉行軍事演習，從河北一線進逼河南、湖北；命令空軍派出戰機，至武漢市上空及其武漢軍區在湖北、河南各基地上空，散發中央軍委和中央文革的傳單：《給武漢市革命群衆和廣大指戰員的一封信》……頓時，武漢軍區陷入四面重圍。

七月二十二日，周恩來從上海返回武漢處理「軍隊鬧事問題」。周恩來的高明在於：迅雷不及掩耳地部署重兵合圍武漢軍區，擺下行即大打出手的陣勢，卻只是為了示威，並趁機顯示自己的實力，而不是要動眞格的。他返回武漢後，即充當和事佬，召集武漢軍區負責人開會，要求穩定局勢，穩定武漢軍區的領導班子，同時命令二十九師放出王力，大事化小，再力保陳再道司令員和鍾漢華政委。他要充分發揮自己在軍隊裡的影響力，並借重實力軍人這股毛澤東不敢忽視的強大勢力，來跟毛、林文革勢力暗中周旋，以保存自己。

毛澤東也不想把「七二〇武漢事件」鬧大。陳再道原是紅四方面軍張國燾、徐向前麾下一員虎將，人稱「陳大麻子」，打起戰來是眞玩命的。紅四方面軍的創建人張國燾雖然早被毛澤東整垮了、趕跑了，但當年西路軍的倖存者們卻一個一個憑著浴血戰功，當上了高級將領。連林彪都不得不承認：紅四方面軍出將材，將軍多。因之這回的「武漢事件」，毛澤東不能不任由周恩來去和稀泥，大而化之。否則，一旦激起另外的大軍區軍人也起來鬧事，並相互呼應，毛澤東本人這三軍最高統帥地位受到挑戰，局面就眞難以收拾了。本次文革的主攻對象劉少奇、鄧小平等人倒有可能趁機翻案，東山再起了。

再者，毛澤東委託周恩來出面處理「武漢事件」，而不是委託接班人林彪元帥出面，亦出於他的複雜心態。在全黨全軍全國人民面前，他寧願老朋友周恩來在緊急關頭幫他的忙，而不願演成接班人林彪救他的駕，避免林彪的四野系統借機搶佔要津，膨脹坐大。他需要當年黃埔軍校政治部主任周恩來，來制衡當年黃埔六期的高材生林彪。

七月二十二日下午，中央文革大員謝富治、王力飛回北京。毛夫人江青組織了數萬紅衛兵隨同她和陳伯達、康生等親往首都機場迎接。林彪卻力圖擴大事態，以及早從毛澤東手中接下三軍的最高指揮權。二十二日晚上，林彪召開有全體中央文革成員出席的軍委會議，聽取謝富治的匯報，把「七二〇事件」定性爲「反革命暴亂」。七月二十三日，中央文革向全國發出「緊急通知」，命令各地搞「三軍聯合行動」——武裝大遊行，全國軍民聲討「七二〇武漢反革命暴亂」。七月二十四日，陳再道、鍾漢華奉命進京請罪，隨即遭到軟禁，解除職務；七月二十五日下午五時，中共中央、國務院、中央軍委、中央文革四位一體，在北京天安門廣場召開「首都百萬軍民歡迎謝富治、王力二同志勝利返京大會」，林彪、江青代表刻在上海的毛澤東出席，高呼「打倒武漢事件罪魁禍首陳再道、鍾漢華」，「揪出軍內一小撮」[②]，「誓死捍衛毛主席和林副主席」，「誓死捍衛中央文革和文化大革命」……

註

①詳見《毛澤東與周恩來》一文，伍豪爲周恩來化名。

②毛澤東曾指示使用這一口號，但爲了穩定軍隊，也是作爲一種讓步，於一九六七年八月底下令將此口號寫成社論的王力、關鋒逐出中央文革。一九六八年初，毛澤東更下令逮捕戚本禹。文革三打手王、關、戚後被長期關押。

第四十三節　福祿居劃地為牢

我們再來看看「武漢兵變」前後，北京中南海內劉少奇一家的遭遇。

一九六七年七月十三日，北京建工學院「八一戰團」秉承毛夫人江青的旨意，正式在中南海西門外紮下營寨，「誓把劉少奇揪出中南海」的大字報、大標語貼滿了北京街頭。唯恐天下不亂的北京各大專院校的紅衛兵組織、機關團體的造反派們，紛紛從四面八方趕往中南海一帶聲援。包圍中南海無疑成了一件大快人心事，一項史無前例的壯舉，「揪出劉少奇」。只是發洩他們心頭激憤的一個藉口，實際上是一次對中共中央極權統治的一次大挑戰、大反叛。正如毛澤東的導師列寧所說：「無政府主義是對專制制度的最無情懲罰。」也是中國人常說的以毒攻毒了。

七月十七日，北京建工學院「八一戰團揪劉陣線總指揮部」再次向全北京市人民發出〈最緊急最嚴正聲明〉，「勒令劉少奇夫婦於七月二十二日零時前滾出中南海」，否則，他們將採取「最緊急、最堅決、最強硬的革命行動」。當天晚上，中央文革成員戚本禹在人民大會堂召開小型會議，部署第二天揪鬥劉少奇和王光美的具體事項。七月十八日零時，中南海西門外的「八一戰團」部分成員脫光上衣，每人在胸前皮肉上別上一枚金光閃閃的毛澤東像章，發布〈絕食宣言〉，開始絕食鬥爭，表演他們的法西斯式瘋狂醜劇。七月十八日晚上，北京市的一百多個紅衛兵組織的數十萬人，在中南海西門外召開「揪鬥劉少奇誓師大會」，並成立了聲勢浩大的「揪劉火線」。其時秘密住在湖北武昌東湖賓館的毛澤東，聽了有關北京的情況簡報，甚爲興奮，甚爲讚賞北京紅衛兵小將的革命精神，劉少奇不一定被揪出中南海以外去批鬥，但起碼讓他領略一下革命左派的憤怒吼聲，領略一下個人迷信、領袖崇拜的神奇威力。毛澤東統領下的革命左派是汪洋大海，每名革命左派吐下一口唾沫，就能把劉少奇們一個個活活淹死。

在福祿居院內，由於廚師郝苗師傅已經下獄，中南海服務局也停止了對劉少奇一家的蔬果肉類一切供應，全家人只得憑餐劵上職工食堂領取食物。七月十八日清晨七時，劉家的三名孩子上職工食堂早餐，在他們常坐的飯桌旁已經吊下來一張大字報，彷彿是有意留給他們拜讀的。大字報上說，根據中央文革首長江靑、戚本禹的指示，中央辦公廳定於本日晚上在兩個職工食堂分別召開批鬥劉少奇和王光美大會。看著大字報，劉家孩子吃不下早餐，立即回到家裡，把此一重大消息告訴了父親劉少奇。劉少奇並不驚慌，只是苦笑。他忽然記起來毛澤東在延安時愛打的那個著名的比喩：革命就是割豬肉，一刀是割不乾淨的，而要一刀一刀的慢慢割，才能成功。劉少奇意識到，毛澤東已經陰割一刀陽割一刀地割了他和王光美一年多了，現在是要割最後的幾刀了。但劉少奇並不是那種輕易就能被割倒的人。整個上午，他都把自己關在書房裡翻閱文件，爲批鬥會上的答辯做準備。

這天的午飯是從職工食堂打回來，全家人一起吃的。劉少奇吃得很少。王光美說，寧願做飽死鬼也不要做餓死鬼。飯後，劉少奇趁著孩子都在，從衣服口袋裡拿出兩份文件來給大家看。一份是一九六四年十月毛澤東讚揚和推廣王光美的「桃園經驗」的批示全文。當時這份批示，連同王光美從河北省秦皇島地區綏寧縣桃園大隊蹲點回京，在人民大會堂中直機關幹部大會作報告的文字整理材料——毛澤東冠之以「桃園經驗」美名，作爲中共中央紅頭文件，頒發全國黨政機關至縣團級，口頭傳達至全體黨員和全軍戰士的；另一份是一九六六年九月毛澤東主席肯定劉少奇的黨內書面檢查的批語全文：少奇同志的認識是深刻的，態度是誠懇的，我們要表示歡迎。對犯方向路線錯誤的人，包括錯誤路線的提出者及主要推行者，只要他們不是堅持不改，不是搞陰謀詭計，就不要把他們一棒子打死，要給出路，包括生活出路和政治出路。

劉少奇是個嚴於律己、遵守黨內規章近乎刻板的人。把黨中央文件給自己的子女看，在他是生平第一回，也是最後一回。過去，他不准孩子進入他的辦公室，更不准孩子接近自己的大辦公桌。因爲辦公桌上總是擺著黨、政、軍、情各方面急待處理的密件。現在是劉少奇意識到自己已經到了最後關頭，他和孩子們即將生離死別，他作爲父親，不能在孩子們心裡留下陰影。他必須讓孩子們看到一點事實眞相，看看在這中南海內，究竟是誰背信棄義，喪盡天良，玩弄卑劣權謀，把他們的父親母親一步一步陷入滅頂之災的。

幾個孩子惶恐不安地仔細閱讀了兩份文件，白紙黑字，都是毛澤東伯伯的「最高指示」。劉少奇以期待的目光望著孩子們說：你們都看了，這是證明爸爸、媽媽從來沒有騙過你們啊。爸爸、媽媽有錯誤，但沒有做過壞事。你們可以跟爸爸、媽媽劃清界線，可以檢舉揭發，但一定要實事求是。對眼前家裡發生的事，你們要心裡有數。我只盼著你們快快長大，學些本領，以後正正派派做人……

當天晚上，配合著中南海紅牆外的「揪劉火線」，數百隻高音喇叭的狂吼狂叫，中南海內，遵照中央文革江青、康生、陳伯達、戚本禹等人的具體策劃，中央辦公廳和國務院辦公廳造反隊，把劉少奇和王光美分別揪到兩個職工食堂裡進行激烈批鬥。而在這同時，江青布置造反隊的另一批人馬再次抄了劉少奇的家，把福祿居的前院、中院、後院翻了個底朝天，抄走了劉少奇和王光美的所有私人信件、文稿以及稍稍值錢一點的物品，包括收音機、手錶、首飾、毛料衣裙、皮毛大衣等等，以作爲劉少奇夫婦的「反革命贓證」。抄家期間，劉少奇的幾名孩子被趕到前院牆角落站立，由持槍士兵看管，不許亂說亂動。工作人員則被命令隨同抄檢，協助登記財物。

批鬥會上，劉少奇被人強按下腦袋，低頭彎腰站立了兩個小時，恭聽批鬥者的謾罵凌辱，卻不許他說一句話。當批鬥者根據揑造的「歷史材料」，誣他爲「叛徒、內奸、工賊」時，他掙扎著抬起頭來要求講話，立即遭受到《毛主席語錄》本的猛烈抽打，只好低下頭去躲閃。抽打他的人並威脅說：劉少奇！你再不老實，我們馬上把你扔出中南海外面去，叫五十萬紅衛兵踩死你，踩成肉泥！時值盛夏酷暑，劉少奇又是個年近七旬的老人，渾身大汗地忍受著精神和肉體的折磨。他弓著腰，抖抖索索掏出手帕，想擦擦滿頭滿臉的汗珠，卻被按住他腦袋的人狠擊了一拳，把手帕擊落，他只能忍受著疼痛，任汗珠和著淚珠，雨水般滴落地下。當瘦弱的劉少奇實在支撐不住，雙腿發軟坐到了地下去時，整個會場立時吼聲如雷，哄罵他裝死狗、死豬、死蛤蟆，隨即被三四名彪形大漢提拎了起來，重被按下腦袋彎下腰，向毛主席畫像請罪……

王光美在另一食堂遭受批鬥，受的是另一種折磨：她的雙臂被人扭向身後伸直，身子則被人朝前按下，雙膝半蹲，整個體型作出俯衝狀——這是文革初期空軍高幹子弟造反派發明的新刑罰：「坐噴氣式飛機」。每當王光美妄圖爲強加給她的新罪名——「美國中央情報局潛伏特務」辯解時，不待她的話出口，嘴巴即遭到《毛主席語錄》本的敲打，打得她滿嘴是血。王光美嘴角流血，心也在流血：老天爺你睜睜眼啊，一九四六年家裡已經安排她赴美國留學，她這個北平輔仁大學品學兼優的校花，美國有兩所著名大學都寄給她入學通知書啊。鬼使神差，爲什麼要去那中美「軍事調處執行部」任英文翻譯？爲什麼又偏偏會被北平地下黨的人看中，被秘密介紹給了當時從延安潛來的「中共中央全國工作委員會第一書記」劉少奇？要說當特務，實在是當了中共地下黨的特務啊，爲什麼？自己一個大家閨秀，名校校花，爲什麼要捲入這紅色政治漩渦、濁流，來遭受非人的折磨？爲什麼？這一切都是爲著什麼？老天爺你睜睜眼，你告訴我……

金碧輝煌的中南海，碧波蕩漾、綠樹濃蔭的中南海，堂堂中共中央、中華人民共和國國務院辦公重地的中南海，也是一代中共最高領袖們家室住所的中南海，紅色王朝的最高廟堂，卻發生著自蒙古騎兵入主中原，開始興建這皇家禁苑以來，歷元、明、清三代封建王朝以及北洋軍閥政府都沒有發生過的非人暴行，難道還不能驚天地而泣鬼神？毛澤東王朝的這一創舉，這一非凡紀錄，這一光輝史實，眞要令列祖列宗和子孫後代瞠目結舌了，不僅空前，也肯定是絕後。

中南海是一座集中國古代、近代、現代政治歷史的恢宏博物館。說是三天之後，在上海西郊賓館一號樓內，中央文革的戚本禹向毛澤東匯報，提到中南海造反隊批鬥王光美，令王光美「坐噴氣式飛機」時，毛澤東大感興趣，問怎麼個坐法？戚本禹當即表演給毛澤東看。毛澤東竟站起他肥胖的身子，也兩臂朝後伸直，雙腿半蹲，身子向前做了做俯衝狀，之後呵呵大笑：不錯不錯，噴氣式，新發現，王光美身材好，交誼舞跳得最有水平……

七月十八日晚，中南海的批鬥毆打會結束之後，劉少奇被軍人押回到福祿居前院原辦公室隔離看押。由中南海警衛部隊加派了崗哨。前院通往中院的門被鎖死了，加了中南海造反隊的封條；王光美則被押回到後院，也是加派崗哨，單獨看押。後院通往中院的門也被鎖死，加上封條。幾名子女雖然仍住在前院和後院之間的一排房子裡，也失去了行動自由。南、北兩邊的門都被封死了，他們既不能去前院看望父親，也不能去後院看望母親。而且中央辦公廳的人宣布了，不准他們離家，不准走出中南海生活區，若有違犯，格殺勿論。這樣，劉少奇一家老小，在福祿居院子裡被分割成三個隔離帶，開始遭到囚禁。用當時中央辦公廳一位負責人的話來說：這比把劉少奇一家送到監牢裡去分頭關押，省事省力多了。

卻說劉少奇被隔離在前院，既不知道王光美的去向，也不知道孩子們的去向。他萬念俱灰，眞想大哭一場，可又似有一塊東西堵在心上，想哭都哭不出來。雖然早有心理準備，仍覺得這一切來得太快，太突然，一場批鬥毆打之後，就妻離子散了？

後院裡的王光美也不知道劉少奇還被關在前院。她的頭被打破了，仍然被強迫每天頂著烈日搬磚頭，從圍牆外把一塊塊不知從哪間老屋拆來的大青磚，搬進福祿居後院南牆下擺好。搬這些磚塊用來做什麼？王光美不敢問，也不想問。讓她勞動改造，她就老老實實勞動。她現在體會到了貧窮的鄉下人以及那些監獄裡的囚犯們，像牲口一樣勞動，是啥滋味了。她生性好強，拚著力氣大筐大筐地搬著磚頭。一位站崗的哨兵，樣子像農村來的，看到王光美揹著一大筐磚頭弓腰拱背，汗流如雨的十分吃力，就大聲「訓斥」說：你不會一次少背幾塊嘛！語氣儘管凶狠，卻帶有極大的同情。這位農村兵就因這一句「訓斥」，被人聽後滙了報，被認作階級立場不穩，同情反革命修正主義分子王光美，而立即調出中南海，開除黨籍，復員回老家種地去了。王光美仍舊天天頂著烈日搬磚頭，挺賣力氣，另一個農村兵偷偷議論說：好勞力，在俺隊裡，婆姨最高每天給記八分工……王光美像牲口一樣在士兵的押管下搬著磚頭。幸而她直至被正式逮捕入獄，也不知道這些磚頭是用來在一個晚上，砌成一堵高牆，以阻斷劉少奇向後院張望的視線！否則，她寧可立即被人用磚頭活活砸死在地下，也不會如此賣力地搬運這些罪惡的磚磚塊塊！

只有住在前後院中間一排房子裡的孩子們，偶爾還能看到前院房屋裡父親劉少奇的身影在移動，也能看到後院裡的母親王光美，在士兵的押管下強迫勞動：以一隻竹筐揹磚頭。孩子們也一直不知道母親揹的這些磚頭，後來用來做什麼了，直到他們抓的被抓到監獄，下的下放到塞外的荒漠裡去「脫胎換骨，重新做人」……可憐劉少奇夫婦一個和睦美滿家庭——中南海中直機關歷年的「五好之家」，被毛澤東夫婦手下的打手們活活分割在自己的住處，彼此再不能見面、說話。父親、母親、兒子、女兒，咫尺天涯。這眞正是中國古老皇宮王室自相殘殺的傳統延續，現代演出，且發揚光大了。

一九六七年七月十九日早晨，正是南邊的「武漢兵變」起事之日，被關押在福祿居前院的劉少奇由士兵押著去職工食堂打早飯。他忽然看到女兒平平和兒子源源正在洗碗水槽的龍頭下洗手巾，一時喜出望外，趁士兵未注意，急急忙忙走過去，小聲問：

你們媽媽在哪裡？

關在後院。孩子回答。

哦。你們呢？

源源低下頭：還是老地方，他們不准我們跟你們見面、說話……

這時牛皮靴咚咚響，士兵走過來了，孩子不敢再講下去，恐懼地趕快背過身子。劉少奇也只得轉過身，戀戀不捨地走開了。

劉少奇總算了解到他一家人還都被囚禁在這福祿居裡。此後，他天天站在他前院樓上書房的窗戶前，眼巴巴地張望著後院。儘管中間隔著一排房子，根本不可能看到後院裡的景況。可後院裡關押著他的愛妻王光美。他什麼都失去了，還是這樣快就失去愛妻嗎？他和光美已經共同生活了二十年。光美既是賢妻，又是良母，還是他的秘書兼保健護士。光美既有現代女性的開朗性格、文化教養，又有傳統女性的溫良恭儉，識大體，顧大局。二十年來，劉少奇無論去外地視察，出席會議，還是作爲國家主席出訪友邦，總是由王光美陪著，相親相愛，形影不離。不但中共領導層把他們這對恩愛夫妻奉爲表率，也被東南亞、東歐一些友好國家的領袖人物稱羨不已。劉少奇曉得，毛澤東本人也很羨慕他們夫妻，多次當了王光美的面對他說：人生得一光美足矣！毛澤東還多次稱讚王光美是個人才，專門陪著劉少奇有點浪費。一九六四年王光美去河北省綏寧縣桃園大隊蹲點，當時不少中央領導人不贊成，毛澤東主席卻熱情鼓勵王光美下基層去經風雨見世面。王光美蹲點回來，毛澤東還兩次在政治局會議上提出表揚，並寫下一段熱情洋溢的批語。一九六六年六月中旬，中央向北京市大專院校派出工作組，王光美去了清華大學。毛澤東還在鼓勵說：光美過去下鄉四清搞三同，現在到清華爲什麼不參加些勞動？可以多接觸群衆，聽取批評意見……

劉少奇生活嚴謹，不苟言笑，可也常對光美說，要彼此珍重，相親相敬，白頭偕老。得成比目何辭死，願作鴛鴦不羨仙……或許，正是他們的婚姻家庭太和諧美滿了，又兒女成群，才在中南海裡遭人忌妒、記恨；還跟他們的偉大鄰居毛澤東夫婦那不時鬧得雞犬不寧的家庭生活，形成鮮明的對照，強烈的品比。毛澤東主席和夫人江青住進中南海不久就分居了，毛住了豐澤園裡最寬綽的一座庭院紫雲軒和菊香書屋，大小幾十間房子。江青獨居在離豐澤園不遠的、清末住過光緒皇妃的靜園。毛澤東每年都有大半時間巡行外地，卻一次也不帶江青同行，以便於在各處行宮內由當地美女陪侍。這在中共高層已是半公開了的秘密。毛澤東也惹出過麻煩，比如使自己的保健護士受孕生子，比如通姦他自己的專車駕駛員的有幾分姿色的婆娘，比如一九六三年還染上了性病……，文化大革命前中央政治局常委會先後十多次召開生活會進行幫助，提出勸告。毛澤東稱他需要安慰，積習難改。只差沒有說「寡人有疾」了。對於毛澤東同志私生活的不檢點，後來劉少奇和朱德們只得以維護領袖形象和全黨利益爲重，睜隻眼閉隻眼了。周恩來總理則熱心替毛澤東主席提供方便。在漁獵女色方面，毛、周本有共同的癖好，不同的是周做得很謹愼、很小心罷了。

江青的境遇也確有令人同情之處。有十多年時間，她是如同被打入冷宮，丟置一旁。可當年上海灘三流明星出身的藍蘋，卻會耍潑，不時纏住毛澤東大哭大鬧，連工作人員都對她側目。每逢紫雲軒後院起火，吵的不亦樂乎，毛澤東就搬動政治局常委同事們來排憂解難，幫忙處理家庭矛盾。連帶朱德夫人康克清、周恩來夫人鄧穎超，李富春夫人蔡暢大姐都出動。男元老們負責寬解毛澤東，女元老們負責寬解江青。其實誰也不敢眞勸江青，只是例行公事地陪著嘆嘆氣，抹抹眼睛，說幾句相互體諒、相忍爲國、相忍爲黨之類。王光美因比江青小出十多歲，資歷淺，入黨遲，本不好參加勸解毛夫人江青的行列。還是劉少奇、朱德動員她去，去過兩回，果然看得出來江青的兩眼妒火，一臉記恨：光美呀，你是掉進蜜罐裡啦，劉主席哪次出國你不當元首夫人？可我，空擔著這虛名去過哪裡？連他去北戴河，去杭州，上廬山，都不准許我陪同……

毛澤東曾經多次向中央政治局提出休妻，但政治局委員們誰都不便贊同。每次又都被周恩來總理以維護人民領袖形象爲由所勸止。直到一九六二年，毛、劉之間因對黨內政治、國家建設、軍隊工作、農業形勢歧見日深，矛盾日顯，毛澤東下了倒劉的決心，才決定啓用被他冷落了十餘年的江青。毛澤東深知江青憋了一肚子惡氣需要發洩，就提攜不避嫌，讓她從抓京劇革命開始，一步步竄紅政治舞台，當作一隻咬人惡犬來使用。在中共紅色王朝中，毛澤東和江青實在是一雙男盜女娼的典型。江青果然不負毛澤東的企望，連中央候補委員資格都不具備（江青文革前只在中宣部電影處掛名任處級幹部），卻敢在中央政治局擴大會議上，當著毛、劉、周、朱、陳、林、鄧等老一輩的面，聲色俱厲，大放潑聲。毛澤東任命她當年爲中央文革第一副組長之後，對不起，首先咬掉的是她的幾位情敵——在不同時期上過毛澤東龍榻的孫維世、上官雲珠等等，反正毛老頭玩女人是玩一個丟一個，從不重複使用。在中南海裡，被江青一口咬住再不鬆口的，卻是她最眼紅、最記恨的劉少奇夫人王光美。

劉少奇天天從窗口張望著後院。隔著圍牆，隔著綠樹，他什麼也看不見。他多麼想再聽一次，光美呼叫孩子時那柔和中帶著甜亮的聲音啊，可是他什麼也聽不見。偶爾聽見的只是士兵威嚴凶狠的訓斥聲。河北省山海關附近有一座孟姜女廟，廟旁有一塊高突的巖石，稱為「望夫石」。說是兩千多年前孟姜女來哭長城，日夜站在這石頭上盼望她的丈夫孟良歸來；兩千多年後的一九六七年夏秋之間，在中共政權的心臟——中南海豐澤園的福祿居內，卻新有了一座「望妻樓」，是慘遭囚禁的「中華人民共和國」在任國家主席劉少奇，日日夜夜眺望後院裡的夫人王光美的！在暴政猛如虎的秦始皇王朝，尚且允許南方的一位弱女子隻身北上，千里尋夫；在紅旗如海歌如潮的毛澤東時代，卻把國家主席劉少奇囚禁在自己的辦公室內，與妻兒子女生離死別。

年近七十、鬚眉皆白、骨瘦如柴的劉少奇，站在福祿居前院辦公室的玻璃窗前，望不見被囚禁在後院裡的夫人王光美，卻望得到離豐澤園不遠處的南海中的瀛台。瀛台三面環水，半島形狀，風景絕佳，是清末百日維新失敗後，老佛爺慈禧太后幽禁光緒皇上的地方。說是每逢冬季中南海湖水封凍的日子，光緒皇上還可以偷偷踏過冰面，溜入靜園去跟皇妃執周公之禮。光緒皇上一直被幽禁到西元一九〇八年（亦即光緒三十四年）才病逝。後人為慈禧太后垂簾聽政、幽禁兒皇光緒這一醜惡歷史，編寫出了一本本小說，一部部電影，一集集電視連續劇，來賺取海內外千千萬萬炎黃子孫的義憤和淚水；而你劉少奇——中共紅色王朝的國家主席，處境卻要比變法失敗的光緒皇上險惡、悲慘得多，你面對的是軍人的皮帶拳腳。光緒皇上只被母后慈禧掌過兩嘴巴，而沒有再令太監、弄臣鞭打，慈禧還要維護清王室的顏面、家法。你劉少奇和毛澤東是同代人，是一起打江山、坐天下的戰友和老鄉，你從來也沒有「變」過毛澤東的什麼「法」。毛澤東雖然沒有親手掌過你的嘴（以大紅硬塑料殼的《毛主席語錄》本代替了），卻派中共中央辦公廳裡的紅色太監們乃至中南海禁軍教頭們對你施暴，拳腳相加，幾天之後將會打斷你的胸肋，打斷你的腿，讓你像狗一樣在豐澤園福祿居的地上爬。偉大導師、偉大領袖、偉大統帥、偉大舵手、全中國革命左派們心中最紅最紅的紅太陽毛澤東，早把共產黨中央的顏面連同黨章、國法墊到了屁股底下。劉少奇，你的故事比光緒皇上殘酷慘烈，會被後人寫成小說，拍成影片，編成數十集電視連續劇嗎？

第四十四節　我的家人哪裡去了？

一九六七年九月上旬某日，日理萬機的周恩來總理，在「中共中央劉少奇專案審查小組」呈交的一份關於劉少奇及家屬子女處置問題的請示報告上批示：同意。報主席、林副主席批准。同一天，林彪副主席亦在請示報告上指示：呈報主席，執行。幾天後，毛澤東以鉛筆在請示報告的「主席」二字上劃了一個圈，表示知道了。

「中共中央劉少奇專案審查小組」的直接領導者爲周恩來總理。此次請示報告的主要內容爲三部分：一、根據中央指示原則，繼續使用豐澤園福祿居前院，單獨隔離審查劉少奇；二、鑒於有新的材料揭發王光美具美國中央情報局特務身分，王光美交由公安部逮捕，另案審查；三、遣散劉少奇王光美的子女們出中南海，分別情況予以安排。

九月十三日上午十時，中央辦公廳一位負責人帶領幾名軍人，來到福祿居中院，通知劉少奇王光美的四名在家的子女，立即收拾行李，回各自學校接受審查批判。孩子們倒是心理有所準備，遲早會把他們趕出中南海的，但仍提出要求：允許他們在假日回家。中央辦公廳負責人鐵青著臉說：不行！你們給劉少奇、王光美通過風、報過信，必須好好檢查罪行！孩子們可憐巴巴地要求最後看一眼爸爸、媽媽，也被嚴辭拒絕。四名孩子中，平平、源源、亭亭都是中學生了，苦難的歲月使他們情智上早熟，在收拾各自的行李時暗中商量，無論如何也要拖到中午吃飯的時候，這樣就能再見到爸爸或媽媽一面了。於是他們一會說要找衣服，一會說要找書，慢慢悠悠，來回磨蹭，盡量拖延時間。但他們的這點「小伎倆」，很快就被經驗豐富的中辦負責人識破了，幾名軍人把他們的行包扔進大門外停著的一輛卡車，再喝令他們也上了車，禁絕了他們跟自己的父母見上最後一面。

九月十三日下午，劉少奇和王光美的最小的女兒——只有六歲的瀟瀟，連同保母阿姨一起被趕出了中南海。瀟瀟是被人連哄帶唬弄走的，她年紀太小了，不知道這一去，就是跟自己的親生父母生離死別了。

九月十三日晚上，中央辦公廳屬下的中南海警衛局的幾名軍人，來到福祿居後院，向王光美出示了由周恩來總理親自簽署的逮捕證，之後讓王光美本人簽字認捕，再給拷上手銬，押走，投入位於北京近郊昌平縣山區的公安部高級政治犯監獄——秦城。

這樣，十多年來一直被中直機關評選爲中南海的「模範之家」、「五好家庭」劉少奇一家正式解體，夫囚妻監，子女四散。劉少奇共有子女九名：長子劉允斌生於一九二五年，新中國第一代原子能專家，一九六七年十二月被北京原子能研究所「革命群衆」毆打斷氣後扔在鐵軌上輾碎，年僅四十二歲，比其父劉少奇還早死兩年；長女劉愛琴生於一九二七年，俄語教授，文革中亦曾被關入「牛棚」，慘遭迫害；次子劉允若生於一九二九年，航天專家，一九六七年一月被江青下令逮捕，監禁八年，一九七七年病死；次女劉濤，「文革」前考入清華大學，「文革」中曾造過劉少奇、王光美的反，後卻因企圖偷越國境被關進秦城監獄二年；第三子劉允眞，「文革」初期曾跟隨姐姐劉濤造過劉少奇、王光美的反。以上五名子女係劉少奇與第一任妻子何寶珍及第三任妻子王前所生。劉平平爲劉少奇與王光美所生，排行第六，一九六九年她不到二十歲被投入監獄單獨監禁，後被下放農勞，自修英語十載成材，一九八〇年後赴美留學，獲博士學位回國工作；劉源爲王光美所生，在劉少奇子女中排行第七，一九六七年九月逐出中南海後被捕，出獄四處流浪，後下河南農村插隊勞動八年，不忘奮發自學，一九七八年考上大學，畢業後回到河南農村，從公社副主任、副縣長、縣長、鄭州市副市長一路做起，直到一九七八年因政聲政績被高票當選爲河南省人民政府副省長；劉亭亭爲王光美所生，排行第八，六七年被逐出中南海時才十四歲，默默在一家工廠做工九年，自學英文成材，一九八一年考入美國波士頓大學，獲商科碩士學位，再轉入哈佛大學商學院深造，畢業後留美國紐約經商；劉瀟瀟爲劉少奇王光美最小的女兒，六歲那年被逐出中南海家中後，由保母領養，在社會上受盡歧視凌辱，「文革」後以優異成績考入北京大學西語系，後又全憑自己的才智考取公費赴西德留學，並定居德國。

再回到一九六八年九月十三日，回到劉少奇被單獨隔離囚禁的中南海豐澤園福祿居前院。由於中院的所有門窗早被大字報、大標語裡外糊死，劉少奇並不知道住在中院的子女已被趕走，被隔離在後院的夫人王光美亦已被捕投入秦城監獄。福祿居最終並沒有給這位貴爲國家主席的一家人帶來任何福祿。中院、後院已經人去房空，他仍然每天佝僂著身子，手扶著走廊的窗櫺，拖著被中南海造反隊打傷的腿，一步一步地蹭著，希冀著能從大字報、大標語的隙縫中，看到自己的孩子們的身影；又瘸著腿，裝出看大字報的樣子，避過看押他的警衛戰士的目光，蹭到那前院與後院之間的牆根下，想聽到牆那邊夫人王光美的動靜。人是見不著了，他只是渴望聽到夫人的咳嗽聲，走動聲，哪怕是一聲沈重的嘆息……可是他什麼都沒有聽到。都睡著了？中院和後院怎麼一點動靜、聲息都沒有？前兩天還可以聽到士兵嚴厲的喝斥聲。現在連士兵的喝斥聲都沒有了。一個可怕的陰影襲上劉少奇的心頭。但他不願意相信。他依然每天堅持著，不顧全身的傷痛，艱難萬分地蹭到那牆根去，凝神靜聽：依然一片死寂，一片死寂。

人哪？光美哪？平平、源源、亭亭你們哪裡去了？小小哪裡去了？哪裡去了？我見不到你們，讓我聽到你們的一點聲息，都不成？毛潤之，潤之兄，潤之……你把我的老婆、兒女弄到哪裡去了？我早求告過你了！去年一月十三日深夜，在人民大會堂浙江廳，你最後一次單獨召見我，我就求告過你，劉少奇一人犯錯一人當，怎麼處置我都可以，只求不要株連無辜，不要傷及我的老婆、子女！你當時說得多好聽！你總是當面說的好，會議上說的好……現在才明白，你總是對我玩貓戲耗子式遊戲！你一個黨主席，三軍統帥，偉大領袖，最紅最紅的紅太陽，連這點子胸襟都沒有，連我的老婆孩子都不肯放過，連六歲的小小都不肯放過……我與你共事幾十年，我知道，沒有你的指示，誰也不會趕走我的妻兒子女，誰也不會抓走我的妻兒子女……

劉少奇痛苦萬狀，精神卻尚未最後崩潰。他沒有大喊大叫，只在心靈裡作劇烈的呼號、掙扎。他問過看押他的士兵，士兵們都像木頭，一個個沈下臉、埋下眼睛不理他，不回答。他知道士兵們有紀律，不敢把眞實情況告訴他。士兵們也是些可憐蛋，一些拿槍的馴服工具，「黨的馴服工具」。「做黨的馴服工具」這句口號，還是他一九五八年代表黨中央、毛主席，號令民主黨派、知識分子向黨交心時提出來的，也如他發明的「毛澤東思想」一樣，又報應到了自己身上！現在看來，革命是有報應的，革人家的命，被人家革命，打倒別人，被別人打倒……毛潤之爲什麼就沒有被人打倒？老是他一個一個地打倒別人，收拾別人？不，毛潤之早在井崗山上就被人打倒過了，他消滅 AB 團，濫殺無辜，激起了「富田事變」，差點被譁變的紅軍官兵收拾了他的小命。那次是誰保了他？正是那個代表上海黨中央前來江西蘇區整肅他的周恩來，還有朱德、彭德懷、張聞天、博古、陳毅。周恩來眞是隻裝神弄鬼、上下討好、修煉到家的老狐狸……

我的妻兒子女哪裡去了？如同面對無邊的黑暗，空茫大地。沒有人回答中南海囚徒劉少奇的提問。

一天晚上，答案終於出現了。中共中央辦公廳從機關事務局房屋修建隊調來能工巧匠。在士兵的看守下，打開了福祿居前院通向後院的那道被封死多時的牆門，一輛輛手推車將一塊塊大青磚運到了前院裡，就在劉少奇的書房兼臥室的走廊窗下快速施工砌牆，砌一堵新的鐵灰色高牆。劉少奇則被勒令在自己的臥室裡睡覺，不准起來觀看中央辦公廳和中央專案組正在創造的奇蹟。劉少奇更不知道，那些大青磚還是他夫人王光美，前些時候每天頂著烈日，以背簍一筐一筐揹進後院來，現正被用來砌成高牆囚禁他。在中國南方數省，在文革風火狂闊的廣西、湖南、貴州等地，貧下中農紛紛成立「最高法庭」，勒令地主富農及其家屬子女，自己挖坑活埋自己。單是廣西一個省區就活埋了二十幾萬……在紅色首都北京，在中共中央、國務院機關重地的中南海裡，總算較爲斯文些，只是逼令國家主席的夫人揹來磚頭，以砌成高牆囚禁國家主席。

第四十五節　你們納粹不如

翌日劉少奇起床後，才發現一堵鐵灰色高牆已拔地而起，徹底擋住了他的視線，他連向中院、後院張望夫人及子女的願望都被禁絕，被堵死。

高速度，這是中南海裡的高速度！一個晚上，幾個小時……眞正的一九五八年大躍進的速度，毛氏速度……劉少奇面對鐵灰色高牆，雙手死死抓住窗沿，努力不使自己倒下。他欲叫無聲，欲喊乏力。他的身心，又一次被人掏空了，五臟六腑都被人掏走了，只剩下一副嶙峋的骨架，一具空蕩蕩沒有靈肉的軀殼。

是得認眞考慮一個問題了：爲什麼還要活著？毛潤之！你已經從政治上消滅了劉少奇，現在要從肉體上消滅劉少奇！劉少奇會讓你如意的，劉少奇活到今天，落到了你手裡，活得夠了，會及早結束自己……奇怪的是，劉少奇一九二五年在長沙坐過軍閥趙恆惕的監牢，一九三〇年在瀋陽坐過張少帥的監牢，那時從沒有想到過死，連一絲絲死的念頭都沒有，只盼著能快些活著出去，繼續幹革命、鬧罷工、搞暴動……沒想到，劉少奇今天是作爲中華人民共和國主席，黨中央政治局常委，國防委員會主席（以上職務均未被罷免），卻被囚禁在中南海豐澤園福祿居前院的書房裡！毛澤東、林彪、周恩來都沒有簽發過對他的逮捕令。也從未對他起訴。也就避免了把他這中華人民共和國主席投入到中華人民共和國公安部高級政治犯監獄秦城去。

秦城，那五十年代由蘇聯專家指導，由當時的中央政法委員會書記彭眞和公安部長羅瑞卿親自主持修建的高級監獄，一九六六年夏天就把彭眞、羅瑞卿自己關押進去了，近兩年陸續關押進去的，還有彭德懷、黃克誠、張聞天、楊尙昆、陸定一、薄一波、伍修權、陶鑄、安子文、劉瀾濤、徐冰、李維漢、劉仁、萬里、蔣南翔、吳冷西、馮雪峰、周揚……滿朝文武都被關進秦城，新中國的高級監獄，關押新中國的開國元勳。秦城人滿爲患了。

秦城獨獨不關押「罪魁禍首」劉少奇。毛潤之眞是絕頂聰明，空前絕後。毛潤之說他自己無後，一個兒子被打死，一個兒子發了瘋，絕了後。劉少奇卻有九名子女，一個和睦的大家族。毛潤之現在要迫他劉少奇「自然死亡」，從肉體上消滅掉……連一道走走過場的法律手續都給免了。毛潤之從來討嫌繁文縟節。毛潤之！你的確比所有的軍閥高明，比蔣委員長高明，比慈禧太后高明，比斯大林大元帥高明！你在中南海豐澤園內設下私牢來囚禁我。對，這是你的私牢，你毛老闆的絕招。江靑不是口口聲聲稱你爲老闆嗎？毛老闆設下這無須公開起訴、公開審判的中南海私牢來囚禁人民共和國主席！堂堂國家元首！哈哈，私牢，私牢，紫禁城裡的私牢……這次，劉少奇明白，他是走不出毛潤之爲他特設的中南海豐澤園私牢了。

就在劉少奇打算結束自己的生命、從靈肉痛苦中解脫出來的時刻，中央辦公廳和中央專案組卻早已料到他可能「頑抗到底、畏罪自殺」，當即派出幾名如狼似虎的軍人，來徹底搜查他的房間，沒收了一切他可能用以「作案」的物品，並命令他把皮帶解下來。劉少奇問為什麼？軍人說，為了防止黨內最大的走資派用皮帶自殺！劉少奇申辯說，他不會自絕於人民，他只犯了錯誤，並沒有犯罪，也沒有被捕，中央沒有任何會議、決議，他還沒有被撤銷黨中央政治局常委、國家主席的職務，他沒有理由自殺。軍人喝令他住嘴！解皮帶。劉少奇火了，大聲抗議：我也當過軍人！紅軍時期我是紅三軍團的政治部主任，抗日時期我是新四軍政委！你們就沒有一點同情心嗎？我現在病成這個樣子，瘦成一把骨頭，原來的褲腰都太肥了，沒有皮帶，怎麼繫得住褲子？幾名軍人見他還抗議，還擺老資格，還訓人，立即撲了上去，沒費什麼力氣就把劉少奇摔倒在地，跌了個狗吃屎，按的按住他的頭，固的固定住他的四肢，強行把皮帶從他腰間抽走了。

劉少奇氣急得差點暈死了過去，倒在地上渾身顫抖、抽搐，如同一名犯了羊癲瘋的乞丐，半天都沒能爬起來。

原來是毛澤東、林彪及其手下的中央文革，覺得還不能讓劉少奇過早死去。因為江青、周恩來、康生具體負責的中央專案組，還沒有來得及弄出一份「關於劉少奇反黨叛國罪行材料」，幾名關押在監獄裡的「證人」還在負嵎頑抗，不肯大膽揭發劉少奇的「罪惡歷史」。這一來，也就無法召開一次「中央全會」去走走過場，完成一道起碼的手續。若在此時就讓劉少奇死了，眞是太便宜他了。所以毛澤東著令中央辦公廳及中央專案組，立即採取更嚴密的措施，對劉少奇實施二十四小時監視，嚴防他以死相抗，一死了之。

另一方面，爲著防備中南海警衛部隊的戰士對劉少奇一家的悲慘遭遇產生憐憫同情，中央辦公廳定期安排中央文革的成員（全部爲毛澤東親信）給警衛戰士上政治課，灌輸對毛澤東的崇拜和愚忠。一次，中辦副主任遲群代表「中央」給警衛戰士訓話，大談了一通文化大革命反修防修的歷史意義和世界意義之後，說，你們二中隊[1]負責警衛的人裡，黑幫出得最多，劉少奇就在這兒。你們中毒最深，要肅清流毒。你們現在的任務已經根本變了，不是警衛，而是看管劉少奇。要好好地看管，不能留情！這樣才能不辜負偉大領袖毛主席對你們的信任，才能出色完成毛主席、黨中央交給你們的光榮政治任務！

原在劉少奇身邊的工作人員，雖然未被完全調換，但均被中南海造反隊罵爲「地道的保皇兵」，下了他們的槍，收走了他們的證件。看守劉少奇的士兵，則加了雙崗，層層監視，誰要是表現出一點「手下留情」，便立即會被批鬥關押，遣送回老家農村勞動改造。

鐵灰色高牆下的劉少奇，終於明白了妻兒子女均被趕出了中南海，這座他們一家和睦相處了十幾年的福祿居已被切割封鎖，只剩了自己孑然一身，待遇連監獄裡的囚犯不如，到了求死不能，求生無路的地步。更可怕的是中央辦公廳對他實行「醫療服從專案」，長期服用的安眠藥也被嚴格限量，致使他每天只能睡著兩三個小時，有時是整夜整夜不能入睡。他思念夫人王光美，知道她已經入獄。唯一的一點願望，是盼著夫人能夠活下去，不自殺，也不被處死；他思念兒女們。他要求看守他的警衛人員替他傳話給中央辦公廳，再由中央辦公廳傳話給每一名孩子：與父親劃清界限，脫離關係，做革命的後代，做人民的好兒女……長時間的肉體和精神折磨，使得劉少奇成天神思恍惚，或是長久沉默，或是叨唸出一些誰也聽不懂的話語。

一天，劉少奇終於把話說出來了。看守他的農村兵聽不懂。劉少奇溫和地望著士兵說：你知道有個米特洛夫嗎？他是保加利亞人，當過第三共產國際執行局書記……士兵陰沈著臉，搖搖頭。士兵只知道毛主席最偉大，是全中國人民和全世界人民的革命領袖，哪裡還用得著知道什麼外國的共產國際書記？劉少奇接著說：米特洛夫是位偉大的無產階級革命家，他是一九三四年在納粹德國被捕的。希特勒法西斯對他進行了公開審判，誣稱他為一九三三年柏林國會縱火案的幕後指使者。共產國際動員西方國家的一些進步團體出面，聘請了一個陣營很強的國際律師團，赴柏林納粹法庭為米特洛夫辯護。米特洛夫本人也一次次在法庭上為自己作了出色的自辯。後來，他雖然被納粹法庭判處了絞刑，但在刑場上，他發表了自己最後的演說……他的法庭自辯和刑場的最後演說，都是國際共運史上的珍貴文獻，全世界共產黨人的政治教材……

士兵完全聽不懂什麼律師，什麼辯護、自辯，還是什麼納粹、柏林。只猜想這個黨內最大的走資本主義道路的當權派大約又在放毒了，又在攻擊最最偉大的領袖毛主席和他最最可靠的革命接班人林副主席，以及中央文革首長了。果然，劉少奇問：米特洛夫在納粹德國都受到了公開審判，注意，是在納粹德國，還有國際律師團；爲什麼在我們中國，人民共和國，就不肯公開審判我？是不肯還是不敢？嫌麻煩？我不需要律師辯護，我只希望在法庭上講點自己的看法，講講我這個全國人民代表大會選舉出來的國家主席，講講國家憲法……

士兵沒文化，卻善良，也聽出個名堂來了，四下裡打量了一下，才壓低聲音厲聲喝斥：還不住嘴？你還沒受夠，還找死呀？眞是！喝斥過後，便轉身走開了，不再理會他。另一名士兵從室外進來，顯然是聽到說話聲了，問：他放毒了？答：俺聽不懂，老傢伙神經犯毛病，老在背什麼書，自顧自說……

劉少奇確是病魔纏身了。他的手臂曾在戰爭年代受過傷，經中南海造反隊員的連番批鬥扭打，舊傷添新傷，兩臂平舉都十分困難。有時穿一件衣服也要停停息息，掙扎著一、兩個小時才能穿上；規定他必須自己到飯廳吃飯，因雙腿被毆傷；短短三十米距離，竟是一步一移，一步一息，喘氣呼呼，要「走」上五十分鐘，甚至兩個小時。不准許他使用拐杖。前後跟隨看守的士兵，誰也不敢前去扶他一把。只要不碰上中央辦公廳或是中央專案組的人，士兵倒也不催逼他，知道他也是趁機要在戶外待得久一點。中央專案組的一位頭頭某天看到了，斥罵他裝死狗，耍無賴，有意創造出一項人類最低步行速度紀錄！

不久，劉少奇根本不能行走了，每天只能掙扎著下床，上床，連站都站不穩，下了床就跌坐在地板上。一日三餐，由工作人員替他打回來吃。工作人員去食堂打飯，被人罵作「保皇兵」，

「替中國的赫魯曉夫服務」，受到人格侮辱和政治壓力，也漸次不肯每餐都去替他打。而是打回一次，讓他吃好幾頓，有時飯菜裡還被人吐了唾沫，餵牲口都不如。又因劉少奇挨批鬥時，多次被中南海造反隊隊員揮動紅寶書掌嘴，打得嘴裡只剩下七顆殘存的牙齒，咬不動窩窩頭，粗飯粒。劉少奇長期患有胃病和糖尿病，加上天氣熱，常吃餿飯餿菜，也就常腹瀉拉稀，身體更虛弱了。到後來，他的兩手顫抖得不聽使喚，飯菜送不到嘴裡，只能像狗一樣爬在地上舔食，弄得滿嘴滿臉都是飯粒菜汁。

由於生活不能自理，劉少奇長時間不洗澡、不洗臉、不剃鬚、不理髮，也不更衣。他身上長滿了紅斑瘡瘮，成了一名痳瘋病人似的，渾身上下，又髒又臭。這也正是毛澤東夫婦下令逮捕王光美，使他們夫婦分離的目的。中南海裡的上上下下，都知道王光美旣是劉少奇的保健護士，又是劉少奇的生活秘書，把劉少奇的生活照顧得無微不至，人人稱慕……而現在，中央專案組屬下的工作人員，以照顧中國頭號走資派的飲食起居爲恥，只有折磨，沒有服務。醫生、護士，也從不好好替他診病。每次診病前先要開一陣批鬥會，高喊幾聲「毛主席萬歲」，「打倒大叛徒劉少奇」。有時一邊查病還一邊大罵「中國的赫魯曉夫」！有的從部隊挑選來的醫生爲了表現「革命覺悟」和「堅定的無產階級立場」，還用聽診器狠狠敲打，護士則用注射器亂捅亂扎。每次看病就如上刑一樣。有一回，劉少奇實在忍受不了，抗議道：「你們給我看病是假，折磨是眞！我要求你們救死扶傷，實行革命的人道主義！」醫務人員恥笑道：「對你還實行人道主義？做夢！我們就是要遵從偉大領袖毛主席的教導，把你打翻在地，踏上一隻腳，叫你永世不得翻身！」劉少奇悲憤莫名，眼裡冒出來淚水：「我說的是主席語錄，你們說的也是主席語錄……我的病被你們越治越重，何不快點把我治死？」由於劉少奇的態度惡劣，醫療人員經請示中央辦公廳、中央專案辦，把他服用多年的維生素和治糖尿病的D八六〇停掉了。

一個令後世的歷史學者心悸的問題，相信也曾是使得劉少奇死不瞑目的問題是：這中南海的工作人員，堂堂黨中央、國務院機關的工作人員，從中央辦公廳幹部，到警衛部隊官兵、食堂職工、醫生護士，爲什麼都對他劉少奇如狼似虎，毫無人性？劉少奇跟你們每一個人都無冤無仇，過去還是你們所尊敬、所愛戴的黨和國家領導人！就是對一個普通的年老病弱者，你們也應當有一點點起碼的同情和憐憫。你們爲什麼要競先踐踏一名病弱者，失敗者？如果劉少奇換成了毛澤東，是劉少奇把毛澤東囚禁在豐澤園裡，你們也會扭斷他的胳膊，毆傷他的雙腿，把他按倒在地，抽掉他腰間的皮帶嗎？你們會在每次給毛澤東看病之前，開一開批鬥會，高喊幾聲「打倒中國現代秦始皇」，之後用聽診器隨意敲打他，用注射器亂捅亂扎，扎得他手上腿上沒有一根好血管嗎？你們會讓他毛澤東也像狗一樣爬在地上，舔食著餿飯餿菜嗎？……會的！因爲這中南海是皇家禁苑，從來對失意的王公乃至皇上，都這樣冷酷無情。這是兩千多年的皇家傳統。不對！現在不是封建王朝，是人民共和國，人民當家作主……誰當家作主了？是共產黨毛澤東替人民當家作主。而人民群衆的大多數，又習慣於盲從，習慣於趨炎附勢，倚強欺弱，總是對勝利者頂禮膜拜，總是對失敗者任意糟蹋……也不能完全責怪人民群衆的狂熱愚昧。整體而言，他們是受愚弄者，是受害者……那麼毛病出在哪裡了？引發這場全國政治瘋狂的癥結在哪裡？是在理論基礎？是在以階級和階級鬥爭爲精髓的毛澤東思想？十幾二十年來，黨和國家一直在調動所有的人力財力，發動所有的國家機器、報紙、廣播、文件、教科書、大會小會直至文學藝術一切手段，徹底清除人性、人情、人道，剿滅一切勸人改惡從善、積德行善的宗教信仰，公開宣揚血腥暴力，公開煽動階級仇恨，公開號令一部分人仇恨另一部分人，歧視另一部分人，消滅另一部分人……終於在神州大地上編織出一張仇恨的天羅地網。劉少奇！你不也正是這張毛澤東式仇恨羅網的一位主要編織者嗎？如今不幸的，落進這張大網裡的不是毛澤東本人，而是你劉少奇。難道不也是一種因果報應嗎？人性、人情、人道統統死亡了，只剩下獸性、野蠻和瘋狂了……

劉少奇年近七十，經過一年多的精神和肉體折磨，他終於倒下，躺在床上不能動彈了。可他對自己所遭受的非人待遇不服。他沒有反對過毛澤東，即使在毛澤東地位危如累卵的一九六〇、六一年，劉少奇都未曾想到要取而代之，而是竭力扶助毛澤東度過難關，保住了領袖地位。毛澤東今天卻對他這樣心狠手辣、殘酷無情！他時而大喊大叫，時而嚎啕大哭，時而神志不清。監護人員把情況匯報上去，中央專案組的一位副手跑來說：「此人狡猾，不能排除有意這樣做的可能。爲嚴防意外，監護工作要相應採取一些措施。」

一九六八年初，毛澤東正式任命周恩來總理兼任「中共中央劉少奇專案審查小組組長」。實際上，周恩來自一九六七年秋天起就具體過問起此一專案組的工作了。毛澤東夫人江青直接插手劉少奇專案則更早些。早在一九六六年十二月十八日，毛澤東即背著中央政治局、中央政治局常委會和劉少奇本人，授意成立了「中央文革劉少奇王光美專案組」，並毫無顧忌地指令由其夫人江青負責。據此，公安部長謝富治對專案組成員說：「劉少奇一案，主要工作都由江青同志抓，今後一切重要情況都要直接報告江青同志。」江青本人也公開對外宣稱：「我現在擔負著中國第一個大專案。」一九六七年五至七月，江青下令把與劉少奇、王光美有關連的各類人員投入監牢，以極爲殘忍的方法，採取逼、供、信手段，強迫獄中「犯人」「檢舉揭發」，僞造歷史，編造證詞，務求把劉少奇打成「叛徒」、「特務」。用江青的話來說，「就是要把劉少奇定性爲一個五毒俱全的大反革命、大內奸、大叛徒、大特務，這是毛主席、黨中央交下的光榮的、歷史性政治任務！」

在中國古往今來的歷史上，大約再沒有比毛澤東、江青這對夫妻作過如此明目張膽、毫無修飾的政治表演了。周恩來兼任「劉少奇專案審查小組組長」一職後，對毛夫人江青及康生、謝富治等人的胡作非爲，從無異議。江青根據迫害劉少奇夫婦的需要，叫抓哪個，周恩來就親手簽發逮捕令。有時未等江青示意，周爲了討好江，也下令將江的「仇人」逮捕。如周恩來的養女孫維世（亦曾經被毛澤東玩弄過），一九六七年不識時務，爲搭救自己的夫君金山（著名戲劇家），而妄圖通過養父周恩來向毛澤東告江青的狀。周恩來權衡利害，爲免引火燒身，亦爲討好江青，而毅然絕情地親筆簽署了逮捕令，將孫維世投入監牢，從而博得了毛夫人江青的歡心，也就杜絕了孫維世憤而揭出老底的威脅。中共的一代美女孫維世在獄中很快被折磨致死，實爲周恩來殺人滅口。這一紅色王朝因色情風流導致殺身之禍的大冤報，至今鮮有人揭示眞情。

一九六八年仲夏的一個晚上，劉少奇突然高燒不退。由於沒有得到及時治療，轉成肺炎，引發多種併發症，隨時可能死亡。看守人員立即將劉少奇病危情況上報中央辦公廳主任汪東興和中央專案組組長周恩來。周恩來立即呈報毛澤東、江青。經研究，同意周恩來派醫護人員予以搶救。中央辦公廳主任汪東興代表中央對醫護人員佈置任務說：現在快要開劉少奇的會了，不能讓他死了，要讓他活著看到被開除黨籍，給「九大」留活靶子！

然而，給劉少奇會診的醫生提出，病人應當離開單獨監護的環境，住進醫院治療。醫生的要求立即被江青、謝富治等人把持的中央專案組所拒絕。事實上，就算周恩來、汪東興同意上報會診醫生的建議，也會被毛澤東所否決，弄不好還會揹上「對黨內最大走資派心慈手軟」的嫌疑。會診醫生退而求其次，提出爲減少對病人的精神刺激，應摘除劉少奇臥室裡所掛滿了的大字報、大標語，也被中央辦公廳和專案組所拒絕。他們就是要讓劉少奇活活受罪，受折磨。

醫療服從專案，政治大於一切。由於毛澤東、林彪司令部出於革命鬥爭的需要，必須暫時讓劉少奇活著，劉少奇的肺炎被治癒了。但劉少奇虛弱得再不能起床，實際上已經癱瘓。他身邊沒有一個親人，只有一群凶狠的監視者。他面如死灰，骨瘦如柴，頭髮鬍子又長又髒，沒有人替他理髮，沒有人幫他洗換衣服，沒有人扶他上廁所大小便，以至屎尿常拉在身上。長時間的臥床又造成他雙腿肌肉萎縮，身上的老褥瘡未掉痂，又長滿了新褥瘡。他的胳膊和腿由於常注射，都被凶狠的針頭扎爛了。看護記錄上寫著：「全身沒有一條好血管。」

就在劉少奇處於這樣一種臥床不起、喪失了一切肢體活動能力的情況下，監視人員仍日夜守在他床邊，嚴防他亂說亂動。中央專案組的頭頭指示說，「為了防止他行凶或自殺，我們要進一步加強監視工作。」於是，監護人員奉命用繃帶把劉少奇的雙腿緊緊地綁在床上，固定住，不許鬆動。

一九六八年十月五日，也就是召開宣佈永遠開除劉少奇出黨的「八屆十二中全會」的前一個星期，劉少奇仍被固定在床上，屎尿也拉在床上，冥冥之中，他突然感悟到了什麼，悲憤交織，兩次失聲大哭。每次都先叫喊一陣夫人王光美的名字，幾個兒女的名字，接下來就叫喊著「毛潤之」、「潤之」、「潤之」……最後叫喊著米特洛夫、張學良、楊虎城……

面對一個垂死的囚徒的哭喊，監視人員如臨大敵，頗為慌亂了一下。等他們明白過來，這黨內最大的走資派是在鳴冤叫屈，是在瘋狂反撲，是在把矛頭對著最最偉大的領袖、最紅最紅的紅太陽毛主席，扯來毛巾要堵劉少奇一堆亂草似的鬍鬚中的嘴巴時，劉少奇已經住了嘴，不吭聲了。

中央專案組的工作人員畢竟不是農村來的大兵，他們都是毛派極左派的知識分子，了解國際共運史和國共兩黨鬥爭史。劉少奇這個黨內最大的走資派眞是死硬到底、見了棺材也不落淚了，竟然死到臨頭，還惡毒攻擊偉大領袖毛主席！什麼米特洛夫？劉少奇是指毛主席連法西斯頭子希特勒都不如！米特洛夫當年是受到納粹法庭公開審判的，還允許國際律師團替他辯護，還允許他自己在法庭上做了出色的自辯演說。毛主席卻不肯公開起訴他，審判他，根本剝奪了他講話的權利；什麼張學良、楊虎城？劉少奇是指偉大領袖毛主席連蔣介石都不如！張、楊兩將軍當年發動「西安事變」，抓獲過蔣介石，逼蔣抗日。事後蔣介石一直把張學良軟禁，張學良將軍至今悠哉閒哉地活在蔣家父子統治下的台灣省。楊虎城將軍在西安事變後被蔣介石解除軍職，訓令其出國考察。「七七」事變後楊將軍回國要求領兵抗日，但他秘密參加共產黨背叛國民黨的事情敗露，蔣介石也只是下令將他及夫人小孩及秘書等人一起監禁，一關十餘年，楊虎城夫婦還在獄中生有孩子。楊因秘密加入共產黨被捕，共產黨卻並沒有借重慶談判之機營救他。直到一九四九年底，逃到台灣的蔣介石，才下令將楊虎城全家處死於貴州息烽監獄……

一九六八年十月五日之後，劉少奇由於植物神經功能紊亂，大腦供血不足，加上腦組織軟化症狀的惡性發展，失去了自主呑咽的功能，只能靠鼻飼維持日漸枯竭的生命。由於劇烈疼痛及不時窒息的痛苦，他時而緊攥住雙拳，時而伸出十指亂抓亂撕，一旦抓住了什麼東西就死死不放。工作人員和醫生護士看著他那種難受的情景，動了鐵石心腸，趁他的兩手痛苦地在空中抓撓不休的時刻，把兩隻硬塑料瓶子塞在了他的手中。他兩手緊捏住了瓶子，才稍稍安靜了些。時間一久，他竟然將兩隻硬塑料瓶捏成了中間小兩頭大的葫蘆形狀。直到他一年之後死亡，這兩隻塑料葫蘆再沒有離開過他的雙手。

劉少奇在生死線上痛苦掙扎的一切，都由監護人員定期寫成匯報材料，呈交中辦主任汪東興，汪東興轉呈周恩來，周恩來上呈偉大的毛澤東。是毛澤東親自決定著對付劉少奇的每一具體的策略。包括林彪、周恩來、江青、康生、謝富治等人在內，都只能迎合毛澤東，執行毛澤東置劉少奇予生予死的各項「最高最新指示」。一句話，毛澤東決不允許劉少奇活著離開中南海。直到一九六九年十月十七日，爲執行「林副主席一號戰備令」，把劉少奇秘密運往河南開封處死，才打破毛澤東的這項神話。

註

①中南海警衛部隊中，毛澤東的衛隊爲第一中隊，衛隊長原爲汪東興，後爲張耀詞。汪東興文革初起任中央辦公廳主任並兼中南海警衛師政委；劉少奇的衛隊爲第二中隊，衛隊長爲李樹槐；朱德的衛隊爲第三中隊；周恩來的衛隊爲第四中隊，衛隊長爲楊德中。

第四十六節　彌天大罪　彌天大謊

這裡，我們暫且離開中南海豐澤園福祿居前院，離開瀕臨死亡的國家主席劉少奇，來看看毛澤東夫婦及其特工頭子康生等，如何獵取「材料」，羅織罪名，把劉少奇定性為「叛徒、內奸、工賊」，以求其死有餘辜、遺臭萬年的。

早在一九六六年九月十六日，毛澤東剛剛肯定過劉少奇的黨內檢討「態度誠懇、認識深刻、後半部分尤其好」不幾天，卻又授意主持黨內審幹工作的康生，就有關劉少奇歷史方面的問題給中央寫報告。康生心領神會，翻出了一九三六年劉少奇任北方局書記時經手的「六十一人出獄案」來做文章。康生在報告上寫道：「薄一波等六十一位同志有堅決反共叛變行為，而劉少奇的決定，就使這些人的反共叛黨活動合法化了。」

毛澤東接到康生的報告，罔顧早有定論的歷史事實，背著中央政治局及政治局常委會，大筆一揮，把這份指稱劉少奇包庇重用叛徒集團的「報告」，作為中央文件強行發出，傳達至全黨全軍每一個黨員群眾。文件是搶先發出了，造成既定局面，但要重新落實「歷史事實」，卻不是一件簡單的事。因爲黨內高級幹部都了解「薄一波等六十一人出獄」一事，當年是由延安的中共中央批准的，而不是北方局書記劉少奇一人的決定。於是，康生指使手下的辦案人員去圍攻自一九五九年廬山會議之後即遭到軟禁的前中央總書記張聞天。辦案人員連夜審訊張聞天，「你應該知道這一案件的始末，是不是劉少奇一手策劃的？」「你在延安是總書記，」「不是，」儒雅體弱的張聞天不顧個人安危，據實回答道，「如果是實事求是的話，這件事是劉少奇代表北方局提出的，但是經過中央批准的，我是同意的，毛主席也參加了這一決定的討論的。」辦案人員拍桌大罵，「住嘴！不准你講毛主席知道此事！老實告訴你吧，你講了毛主席，一切後果自負！」身陷逆境的張聞天閉上嘴，他寧願被殺頭也不願參與揑造歷史。

康生對自己過去的老上級張聞天恨之入骨：不知死活，茅坑裡的石頭，又臭又硬！你不作證，自有人作證。「薄一波等六十一人叛徒集團案」，毛主席已經發了文件，既成事實，也不在乎你張聞天承不承認了。還是江青同志說得好，「劉少奇本人就是個大叛徒，大特務！」康生想起了已被罷了官的中央組織部部長安子文，或許是個突破口。況且安子文是「六十一人集團」的重要成員，他應該爭取戴罪立功的。

一九六七年四月的一天下午，專案人員審訊安子文，開門見山說：「如果你能寫個證明劉少奇是大叛徒的材料，馬上就可以去釣魚台和中央首長談話，車子就在門口等著。」「你說的中央首長是康生還是江青？」安子文威武不屈，從容不迫，「我在中央組織部工作了二十一年，也沒有聽別人說過劉少奇是大叛徒，從未見到哪一份材料說劉少奇是大叛徒。」由於安子文死活不肯「合作」，江青、康生隨即通過周恩來總理簽發逮捕令，將安子文鋃鐺入獄，監禁秦城。

一九六八年春天，康生下令專案組對安子文進行第二次誘供，讓安子文「戴罪立功」，許諾安子文可以馬上從「階下囚」變成「座上賓」。因爲他長期擔任中央組織部長的身分太特殊了，只要他肯出面指證劉少奇爲「叛徒」，就最具說服力和「權威性」。一個安子文，勝過一百名普通證人。可安子文已置個人功名利祿、生死安危於事外，堅定地說：「我是想和家人團聚，想繼續爲黨工作。但我的確不知道劉少奇是叛徒的事，這有什麼法子？這個功，我立不上了。」

直到一九六九年春天中共「九大」召開前夕，江青、康生還想利用安子文。他們請動了兼任「中共中央劉少奇專案審查小組組長」的周恩來總理，出面找安子文談話。周許諾安「如果能證明劉少奇是大叛徒，組織上絕不會虧待你，再做中央組織部長是不可能的了，但做個委員還是可以的。」「我的確不了解情況，」安子文對自己向所尊敬的周總理平心靜氣地說，「如果我了解，我早在組織部工作時就報告中央了。請以後不要再問這件事了。」說是周恩來沉重地嘆了口氣，也不知是嘆服安子文的態度死硬，還是讚許他的「風骨黨性」。

江青、康生雖然在張聞天、安子文等死硬分子身上打不開缺口，卻也在別一些骨頭稍軟的人物身上找到了「突破」。他們以主持「中國第一大案」的名義，早在全國軍警、黨政系統實施了總動員，佈下了天羅地網。

一九六七年五月二十二日，由周恩來簽署命令逮捕了外交部國際研究所所長孟用潛。這是一名副部級高幹。劉少奇於一九二九年擔任東北滿洲省地下省委書記時，孟是省委組織部部長。孟被捕後的第一個月甚爲堅強，不肯按專案人員的要求招供。專案組的報告上寫道：「孟用潛一個月來，根本不交代問題，態度極不老實。」康生批示道：「繼續審訊。專案組鬥不過被審查者？不要爲他所騙。」並示意採「車輪戰術」，二十四小時輪番批鬥，動刑。康生的一套黨內酷刑，早在一九四一、四二年間的延安「搶救運動」中就屢試不爽了。無獨有偶，那次康生也是直接受命於毛澤東，施用了一百多種刑法來對付黨內的「異己份子」，把大批投奔延安的革命青年整的死去活來。

於是從七月五日至十三日，整整一星期，專案人員分成三班制，每天二十四小時連續審訊批鬥，施用了各種殘忍手段來制伏孟用潛。到了第七天，孟用潛終於熬不過皮肉之苦，精神崩潰，遵照專案人員的需要，虛構出了他自己和劉少奇一九二九年在瀋陽被捕後叛黨投敵的情節，寫了口供，簽了名。但沒過幾天，他清醒了過來，立即翻供，一連寫出了二十份申述書，每一份上都聲明：「我的交代都是編造的，根本沒有事實依據。」專案組卻早已把他的招供作爲輝煌戰果，呈報江青、康生去了。江青、康生則如獲至寶，上呈給了偉大的毛澤東。終於有了材料證明劉少奇歷史上是叛徒，毛澤東大爲釋懷了。肥肉已經落入虎口，把柄已被捏在需要者的手上，誰還會理會他孟用潛的翻供？專案人員逼著他當場撕毀了二十份翻供狀中的五份，並嚴厲警告：「再對一九二九年劉少奇叛黨問題提意見，就以現行反革命論處，讓你永遠閉嘴。」

一九六七年夏天，康生通過遍及全國的情報爪牙提供的線索，大肆逮捕跟劉少奇「歷史問題」有關連的人員。湖北武漢市一位退休職員丁覺群，年已六十七歲，被捕後立即被押送到北京。因爲丁覺群曾於一九二七年與劉少奇一起從事過地下工運，歷史上有過變節行爲，但早有組織結論，作爲人民內部矛盾處理過了。康生把丁抓來後，找江青、謝富治二位商量：丁覺群是個重磅砲彈，劉少奇一九二七年叛變當了內奸、工賊的證據，必須由他提供。

於是專案人員審訊丁覺群時，免去了「啓發」、「誘供」等口舌，明令他提供劉少奇一九二七年叛變投敵的證據，否則別想活著出去。丁覺群渾身顫抖，答應老老實實回憶，仔仔細細交代四十年前的舊賬。面臨酷刑，卻天良未泯。他於一九六七年九月三日寫道：「劉少奇和我究竟有什麼關係？我爲什麼找不出這種關係？我不能欺騙黨，亂談一氣。」在另一份交代材料上，他又寫到：「劉少奇是一九二六年十月中旬由廣州到武漢，任湖北省總工會秘書長的。當時我是國民黨漢口特別市黨部的執行委員兼工人部長。總工會有關漢口的工人運動是受漢口市黨部工人部領導的。十一月上旬，總工會成立『勞資鬥爭委員會』，對外稱經濟爭議委員會。劉少奇任主席，我是委員之一。在共產黨內我是受他領導的……我和劉少奇除了工作接觸外，沒有特別關係。現在劉少奇還沒有死，可以對質的。」

丁覺群沒有交代出專案組所需要的「證據」，康生大怒：「翻天啦！他是不想活啦！向他攤牌！」康生一聲「攤牌」，丁覺群死去活來，被專案組人員輪番拷打折磨了半個月。再提出來審訊時，丁已經整個身子像被卸掉後，再馬馬虎虎被組裝攏來：腰彎了，腿殘了，肩斜了，眼睛被打黑了，嘴上翻出一層白皮，臉上一副癡獃病人似的死板表情。這次他不等審訊者發問，便背書似地一口氣招供了：

「劉少奇是個大工賊，大壞蛋。一九二六年他接受過資本家的人參燕窩。於是，他便出賣了工人的利益。汪精衛表揚他是『身在共產黨，心向國民黨的好人。』劉少奇還對我說過：我願在汪主席領導下為國民效力。劉少奇和我一起研究過反革命綱領，這就是：我們要千方百計使共產黨走失敗路線，主張單搞工人運動，不搞農民運動……我們還建議政府對共產黨採取鎮壓和策反相結合的政策，號召共產黨員反共，從內部破壞共產黨……國民黨抓劉少奇，完全是苦肉計、苦肉計、苦肉計呀！……首長，我什麼都招供了，你們再不吊我拷我了吧？」

專案人員大功告成，滿意地笑了，遞給他口供記錄：「你表現不錯。簽字，並說明完全屬實。然後我們送你去長期休息。」

江青、康生主持的專案組，還曾於一九六七年夏天下令逮捕了劉少奇的胞兄——湖南省政府參事室參事劉作衡。這位年屆七十、骨瘦如柴的老人，是脖子上吊著二十多斤重的黑牌子，經過一陣拳打腳踢的批鬥後，被關進黑牢的。對劉作衡的刑訊逼供過程，亦如孟用潛、丁覺群兩人一般大同小異。湖南這位民主人士、開明鄉紳最後到底支撐不住了，只得流著渾濁的老淚，抖索著傷痕累累的手，按照專案人員的意思，歪歪斜斜寫下幾十個字，提供了一九二五年十二月劉少奇在長沙被捕那次，「叛黨出獄的證據。」

從一九六七年初至一九六八年夏，「中共中央劉少奇專案審查小組」通過一年零八個月的日夜作業，審訊、拷打、篩選了全國各地的數百名各類「證人」之後，獲得了豐碩成果——整整三大本「劉少奇罪證材料」。中央文革的大員們無比興奮的稱這三大本材料是馬列主義、毛澤東思想的偉大勝利，毛主席革命路線的偉大勝利，無產階級文化大革命的偉大勝利，以毛主席爲首、林副主席爲副的無產階級司令部的偉大勝利。可是幾年之後，林死毛死江囚，大批中共老幹部從監獄裡被解放出來，無不私下裡大吐苦水：天哪，這輩子坐過了日本人的牢，坐過國民黨的牢，還是咱們共產黨自己的牢房最可怕，最難熬！娘的比法西斯還法西斯哪！

一九六八年九月十六日，毛澤東夫人江青煞有介事地在她和康生的傑作——「劉少奇罪證材料」上批示道：「我憤怒！我憎恨！一定要把無產階級文化大革命進行到底！劉少奇是大叛徒、大內奸、大工賊、大特務、大反革命！可說是五毒俱全的最陰險、最兇狠、最狡猾、最歹毒的階級敵人。」可以說，江青這位三十年代初葉上海灘影藝界的蹩腳演員，到了文革的血腥大舞台，在其夫君毛澤東的親手導演下，才眞正進戲，進入角色，發揮了她的天才演技。

九月二十九日，「劉少奇罪證材料」先呈報毛澤東審閱點頭之後，才轉到副統帥林彪手上。已是官樣文章，林彪隨手翻了翻，當即揮毫寫道：「我完全同意江青同志的意見，她的批示表達了全體無產階級革命派的共同心願。我向出色地指導專案工作並取得巨大成就的江青同志致至敬！」

說是在這之前，「劉少奇罪證材料」並未呈交身為「中共中央劉少奇專案審查小組」組長的周恩來過目。周恩來只是聽過多次重點案例審訊結果的簡報，一再表示請江青同志作主，呈主席審定，他完全贊成、擁護。

在主席夫人江青面前，康生、陳伯達、張春橋、謝富治、汪東興等專案組領導成員皆不敢爭功。林副統帥的批示最切題，最能代表大家的心聲。張春橋倒是酸溜溜地說過：「不要看這麼一本，這個工作是江青同志抓的，這一本搞了一年多啦……這樣一本東西就要叫劉少奇永世不得翻身！」

再說自一九六七年春天起，毛澤東從臨時居住的人民大會堂北京廳搬回了修繕一新的中南海豐澤園菊香書屋，仍跟被囚禁在福祿居的劉少奇一家比鄰而居。有時劉少奇夫婦在福祿居前院裡被中南海造反隊批鬥的口號聲、打罵聲，他都聽得到。有時甚至側耳恭聽，就像在欣賞他一向喜歡的京戲〈鴻門宴〉、〈打漁殺家〉、〈霸王別姬〉一樣。後來，王光美被捕，劉少奇的幾名兒女也統統趕出去了。只在福祿居前院裡關押著劉少奇一人，漸漸飄出來一股不太好聞的氣味。毛澤東也不在意。水至清則無魚，人至清則虛偽。在個人衛生上，毛澤東馬虎隨便慣了，向來不甚講究。只是到了一九六七年立秋那天，毛澤東忽然懷疑他的屋裡有陌生人的影子，命令衛士們查清楚。爲了讓衛士徹底檢查，中央辦公廳臨時安排他到離豐澤園不遠的游泳池的休息室去住。他自五十年代起就常在這裡游泳、跳舞並和一些年輕女子共度良宵。菊香書屋經過徹底檢查，沒有查出任何可疑之處，毛澤東卻再也不肯搬回去了。因爲游泳池這地方，更方便他召見一位位軍隊文工團的美人兒來相廝守，遊龍戲鳳。空軍文工團的，海軍文工團的，總政文工團的，有的擅長京戲清唱，有的善奏古典名曲，有的床笫功夫好生了得，侍奉得他欲仙欲佛，極盡聲色之娛。毛澤東從來只把美女當消遣品，絲毫不影響他呼風喚雨、號令天下的革命大業。周恩來見他無意搬回豐澤園，便撥出專款，囑咐中央辦公廳趁他出巡大江南北時，在游泳池旁新蓋了一座宮院式建築，比豐澤園的菊香書屋更氣派，更舒適。還著人在福祿居前院砌起一堵鐵灰色高牆。那堵鐵灰色高牆也不單是爲了阻擋劉少奇向自家中院、後院張望孩子和夫人的視線，也爲著阻擋他朝遠處的游泳池打望。毛澤東每次出巡回到中南海游泳池，都不忘查問「少奇是不是還在福祿居前院」。在聽到肯定無疑的回答之後，他才心裡踏實。若把劉少奇送往任何地方，他都懷疑可能演出「金蟬脫殼計」。直到劉少奇死了，賀龍死了，陶鑄死了，鄧小平、陳雲充軍到江西去了，林彪搶班奪權太性急跟他動槍動炮，鬥他不贏也全家摔死了，愛當面頂撞的彭德懷也死了，毛澤東則一直住在中南海游泳池的新宮院裡。他越來越討嫌自己的夫人江青，那隻經他唆使咬了幾年人的「狗婆」。毛澤東就用湘潭土話罵她「狗婆」。他命周恩來、汪東興替他在游泳池安裝一道鐵門。汪東興匯報說，中南海已經夠安全的了……毛說，你不懂，安道鐵門不准江青進來。不久，游泳池大門口果然裝了一道鐵門，一位位文工團美人兒皆可出入，唯毛澤東夫人江青求見常遭拒絕，成爲中南海一景。這是後話。

第四十七節　滴水洞毛澤東拍板

我們再回到一九六八年九月。已經整整兩年沒有召開過的「中央全會」，已定於十月中旬召開。毛澤東卻於八月底再次南巡回了「西方的一個山洞」——老家韶山滴水洞賓館。他很迷信滴水洞的風水，他的祖脈所在。四十年前他從這裡出發發起秋收暴動，創建工農紅軍，奪得了天下；兩年前他從這裡出發，發起文化大革命打倒劉少奇；現在他仍要從這裡出發，去召開八屆十二中全會，把劉少奇的案子鐵板上釘釘，把他個國家主席捆到歷史的羞辱柱上去。

九月下旬的一天，毛澤東在群山環抱、綠樹濃蔭的滴水洞接見北京來的三位客人：江青、康生、張春橋。他們從北京飛到長沙，從長沙軍用機場直接換乘汽車來。兩個小時前湖南省革命委員會主任華國鋒就來過電話，報告北京的客人已經上路。毛澤東已經等得不耐煩了，山裡的公路再難走也該到了。他步出所住的一所平房，衛士長還沒有來得及向他報告，他已經看到剛鑽出汽車的江青、康生、張春橋三人了。夫人江青正興致勃勃地對康生介紹：「康老，好地方吧？這就是『西方的那個山洞』。主席前年給我的那封信，就是在這裡寫的……」

毛澤東老遠就伸出了手：「你們是些難等的客人嘍！」張春橋年紀最小，腿快，一路小跑上來，緊緊握住了偉大領袖柔軟的大手：「主席，您好，您好，眞是對不起，讓您久等了。」

康生也快步走了上來，弓下瘦長的身子，雙手緊握住毛澤東的一隻手。毛的另一隻手還被張春橋握著沒捨得放開呢。有人說，別看康生在全黨幹部眼睛裡是個惡魔，殺人不眨眼的傢伙；但康生在毛主席面前，從來身子就沒有挺直過，總是弓得像大對蝦，笑出滿臉大皺紋的。

毛澤東沒有跟自己的夫人江青握手，笑臉都沒有給一個，只是點了點頭，表示「你到了，我看到了。」毛澤東領著三位客人進平房，走過一道舖著紅地毯的走廊，頭也不回地說笑：「洞中方七日，世上已千年。我在滴水洞裡修煉，還沒有得道，呵呵呵……北京的情況怎麼樣？聽講又亂又熱鬧？」

江青越過康生，跟上去報告說：「主席常說的通過大亂達到大治啦，經風雨，見世面，鍛鍊革命左派啦！」

毛澤東仍不理會，仍在自我吟詠，自我陶醉：「九丹開石室，三徑沒荒林……鐵笛無聲，知音者如雷貫耳；黃粱未熟，睡著的且莫翻身……好對，好句！好對，好句……」

進到大書房兼會客室的幾張罩著布套的沙發前，毛澤東擺擺手，示意三位坐下。大家認識的那位嬌小俏麗的小鳳鳳來給每一位上茶。當她把一杯滾燙的君山銀針輕輕放在江青座前的茶几上時，江青親暱地拉了拉她的手，趁毛澤東在跟康生談論什麼，輕聲說：「小鳳子，謝謝妳照料主席，我放心了……」小鳳鳳紅了紅臉，溫順而敬畏地看了主席夫人一眼，退下去了。

毛澤東咳了咳嗽：「好了！我們言歸正題吧。你們從京城裡帶來了什麼金科玉律要我過目呀？」

康生恭敬地點著頭：「我們三個來向主席請示匯報關於劉少奇的問題。以江青同志爲主，材料都帶來了。」

「是爲黨的八屆十二中全會準備的。」張春橋補充說。

毛澤東吸著烟，瞇縫起眼睛，溫和地看了自己的夫人一眼。他曾有十多年不願正眼看這個女人。近幾年來這個女人倒是表現出來一股子不凡的政治能量，雖然仍是分居著，空有個夫妻名分，但看上去順眼些了，不再有那生理上的嫌惡。

「主席，根據中央專案組將近兩年來的內查外調，訊問了好幾百知情人，搞清楚了劉少奇從來就不是一個革命者，而是個混進革命隊伍裡的資產階級野心家、陰謀家、惡貫滿盈的老反革命分子！」江青拍著她放置在膝蓋上的一疊鉛印材料，操著一口北京造反派的語氣，大驚小怪地報告著，「主席！不得了啦，現在有三大本罪證材料，好幾十人的檢舉揭發，劉少奇是貨眞價實的大叛徒，大內奸，大工賊！一點不假。」

毛澤東眞沒法喜歡夫人那毫無教養的語氣和作派。但劉少奇的材料終於弄出來了，就是個了不得的成果。毛澤東不動聲色，帶點疑問的神色看著康生，故作愼重地問：「康生，這是你的老行當了，是眞的嗎？」

康生一副老成持重的樣子，很肅穆地向毛澤東欠了欠身子：「是的，江青同志講的很準確。劉少奇早在大革命時期就多次投敵叛變，後來又受國民黨反動派的指使，混進我們黨內充當工賊和內奸，幹了大量的反革命勾當，給黨的事業造成了嚴重禍害。」

毛澤東手裡的烟停住了，臉上有了驚訝之色。他盯著張春橋問：「春橋，你是今年初才參加劉少奇專案組的吧？你認爲材料都靠得住嗎？」

張春橋身子坐得直直的，雙手放在膝蓋上：「主席，我完全同意康老和江青同志的看法。您放心，材料百分之百準確。證人都被我們請到了北京嘛。白紙黑字，都是他們手寫的檢舉揭發……」

不知是由於內心興奮激動，還是出於某種憂慮，毛澤東坐不住了。他離了座，在三人面前踱開了步子：「那你們講講，一個共產黨的副主席，還是共和國主席，如果是個老牌反革命分子，怎麼向全黨同志交代得清楚？怎樣解釋我們黨歷次整風審幹運動？」

江青、張春橋由衷地嘆服主席對問題的高瞻遠矚。生薑是老的辣，康生當即把他早準備好的一套台詞端了出來：「主席，這正好說明了史無前例的無產階級文化大革命，是非常及時的，完全必要的。我黨雖然搞過不少次整風審幹運動，但要清查像劉少奇這樣的鑽進了黨的領導核心的叛徒、特務，單靠中央調查部的人員是不夠的了。因爲劉少奇也長期插手整風審幹的領導工作。

他的黨的二把手的高位，恰恰提供了他最可靠的保護。如果不是主席親自發動起這次億萬人民群衆投入的文化大革命，不是全國紅衛兵小將和革命左派的通力合作，當然挖不出劉少奇這種叛徒。所以，這次文化大革命是國際共運史上的偉大創舉，她的劃時代意義，怎麼估計都不過分。如果蘇聯人民當年也能開展這種運動，赫魯曉夫、布里茲涅夫之流就不會上台了，世界上的第一個社會主義國家也就不會衛星上天，紅旗落地了……」

康生眞不愧爲黨的馬列主義理論家。還是他有學問。毛澤東不吭聲了，從江青手裡接過一份經過整理的、篇幅不超過七千字的《關於大叛徒、大內奸、大工賊劉少奇的審查報告》，坐回沙發去，仔細審閱起來。其實其中的主要內容，他已經早在上幾次的匯報材料上看到過了。

江青、康生、張春橋三人見主席認眞批閱起他們的「報告」來了，便悄悄退出，到隔壁的房間去稍事休息。江青還趁機拉了小鳳鳳去看了看主席的臥室。小鳳鳳紅著臉請示主席夫人：要不要把您的行李拿來？江青捏著小鳳鳳嫩如凝脂的玉手，笑笑說：「還是你陪吧，他離不得。這時刻可不要惹他生氣……我反正也一個人住慣了。小丫頭片子，還不明白？」

江青在幾間屋裡轉了一圈，剛回到康生、張春橋身旁，毛澤東就手裡晃著《關於大叛徒、大內奸、大工賊劉少奇的審查報告》進來了。他沒把材料交還給江青，也沒交給康生，而交給張春橋。張春橋受寵若驚，趕忙起站雙手接著。毛澤東彷彿有意惦了惦分量似的看了三人一眼，才說：

「你們搞的不錯嘛！我替你們劃掉了三個『大』字。叛徒、內奸、工賊就夠了，爲什麼還要大不大呢？林彪同志看過沒有？」

康生站了起來，向前弓著身子：「還沒有。」

江青跟著站立起來。一塊石頭落了地。那三個「大」字康生本來也建議不用，是她堅持用的。她不敢流露出內心的狂喜，否則主席又會斥責她淺薄的。

「恩來呢？你們送他看過沒有？」毛澤東稍稍有點不悅。

「還沒有來得及。事關重大，我們想讓主席先定一下性，把住關，以免出差錯。」康生身子向前弓著，滿臉謙恭地笑著。

「看看你們這辦事的！」毛澤東批評說，「一個是黨的副主席，一個是國務院總理，恩來還兼著中央專案小組組長呢，你們都越過了，不合組織原則呢！」

江青見康生和張春橋都有些尷尬，便擺出自己的特殊身分，帶著點嬌嗔口吻說：「老闆，康老這兩年可是夠辛苦的！從六六年春上起，你就委派他當了你和政治局的聯絡員嘛，事事都是直接向你請示，報告的哪。」

毛澤東彷彿被自己的夫人「點」到了癢處，想起了什麼似的，原本綳著的臉膛上有了笑意。他習慣性地左手扠著腰，右手巴掌朝下壓了壓：「坐吧，都坐吧。今後，凡這類材料和文件，你們都先交恩來過目。他替你們把關不是更好嘛。我早對你們說過，中央、國務院、中央軍委、中央文革四家的工作碰頭會，還是由恩來出面召集比較好，這個道理你們總是弄不通。你們應該好好和總理商量，在黨的八屆十二中全會上通過這個材料。」

一語定乾坤。張春橋興奮得坐不住了，站起來說：「我們堅決按照主席的指示辦。」

毛澤東右手巴掌再次朝下壓了壓，示意張春橋坐下，眼睛卻看著康生問：「根據中央審查幹部的規定，是不是材料要跟本人見面，本人簽字，才可以？」

康生胸有成竹，身子朝前傾著：「我斗膽說一句，劉少奇情況特殊，不適用於普通的幹部審查條例。我們也分析過了，就算把材料交劉少奇本人見面，以他的反動、頑固，他絕不肯承認、簽字。」

「劉少奇還極有可能在材料上寫一些替自己狡辯的話！」江青冷不丁地插上一句。

「所以我說你們要去找總理商量嘛！他是中央專案組組長，要由他出面處理嘛！」毛澤東打斷了自己夫人的話。不過今天心情好，不會認眞生誰的氣。他的右手巴掌先縮回至胸膛，之後朝前一推：「你們也辛苦了！今晚上就住這裡，我請你們吃湖南菜，飯後到山裡走一走。『空山新雨後，天氣晚來秋。明月松間照，清泉石上流。』藍蘋，考考你，這是誰的詩呀？康生，你不要提醒。」

「老闆，是不是王維的〈山居秋暝〉的上四句？下四句是：『竹喧歸浣女，蓮動下漁舟。隨意春芳歇，王孫自可留』。你是不是想回北京了？」江青這次總算沒有被考住。

幾天後，毛澤東回到北京。照例，在召開中央全會之前，先召開中央工作會議，把要在全會上辦的事，通過的文件，決議，要發佈的新聞公報，統統定下來，再到全會上去通過一下。負責會議籌備工作的周恩來，每事都向毛澤東請示、匯報。主要的痲煩是，有三分之二的黨中央委員，大部分是中央各部委的第一把手，以及各省市自治區的黨委第一書記，現在都還在被造反派揪鬥，當的當走資派，有的有叛徒嫌疑，一時解放不出來，也就湊不成黨章所規定的出席人數。毛澤東指示：特殊情況特殊處理啦，黨章也快修改啦，把各省市革委會主任都請來出席嘛。周恩來說，各省市自治區革委會主任大部分是新上來的，不是中央委員，有的還是軍隊幹部。比如廣東省革委主任是廣州軍區司令員劉興元。原中央委員趙紫陽被打倒靠邊站；湖南原先是張平化，中央候補委員，被打倒後未解放，現在革委主任是華國鋒……毛澤東不耐煩了：現在不是的，九大一開就是了。老的要解放一批，新的要上來一大批。還有中央文革成員，各部、省支左的一把手，都來開會，都有表決權。原則就這樣定，具體的你們去辦。

按照毛澤東的旨意，召開了中共中央工作會議。出席者只有不到半數的中央委員，其餘大部分是新面孔。毛澤東主席親自主持會議，並發表重要講話，給會議定下調子。在談到劉少奇問題時，毛澤東神情十分嚴肅：「劉少奇過去的事，我們都不知道，他在歷史上幾次叛變當了內奸，眞叫人想像不到。看來，我雖然一直立足於保他，挽救他，現在問題的性質變了，想保也保不住了。」

這是毛澤東第一次在黨的會議上，給他的老鄰居劉少奇判了政治死刑。他的話如同萬鈞雷霆，震撼著會議出席者的心靈。在場的林彪、江青、康生、陳伯達、張春橋、謝富治、王洪文、姚文元、葉群、黃永勝、吳法憲等等一大批文革幹將及新生力量們長時間熱烈鼓掌，擁護偉大領袖的英明決定。

朱德總司令卻沉下臉不吭聲，有人甚至看到他搖了搖頭。周恩來微斜著身子沉思著，表示著他對劉少奇有一個認識覺悟的過程。原先的政治局常委及委員沒有剩下幾個人出席會議。陳毅、葉劍英、李先念、李富春、徐向前、聶榮臻等人一個個臉塊綳得鐵緊。後來陳毅在分組討論會上，公開說：劉少奇是啥子叛徒、內奸、工賊？我理解不了，沒法子相信！陳毅馬上在會議上遭到圍攻，批判他是老牌右傾機會主義，一貫反對毛主席、反對毛澤東思想。有人要求中央撤銷他的「九大」代表資格。周恩來暗中打圓場，明裡責成他作出深刻檢查。問題匯報到毛澤東那裡，毛澤東卻不願意成全陳毅的「名節」，表現出他罕見的豁達：「陳毅還是可以出席九大的，作爲右的代表！」

一九六八年十月十三日至十月三十一日，在北京召開了中國共產黨第八屆擴大的第十二次中央委員會議。毛澤東親自主持會議並作了多次講話，反覆說明他本人對劉少奇案件的認識過程，他是仁至義盡了的。由於出席「全會」的半數以上人員是文革以後提升起來的新生力量，未過半數的原中央委員們亦已經「緊跟毛主席的戰略部署」，因之毛澤東的講話受到全體與會者的熱烈擁護。之後，毛澤東指派周恩來主持會議，對「中共中央劉少奇專案審查小組」提出的《關於叛徒、內奸、工賊劉少奇的審查報告》進行討論和審議。周恩來還主持了對劉少奇罪行作出決定的會議，並付諸表決。在毛澤東的帶領下，周恩來像別的與會者一樣，投出贊成票。結果自然是「中央全會」一致通過了中央專案組關於劉少奇罪行材料的審查報告，一致通過決議：「把劉少奇永遠開除出黨，撤銷其黨內外一切職務，並繼續清算劉少奇及其同夥叛黨叛國的罪行。」

最後，由周恩來代表黨中央及其專案審查小組，簽署了「永遠開除劉少奇出黨」的中共中央文件。就像毛澤東當初任命周恩來兼任「中共中央劉少奇專案審查小組組長」職務一樣，是出於毛澤東的深謀遠慮，拉著周恩來一趟渾水走到底，絕了周的退路，一起對歷史負責任。就算日後有人鬧翻案也不那麼容易。

以下是〈中國共產黨第八屆中央委員會第十二次全體會議關於劉少奇問題的決定〉原文，不長，毛氏傑作，字字珠璣：

全會批准中央專案審查小組〈關於叛徒、內奸、工賊劉少奇罪行的審查報告〉，這個報告以充分的證據查明：黨內頭號走資本主義道路的當權派劉少奇，是一個埋藏在黨內的叛徒、內奸、工賊，是罪惡累累的帝國主義、現代修正主義和國民黨反動派的走狗。全會認爲，在無產階級文化大革命中，黨和革命群衆把劉少奇的反革命面貌揭露出來，這是毛澤東思想的一個偉大勝利，這是無產階級文化大革命的一個偉大勝利。全會對於劉少奇的反革命罪行表示了極大的革命義憤，一致通過決議：把劉少奇永遠開除出黨，撤銷其黨內外的一切職務並繼續清算劉少奇及其同夥叛黨叛國的罪行。全會號召全黨同志和全國人民繼續深入展開革命大批判，肅清劉少奇等黨內最大的一小撮走資派的反革命修正主義思想。

第四十八節　七十歲生日禮物

通過會議公報、中央文件、報紙新聞、電台廣播，全中國的老百姓，以至世界上所有關注中國狀況的人士，都知道了：中華人民共和國主席劉少奇，已經被定爲「叛徒、內奸、工賊」，並被撤銷黨內外一切職務，永遠開除出黨。一個令人們不敢怒也不敢言的問題是，劉少奇的國家主席在位已近十年，是由全國人民代表大會投票選舉出來的，怎麼被一次中共中央全會撤銷了呢？什麼時候宣佈過中國共產黨中央委員會與全國人民代表大會合併了？取代了？共產黨辦事歷來不講規章，不講道理，卻死要面子；這次卻連面子也不顧了，乾脆就死不要臉，公開要流氓無賴了。百分之百的黨天下，朕即天下，毛澤東一人天下。

唯一被蒙在鼓裡的是劉少奇本人。囚禁他的中南海豐澤園福祿居前院裡沒有允許他看的報紙，沒有允許他聽的收音機。他的兩腳被綁在床上，固定住了，一動也不能動。他身上的傷病痛極了時，也只是可以動一動兩隻手，每隻手死死握住一個硬塑料瓶。

一九六八年十一月二十四日，是劉少奇七十歲生日。人生七十古來稀，本是他的大壽日子。

在中共領導人物中，他和彭德懷、周恩來、康生都是一八九八年出生的同齡人。如今彭德懷和他一樣在遭罪。康生、周恩來卻當著他的專案審查小組的主要負責人，名副其實的打手。

判處劉少奇「政治死刑」的八屆十二中全會已經開過整整二十四天了，還沒有人通知他被定性爲「叛徒、內奸、工賊」，被「永遠開除出黨」的莊嚴決議。中共中央專案審查小組卻偏偏選了十一月二十四日他七十壽辰的這天早上，送給他一個「巨大的生日禮物」：在囚禁他的房間裡放了一個半導體收音機，讓他聽到了中央全會的決議：叛徒、內奸、工賊！永遠開除出黨！永遠開除出黨……

這就是他自一九二一年加入中共，爲共產革命槍林彈雨、出生入死近五十年所得到的報償。他雖然思想早有準備，知道毛澤東夫婦絕不會輕易放過他，他也絕不會有善終；但驟然聽到這份特殊的「生日禮物」，猶如青天霹靂，起初是被雷電擊中般驚愕，接著是憤怒之極，渾身顫抖，大汗淋漓，呼吸急促，大口大口地嘔吐不已，彷彿給他強行灌下了反胃藥物，血壓陡然升高到低壓一百三，高壓兩百六，體溫上升到四十度。但他一聲不哼，只是睜大了一雙乾枯的、快要綻裂的眼睛，噴射出怒火……

不一會，劉少奇憤怒得暈死了過去。看守人員立即請示：要不要搶救？中央辦公廳立即回了話：搶救，明年春天要召開「九大」，還要留作活靶子，徹底批倒批臭。醫生、護士趕來了，懂得毛主席、黨中央還不能讓劉少奇死，輸氧，注射強心針的急救了半天，硬是把劉少奇救回來一口氣，勉強讓他活著。醫生、護士都是從軍隊裡精選來的，特別服從命令，醫療服從專案，病人不是病人，而是專政對象。上級需要病人死去，就立即能讓病人不治；上級需要病人還活一段時間，他們也能讓病人從死亡線上回來。

事後專案組裡有人私下猜忖，劉少奇七十歲生日的這份「大禮」，是誰想出來並送上的？當然是江青、康生商量出來的，但一定報告了主席和總理，主席還是那句話：大的原則我定了，具體的你們去辦。劉少奇則自從「接到」這份奇特的「生日禮物」之後，再不說一句話了，連治病和生活用語也一句不說，表示無言的抗議。反正在這個世界上，誰也不需要、不准許他說一句話。老天無道，人世無道。

按照當時劉少奇的身體及精神狀況，要挨到第二年春天的「九大」是有困難的。劉少奇隨時可能死亡。作爲「中共中央劉少奇專案小組組長」的周恩來總理，爲了黨的利益，爲了圓滿完成毛主席親自交下的任務，也是動了一動惻隱之心，親自到北京醫院動員兩位女護士來護理劉少奇。專案組屬下的軍人護士太粗魯，老是懷著階級仇恨對劉少奇動手腳，不是護理，而是摔打。可是北京醫院的年輕女護士都有顧慮：依照職業要求去護理劉少奇，人家會說你是同情黨內最大的叛徒、特務；而把劉少奇護理壞了呢？又說你沒有完成黨中央交下的政治任務。周恩來最後只得點了兩名自己熟悉的護士去執勤，並向她們承諾：對病人實行革命的人道主義，不算政治問題，診病開藥則是醫生的事。

撤換了軍隊的醫生、護士，換上地方醫院的醫生、護士之後，劉少奇的病情暫時穩定下來。他大約也感覺出來，給他診病護理的人，不再是那幾個兇神惡煞了。新來的兩位女護士，業務熟練，倒能眞正把他當作一名病人來護理。

一九六九年三月，中蘇邊境爆發激烈的武裝衝突，在吉林省烏蘇里江一個叫珍寶島的地方大打出手。中國的報紙宣稱人民解放軍打敗了蘇聯紅軍，從蘇軍手中奪回了珍寶島。但是中蘇邊境從東到西長達上萬公里。「人民子弟兵」奪回了一個幾平方里的小島，換來的卻是上萬公里邊防線上蘇聯大軍壓境。尤其要命的是蘇聯坦克部隊駐紮在蒙古人民共和國境內靠近中國一側，一旦兩國全面開戰，精銳的蘇聯紅軍坦克集團可在四十八小時之內抵達北京外圍！一時間，中國所有的大小報紙、電台，充塞著一派戰爭歇斯底里，上上下下效仿毛澤東，叫喊著準備打戰，打世界大戰，打熱核戰、擲氫彈、原子彈。

事後有人分析，中蘇邊境的武裝衝突，很大程度上是副統帥林彪在毛澤東的默許下挑動起來的，是爲了統一號令而進行的「緊急戰備」，進而借「緊急戰備」行動大量提拔自己一系的親信將領佔據各級軍事指揮機構。是爲了解決國內問題而對外用兵。

中國幅員廣大，人口八億，又是全民皆兵，領導人又都是拚命三郎，誰也惹不起。相信毛澤東和林彪都清醒估計到了，蘇聯不會對中國全面用兵。蘇聯人不會跟八億人口的中國決一死戰，犯不著，不值得。當然，一旦蘇軍全面進攻，毛、林第一個要處理掉的人物就是劉少奇。因爲蘇聯紅軍來了，倘若扶植起來的中國共產黨僞政權，必然推出劉少奇當傀儡。

一九六九年四月一日至二十四日，在距上一屆中共代表大會十二年半之後，在北京召開了中共第九次代表大會。大會重申了把劉少奇定性爲「叛徒、內奸、工賊」，永遠開除出黨；通過了新的黨章，並經毛夫人江青的提議，把林彪的接班人地位列入了黨章；選舉出了新的黨中央委員一百七十五人和候補中央委員一百〇九人，其中原第八屆中央委員和候補中央委員只保留下五十三人，不到總數的五分之一。中共領導層是眞正的改朝換代，被徹底清理了。在緊接著召開的九屆一中全會上，毛澤東被選爲終身主席，林彪被選爲唯一的副主席。在五名政治局常委中，周恩來排在第四位，陳伯達之後，康生之前，夾在了毛澤東的兩大打手之間。毛夫人江青、林夫人葉群，雙雙竄升爲中央政治局委員。原中央副主席朱德降爲政治局委員，原中央副主席陳雲則只掛了一名中央委員。

也就是在這次九屆一中全會上，毛澤東開始感到渾身都不舒服，開始很不喜歡自己親手指定的接班人林彪。他跟林彪兩人孤零零地坐在主席台上，覺得不成樣子，向台下的周恩來說：「總理啊，你幫幫我的忙，坐到台上來好不好？」周恩來卻謙遜地坐在台下，堅持要跟中央委員們在一起。毛澤東是感到自己又被孤立了，又一次被架空了？受到威脅了？在二十一名中央政治局委員中，林彪一系佔了八名，而且是控制了軍委辦事組、總參、總後、空軍、海軍！過去是黨權失落到劉、鄧手裡，這次卻是他的命根子——兵權落到了林彪一系手裡！

「九大」之後，毛澤東又一次失去了心理平衡，又一次覺得住在北京沒有了安全感。他最反感、痛恨時下流行的一句口號：「人民解放軍是偉大領袖毛主席親手締造、林副主席親自指揮的鋼鐵長城。」毛澤東問身邊的人：軍隊的締造者就不能指揮軍隊了嗎？江山是四個野戰軍打下來的，現在一野、二野、三野的人都少見了，只剩了第四野戰軍的人馬了。

一九六九年夏天，毛澤東又離京南巡。他時而南京，時而上海，時而杭州，時而武漢，行蹤詭秘。他過去是不將自己的行踪告訴北京的劉少奇、鄧小平，只跟周恩來單線聯繫；他現在是不將自己的行踪告訴北京的林彪、黃永勝，仍然只跟周恩來保持單線聯繫。幸而有康生、謝富治替他控制住了黨內情報系統，汪東興、張耀詞替他掌握著中央警衛系統。此兩大系統過去劉少奇沒能插足，現在林彪也還沒有來得及滲透。

對於仍被囚禁在中南海豐澤園福祿居前院裡的老鄰居劉少奇，毛澤東已不像以往那麼關注。劉少奇已經處理過了，是隻死老虎，只是個讓他多活些日子或是少活些日子的問題而已。他現在要關注、要提防的是那幾隻大的活老虎。「九大」之後周恩來倒是提出過劉少奇專案審查小組是否可以撤銷了？毛澤東說，撤什麼？不就百十號人嗎？留著，還有新用處的，打倒了劉少奇，還會有「劉少奇一類政治騙子」的。

一九六九年十月十七日，林彪趁毛澤東尙在南方，發佈了他上台以來的「第一號令」：「關於加強戰備、防止敵人突然襲擊緊急指示」，命令全國陸、海、空三軍進入緊急戰備狀態、各級指揮班子進入戰時指揮位置、軍工系統抓緊武器生產、疏散黨政機關、全國大中城市舉行防空演習等。十月十八日，三軍總參謀長黃永勝以「林副主席第一號令」正式下達此一「緊急指示」。全國軍民雷厲風行執行林副主席命令。從中央到地方的大批失勢的黨政幹部及其家屬被強行疏散到中小城鎮農村安家落戶，或到五七幹校勞動，如年過八旬的朱德被送到廣東從化，葉劍英被送到長沙，陳雲、王震被送到江西，陳毅被送到合肥，譚震林被送到桂林等等。在這同時，還把一些被打倒、被審查的幹部遣送內地軟禁或監禁，如鄧小平及家人被送到南昌郊區，劉少奇則被押送到河南開封市。

毛澤東被「林副主席一號令」所激怒，是因爲其時他正住在杭州西子湖畔的劉莊。劉莊是一座佔地廣大的前清園林，一九五六年浙江省委爲毛澤東重新修建，成爲他在南方的一處重要行宮。一九六〇年中蘇關係緊張後，劉莊內又築下堅固的地下室，作爲毛澤東的臨時防空洞。根據林彪的「第一號命令」，一九六九年十月二十日，全國軍民統一進行一次防空大演習，工廠學校機關商店所有城鎮居民，必須於二十分鐘內進入地道，沒有地道的小市鎮市民則必須躲進附近的山林。這天，毛澤東下榻的杭州劉莊四周也是空襲警報長鳴。毛的幾名衛士抬來一副特備擔架，恭請毛主席進防空洞。毛澤東火了：美帝蘇修丟原子彈了？衛士回答：報告主席，是全國防空襲演習。哪個皇帝下的命令？回答：根據林副主席第一號命令。出去！拿走擔架，統統出去！打電話給汪東興，叫他馬上來見我！

在戰爭年代，毛澤東對擔架並不陌生。一九三四年中央紅軍逃離江西根據地時，毛澤東早被撤除了領導職務，患了重感冒，本要把他留在瑞金，扔下不管的，虧了他苦苦要求才被批准由士兵用擔架抬了他「長征」。紅軍一路逃亡一路打敗戰。毛澤東卻在擔架上與紅軍總政治部主任王稼祥等人密謀出一個「遵義會議」，奪回了他的紅軍指揮權而到達了陝北；毛澤東另一次坐擔架是一九四七年三月中旬，胡宗南的二十三萬大軍進逼延安，中共中央機關已經撤離。當時擔負延安保衛重任的西北軍區司令員彭德懷手下只有二萬四千人，形勢十分險惡危急。戰鬥已在延安城郊激烈進行，中共中央駐地的棗園一帶已經聽得到槍聲，當上了中共黨政軍最高領袖的毛澤東卻坐在窰洞裡說笑，周恩來、任弼時等人三催四請，他都不肯撤離，說要親眼看到胡宗南的士兵進城。衛隊長急得跺腳哭鼻子。周恩來只得悄悄派人通報了彭德懷司令員。彭德懷一聽火了，騎馬趕來，一進院門就吼聲如雷：怎麼還不走?!你不走我怎麼打戰?警衛員!馬上用擔架把主席抬走，執行我的命令!

一九三四年是坐擔架逃離江西根據地，一九四七年又是坐擔架撤離延安。彭德懷這門大炮眞是敢作敢爲。一九六九年這次卻是奉接班人林彪的命令，和平時日，要坐擔架進防空洞!什麼滋味?你林彪黨羽已豐?算老幾?什麼東西!汪東興當天從北京飛到杭州見毛澤東，毛澤東讓他通知北京的周恩來和軍委辦事組、總參謀部：立即停止執行什麼「一號令」，全國恢復正常秩序。事後，毛澤東說林彪是趁他離開北京的時機，背著他發佈了一次全國戒嚴令。林彪是啞巴吃黃連，無法跟偉大領袖爭論分辯。怎麼沒有請示報告？眞是伴君如伴虎，翻臉就不認賬，今後怎麼辦？

第四十九節　他死於政治謀殺

我們再來看看「林副主席一號令」是怎樣對付生命垂危的劉少奇的。一九六九年十月十七日下午，根據中央政治局的決定和周恩來的指示，由中央辦公廳主任兼「劉少奇專案審查小組」副組長汪東興，去通知關押在豐澤園福祿居前院的劉少奇撤離北京。汪東興瞄了一眼被固定在木板床上的劉少奇，但見劉少奇渾身枯瘦得像柴棍，病得只剩了幾絲絲氣，鼻孔裡插著鼻飼管，喉嚨裡塞著吸痰器，胳膊上紮著輸液管。值班護士報告說：病人隨時都可能死亡。

汪東興沉著臉在屋裡走了幾步。他已經不再是幾年前的那個小心翼翼、競競業業的毛澤東衛隊的衛隊長，更不是井崗山上和延安時期的那個毛澤東的書童、衛士，在黨的「九大」上，他已當選為黨中央政治局候補委員，成了一位黨和國家領導人。他代表毛澤東直接控制著中南海警衛師、中央辦公廳、中央警衛局、中央保健局、中央專案辦、中央檔案局、北京衛戍區。有人說，他的實際權力大過林彪，也大過周恩來。毛澤東的衛隊是一支徒手部隊，他是紅色王朝中唯一可以佩槍晉見毛澤東的人。

汪東興明白劉少奇性命垂危，但他必須執行黨中央決定。他在屋子中央站定，以嚴厲的口氣命令醫護人員立即通知劉少奇，要馬上轉移。於是醫護人員對劉少奇連說了幾遍「中央決定把你轉移」，但劉少奇卻充耳不聞，毫無反應。一名護士靈機一動，拿起根藥用棉簽，醮上紫藥水，在一張報紙上寫下了「中央決定把你轉移到另一個地方」一行大字，展現到劉少奇面前。劉少奇默默注視了幾秒鐘，把臉扭向另一邊，表示拒絕。護士又把那行大字送到另一邊，劉少奇卻閉上眼睛，表示不看。

汪東興本來已經走到床邊，或許是下意識地希望劉少奇能看到他。但劉少奇拒絕看到一切。汪東興後退一步，盯住了身邊的劉少奇的老衛士長——李太和。李太和被視爲劉少奇的親信，五十年代就當上了「國家保衛局」局長，劉少奇倒台後他也靠邊站，借調到專案組來協助工作。

李太和默默地走上前去，從護士手中接過報紙，弓下身子，湊近到劉少奇的耳邊，一字一頓地把報紙上的話唸了一遍。劉少奇睜了睜眼睛，似乎聽明白了，但仍以沉默表示抗拒。李太和直起身子，看著過去的平級老同事汪東興。所有的醫護人員都看著汪東興。

汪東興又在屋內踱了幾步，突然有些惱火地將手朝下一甩：「你們作好準備！執行中央決定。」說罷轉身走了出去。說是汪東興走到門外，又在窗戶外站下了，默默望著床上的劉少奇，直有一兩分鐘之久，彷彿是在朝這位過去的老首長訣別。

當天晚上七點，寒風呼嘯中，劉少奇光赤著身子，被人用被褥一裹，放上了擔架，塞進一輛軍用麵包車，由專案人員武裝押送，讓兩名女護士和原衛士長李太和陪著，警車開道，出了中南海，駛往北京西郊軍用機場，上了一架空軍專機，直飛河南省開封市。原來江青、康生通過周恩來出面安排，在開封市內替劉少奇找到了一座特別監牢，圍牆高大，電網密佈，屋頂架設機槍，任何人進到這裡都插翅難逃。

這座特殊監牢位於開封市北土街十號，市革命委員會大院的東北角。原是一九三〇年建造的國民黨「金城銀行」金庫，其建築的堅固、防衛之森嚴便可想而知了。在劉少奇被關入之前，整個大院早就搬空了，不見一個人影，只有軍人把守，便於嚴守黨中央的最高機密。

金庫小院的四面均被三層高的樓房緊緊包夾住，幾乎終日曬不到太陽。院子的地下是五米深的金庫。每道房門全是用厚鋼板製成，每扇鐵窗上則安有每根距離不到十厘米的粗鋼條，眞正的既陰森又恐怖。小院通往大院的唯一出口，是一道棱形門洞，厚厚的鐵門終日緊閉。劉少奇被囚禁在西屋南頭的小套間裡，他的雙腿仍被固定在木板床上，只在護士需要替他擦澡或扶他大小便時才會鬆開。他的樓上即住著醫護人員。棱形鐵門外的房間是中央特派員的辦公室。任何一個出入的人都逃不過特派員及士兵的眼睛。金庫小院四周的屋頂上，分別架設著四挺重機槍。每挺重機槍的槍口不是向外防禦，而是從四個方向對準小院。一旦發現有人妄圖劫持劉少奇，則四挺機關槍同時朝下開火，包括醫生護士在內，誰也甭想活著出去。警衛工作由兩個陸軍加強排擔任，全天二十四小時執勤。部隊首長爲當地駐軍的政治保衛處張金貴處長。

正是初冬寒冷天氣，劉少奇因抬上飛機之前及整個飛行期間都光著身子，身上只裹了床被子，受了涼，一到開封的特別監牢便肺炎復發，高燒三十九度，並且嘔吐不止。在他到來之前，已經組訓好了一個特別護理小組，一名劉姓醫生，兩名男護士，兩名女護士，全都從開封陸軍一五五醫院精選來的，並經過嚴格政治保密訓練，命令他們前來執行黨中央交下的特殊使命。這樣，加上北京陪同來的老衛士長和兩名女護士，「特別醫護小組」共是八名成員。中央特派員規定他們，每次給病人治病之前，先要學習毛主席語錄，開批鬥會，「要帶著強烈的階級仇、民族恨去執行任務！」

劉軍醫是位天良未泯的醫務工作者。他冒著被殺頭的危險，偷偷寫下了劉少奇最後二十七天的「監護日記」：

第二天——一九六九年十月十八曰。

到今天我才算明白，原來是這麼一個病人——一個過去最高層而今處於最底層的人物！他幾乎不能算是一個完整的人啦，他的病眞多，除了器質性的病，更多的則是精神和心理的病症。他的植物神經已經紊亂，出現全身痙攣，手足抽搐……可是，他有時又是清醒的。今天，他剛開始睜眼的一剎那，我感覺到他目光中射出的清醒神志和力量……

第三天——一九六九年十月十九日。

北京來的老衛士長對他很盡心。每天都在監視下進入他的房間多次。凌晨他肺炎復發，咳血、高燒，是旅途顛簸、受了驚嚇引起。老衛士長請求搶救。北京來的曹護士拿出北京帶來的治療肺炎的藥物。注射。黎明時分，他入睡。上午，見曹護士給他餵玉米糊糊。他不肯吃。曹護士抓住他的手輕輕搖晃著勸慰：「哎，吃點東西呀……你不能這樣，你一定要活下去，活下去……」他睜開了眼睛，看著曹護士的手，大約認出來了，是一起從北京來的。

第四天——一九六九年十月二十日。

全天病情無異常。決定給病人恢復使用D八六〇。

第五天——一九六九年十月二十一日。

「病人」大便乾結，護士用手摳出。

第六天——一九六九年十月二十二日。

爲「病人」翻身兩次。

第七天——一九六九年十月二十三日。

「病人」咳嗽復發。醫生提出爲病人做化驗、透視拍片建議。

第八天——一九六九年十月二十四日。

上級答覆：可以進行一次化驗，透視拍片不行。這叫醫療服從專案。

第九天——一九六九年十月二十五日。

上午九時從病人身上取了尿樣、血樣。由兩名「陪同」乘吉普車返回一五五醫院。我爲他爭取到一次化驗的權利，卻受到如此待遇——在武裝押護下去爲一個病人化驗，恐怕在歷史上少有的。

經過化驗，總算搞清楚了，他的病本不是什麼難症，只因治療不及時，引起多種併發症。加之病人長期僵臥，造成雙腿肌肉萎縮，胳膊和臀部由於打針過多，均被扎爛，使全身血管局部壞死，引起心力衰竭。

可是他的生命還是那麼頑強。這從醫學角度難以解釋……

第十天——一九六九年十月二十六日。

早飯後，去看病人。曹護士在小電爐上熬小米粥。我告訴她化驗結果之後，請她介紹一下病人在北京的護理情況。她開始不敢，說上面有規定。我堅持說是爲了治療。曹護士看四周無人，悄悄說出病人在中南海最後那段歲月的悲慘遭遇。國家元首受到難以想像汙辱、殘酷批鬥、踢打。一直到他病得不能起床、不能自己吃東西了，才批准可以給他做點流質食物。一直把他的雙腳固定在床上……

中午，召集全體護理人員，宣佈化驗結果。我提出：要注意綜合治療，綜合護理。尤其要注意給病人勤翻身，勤擦洗，以增進血液循環，防止肌肉進一步萎縮壞死……同時也要防止再生褥瘡……

一名護士問：這樣做，是眞治病……上面會允許嗎？

我說：這是咱們當醫生的起碼責任。既然叫咱們護理，咱們就要盡到責任。另外我準備再向特派員建議，對他進行透視拍片，然後搞一次會診……這對病人的治療是完全必要的。

第十一天——一九六九年十月二十七日。

今天是個少有的好天氣。老衛士長和曹護士要求給病人翻身、擦身子。我同意。老衛士長輕輕拍著病人抓塑料瓶的手，說：翻身嘍，抓好你的寶葫蘆！大家都笑了。這是這裡第一回有了笑聲。肯定有人不高興。曹護士用熱毛巾替翻過了身子的病人擦洗著，對我說：今天早晨他又吃了半碗多，情況還不錯。

我心裡升起了希望。相信護理組的每一個人也都希望，他能在我們手下一點一點好轉、康復。我們只管治病救人。聽了他的心臟和脈搏，確是比剛來時平穩多了。我對曹護士說：還要加大D八六〇的用量，繼續用你們從北京帶來的。曹護士剛替病人擦洗完，就轉身去了對面存放藥物的房間，卻在門口被人擋住：上級命令，北京帶來的藥物不准再使用！曹護士空手返回，眼睛發紅。我都聽到了，沒再問，只說：就用我們這裡的吧。

老衛士長和曹護士默默地看著床上的病人。都知道，我們一五五醫院的藥是國產的，北京帶來的藥是進口的，效果大不一樣。

第十二天——一九六九年十月二十八日。

「病人」大便乾結，由護士用手摳出。

第十三天——一九六九年十月二十九日。

「病人」咳嗽復發。我再次提出透視、拍片、會診建議。

第十四天——一九六九年十月三十日。

「病人」輕度發熱。開封藥品告缺，請求上海或北京的大醫院支援。上級不批准。

第十五天——一九六九年十月三十一日。

上午仍由老衛士長和曹護士替病人翻身擦身。

下午上級通知：「病人」不宜透視、拍片、會診。以後不要再提此類問題。

第十六天——一九六九年十一月一日。

已經過去兩周。近一周來「病人」病情明顯惡化，跟藥物減少有關。他們又否決了我提出的透視、拍片、會診建議。我算弄明白了，本來就不叫治療，而叫監護，一項艱巨的政治任務……

上午老衛士長來告急：他的體溫又到了四十度……我們下到病室。他已經昏迷，喉嚨發出響動，渾身抽縮。我命令曹護士立即用吸痰器給他吸痰。我自己動手注射。特派員不知何時又進來了，每次治病他都必定到場，眞盡職。痰吸淨後，我讓曹護士給病人輸液。病人安靜了，他十分聽話，主動配合治療。

第十七天——一九六九年十一月二日。

高燒不退，繼續輸液。

第十八天——一九六九年十一月三日。

高燒不退。輸液，注射退燒針。

第十九天——一九六九年十一月四日。

體溫降至三十九度。繼續輸液。

第二十天——一九六九年十一月五日。

體溫降至三十八度。總算降下來了。

第二十一天——一九六九年十一月六日。

好危險！像他這麼大的年紀，身體又那麼弱，高燒至四十度，已近生命極限。可他的神志似乎一直清醒，一直主動積極地配合治療……他想活下去。今天，他的高燒總算退了，體溫維持在三十七點二度。他又創造了生命的奇跡……我爲什麼要記這麼詳細？想留給誰？

第二十二天——一九六九年十一月七日。

上午，老衛士長和曹護士又替「病人」翻身擦背。曹護士對我說：他就是命大哩！另外幾名護士爲「病人」換了床墊、床褥。我很滿意我的醫護組成員們的表現，總是不分日夜，隨喊隨到。

突然，特派員和駐軍首長命令大家在天井院內緊急集合。特派員掃視大家一眼，說：給大家傳達上級重要指示，北京來的人員今天全部撤回去！北京帶來的藥也全部帶回去。就這樣吧，走的人立即準備，十分鐘後上車出發！

說著，特派員又走到我們幾名本地醫護人員面前說：今後，重擔就落在你們肩上了，這是上級對你們的最大信任。希望你們服從命令，圓滿完成任務。否則，一切後果自負。明白了嗎？

十分鐘後，曹護士揹著簡單的行李下樓來，走進病室，端起電爐旁的小鋁鍋，對我說：以後，你就多費心了。她想哭，可不敢哭。我也想說句什麼，嗓子堵得慌，也沒敢說出口。

我跟著老衛士長和曹護士走到「病人」床前。老衛士長替「病人」蓋好被子，又將他捏著塑料瓶的手放進被子裡去。「病人」睜開眼睛，看著老衛士長和曹護士。老衛士長俯下身去，在「病人」耳邊輕輕告訴了要回北京……「病人」臉上的表情木然了一會，眼裡滾出兩粒濁黃的淚滴。曹護士也俯下身去，輕輕叮囑：要活下去，明白嗎？活下去，活下去……

第二十三天——一九六九年十一月八日。

昨天北京的人離開時，依稀聽到特派員說：走吧！走吧！火葬場也看過了，都安排了，總算沒有死在我們手裡……交給地方辦吧。

上午，病人強吃了小半碗玉米糊。看得出來，他想活下去。下午，他又開始發燒。

第二十四天——一九六九年十一月九日。

上午，我替病人熬玉米糊糊。不知爲什麼，心裡堵的慌，可什麼話都不能說。一五五醫院同來的一名女護士向我報告：劉醫生，病人的體溫有了。我問多少？護士回答：試了四個多小時，三十九點七度。快給他打退燒針！護士說：藥已經沒有了……。那D八六〇呢？您忘了，前天都帶回北京了。

護士沒有話說了，我也沒有話說了。不給藥物，叫治病？領又不給，買又不許，這叫什麼事？明擺著，明擺著……讓人死掉。

第二十五天——一九六九年十一月十日。

病人已不能再進食。沒有藥，不給藥，我和助手們做不了任何事。命運對人太殘酷。

第二十六天——一九六九年十一月十一日。

深夜，値班男護士給病人測體溫，失聲叫道：燒到四十一度啦！轉身往外跑，要上樓叫醒我——事後他悄悄告訴我的。可那中央特派員忽然幽靈般出現了，堵住他，並訓斥他：深更半夜，叫喊什麼？男護士站下，差點要問：您，您怎麼又回來了？嘴裡說出來的卻是：報告上級，他燒的厲害，嘴唇都紫了，兩瞳孔反光也消失了！

中央特派員走到病床前看看，說：發燒對他不是家常便飯嗎？注意觀察，情況實在危險了再報告。

第二十七天——一九六九年十一月十二日。

凌晨六時四十分，中央特派員批准發出病危通知。六時四十五分，他的心臟停止了跳動。

我注意看了手表，我趕到樓下病房是六時四十七分。遲到了兩分鐘。就算我一直守在他床邊，沒有藥物，我和助手們又能做什麼呢？

我的手是乾淨的。可以說，我們陸軍一五五醫院派來的兩名男護士和兩名女護士，大家的手都是乾淨的。我們都是共產黨員，出身貧苦，政治可靠，根正苗紅。

卻說劉少奇的衛士長老李於十一月七日離開開封市北土街十號那座陰森恐怖的特殊監牢後，在市革委招待所住了兩晚，由特派員集合有關人員學習中央政治保密條例。九日和曹護士一起乘火車到鄭州。他們在鄭州又住了一晚，換乘火車回到北京已經是十一月十二日。

李太和衛士長是個組織觀念很強的軍人，回到北京的第一件事，就是打電話給中央辦公廳主任汪東興，要求請示匯報工作。汪東興在電話裡說，不用了，你先休息一天再說。可是到了深夜兩點（應是十三日凌晨），汪東興親自來了電話：老李，你必須立即趕回開封去，他昨天早晨已經死了，中央決定就地火化，記住帶兩套乾淨衣服，還坐飛機去。

一九六九年十一月十三日上午八點，李太和衛士長隨同中央專案組的人乘空軍專機抵達河南開封，立即換乘駐軍吉普車趕往市內北土街十號。經過崗哨的例行檢查，他走進陰森的小院天井，一眼就看到了停放在西屋走廊上的一副擔架。擔架上以白牀單蓋著一個人體。他急急走了過去，揭開白牀單，是劉少奇。屍體已經僵硬，頭上蓬亂的白髮有一尺多長，嘴和鼻子已經變形了，下頷有一片瘀血。記得曹護士曾經跟他商量過要替劉少奇理髮和修修面的。可這麼件事就一直沒有能給做……

李太和衛士長想哭，可哭不出，也不敢哭。特派員就在旁邊監視著。他不管。人都死了，總得允許最後乾淨一下。他掏出隨身帶來的刀剪，細心地替劉少奇剪了頭髮，刮乾淨長而稀疏的鬍子。而後，又給劉少奇換上了從北京帶來的乾淨衣褲和鞋子。

遵照黨中央命令：劉少奇遺體就地秘密火化。十四日凌晨一時，特派員指揮幾名軍人將劉少奇遺體抬出小院天井，塞進一輛「六九」型軍用吉普車。車身容不下劉少奇高大的身軀，他的小腿和腳板都翹在車的後蓋外面。

吉普車後跟著一五五醫院的救護車，駛進郊外的火葬場後，火葬場早已經奉命做好了準備。兩名工人開了電爐，但不准許他們接近屍體。屍體由幾名軍人推進了焚屍爐。時間是一九六九年十一月十四日凌晨三時。

劉少奇的生日是十一月二十四日。還差十天，就是他的七十一歲誕辰。由於以毛主席爲首的無產階級司令部對他的有計畫的政治謀殺，他沒有活到七十一歲生日。

爲了掩蓋這樁中共歷史上最醜惡的政治謀殺案，當日由中國人民解放軍駐開封八一七二部隊政治保衛處處長張金貴塡寫的「火化申請單」上的各項欄目內容是：

姓名：劉衛黃

性別：男

年齡：七十一

民族：漢

籍貫：湖南

死者職業：無業

死亡原因：病死

火化日期：一九六九年十一月十四日〇時

骨灰存理：存你處

骨灰盒編號：一二三

申請人姓名：劉原

性別：男
與死者關係：父子
申請人住址：八一七二部隊
登記日期：一九六九年十一月十四日
申請人簽名蓋章：劉原

紙寫的謊言掩蓋不了歷史的事實。

王光美劉少奇夫婦所生的兒女中是有一個兒女叫劉源。可是當時十八歲的劉源被關押一年之後，已被押送到最貧窮的山西雁北農村勞動改造，多次以賣自己身上的鮮血來掙夠生活費用。是堂堂的中國人民解放軍八一七二部隊政治保衛處處長張金貴奉命冒充爲劉少奇的兒子劉原。張金貴後來離了休，住在杭州某部隊老幹部休養所安度晚年。他說：你們去問中央特派員好咧，我跟劉少奇無冤無仇，我只是執行上級交下的政治任務，我沒有動過劉少奇一根指頭！

據說那位中央特派員也還健在，也是高官俸祿安度晚年。他的說詞是：我算老幾？我只是執行當時黨中央的命令。你們不相信，去問問汪東興，他最清楚！

汪東興也健在。也是個工具。倒是幾十年護主有功，中共「十大」時當了中央政治局委員。一九七六年十月六日凌晨（毛澤東死後第二十七日），他根據華國鋒主席、葉劍英副主席的命令，指揮中南海警衛部隊一舉抓獲了以毛澤東夫人江青爲首的「四人幫」，立下新功。中共「十一大」時當了中共中央副主席。他一九七八年十二月的十一屆三中全會上被轟下台，降爲一名普通中央委員。一九八三年以中顧委身分退休。據說他倒是說過一句至理名言：毛主席嘛，誰都可以死，只要他一個人活就行！

尾聲　王光美留作活證

再說劉少奇夫人王光美自一九六七年九月十三日晚上，由周恩來批准，被中南海警衛局秘密逮捕，押送公安部秦城監獄單獨監禁之後，便失去了跟外界的一切聯繫。

江青起初想到把王光美也打成叛徒。但王光美歷史上從未坐過牢，「叛徒」罪名難以成立，弄不好還會受到偉大領袖的喝斥。「特務！王光美算美國特務！」江青給王光美定下罪名，康生表示贊同。於是他們手下的「王光美專案審查小組」奉命求證。專案組找到了一名有歷史問題的原北平輔仁大學教授楊承祚，嚴刑拷打之後，套出了一個「王光美可能是美國特務」的口供，其實王光美只是當過輔仁大學的學生。接著專案組審訊了另一名「證人」——北京師範學院外語系教授張重一——張重一一九四九年前曾任輔仁大學代理祕書長，一九六七年被捕時六十七歲，是一名肝癌晚期病人。他和王光美、劉少奇毫無關係。

江青親自批准了突擊審訊張重一的方案。在張重一生命的最後二十七天中，神志不清地被提審二十一次，最後一天長達十五個小時，直到死去。

張重一的「口供」含混不清，多是痛苦的呻吟，問他劉少奇是誰，他說是王光美的父親。他的「口供」最後由康生修改、定稿，成爲了「美國中央戰略情報局潛伏特務王光美罪證」。在這同時，專案組還奉命嚴刑拷打了另一名「證人」北京市副市長崔月犂，從崔月犁的滿嘴鮮血中取得了另一份「口供」。

江青、康生親手製作出來的《關於美國中央戰略情報局潛伏特務王光美罪行材料》，亦曾經於一九六八年九月間呈送給偉大領袖毛澤東審批，請示可否將王光美案與劉少奇案一併交由黨的八屆十二中全會通過。毛澤東批示：此件不看，王光美算哪一級？交由中直機關軍管會處理。

於是，王光美的「罪證材料」轉到了林彪的親信、當時的中國人民解放軍總參謀長兼中共中央、國務院機關軍事管制委員會主任黃永勝上將手裡。一九六九年「九大」閉幕後不久，黃永勝代表中央軍管會，將王光美判處死刑，呈周恩來總理核准。周恩來批示：同意黃總長判決，報主席、林副主席審批。林彪副主任批示：同意判處死刑，立即執行。文件最後到了毛澤東手裡。毛澤東主席卻批示：刀下留人，留作活證據。

因爲當時劉少奇尚未「病死」。王光美被改判爲「死刑，緩期兩年執行，剝削政治權利終身。」根據中共刑法的規定，死刑緩期，一般不會再被殺掉，而是終身監禁。

劉少奇於一九六九年十一月十二日「病死」河南開封。一九七〇年，毛統帥與林副統帥之間開始了一場新的動刀動槍的殊死搏鬥。一九七一年九月十三日，林副統帥謀殺毛澤東統帥未果，乘專機舉家出逃，摔死在外蒙古沙漠。黃永勝總參謀長一夥亦成階下囚，被關進秦城監獄。

秦城監獄眞是人材濟濟、群英薈萃了：一九五四年「高饒反黨聯盟」的前新四軍政委、中共中央華東局第一書記饒漱石被關在這裡，一九五九年爲民請命的彭德懷元帥、黃克誠大將被關在這裡，靠協助毛澤東整彭德懷元帥步步高陞過的彭眞書記、羅瑞卿大將被關在這裡，毛澤東的腦後長有反骨的秘書李銳被關在這裡，可憐的劉少奇夫人被關在這裡，拍馬拍錯了的毛澤東理論大將陳伯達被關在這裡，現在判過王光美死刑的黃永勝上將也被關進來了。四年後，更有毛澤東的夫人江青和毛澤東的思想繼承人張春橋、王洪文、姚文元等被關了進來……

秦城，集英雄好漢、賢妻良母、牛鬼蛇神於一獄，眞正的千古奇觀，中共紅色王朝的洞天福地。

一九七二年，劉少奇王光美夫婦的幾名子女，歷盡劫難，從各自的勞改地潛回到北京。他們聽說彭眞的孩子可以去探望獄中的彭眞了，心裡也燃起了探監的希望。幾名心存僥倖的孩子給他們的老鄰居伯伯毛主席寫信，懇求慈祥的毛伯伯允許他們去監獄裡去看看父親和母親。信由不倒翁周恩來伯伯轉呈。

一九七二年八月十六日，中共中央專案組的工作人員來對幾名孩子傳達毛主席批示：「可以見見媽媽」。孩子們追問：「爸爸呢？我們也要見爸爸！」專案組的人不敢回答，走了。第二天，專案組的人又回來找他們，傳達了毛主席批示的頭一句：「父親已死。」原來慈祥的毛伯伯在他們信上的批示全文爲：「父親已死，可以見見媽媽。」原來是毛主席老人家親自掌握著他們父母的生與死啊。專案組的人並口頭通知他們：劉少奇已於一九六九年十一月十二日晨六時四十五分，因肺炎死於開封。他的骨灰由組織保存，不能給他們。並且要求他們：保守黨的機密，不准對外面的人說，如果有人問起，就說不知道。

一九七二年八月十八日，有車子來送幾位哭腫了眼睛的孩子，去北京近郊的昌平縣秦城監獄探望一別五年的母親王光美。他們都認不出自己的母親了。特別是最小的女兒瀟瀟，這些年來常在夜裡夢遊，抱著毛巾被喊媽媽。及至這天見了媽媽，卻認不出來，喊不出來了。他們見到的是一位瘦弱不堪的老太太，滿頭灰白頭髮，弓著腰，穿一身黑囚衣，神情痲木、遲鈍。聽見幾個孩子喊媽媽，她呢喃著：這是在哪兒？都是誰？是做夢，在做夢……

毛澤東、周恩來不歸天，江青及其同黨不垮台，劉少奇翻不了案，王光美出不了獄。雖說幾名子女可以每年來探幾次監，但平時仍必須回到各自下放的地方去勞動改造。直到一九七八年十二月十二日，王光美在秦城關押了整十二年之後，才被釋放出來，准許與幾名子女團聚。王光美出獄後的第一件事，是跟孩子們四出求告，尋找劉少奇的骨灰盒。他們得到當時的安徽省委第一書記萬里的幫助，首先找到了劉少奇的那位忠誠的衛士長李太和。由於全國都在平反冤假錯案，河南省委一位書記從開封市火葬場找到了那個一直無人領取的「無業游民劉衛黃」的骨灰盒，保存進了河南省委機要室。

在一九八〇年二月二十三日至二十九日召開的中共第十一屆五中全會上，作出了《關於爲劉少奇同志徹底平反昭雪恢復名譽的決議》。決議稱「林彪，『四人幫』一夥出於篡奪黨和國家最高領導權、顚覆無產階級專政的反革命目的，利用這種情況，捏造材料、蓄意對劉少奇同志進行政治陷害和人身迫害……是我黨歷史上最大的冤案。」決議隻字不提毛澤東，不提毛澤東一手製造了對劉少奇的政治謀殺案。

一九八〇年五月十三日，王光美攜子女抵達河南開封市北土街十號，憑弔劉少奇最後被關押並被謀殺而死亡的特殊監牢。王光美在北土街十號大院門口，向前來觀看的數千名開封市人民三鞠躬。五月十四日，河南省會鄭州市，萬人空巷送行「劉少奇」……劉少奇的骨灰盒乘專機送回北京。遵照劉少奇生前的遺囑，他的骨灰最後在王光美和子女們的護送下，由海軍撒入了大海，舉行了「海葬」。

一九八〇年五月十七日，中共中央、國務院、全國人大、中央軍委在北京人民大會堂補行追悼大會。除了中共中央委員汪東興一人被王光美及其子女婉拒之外，所有在北京的中共領導人、文武百官全部出席，向劉少奇遺像致哀。大會由中共中央主席、國務院總理華國鋒主持，由文革期間「黨內第二號走資派」鄧小平致長篇悼詞，盛讚劉少奇的功績及其革命經歷，把殘酷迫害劉少奇致死的一切罪惡歸於林彪及江青四人幫，隻字不提元兇毛澤東。倒是宣佈了劉少奇是死在了「中華人民共和國主席」的任上。

中共中央承認了「劉少奇叛徒、內奸、工賊案」是中共歷史上最大的冤案，卻至今羞於承認這是中共黨魁毛澤東親手製造的中南海政治謀殺案。

卷三：毛澤東與周恩來

一部纏鬥未休的歷史傳奇

一

毛澤東是中國歷史上最後一位君王。星相家稱他命大命獨，身經百戰從未受過槍傷，生平還躲過了十幾次謀殺，眞可謂吉星高照，洪福齊天了。可是他的妻子兒子、親信愛將們呢？卻幾乎無一個有好下場的：從權力接班人劉少奇、林彪、王洪文，到心腹大將高崗、柯慶施、羅瑞卿、張春橋，到理論幫手文字秘書陳伯達、周小舟、田家英、戚本禹、王力、關鋒、姚文元，到愛妻楊開慧、賀子珍、江青，到愛子毛岸英、毛岸青、毛岸龍，到愛侄毛遠新，女弟子聶元梓、謝靜宜……這份不幸者的名單還可以開列下去。

然而，毛澤東的政治老對手周恩來，卻是個歷史的例外。後世的人對於周恩來能夠跟反覆無常、老謀深算且又懷疑成狂的毛澤東共事到頭，糾纏到底，生存於中共權力核心的「政治絞肉機」中，沒有像同輩中人李立三、博古、張聞天、劉少奇、彭德懷、賀龍、陶鑄們那樣慘遭不測，死於非命，眞要嘆爲觀止了。周恩來的神奇本領在於，他一次又一次機智地閃避開了毛澤東的神拳，直到他七十七歲臨終之時。毛澤東打敗了所有的對手，卻獨獨未能跟他撕破一張維繫了數十年的虛浮不實的面皮。

在中國大陸，周恩來的故事被拍攝成多部煽情影片，情節頗爲感人。卻沒有一部影片敢於揭示歷史的眞相，其結果自然誤導視聽，掩飾歷史的本來面目了。

周恩來字翔宇，別號少山，曾化名伍豪，祖籍浙江紹興，一八九八年出生於江蘇淮安一個書香世家，或稱爲一個沒落的大官僚地主家庭。他幼年時曾被五位母親輪番哺養。可以說，正是這沒落世家的五位女人善於周旋的處世之道，深深影響了周恩來機智的韌性品格的形成。一九一三年春他考入天津南開中學就讀。一九一七年留學日本。一九二〇年隨「勤工儉學團」赴法國留學。一九二一年組織中共旅歐支部，屬下的成員有鄧小平、李富春、蔡和森、李立三、陳毅、聶榮臻、李維漢、劉伯承等，後來都成爲中共的重要人物、軍事將領，亦是他在黨內的權力基礎。一九二二年更在德國柏林介紹朱德入黨。一九二四年經莫斯科回國，時值國共兩黨合作，周加入國民黨，出任黃埔軍校政治部主任，與軍校教官葉劍英結爲知交。一九二五年二月國民革命軍第一次東征（討陳烱明）時，任第一軍第一師黨代表兼政治部主任，同年十月第二次東征時，任國民革命軍第一軍黨代表。一九二六年起，出任中共中央軍事部長，並創立中共情報特工系統，成爲中共早期的實力人物。一九二七年，國共兩黨合作破裂，國民黨實施清黨。八月一日，周恩來在江西南昌介紹國民革命軍軍長賀龍加入中共，旋即跟朱德、賀龍一起組建「中國工農紅軍第一軍」——實爲賀龍的部隊易幟，發動南昌起義，成爲中共軍隊的創始人。中共後來把八月一日定爲「建軍節」，它比毛澤東領導的湖南農民秋收起義在時間上早了兩個來月。

毛、周結怨在井崗山「中央蘇區」。井崗山根據地是毛澤東率秋收起義農軍創立的。第二年朱德、陳毅率領南昌起義部隊殘部轉戰廣東、湘南後上山與毛澤東會師。周恩來則已於途中轉赴上海黨中央地下機關，專責全黨的軍事與情報。其時毛澤東尚是一名地方領導人——井崗山紅軍政委，朱德、彭德懷則是紅軍總司令及副總司令。毛氏卻拒不執行上海黨中央的指揮，並拒絕赴上海出席會議及匯報工作。實際上抗拒的就是黨中央軍事部長周恩來的領導。一九二九年，中共中央先後派瞿秋白、李立三上井崗山根據地主持工作，壓制毛澤東的地方主義及「右傾路線」。

二

一九二九年，周恩來在上海鬧出了一件「意外」。這「意外」和不久後的「伍豪等脫離共產黨啓事」有直接的關連。可以說，周恩來後來一直被這件「意外」所困擾，並力求解脫。起因於該年的八月二十四日晚上，在上海西郊新聞路一幢小樓裡中共中央軍事委員會正在召開一次重要的秘密會議。出席的有政治局委員兼農委書記彭湃，中央軍委負責人楊殷，中央軍委委員兼江蘇省委委員顏昌頤，中央兵運工作負責人邢士貞，中央軍委秘書白鑫。中共中央組織部部長兼中央軍委書記伍豪（即周恩來），因有急事，臨時未能出席。會議剛開不久，大批國民黨憲兵包圍了小樓，會議人員全部被捕。周恩來算逃過一劫。其時周恩來手下有一支秘密武裝中央特科的紅槍隊，成員皆爲百發百中的神槍手。其任務是保衛地下黨中央機關和「執行革命紀律」。卻說彭湃等四人被捕後，很快由國民黨最高當局判處死刑，就地執行。周恩來及其中央特科紅槍隊立即決定效仿古代豪傑劫法場，並從一位法國商人手中購得幾十支嶄新的勃朗寧手槍和數千發子彈。可是到了劫法場的現場，紅槍隊員們手中的勃朗寧槍都打不響！眼睜睜地看著彭湃等四人被槍決。原因很簡單，新勃朗寧手槍上的保護脂都未被擦掉……不久，還是這支中央特科紅槍隊的人馬，奉周恩來的命令，很準確地將出賣革命同志的叛徒——原中央軍委秘書白鑫幹掉了。後來被中央特科紅槍隊在上海「執行了革命紀律」的，還有投降國民黨的中共政治局委員顧順章的一家七口，包括未成年的孩子。

一九三二年二月二十日，上海《申報》、《時事新報》刊出一則〈伍豪等脫離共產黨啓事〉。但周恩來已於一九三一年即上了江西中央蘇區，但歷史卻留下了謎團……

三

再說中共中央軍事部長周恩來上江西蘇區不久，即獲得共產國際駐中共軍事顧問李德的信任，於是挾莫斯科共產國際之重威，加上得到朱德、陳毅、譚震林、張聞天、彭德懷等人支持，開始整肅「山大王」毛澤東的「山頭主義」、「富農路線」，一度解除了毛的軍事指揮權，而讓其去掛名任「中央蘇區政府主席」。之後由於毛澤東仍不忘爭奪紅軍領導權，又兩次被撤銷了一切職務，在「富田事件」中還差點被抓起來「執行革命紀律」，險些步上水泊梁山上的白衣秀士王倫的後塵。

毛澤東因此深恨著周恩來。周喝過洋墨水，毛卻是個土包子；周為人謙和，機智而有涵養，且廣有人緣；毛卻性情暴躁，脾氣倔拗，且妄自尊大；周深獲共產國際的信賴，毛卻被共產國際的代表李德所不齒……周的所有長處幾乎都是毛的短處。周成了毛在黨內、軍內的頭號剋星。

中共工農紅軍在李德、博古、周恩來「三人團」的指揮下（實際上由周恩來負總責），於一九三四年初的「第五次反圍剿戰役」中失敗，陷入國民黨百萬大軍的重圍之中。「三人團」決定撤離井崗山根據地，舉行所謂「兩萬五千里長征」，實為一次大潰退、大逃亡。名曰「北上抗日」，實為圖謀在靠近中蘇邊境的地帶建立新的根據地，以背靠蘇聯老大哥，繼續武裝割據。一九三五年一月，中共中央政治局的部分成員於「長征」途中，在貴州遵義舉行擴大會議，周恩來在會上檢討了軍事指揮上的失誤，博古與蘇俄顧問李德被解除了軍事指揮權，並撤銷了「紅軍三人團」。由中央書記張聞天、秘書長王稼祥提議恢復毛澤東在紅軍中的領導職務。會上，周恩來仍然保住了負總責的紅軍領導者職位，繼續擔任紅軍總政委，而由毛澤東任他的軍事助手。這便是中共黨史上著名的「遵義會議」。後來的中共黨史謊稱此次會議確立了毛澤東在全黨全軍的最高領袖地位，一下子將毛澤東的領袖資歷提早了十年，完全是對周恩來、朱德、張聞天等老一輩革命家的惡意貶謫，竄改了歷史事實。

四

周、毛權力易位，發生於一九三六年底。在周恩來缺席情況下，中共重組中央軍委會，毛澤東才當上了軍委主席。其時周恩來正奉了莫斯科共產國際之命，代表中共赴西安，全力投入「西安事變」的談判調解而無暇他顧，致使他的負總責的紅軍總政委職務被毛澤東奪去，中央軍事部部長一職則被撤銷，降格掛了個副主席的虛銜。據傳周恩來曾經一氣之下跑去山西地方四十餘天，不肯回延安視事。此後，他離開了延安，成為一名中共的談判代表，長期住在重慶（一九四六年後改住南京）。他在大後方廣結善緣，廣羅人才，把大批知識精英吸引到自己周圍，然後保送去延安接受革命洗禮。這些知識精英，後來大部分成為他主理的「國務院」部、辦、委的負責人。

周恩來是個政治上能伸能屈、職務上能上能下的人物，在不涉及他自身安危情形下，他也甚有人情味及同情心。他從毛澤東的領導者降格為毛澤東的助手之後，雖也有過不快，但總體來說，他能適時轉換自己的位置，轉而擁戴毛澤東。並於一九三八年中力排眾議，熱心撮合了毛澤東與江青的不潔關係，還在一次陪江青於延河邊上跑馬時摔折了右臂。其時毛澤東羽翼未豐，言行尙知收歛，儘量表現得謙和、寬容、納諫。周恩來自然是他需要團結、借重的人物。

周恩來受制於毛澤東，應當說是從一九四二年毛氏發動「延安整風運動」開始。那時，毛氏已經爲自己登上中共最高領袖地位作好了組織準備和輿論準備。毛澤東並已與中共地下黨的另一領導人劉少奇結成了神聖同盟。且由劉少奇出面發明了「毛澤東思想」一詞，提出了「以毛澤東思想作爲全黨全軍政治工作的指針」。於是「馬列主義加毛澤東思想」，一下子把毛澤東提升到了「革命導師」的至高無上的地位。劉少奇是有大功於毛澤東了，是公開擁立毛澤東的第一人。「延安整風運動」的主要目標是徹底淸除王明、張國燾兩大派系在中共黨內軍內的勢力，稍帶著的目標是壓服周恩來及其派系俯首稱臣。

毛澤東所以不能利用「延安整風」一併淸除掉周恩來，在於周氏不像王明、張國燾那樣狂妄自大，咄咄逼人，而善於交際周旋，廣有人緣，更在於他在中共黨內、軍內有著難以動搖的權力基礎。周氏是中共軍隊的創始人，其親信部屬如陳毅、葉挺、項英、賀龍、聶榮臻、葉劍英、劉伯承等皆是軍中舉足輕重的風雲人物，他還是朱德總司令和地位日顯重要的鄧小平的入黨介紹人。林彪也是他在黃埔軍校時的學生。可以說，如果沒有了這批人，中共就黨不成其黨、軍不成其軍了。毛澤東雖然牢記著江西蘇區的舊怨，也只好強呑下一口惡氣了。

一九四一年一月，周恩來的兩員親信大將葉挺和項英及其部隊新四軍，在「皖南事變」中被國民黨軍隊圍殲。葉挺被捕，項英戰死，使周恩來失去了跟毛澤東直接相抗衡的力量。當時周恩來悲憤萬分地寫下詩篇：千古奇冤，江南一葉，同室操戈，相煎何急！

一九四三、四四兩年，長住重慶任談判代表的周恩來多次被召回延安做檢討，劃清歷史上與王明路線的界線，交代與張國燾往來的過節。周恩來的檢討總算過了關。在一九四五年召開的中共第七次代表大會上，他參與了劉少奇帶頭發起的造神運動，尊毛澤東爲全黨全軍的「偉大領袖」。周氏在大會發言中高呼了「毛主席萬歲」，「永遠跟隨毛澤東同志前進！」儘管當時大多數代表聽了還不習慣，覺得肉麻。由此，他保住了自己在中共黨內、軍內的地位：毛、劉、朱、周，排行第四，卻仍是四巨頭之一。

一九四五年夏秋之間，由於美國友人的熱心撮合，毛澤東親赴重慶跟蔣中正談判。周恩來做爲毛澤東的談判助手，對毛澤東極盡關心愛戴之能事，如在宴會上代毛喝酒，代毛試嚐食物等等，有人譏之爲到了做戲的地步。毛澤東心裡自是十分受用。

一九四九年十月一日，中共建政北京，周恩來出任中央人民政府屬下的政務院總理（後中央人民政府撤銷，政務院改稱國務院），在毛澤東手下當了「宰相」，或可稱之爲「政治賢能媳婦」。

五

一九四九年十二月六日，毛澤東率中共代表團赴蘇聯拜訪斯大林，並準備與蘇方簽訂「中蘇友好互助同盟條約」，就在前往莫斯科的專列火車上，毛澤東做出一件極其傷害周恩來個人感情、羞辱周恩來夫婦人格的事：毛氏誘姦了周恩來夫婦一手養大的乾女兒、俄語翻譯組組長孫維世。孫維世是一位革命烈士的女兒，由周恩來夫婦從井崗山帶到延安，在延安時已長成為一名美女，後又被周恩來送去莫斯科大學深造。乾女兒孫維世被毛澤東姦汙的消息悄悄傳回北京，說是周恩來夫婦氣得好些天都說不出話，毛澤東以伯父輩身分亂倫，他們又不得不顧全大局，忍氣吞聲。也為此，周恩來拖遲至一九五〇年一月下旬才赴莫斯科，參加條約的談判起草工作，眞正的忍辱負重了。

可是，毛澤東坐上了高於一切、大於一切、君臨一切的帝王寶座之後，仍不能忘懷歷史上與周的宿怨。中共領袖們遵循階級鬥爭哲學，幾乎個個喜歡記恨。不管周恩來如何表現出忠誠、謙恭、任勞任怨，毛澤東仍不時示以顏色，讓他在國務會議上做檢討，並處心積慮地一步步迫他辭職。

一九五三年底至一九五四年初，毛澤東授意高崗反周，並許諾日後為國務院總理。高崗原為紅軍陝甘寧邊區創始人之一，一九四九年後歷任中央人民政府副主席、東北軍政委員會主席、國家經濟委員會主任。他年輕有爲，野心勃勃，得到毛澤東的暗中許諾，便肆無忌憚地進行倒周活動，利用籌備「八大」之機圖謀迫周退出國務院。但其時中共霸業初定，中共其他領袖如劉少奇、朱德、陳雲、李富春、董必武、鄧小平等，都希望高層團結穩定。大家反將矛頭對準了高崗。關鍵時刻，毛澤東撒了手，說過的話不認帳，出賣了高崗——毛後來亦未出席處理高崗的中央全會。這是高崗被捕不久即自殺身亡的眞正原因。經過了「高、饒事件」，周恩來不露痕跡地鞏固了自己的陣腳，並擴充了自己的實力：將心腹大員陳毅、賀龍等從外地調進北京，均出任國務院副總理、中央軍委副主席。一九五五年軍隊授勳，在十位元帥中，與周恩來關係密切的即有朱德、劉伯承、陳毅、賀龍、聶榮臻、徐向前、葉劍英，佔了八位之多。其實林彪也是他黃埔軍校的學生，南昌起義是義軍中的一名排長，只是林彪進京後韜光養晦，深居簡出，不認他這位當年的「師長」而已。

六

一九五六年秋天，周恩來、陳雲率領一個陣容龐大的中國人民友好參觀團，赴兄長之邦的蘇聯考察經濟，學習取經。「考察團」成員們分頭深入到工業、農業、商業、交通各行業訪問，聽取情況介紹，最後集中到莫斯科，拜會蘇聯黨和國家領導人，並聆聽「教誨」。蘇共領導人倒是出於自身在經濟工作中所走過的彎路，對「中國兄弟」提出了許多忠告，諸如經濟工作不同於打仗，不宜於人海戰術，要慎防左傾冒進等等。

周恩來、陳雲回到北京後，首先在中央政治局會議上作了匯報。毛澤東本人出席了會議，肯定了周、陳的匯報。政治局決定將周、陳匯報做成文件發至全黨。後又由劉少奇指示中宣部，替《人民日報》撰寫了一篇一九五七年元旦社論。社論最後由周恩來修改定稿，號召全黨同志冷靜頭腦，戒驕戒躁，反左傾，反冒進，穩步地進行國民經濟建設。這本是一件好事。

但毛澤東內心裡卻像吃了一隻蒼蠅，總覺得周恩來執掌著經濟大權，佔據著最高行政機關——國務院，旗下兵多將廣，跟他這黨主席格格不入。只礙於一九五六年蘇共召開了「二十大」反對斯大林個人迷信，中共也召開了「八大」強調集體領導，毛澤東的狂思妄想才不能不有所收歛。一九五七年，毛澤東出爾反爾，先是號召大鳴大放，保證不打棍子、不揪辮子、不戴帽子，但一翻臉就發動了反右派運動，把全中國的優秀知識分子幾近一網打盡。毛氏「橫掃千軍如捲蓆」的權力慾又空前膨脹了起來。他在「引蛇出洞」大抓右派的同時，對年初的《人民日報》元旦社論耿耿於懷，開始大會小會上批評周恩來、陳雲的「反左傾」、「反冒進」。一九五八年一月，毛澤東在廣西南寧召開中央工作會議，指名道姓地批評周恩來：

不要提「反冒進」這個名詞好不好？這是政治問題……

右派一攻，把我們一些同志拋到距離右派只有五十米遠了。右派來了個全面「反冒進」，甚麼「今不如昔」，「冒進比保守損失大」等等。研究一下，究竟哪個大？「反冒進」六億人民洩了氣……

在抓右派分子的高潮中，毛澤東當著國務院各部委負責人、各省市自治區負責人的面，指名道姓批評紅軍創始人、黨中央副主席、國務院總理周恩來「離右派只有五十米遠了」，這不能不是對周恩來人格的當衆羞辱。

周恩來面紅耳赤，連連認錯。毛澤東並不罷休，接著言辭尖刻地衝著周恩來冷嘲熱諷：

關於向人代會的報告（即周氏一年一度的「政府工作報告」——筆者註），我兩年沒有看了。爲照顧團結，不登報聲明，我不負責。章伯鈞說國務院只給成品，不讓參加設計，我很同情。不過他是想搞資產階級的政治設計院，我們是無產階級的政治設計院。有些人一來就是成品，明天就開會，等於強迫簽字。政治局成爲一個表決機器，像杜勒斯的聯合國，給你十全十美的文件，不通過不行。像唱戲一樣，已經打了牌子，非登台演出不可。文件上又不講究考據之學，義理之學，又有洋文。我有一個手段，就是消極抵抗，不看。你們的文件，我兩年不看了，今年還準備不看……

周恩來侍奉著的就是這樣一位蠻不講理、形同潑婦的黨主席、山大王。他和陳雲只好委曲求全，在會上、會後一次又一次認錯、作檢討。毛澤東卻不肯放過，同年三月又在成都會議上點名批評周恩來犯了「反冒進的右傾錯誤」，離右派只有五十米遠了。事情何時算了?周恩來要求在即將召開的黨的八大二次會議上，面對全體代表作出公開檢討。周恩來的檢討書寫了十幾稿，最後呈交中央政治局、書記處傳閱、提意見。爲寫檢討書，周恩來出了熱汗出冷汗，以致他身邊的工作人員都看不過去，勸他休息。他曾經長嘆了一句：你們年紀輕，不懂得黨的歷史啊！「黨的歷史」——就是當年江西蘇區，他領導過也整肅過毛澤東啊。

毛澤東卻對周恩來在八大二次會議上的公開檢討仍不通過。他接著在不久後的第二次南寧會議、武昌會議、鄭州會議、北戴河會議，直至一九五九年夏季批鬥「彭黃張周」的廬山會議上，不斷指責周恩來和陳雲反冒進、攻其一點不及其餘的錯誤。有人統計過，從一九五七年夏季至一九五九年夏季，毛澤東就「反冒進」問題在黨的中央工作會議上公開點名批判周恩來，達十三次之多。毛澤東旨在逼周恩來遞辭呈。只要周恩來自己提出放棄國務院總理職位，其餘的都好說。

周恩來卻在毛澤東尖酸指責中，表現出驚人的韌性與毅力。他只作檢討，不遞辭呈。他深知自己在黨、政、軍各界都有大批的同情者、支持者。而毛澤東牢記著江西蘇區三次挨整肅的舊恨，需要他的辭呈。已經有了現成的總理接位人——鄧小平，或是彭眞，或是李富春，甚至是陳雲。但周恩來忍辱負重，工作兢兢業業，處事小心謹愼，黨內黨外廣結善緣，毛澤東還眞難以找到趕他下台的充足理由。周恩來是個絕頂聰明的人，他不跟毛澤東鬥勇，而鬥智，鬥韌勁。他表面上俯首貼耳，心悅誠服，卻決意不讓黨主席的意願得逞。長期跟黨內外各類對手談判周旋，他早就練就一身不被擊倒的好本領。

因之周恩來活得眞不輕鬆。用他晚年的話來說：大半輩子如履薄冰。然而使得周恩來最感痛苦的，莫過於一次又一次遵從毛澤東的旨意修改國民經濟計畫指標。比如他和他的助手們夜以繼日，於一九五七年忙了大半年，編列好了一九五八年開始執行的國民經濟建設「第二個五年計畫草案」，亦已獲得中央政治局討論通過。可是一九五八年初毛澤東在南寧會議上一通劈頭蓋腦的批判，「二五計畫」尚未執行，即成廢紙。

七

一九五八年的大躍進災難，就是在毛澤東批判周恩來、陳雲的「右傾錯誤」聲中開始的：踢開周恩來鬧革命。

以鋼鐵生產指標爲例。一九五七年鋼產量爲五百三十五萬噸。爲了不受毛的斥責，又不要太離譜，周恩來咬了咬牙，把一九五八年的鋼鐵生產指標調高至六百二十萬噸。可是到了全國開始狂熱大躍進的八月份，在北戴河召開的中央工作會議上，他屬下的冶金部也是一派昏熱大唱高調，吹成九百萬噸，無形中造了他這總理的反。周恩來又一次顯得右傾保守了。毛澤東根本不知鋼鐵生產爲何物，竟在會上睜著眼睛瞎指揮說：

乾脆點吧！翻一番嘛。何必拖拖拉拉呢？搞一千一百萬噸。鋼鐵尚未成功，同志仍需努力。七億人口需要多少鋼啊？我看一人一噸，搞它七億噸。糧食比鋼鐵少一半，搞它三萬五千億斤！

接著毛澤東大氣磅礴，胡吹海誇，甚麼「公共食堂，吃飯不要錢，就是共產主義」，甚麼

「三至七年之內建成一個工業大國，十五年超過英國，趕上美國」，「每個省搞幾百架飛機，每個鄉兩架」，「搞一個地球委員會，全國就是一個大公社，搞十幾億人口也不要緊」……希特勒式狂言浪語，歇斯底里大發作，卻贏得中共中央委員們一陣陣熱烈的掌聲，歡呼聲，一派法西斯式癲狂症。

從此，鋼鐵不是出產在煉鋼廠裡，而出產在「偉大領袖」的海口裡。結果是人海戰術，書記掛帥，全黨動手，九千萬勞動力上陣，全民砸鍋煮鐵，大面積破壞森林，破壞資源，直接損失達數百億人民幣。

糧食生產指標更是在毛澤東的斥責下一再提高。他要求國務院糧食部門搞年產三萬五千億斤，實現全國吃飯不要錢。糧食也已經不是出產在農田上，而出產在各級黨官們從偉大領袖那裡學得的自欺欺人的浮誇上。沒有人告訴毛澤東不行，包括劉少奇、周恩來、鄧小平、彭眞，都是熱烈擁護，堅決執行。一種極端自私的農民心理主宰著他們，只要保得住自己的祿位和家室安寧，何惜國計民生。唯彭德懷元帥爲農民請命被毛澤東打成「反黨集團」頭子慘遭迫害是個例外。而實際的糧食產量，一九五九年僅僅爲四千億斤；大饑荒的一九六〇年只有二千八百億斤，結果緊急進口了五百萬噸糧食渡荒，全國活活餓死人口數千萬。

周恩來做爲國務院總理，日子稍好過一點的時候是三年大饑荒——一九六〇、六一、六二年。毛澤東一年大躍進，給全中國老百姓帶來三年大饑荒，餓死人口達幾千萬（後來的中共總書記胡耀邦公開承認過一個縮水了的數字爲二千二百餘萬）。毛澤東闖下大禍後退居第二線，暫不過問國民經濟。周恩來有沒有設想過把毛澤東趕下台？但他已做慣了小媳婦膽識不足，且乏人合作。毛澤東名曰退居第二線，但通過林彪元帥牢牢控制住軍隊，通過康生控制中央調查部，通過謝富治控制國務院公安部，通過王震控制鐵道公安軍，此爲中國大陸的三大情報系統。要趕毛澤東下台，關鍵是四個人物：一是國家主席劉少奇，一是中央書記處總書記鄧小平，一是北京市市委書記兼市長彭眞，一是中央軍委秘書長（兼國務院副總理）羅瑞卿大將。可劉少奇唯毛澤東之命是從，他的國家主席的權力一直附生在毛氏的黨主席的胯下，又一味地講究修養，甘當「二把手」。

周恩來和劉少奇關係從來很淡，歷史上劉靠工運起家，周靠軍運起家，也從無淵源，一九四九年後還相互防範著，鄧小平則學得越來越滑頭了，每天除了批批文件，開開會，聽聽匯報，就是抽烟打橋牌，常常通宵達旦樂此不疲。且自井崗山時候起，鄧小平就認同了毛澤東的軍事戰略，關係也日趨密切，而跟周恩來拉開了距離；北京市的彭眞呢？跟周恩來的關係也很一般化，眼下彭眞正在毛澤東面前走動最勤，紅得發紫。廬山會議上，毛澤東捨其他政治局常委於不顧，指定由彭眞主持政治局會議，即是最好的證明；至於羅瑞卿大將呢？從延安時代起，就是毛澤東的心腹愛將，爲中央保衛局局長。如今身兼黨政軍要職於一身（中央書記處書記、國務院副總理、中央軍委秘書長），是毛澤東控制軍隊的另一要害人物。近些年來，更是毛澤東巡察到那裡，羅瑞卿大將就跟隨到那裡……

八

一九六二年之後，周恩來敏銳地感覺到，毛澤東對他的忌恨，已經轉移到了劉少奇身上。劉少奇與鄧小平、彭眞親密合作，挽救國民經濟，可眞是立了大功。也因此跟毛澤東的歧見日深。周恩來這才鬆了一口氣。伴君如伴虎，如今讓劉少奇同志去伴著老虎。他等著劉少奇來趕毛澤東下台，或是毛澤東趕劉少奇下台。兩強相鬥必有一傷。他要小心翼翼地窺視、規避著黨內這兩隻最大的老虎。

一九六三年後，情勢不出周恩來所料，毛澤東拉緊了階級鬥爭的弦。周恩來明白，每逢毛澤東大談階級和階級鬥爭，就是他要發起黨內鬥爭的前奏。周恩來日理萬機，內心卻很悲涼，他不相信毛澤東會忘記與他的宿怨，不找時機算他的舊帳。中國人算舊帳，最通常的做法是毀你祖居、挖你祖墳（劉少奇、鄧小平等人老家的祖墳果於一九六七年被挖）。周恩來在江蘇淮安的祖居，土地改革時早分給了當地的貧下中農，只剩下了祖墳。一九六五年年初，周恩來把自己的一位侄兒召進北京，說了一通帶頭破除迷信、移風易俗的大道理，指示爲了便利老家的農田水利建設，周家應主動提出平祖墳，具體的作法，可考慮將幾座祖先墳墓就地深埋下去二至三米，地表則平爲田土。實則是周恩來要保護祖墳。

周恩來在說服了侄兒之後，讓其帶了一封親筆信給淮安縣委、縣政府，讓地方父母官去說服老家的鄉民。一九六五年春節剛過，淮安縣一位副縣長即隨同周恩來的親侄兒來到周氏老家召集群衆大會，宣讀了周恩來總理關於平祖墳的指示信。老家的父老鄉鄰怎麼也想不通啊，周家出了一位國家總理，卻不願保留祖墳！可有周總理的親筆信在，鄉親們只得含了熱淚，把周氏祖墳就地深埋下去了二米！任務完成後，淮安縣政府向北京的周總理作了匯報，周恩來落下一塊心病，欣慰地笑了。

通過這件事，我們既可以看到周恩來是何等聰明而富於遠見，亦可看到中共最高層的權力鬥爭是如何的風聲鶴唳、險惡無情。

毛澤東雖然把劉少奇視作頭號對手，卻仍然不忘警戒周恩來，作難周恩來。一九六五年發生了一件最傷周恩來顏面的事，使他丟臉丟到了外國。該年下半年起即開始了中、日兩黨會談。日共建議跟中共一起聯合北韓、北越組成反美統一戰線；中共則提出反美帝必須同時反蘇修，因爲日共不贊同中共反蘇共，結果談不攏。但日共的主張得到了北韓、北越兩黨的贊同，發表了聯合公報。一九六六年三月，日共代表團從河內回到北京。中共中央由周恩來、彭眞出面再與日共談判。礙於兄弟之邦的北韓、北越的面子，也是出於國際統戰的需要，周、彭二人代表中共做了妥協，不再堅持反美帝必須同時反蘇修，擬好了兩黨聯合聲明。相信事先周、彭二位曾經報告過毛澤東、劉少奇。在送別晚宴上，周恩來講了話，彭眞講了話，盛讚了兩黨會談成功。但兩黨「聯合聲明」須在日共總書記宮本一行赴上海拜會了毛澤東之後才公開發表。宮本一行到了上海，拜見毛澤東。毛澤東一看聯合聲明就龍顏大怒，根本不問日共方面的意見，提筆就加上了反蘇修的內容。否則，兩黨會談就算破裂。宮本也是一條硬漢，表示不能接受他的修改，而率代表團回了日本。

毛澤東蠻橫地踢翻了周恩來代表中共中央與日共中央總書記所達成的協議，對周恩來的人格羞辱和蔑視到了何種地步，可想而知。眞是人無人格，黨無黨格，國無國格。

九

一九六六年春夏之交，毛澤東調兵遣將，暗中部署好了一場眞正的兵變，對北京市實施了全面軍事管制之後，發動了文化大革命運動。毛氏最初的計畫是先收拾周恩來，後打倒劉少奇。毛澤東住在杭州西子湖畔的行宮——劉莊遙控著北京的運動，命劉少奇、鄧小平發起對周恩來的批判。但劉、鄧這時已經明白了唇亡齒寒的道理、不肯動手。劉、鄧甚至說：批判周恩來同志，等主席自己回來辦吧！毛澤東獲知劉的這一意向後，老羞成怒：好，回到北京先從你劉少奇辦起。

一九六六年五月十六日，毛澤東以政治局擴大會議名義，發出關於開展無產階級文化大革命的通知，首先被揪出來的是劉少奇手下的四員大將：彭眞、羅瑞卿、陸定一、楊尙昆，被定爲「反革命陰謀集團」，投入監牢。彭眞等被捕後，劉少奇、鄧小平面臨滅頂之災。劉少奇妄圖作最後的掙扎，決意召開中央全會，以中央委員的多數來否決毛澤東的胡作非為。但在六月上旬的關鍵時刻，身為中央書記處總書記的鄧小平，臨陣退卻了，無意由中央書記處向全國各地發出召開中央全會的通知。

因為久經沙場的鄧小平深知，毛澤東既已調動野戰軍包圍並管制北京，以軍事力量來解決黨內糾紛，縱然開成了中央全會也無濟於事，並會被毛澤東斥為非法會議，而將與會者一網打盡……

「五・一六通知」之後，劉、鄧成了甕中鱉、網裡魚，只有束手待擒的分了。七月十八日，毛澤東確信親密戰友林彪元帥的王牌軍——第三十八軍完成了對北京地區及中央機關的軍事接管之後，從南方回到北京。劉少奇趕到火車站去接駕，毛澤東不與見面。晚上，毛氏讓其侍衛長通知在北京的政治局成員到家裡開碰頭會，竟不准通知黨中央第一副主席兼國家主席的劉少奇與會。周恩來獲知後大為吃驚，立即給劉少奇的中南海家裡打電話。接電話的是劉少奇夫人王光美。周恩來只說了一句話：光美啊，請少奇同志保重身體……

毛澤東的文革鐵拳雖然是砸在劉少奇、彭眞、鄧小平頭上，但周恩來的日子也越來越險惡了。首先是他的心愛的私人秘書許小姐被捕，許因不願揭發他而自殺身亡，造成他巨大的心靈創傷；接著是他和鄧穎超自江西蘇區一手哺養大的烈士遺孤、乾女兒孫維世被毛夫人江青投入監牢，折磨至死。美麗的孫維世死在牢房的一堆乾草上，身上一絲不掛，據說是遭拷打加輪姦致死……周恩來夫婦聞訊後欲哭無聲。他能去找毛澤東，去找江青？在全國山河一片紅的狂熱裡，他周恩來只能跟隨在林彪副統帥的身後，提著小紅書，大會小會的高呼「毛主席萬歲萬萬歲！」以及「向江青同志學習」「向江青同志致敬」！堂堂一位總理、人民軍隊的創始人，只得卑躬屈膝、含垢忍恥地躲閃著明槍暗箭的誣陷、攻擊。上海街頭有人貼出了大字報，稱他周恩來是中國最大的保皇黨人——意指他是劉、鄧的同路人，還有人翻出二十年代的國民黨報紙，公佈一份「伍豪等脫離共產黨啓事」，而伍豪，是當時他在上海從事地下活動的化名。

更令他驚懼的是，當年由他親自介紹入黨的賀龍元帥，被林彪副統帥和中央文革顧問康生公開點名，指賀龍曾經密謀「二月兵變」推翻毛、林。

眞是不講良心、道義啊，一九二七年如果沒有國民革命軍軍長賀龍轄下的一個軍的人馬，何來「八一」南昌起義？何來的中國工農紅軍？革命成功了，江山坐下了，平白地製造出一個「二月兵變」來誣陷人！要是眞有個「二月兵變」，中國何以會搞成現在這個樣子？不對！不能懷疑偉大領袖毛主席和戰無不勝的毛澤東思想，要緊跟，緊跟，緊跟……否則死無葬身之地。可是賀龍同志和他的夫人，天天被揪到一些軍事院校去批鬥，文鬥加武鬥，周恩來四處打電話都沒有用。賀龍躲都沒處躲，最後只好躲進中南海周恩來的住處西華廳來。賀龍夫婦在周恩來家裡住了兩個來月。中央軍委的造反派，竟然從國務院總理的家中，把賀龍夫婦抓走了！開國元勛賀龍元帥在獄中被折磨兩年之後死去。

恨。

十

一九六六年冬天，驚恐萬狀、心疲力竭的周恩來曾在人民大會堂暈倒，醫生檢查出他患有心臟病。後來也有人說，周氏是「病」給毛澤東、林彪看的，以緩解和痳痺偉大統帥和副統帥的忌

一九六七年春天，是周恩來政治生命最爲險惡的日子。毛澤東在打倒劉、鄧之後，要進而收拾周恩來。周恩來避開正面的攻擊，而竭盡全力來跟毛澤東、林彪周旋。他智慧地保護著大批黨內、軍內的老幹部，在不觸怒毛澤東的原則下，替老幹部們辯護，申張正義。他需要老幹部、老將軍們，老幹部、老將軍們也需要他。也就是在這時候，他身邊形成了一個由一批強力軍人聯結成的「文革對抗集團」，其主要骨幹是「三總四帥」。「三總」是三位軍人出身的國務院副總理：譚震林、李富春、李先念；「四帥」是四位任中央軍委副主席的元帥：陳毅、葉劍英、徐向前、聶榮臻。這基本上都是當年周恩來旗下「旅法支部」的人馬。「三總四帥」的親信部下大多爲全國各大軍區的司令員或政委，且都不同程度地受到軍內造反派的批鬥衝擊，對文化大革命恨之入骨，只是礙於偉大統帥毛澤東的絕對權威，不能公開抗命。

這年二月，北京發生了所謂「二月逆流案」，即是「三總四帥大鬧懷仁堂」，在中央碰頭會上，怒斥毛、林手下的文革大員。「三總四帥」名義上是跟中央文革小組鬧對抗，實際上是跟毛

澤東、林彪鬧對抗。中央文革的後台是毛澤東，「三總四帥」的後台是周恩來。毛澤東不能不有所顧忌了，他最怕軍人起來作反。

但毛澤東整肅周恩來的決心並未動搖。

一九六七年夏初，在懷疑一切、打倒一切的狂潮中，天津市的一些紅衛兵爲了「抓叛徒」而查閱國民黨統治時期的舊報紙，發現了報上所刊登的所謂「伍豪等脫離共產黨啓事」，伍豪原來就是周恩來！紅衛兵如獲至寶，他們又發現了除劉少奇之外的另一名最大的「叛徒」，於是立即將報紙抄件呈送給毛夫人江青。五月十二日江青收到抄件，大喜過望，她正需要的就是這麼一發能致周恩來於死地的重磅炸彈。考慮再三，她決定先在中央高層通氣。五月十七日，她給林彪、周恩來、康生三人各寫一封內容相同的信，並分別附上了報紙抄件。在「抓叛徒」抓紅了眼的日月裡，在可以根據偉大領袖的需要而編造「歷史證據」的時刻，江青在信中威脅周恩來說：「……他們查到一個反共啓事，爲首的伍豪（周××），要求與我面談……」

周恩來似乎眞要遇到滅頂之災了。五月十九日，周恩來在江青的信上寫了一段話，替自己辯解：「伍豪等脫離共產黨啓事，純屬敵人僞造。只舉出二百四十三人，無備一姓名一事，僅知爲僞造無疑。我當時已在中央蘇區，在上海的康生、陳雲等同志均知敵人所爲，故採取了措施，詳情另報。」事態嚴重，周恩來當晚又給毛澤東主席寫上一信，並將自己於一九三一年至一九三二年的有關經歷編成一份「大事記」，一並呈上。一九三二年二月上海報紙登出「伍豪啓事」時，周恩來人已在江西蘇區，當時的「中央蘇區」主席毛澤東親自處理過這件事；一九四三年延安整風時，周恩來又重新向中央交代清楚，並由中央作出了明確結論。他多麼希望毛澤東主席能本著歷史事實，替他說一句公道話啊！

可是毛澤東在看到周恩來的信和「大事記」之後，竟然批示道：「送林彪同志閱後，交文革小組同志閱，存。」毛澤東的這段「最高指示」，無形中要默認這則「伍豪啓事」了！更使周恩來恐懼的，是當年跟他在上海地下黨中央一起共事的康生，始終不肯開口。甚至可能在暗中導演著江青和中央文革的成員們：啓事或許是假的，但那次導致彭湃四人被害的軍委會議，爲什麼周恩來同志能單獨逃脫？後來紅槍隊劫法場，爲什麼所有的勃朗寧手槍都打不響？爲什麼暗殺叛徒白鑫的時候又打響了？周跟白是什麼關係？死無對證哪……

相信對周恩來揪「叛徒」一事，完全由毛澤東本人親自掌握著。先由中央文革去組織狂熱的紅衛兵發難。周氏已患心臟病，整不垮他，也要拖垮他，累死他！全國各省市的上千個形形色色的造反組織、保守組織都進京告狀來了，鐵路罷工、工廠罷工、農民進城、文鬥變武鬥、天下大亂，都讓周恩來去談判，去處理、應付……當然，發動紅衛兵來對付周恩來，必須有「最高指示」做依據。於是搬出了毛澤東於一九六六年七月二十一日、二十二日，針對北京市委改組、國務院機關改組，所發出的兩段「最高指示」：

南京新華社被包圍，我看可以包圍三天不出報，有什麼了不起，你不革命就要革命到你頭上來，爲什麼不准包圍省市委、報館、國務院？……工作組撤出來後，有些要復辟，復辟也不要緊。我們有的部長就那樣可靠嗎？有些部長、報館是誰掌握呀？

毛澤東的另一段「最高指示」，是公然號召造反派、紅衛兵包圍國務院：

……工作組阻礙革命勢必變成反革命。西安交大不讓人打電話，不讓人家派人到中央，爲什麼怕人家到中央？讓他們來包圍國務院。文件要寫上，可以打電話，也可以派人。那樣怕能行嗎？所以西安、南京報館被圍三天，嚇得魂不附體。就那麼怕？你們這些人呀？你們不革命，就革到自己頭上了。有的地方不准包圍報館，不准到省委，不准到國務院。爲什麼這麼怕？到了國務院接待的又是無名小將說不清。爲什麼這樣？你們不出面我就出面……這幾天康生、陳伯達、江青都下去了……

以下，我們再來看看一九六七年夏天北京街頭出現的「炮打周恩來解放國務院」的紅衛兵大字報上的一段話：

……很久以前，毛主席就曾經指出周恩來是秦邦憲、張聞天的左傾機會主義路線的支持者。之後，他並沒有好好改造自己，反而成爲王明的投降主義路線的主要促成者。其後他長時期留在白區，染上了無可救藥的小資產階級習氣，他表面上擁護毛主席，背地裡支持劉少奇，是黨內最大的兩面派……

輿論造足，打倒周恩來的佈置已經呼之若出。

十一

一九六七年夏季，毛澤東離開北京，繼續巡行各地煽風點火。有人向他匯報，鐵路工人打派戰，鬧罷工，火車不通。毛澤東笑笑說，「不通的反面就是通！」有人匯報有的地方農民進城搞武鬥；毛澤東說，農民平時沒有機會進城嘛……

毛澤東把周恩來留在北京，名義上是讓他打理中央日常工作，實際上是把他推給了殺機四伏的中央文革，推給了狂熱失控的紅衛兵。他等著看周恩來的好戲。

一九六七年七月十七日，北京市五十萬紅衛兵在中央文革的指使慫恿下，組成聲勢浩大的「揪劉陣線」，把中南海、人大會堂團團包圍，水泄不通。紅衛兵在中南海四周搭下帳篷，架設高音喇叭，一天二十四小時播放「毛主席語錄歌」，呼喊「揪出劉少奇」，「打倒劉、鄧、陶」等等口號。五十萬紅衛兵包圍中南海，一天二十四小時朝裡面喊口號、播語錄歌的事，報告給身在外地的毛澤東。毛澤東高興地說：形勢不是小好，不是中好，而是大好！吵得資產階級睡不著覺，無產階級也睡不著覺了！

周恩來這時正被包圍在人民大會堂內動彈不得。紅衛兵造反派一次又一次要衝進人民大會堂來抓走周恩來的副手陳毅元帥。警衛戰士組成人牆來阻擋。可士兵的人牆也抵擋不住「毛主席的紅衛兵」，到了最緊急的時候，周恩來只好挺身而出，站立在人大會堂東大門口，對著狂呼亂叫著的紅衛兵們吼道：你們要衝進來抓陳毅同志，除非從我身上踏過去！陳毅同志至今是黨中央政治局委員、國務院副總理兼外交部長，他是有缺點、有錯誤，應當接受革命群衆的批評教育，但要抓走他是不可以的！偉大領袖毛主席是親口說過，陳毅是個好同志！

周恩來的大無畏氣魄，把狂熱的紅衛兵戰士們鎮住了。可是不一會，紅衛兵們又呼叫了起來。周恩來則鎮靜地跟紅衛兵組織的頭頭們達成了臨時協議，由他們派出代表，進入人大會堂去談判。但在談判期間內，紅衛兵們不要再衝擊警衛戰士的人牆。周恩來發揮他的談判天才，跟一批又一批的紅衛兵組織的代表辯論了三天三晚。年近七十的周恩來獨自一人，輪番著跟一批批二十來歲、狂熱無比的紅衛兵小將辯論……在這三天三晚的時間裡，除了人民大會堂警衛連還守衛著他，沒有任何人來替他這國務院總理解圍，近在咫尺的北京衛戍區、中南海警衛師、中央軍委、中央文革都沒有任何人出面，任由紅衛兵小將輪番上陣找他激辯……彷彿有一隻巨大的魔掌在操縱著他的命運。直到第四天凌晨，五十萬紅衛兵突然撤除了對中南海、人民大會堂的包圍，消失得無影無踪。周恩來這才回到了中南海的家裡。

原來正是他被包圍在人大會堂內的時刻，發生了驚天動地的「武漢兵變」！七月二十日，武漢軍區司令部警衛師士兵逮捕了一位中央文革大員：毛的親信和中央文革成員極左派大秀才王力。起因是武漢軍區司令員陳再道上將、軍區政委鍾漢華支持武漢地區最大的保守派組織「百萬雄師」，以對抗毛氏發動的文革狂潮。中央文革則派下謝富治、王力兩人來武漢市支持造反組織，鼓動造反派衝擊湖北省委和武漢軍區機關。陳再道司令員忍無可忍，即讓部下衝進王力所住的禁衛森嚴的賓館，將其抓走。實爲一次野戰軍部隊對抗文化大革命運動的武裝譁變！

最妙的是，當時毛澤東就住在武昌東湖賓館，毛氏最擔心的事情果然發生了，再弄下去，憤怒的軍人就可能找他本人算帳，毛澤東想起了周恩來。「兵變」只能請周氏來緩解、擺平。相信是毛澤東嚴令中央文革解除了五十萬紅衛兵對中南海、人民大會堂的包圍。七月二十日「武漢兵變」的當晚，周恩來即飛抵武漢，第一件事便是請毛氏一行撤離。毛氏則交代周恩來一定要把武漢軍區的痲煩化小、化了，否則，其他九大軍區的頭頭們都跟著武漢軍區起鬨，公然跟中央鬧對抗，全國將陷入內戰，局面將不可收拾……

是「武漢兵變」救了周恩來。周恩來以他在軍中的威望以及他對文革的曖昧態度，加上他的談判天才，緩和了軍人的對抗。毛澤東不能不重新對他有所倚重。江青、康生等妄圖追查「伍豪啓事」舊案被擱置了下來。說是對於周恩來被圍困在人民大會堂三天三晚輪番著與一批批紅衛兵小將激辯而不垮不病，毛澤東聽了匯報後驚訝不已，十分欣賞周恩來的生命毅力。要整垮周恩來還眞不容易，尤其他身後站著大批實力軍人。劉少奇的失敗在於他的軟弱，在於他跟軍隊缺乏淵源，在於他長期依附於毛澤東，在於鄧小平的陣前退卻、倒戈；周恩來的不敗在於他的不屈不撓，在於實力軍人的支持，在於他的政治智慧和韌性戰術，也在於劉少奇等人已經承受了運動的最爲瘋狂的第一波打擊。

一九六八年，一月十六日，毛澤東才對「伍豪啓事」舊案作出批示：此事早已弄清，是國民黨造謠誣衊。不久，毛澤東指派周恩來擔任「中共中央劉少奇專案審查小組組長」一職。

熟讀中國史書的毛澤東，旨在拉周恩來下水，充當主要打手、參與捏造憑據，設置僞證，傷天害理，將劉少奇打成「叛徒、內奸、工賊」而置於死地。毛澤東一定十分得意了：你周恩來不是愛保護老幹部嗎？現在讓黨的頭號老幹部、最大的走資派劉少奇死在你的專案小組手裡！即便是千秋罪名，你周恩來也揹著主要一份。

十二

一九六九年四月召開的中共「九大」上，周恩來退居政治局常委的第四位。前三位爲主席毛澤東、唯一的副主席林彪、常委陳伯達。或許，毛澤東鑒於自己的接班人林彪系統的權力膨脹過快過大，而留下周恩來做緩衝，搞平衡。在「九大」之後的第一次中央委員全體會議上，出現了耐人尋味的局面：主席台上只坐著毛澤東和林彪，周恩來怎麼也不肯上主席台，而堅持著跟中央委員們坐在一起。當場使得毛澤東和林彪凸顯高高在上，大不自在。「九大」開過不久，毛澤東就與接班人林彪元帥展開了新一輪權力決鬥，而且是赤裸裸的兵權之爭，周恩來才又稍稍緩了一口氣。在某種程度上，也是周恩來利用毛澤東的多疑症，而不露痕跡地促成毛、林矛盾的激化。

比如說，毛澤東找他談工作、了解情況等，他只要投合毛澤東的心境，順便提到：現在總參，總後，空軍，海軍，還有幾個大軍區，全部成了「四野」的人馬，不大利於團結其他三個野戰軍的幹部；我擁護主席、林副主席撤銷中央軍委常委辦公會議的決定，用軍委辦事組來代替。但葉群同志任軍委辦事組組長，指揮軍隊，搞成了一家子，恐怕不大妥當吧？

在毛、林爭權的殊死決鬥中，周恩來及其一手創建的黨內特工系統站在了毛澤東一邊，秘密監視著林彪元帥及其系統的謀密活動。

一九七一年九月十三日林彪刺殺毛澤東失敗之後，毛澤東受到巨大的精神打擊，身體明顯地垮了下來，黨、政、軍大權旁落到了周恩來手裡。周恩來立即抓住歷史性契機，借揭批林彪集團罪行，將林彪集團的政變綱領「五七一工程紀要」作爲中共中央文件的附件，轉發給全國軍民。林氏「紀要」中，稱毛澤東爲現代秦始皇、大獨裁者、迫害狂、懷疑狂，毛的副手、秘書，乃至護士，沒有一個有好下場；「紀要」更指毛的「知識青年上山下鄉」爲變相失業，「幹部進五七幹校」是變相勞改，城市職工十幾年不長工資、鄉下農民最苦最窮等等。

這正是周恩來反擊、貶謫毛澤東的最妙一筆，借林彪集團之口揭批毛澤東，以毒攻毒，何其痛快淋漓，且不擔關係，不露痕跡。自此，毛澤東的神話開始破產，文化大革命開始破產，信譽掃地。

接著是中美關係打破僵局，尼克森訪問北京。決策人是毛澤東，周恩來卻當仁不讓地做了大英雄。事後毛澤東很爲光火。一九七二年夏天，尼克森又訪問了蘇聯，與蘇共領袖布里茲涅夫在海參崴見面。周恩來讓外交部給毛澤東呈送了「重要外事簡報」。毛澤東在簡報上批示道：

大事不報告，小事天天送，周恩來及其外交部，如果不改正，必然變修正。

批示不像批示，順口溜不像順口溜。但周恩來已經立於不敗之地了。此時周恩來身上已經檢查出了癌症。他直拖了一年多才入住醫院手術治療。他比文革派棋高一著的仍是身後站著大批實力軍人。他讓葉劍英、徐向前主持中央軍委工作，並讓王震等人去游說毛澤東，批准鄧小平恢復職務，並入主國務院，從而堵死了文革派權力接班的路。

正在周恩來躊躇志得之時，毛澤東彷彿早已洞察到他的心機，於是再次揭了揭他的「歷史傷疤」。

十三

在一九七二年六月上旬召開的政治局批林整風匯報會議上，毛澤東當著全體政治局成員和中央文革成員的面，要求周恩來在會上講講「伍豪等脫離共產黨啓事」這個問題。由於是毛澤東主席的提議，所以「伍豪啓事」問題被正式列入為會議議題。

周恩來再次面臨著被揪作「叛徒」的危險。人格羞辱不說，剛剛幫助毛氏度過了「林彪軍事政變」難關，毛澤東就又要對他過河拆橋，眞正的伴君如伴虎了。好在這時，已經有人能替周恩來仗義執言了。在六月十二日的會議上，剛剛恢復了工作的原黨副主席陳雲作了義正詞嚴的發言：「我當時在上海臨時中央工作，知道這件事的不僅我本人，還有康生同志。對這樣歷史上的重要問題，共產黨員是要負責任的，需要對全黨、全世界共產主義運動採取負責的態度，講清楚。這件事完全記得是國民黨的陰謀。伍豪二百四十幾個人的脫黨聲明，是在恩來同志已經到達中央蘇區之後。」

六月二十三日，周恩來在批林整風匯報會議上，專題報告了「伍豪啓事」問題的來龍去脈。並一再強調，在一九四三年延安整風時的中央座談會上，早已源源本本講清楚了，中央也作出了結論。現在問題既然被重新提了出來，他要求黨中央重新予以審查，並再次作出結論。

按照中共審查幹部歷史問題的規定，歷史問題必須有兩個以上的證人作證才行。陳雲已經替周恩來作證。但另一個歷史證人康生，卻對周的「伍豪啓事」問題始終未置一詞，既不肯定，也不否定。康生是在等著看毛澤東的臉色。只要偉大領袖示意，康生馬上可以出面作反證，周恩來的「歷史問題」就永世不得翻身了。

對於周恩來的報告，毛澤東和中央政治局並未作出結論。毛澤東和政治局倒是提出，將周的講話錄音和根據錄音整理的紀錄轉發給各省、市自治區黨委存檔！旨在把周的「歷史問題」永遠地掛起來，並擴散開去，越描越黑。

毛澤東對周恩來，眞是機關算盡，無所不用其極了。但周恩來面對毛澤東的險惡用心，仍然含垢忍辱，表現出了巨大的政治智慧和角鬥韌勁。他一如既往地關照、擁戴著毛澤東，並悄悄部署著自己的身後事：中央軍委交給了葉劍英、徐向前，國務院交給了鄧小平、李先念……

有趣的是，此時的毛澤東和周恩來都已患了重病，並出現了戲劇性的場面：毛澤東擔任了「中共中央周恩來同志醫護工作領導小組組長」，周恩來亦擔任了「中共中央毛澤東主席醫護工作領導小組組長」！雙方的醫療、手術方案，都需對方點頭批准。說是周恩來的第一次手術方案，就是在毛澤東手上耽誤了大半年，毛並建議周改服中藥行保守療法，致使周身上的癌細胞迅速擴散。

毛澤東最後一次試圖整肅掉周恩來，是一九七四年春天的批林批孔運動。文革派的四位主將江青、張春橋、王洪文、姚文元秉承毛澤東的旨意，將「批林批孔」加上批「周公」，批周恩來的經驗主義和投降路線。

但這場運動首先受到來自中共軍方高級將領們的強烈抵制。軍事將領們仍視周恩來爲他們的保護神。人民群衆也缺乏熱情。加上周恩來的癌症進入晚期，住在醫院裡奄奄一息。加上毛澤東本人也病魔纏身，進行大規模的鬥爭已力不從心。「批林批孔批周公」，只是雷大雨小地搞了幾個月，便虛應故事，草草收兵了。

周恩來生命最後的日子，飽受癌症折磨。先後動了三次手術。殊不知，他最痛苦的不是肉體，而是心靈，他爲了順從毛澤東，保全自己，出賣了多少原則？喪失了多少良知？甚至犧牲了多少人的性命？包括自己的養女孫維世，包括心愛的女秘書小許，包括同事、戰友賀龍、劉少奇、彭德懷、陳毅、陶鑄、陶勇、李立三、曹荻秋……更為可悲的是，為革命奔波操勞、入死出生了大半輩子，毛澤東和康生們卻給他留下個「伍豪啓事」的歷史疑案……

一九七五年九月二十日，周恩來入住的三〇五醫院的外科專家們，準備替他施行第二次癌細胞切除手術。主刀醫生已經進入了周的病室。周靜靜地躺在潔白的病床上，對醫生說：「請你們等一等，我還有件事情要辦一下。」他扭過頭去，對一直守候在床邊的妻子鄧穎超聲音急促而微弱地說了幾句什麼，鄧穎超立即轉身去叫來了秘書，讓周親自向秘書交代任務。秘書恭敬地點著頭，說了聲「明白了，」就急匆匆地走了。

周恩來遲遲不肯進入手術室。他一直在等待著，一件關於他歷史名譽的大事，人格清白的大事。他怕進了手術室，萬一出不來了，他就來不及做了。

大約過了將近一個小時，秘書急促地趕回來了，從公文包裡掏出一厚疊卷宗袋，呈送到周恩來面前。周接過卷宗袋，啓開封口，從裡面抽出一疊稿紙——原來是一九七二年六月二十三日，他在中央政治局批林整風匯報會議上的發言稿——根據錄音整理出來的紀錄！亦即是他應毛澤東的指示，對所謂的「伍豪啓事」這一歷史問題所作的情況說明。本來按照毛澤東與政治局的要求，他的這份發言稿及其錄音帶，要複製成幾十份，分別交給全國各省市自治區黨委去存檔，去立此存照，去羞辱周恩來的歷史人格。對於毛澤東和江青們喪心病狂的迫害，周恩來以超人的理性和智慧，十分冷靜和倔強地將事情拖了下來，他一直未肯在紀錄稿上簽字。

他本人不簽字，紀錄稿等於沒有效用，江青、康生們也就無從以中央政治局的名義，將「伍豪事件」文稿分存到全國各省市自治區黨委去。相信爲此事替周恩來主持正義的葉劍英、鄧小平、陳雲、王震、徐向前、聶榮臻等人，跟江青、康生、張春橋、王洪文、姚文元們進行了針鋒相對的鬥爭。

但一份事關周恩來歷史清白與否的文件不簽名，對周恩來本人也甚爲不利，會留下歷史的話柄。事情已經拖了三年多，毛澤東亦已經病重不起，相信政治局不會再將他的講稿分存到各省市黨委去了，周恩來決定進手術室之前，來做完這件事。他認眞地將文稿重讀了一遍，才從秘書手中接過筆，在頭一頁的標題旁的空白處寫道：

關於國民黨造謠誣衊地登載所謂「伍豪啓事」問題的報告——周恩來同志一九七二年六月二十三日晚，在批林整風匯報會議上的報告　周恩來。

地點：北京人民大會堂東大廳

一九七五年九月二十日

寫畢，周恩來又認眞地從頭到尾看上一遍，這才將這份記錄著他個人榮辱辛酸的文稿交給了秘書。他閉了閉眼睛，彷彿完成了一件艱巨的人生大事。護士、醫生這才又來催請他進手術室。突然，他大聲喊道：

我是忠於黨、忠於人民的！我不是投降派……

一九七五年十月下旬，醫生們又給周恩來做了第三次手術。但已經回天乏力，周恩來再也沒有從病床上站起來了。

十四

一九七五年十一月後，周恩來已經不能見客，不能進食，卻仍在爲自己身後的名節奮鬥。他囑人找來他當年的政治秘書、黨中央調查部負責人羅青長，力求對於自己歷史上的「伍豪啓事」問題作最後的澄清：黨已經考驗了我半個多世紀。我是忠於黨、忠於人民的！除了一九二六年黃埔軍校那次，歷史上我沒有被捕過，更談不到背叛過什麼。一九三二年的那則「伍豪啓事」是國民黨特務捏造的，登在上海的報紙上，是用來中傷離間我黨的高級幹部……此事我早在江西蘇區和延安整風時分別向中央交代清楚了，文革以來一直有人舊案重提，來中傷誣陷……我希望中調部再替我重申一次延安整風時中央對「伍豪啓事」所做的歷史結論……

一九七五年冬末，毛澤東和文革派大員們又一次把周恩來倚重的接班人鄧小平逐出權力舞台。文革派和反文革的軍事將領們的鬥爭進入了白熱化階段。葉劍英元帥多次來到周恩來的病榻旁，希望周恩來留下隻言片語，以便留作日後對文革派採取軍事行動的依據。可是周恩來咬緊牙關什麼都不肯說。他不要留下話柄，他要顧全大局。

長期工作在他身邊的醫護人員，對他克制癌症痛苦的驚人毅力表示由衷的敬佩。有天，陣痛稍緩，大家要求跟他合影留念。他知道自己來日無多，答應了大家的要求。合影洗印出來了，大家要求他給一一簽名。一向廣結善緣，待人親切的他，竟悽惶地說：簽名可以，日後再有運動，你們不要在我的臉上打叉叉啊……

一九七六年一月八日淸晨，周恩來最後一次本能地保護了自己。痛苦中，他呼喚著夫人鄧穎超：詩詞，給我讀毛主席詩詞，我聽，我聽……說畢，他像一個偉大的導演或者演員，合上了眼睛。終年七十七歲。

他一定去世得頗爲安詳：伴君如伴虎，毛澤東沒有能夠整倒他，他卻拖垮了毛澤東。重病的毛氏只遲他九個月去世。

中南海恩仇錄

1994年10月初版　　定價：新臺幣300元
2015年1月初版第二十六刷

著　者　京　夫　子
發行人　林　載　爵

出版者　聯經出版事業股份有限公司
地址　台北市基隆路一段180號4樓
台北聯經書房　台北市新生南路三段94號
電話　(02)23620308
台中分公司　台中市北區崇德路一段198號
暨門市電話　(04)22312023
郵政劃撥帳戶第0100559-3號
郵撥電話　(02)23620308
印刷者　世和印製企業有限公司
總經銷　聯合發行股份有限公司
發行所　新北市新店區寶橋路235巷6弄6號2F
電話　(02)29178022

責任編輯　吳　興　文

行政院新聞局出版事業登記證局版臺業字第0130號

本書如有缺頁，破損，倒裝請寄回台北聯經書房更換。　ISBN 978-957-08-1284-8 (平裝)
聯經網址 http://www.linkingbooks.com.tw
電子信箱 e-mail:linking@udngroup.com

國家圖書館出版品預行編目資料

中南海恩仇錄／京夫子著．
--初版．--臺北市：聯經，1994年
486面；14.8×21公分．
ISBN 978-957-08-1284-8(平裝)
[2015年1月初版第二十六刷]

1.中共政權-歷史-1949-

628.7 83009878